프로그래밍
언어론

원리와 실제

프로그래밍 언어론

원리와 실제

창병모
지음

INFINITYBOOKS
인피니티북스

머리말

컴퓨터가 하는 계산 과정은 프로그래밍 언어로 표현함으로써 비로소 컴퓨터에게 해당 계산을 하도록 할 수 있습니다. 따라서 프로그래밍 언어는 컴퓨터 및 소프트웨어 발전에 있어서 핵심 기술이며, 프로그래밍 언어의 발전을 매개로 하여 컴퓨터 및 소프트웨어가 발전해 오고 있습니다. 특히 최근에는 인터넷, IoT, 빅데이터, 인공지능과 같은 새로운 컴퓨팅 환경이 도입됨에 따라 새로운 컴퓨팅 환경을 반영하는 새로운 프로그래밍 언어가 지속적으로 개발되어 활용됨으로써 컴퓨팅 기술 발전을 촉진시키고 있습니다.

프로그래밍 언어론은 대학에서 컴퓨터과학의 필수 교과목으로 강의되고 있으나 주로 개념 위주로 강의되고 있어 강의를 이수한 후에도 그 실제적 구현에 대해서는 잘 모르는 경우가 많고 이를 활용하기도 힘든 실정입니다. 저자는 그동안 프로그래밍 언어론을 교육하면서 이러한 한계를 절감하였으며 프로그래밍 언어론 교육의 이러한 한계를 극복하기 위해 프로그래밍 언어의 원리뿐만 아니라 인터프리터를 중심으로 실제 구현에 대해서 구체적으로 다루도록 본 교재를 집필하게 되었습니다.

본 교재는 프로그래밍 언어론의 주요 주제인 구문법, 의미론, 타입 시스템, 함수, 객체지향 언어, 함수형 언어 등에 대해서 주로 다루고 있으며 프로그래밍 언어론의 한 학기 교재로 사용될 수 있습니다. 특히 샘플 언어를 설계하고 이를 중심으로 구문법, 의미론, 타입 시스템, 함수 등을 학습하면서 이를 실제로 인터프리터에 구현하는 방식으로 구성하였습니다. 뿐만 아니라 이러한 주제에 대해서 인터프리터 구현을 중심으로 실습할 수 있도록 다양한 수준의 실습문제를 제공하고 있습니다.

이 교재를 활용함으로써 프로그래밍 언어의 원리와 그 구현을 정확하게 이해하고 이를 관련 분야에서 활용할 수 있는 능력이 배양되기를 기대합니다. 이를 통해 이 교재가 우리나라의 프로그래밍 언어 교육에 조금이나마 기여할 수 있기를 기대합니다.

이 책이 출판될 수 있도록 여러모로 협조해 주신 인피니티북스 출판사 관계자 여러분께 감사드립니다. 초고를 검토해 준 최광훈 교수님께 감사드립니다. 그동안 이 교재의 초고로 강의한 프로그래밍 언어론 강의를 수강한 숙명여대 학생 여러분께 감사드립니다.

주차별 강의 계획

이 교재는 프로그래밍 언어론의 한 학기 강의의 교재로 활용될 수 있습니다. 다음과 같이 프로그래밍 언어의 주요 이론과 원리를 학습하고 필요에 따라 실습 또는 숙제를 진행할 수 있도록 구성할 수 있습니다. 진도와 수준에 따라 고급 주제로 표시된 2.6 파싱 이론, 13장 함수형 언어 등은 생략할 수 있습니다.

주	Chapter	주제
1주	1	서론
2주	2	구문법
3주	3	언어 설계와 파서 구현
4주	4	변수 및 유효범위
5주	5	의미론
6주	6	자료형
7주	7	타입 시스템
8주	중간고사	
9주	8	함수
10주	9	함수 구현
11주	10	예외 처리
12주	11	객체와 클래스
13주	12	상속
14주	13	함수형 언어
15주	기말고사	

목차

CHAPTER

01

서론

1.1 프로그래밍 언어란 무엇인가?

컴퓨터가 하는 계산과정은 프로그래밍 언어로 표현함으로써 비로소 컴퓨터에게 해당 계산을 하도록 명령할 수 있다. 따라서 프로그래밍 언어는 컴퓨터 및 소프트웨어 발전에 있어서 핵심 기술이며, 프로그래밍 언어의 발전을 매개로 하여 컴퓨터 및 소프트웨어가 발전해 오고 있다. 특히 새로운 컴퓨팅 환경이 도입됨에 따라 새로운 컴퓨팅 환경을 반영하는 새로운 프로그래밍 언어가 지속적으로 개발되어 활용됨으로써 컴퓨팅 기술 발전을 촉진시키고 있다.

프로그래밍 언어에 대한 여러 가지 정의가 있지만 그 중에 다음과 같은 정의를 생각해 보자.

[핵심개념]

프로그래밍 언어는 계산 과정을 기계가 읽을 수 있고 사람이 읽을 수 있도록 기술하기 위한 일종의 표기법이다(A programming language is a notational system for describing computation in machine-readable and human-readable form).

프로그래밍 언어의 정의에 사용된 주요 용어들을 살펴보자.

- 계산(computation)이란 컴퓨터가 할 수 있는 연산들을 나타내며 덧셈, 뺄셈, 비교와 같은 데이터 조작, 문자 입출력과 같은 텍스트 처리, 정보 저장 및 검색 등을 의미한다.

- 기계 읽기(machine readability)는 효율적인 번역 혹은 실행이 가능해야 함을 뜻한다.

- 사람 읽기(human readability)는 사람이 쉽게 프로그래밍 할 수 있도록 편의성을 제공해야 하며 컴퓨터 연산들이 이해하기 쉬운 형태로 추상화 혹은 요약되어야 한다는 점을 의미한다.

프로그래밍 언어론에서는 프로그래밍 언어에 대하여 주로 다음 주제에 대해서 논한다. 이 교재에서는 프로그래밍 언어의 주요 이론뿐만 아니라 설계 원리 및 구현 기술 등에 대해서 논한다. 특히 샘플 언어를 점차적으로 설계하고 이를 구현함으로써 프로그래밍 언어의 설계 및 구현 과정에 대해서 실체적으로 이해하도록 한다.

주요 언어 이론

프로그래밍 언어에는 기초가 되는 기본 이론들이 있다. 예를 들어 문장을 구성하는 방법인 **구문법(syntax)**, 작성된 문장의 의미를 결정하는 **의미론(semantics)**, 타입의 올바른 사용법인 **타입 시스템(type system)** 등이 프로그래밍 언어의 기초가 되는 이론들이다. 이 교재에서는 구문법과 파싱은 2장에서, 의미론은 5장에서, 타입 시스템은 7장에서 논한다.

프로그래밍 언어의 설계

프로그래밍 언어가 제공하는 주요 기능들에 대해서 그 동기와 설계 원리 등에 대해서 소개한다. 특히 이 교재에서는 주요 기능들을 포함하는 샘플 언어를 점차적으로 설계하면서 이 기능들을 기존의 언어의 기능들과 비교하여 설명할 것이다. 변수 선언에 대해서는 4장에서, 자료형에 대해서는 6장에서, 함수에 대해서는 8장에서 논한다. 예를 들어 8장에서는 함수의 정의 방법과 함수의 매개변수 전달방법에 대해서 각 방법의 동기, 기본 원리 및 사용법 등을 중심으로 비교하여 논한다.

프로그래밍 언어의 구현 기술

프로그래밍 언어가 제공하는 주요 기능은 컴파일러 혹은 인터프리터를 통해서 구현된다. 본 교재에서는 프로그래밍 언어의 주요 구현 기술에 대해 샘플 언어의 인터프리터 구현을 중심으로 논할 것이다. 파서 구현은 3장에서, 인터프리터 구현은 5장에서, 타입 검사 구현은 7장에서, 함수 구현은 9장에서 논한다.

주요 프로그래밍 패러다임

본 교재에서는 1.2절에서 4가지 프로그래밍 패러다임에 대해서 개괄적으로 소개하고 이후 1.3절에서 함수형 언어, 논리 언어, 객체지향 언어에 대해서 개괄적으로 논한다. 1.4절에서는 명령형 언어의 발전과정에 대해서 논한다. 특히 11장과 12장에서는 객체지향 언어에 대해서 포괄적으로 논할 것이고 13장에서는 함수형 언어에 대해서 포괄적으로 논할 것이다.

프로그래밍 언어의 역사

기계어나 어셈블리어와 같은 저급 언어의 문제점을 해결하기 위한 고급 프로그래밍 언어의 개발은 1950년대부터 시작되어 지금까지 계속되고 있다. 또한 이러한 고급 언어의 발전과 더불어 컴퓨터 및 소프트웨어의 발전이 계속되고 있다. 1.3절에서 연대별로 고급 프로그래밍 언어의 역사에 대해서 살펴본다.

1.2 프로그래밍 언어의 종류

프로그래밍 패러다임

프로그래밍 패러다임이란 프로그래밍을 하는 기본적인 스타일을 의미한다. 지금까지 소개된 주요 프로그래밍 패러다임은 다음과 같이 4가지 종류가 있다.

[핵심개념] 명령형 프로그래밍(imperative programming)

명령형(절차형) 프로그래밍은 문제를 해결하는 절차를 기술 혹은 명령하는 방식의 프로그래밍 스타일이며 명령형 프로그램은 수행할 명령어들로 구성된다. 명령어들은 주로 프로그램의 상태를 변경하는 역할을 한다.

[핵심개념] 함수형 프로그래밍(functional programming)

프로그램의 계산 과정을 수학 함수의 수행으로 간주하는 프로그래밍 스타일이며 프로그램은 함수들로 구성된다. 순수한 함수는 원칙적으로 부수 효과(상태 변경 혹은 데이터 수정)을 허용하지 않지만 함수형 언어는 언어에 따라 부수 효과를 허용한다.

[핵심개념] 논리 프로그래밍(logic programming)

논리 프로그래밍은 술어 논리(predicate logic)를 기반으로 한 프로그래밍 스타일이다. 프로그램을 문제에 대한 사실 혹은 규칙을 표현하는 논리 문장들의 집합으로 구성한다.

[핵심개념] 객체지향 프로그래밍(object-oriented programming)

객체지향 프로그래밍(OOP)은 실세계를 모의실험하기 위한 언어로 고안되었으며 객체 개념을 기반으로 하는 프로그래밍 스타일이다. 객체는 속성과 그 속성에 대한 행동(함수, 메소드)들을 포괄하는 개념이다. 프로그램 실행은 객체 사이의 상호작용에 의해 이루어진다.

이와 같은 프로그래밍 패러다임을 지원하는 언어를 각각 명령형 프로그래밍 언어, 함수형 프로그래밍 언어, 논리 프로그래밍 언어, 객체지향 프로그래밍 언어라고 하며 최근에는 한 언어에서 여러 패러다임을 지원하는 다중 패러다임 프로그래밍 언어들도 등장하고 있다.

프로그래밍 언어의 종류

지금까지 개발된 주요 프로그래밍 언어들을 프로그래밍 패러다임별로 분류하여 간단히 소개하면 다음과 같다.

명령형 언어

- **C:**   C 언어는 벨연구소에서 유닉스 시스템 프로그래밍을 위한 언어로 개발되었으며 이후 유닉스 시스템의 보급과 더불어 널리 사용되고 있는 대표적인 명령형 언어이다.

- **Pascal:**   이 언어는 교육용 프로그래밍 언어로 Algol의 아이디어를 기반으로 작고, 단순하고, 효율적이고, 구조화된 언어로 개발되었다. 이 언어는 대표적인 블록 구조 언어이다.

- **Ada:**   1980년대 미국 국방성에서 개발한 명령형 블록 구조 언어로 추상 자료형, 병행성, 예외 처리 등의 최신 기능을 포함하고 있다.

- **Python:**   현재 널리 사용되는 범용 언어로 코드 가독성을 강조하여 간단명료하게 설계된 인터프리터 방식의 대화형 언어이다. 이 언어는 명령형, 객체지향 등의 여러 프로그래밍 패러다임을 지원하는 언어이다.

객체지향 언어

- **C++:**   C++ 언어는 벨연구소에서 C 언어에 객체 기능을 추가하여 개발된 객체지향 언어로 C 언어와 더불어 널리 보급되었다.

- **Java:**   선마이크로시스템사에서 개발된 범용 객체지향 언어로 현재 가장 많이 사용되고 있는 언어이며 특히 웹 및 모바일 응용 프로그램 개발에 가장 많이 사용되고 있다. 한 번 작성하면 어디서나 실행될 수 있도록 설계되었다.

- **Objective-C:**   애플사에서 개발한 범용 객체지향 언어로 C 언어에 Smalltalk 스타일의 메시지 전달을 추가하여 개발한 언어이다. 주로 애플사의 macOS과 iOS 상에서 사용된다.

- **C#:**   Java 언어에 영향을 받아 마이크로소프트사에서 개발한 닷넷 기반의 범용 객체지향 언어이다.

- **Visual Basic:**   Basic 언어로부터 시작하여 발전한 객체지향 언어로 초보자용 언어로 개발되었다.

함수형 언어

- **Lisp, Scheme:**   LISP(LISt Processor)는 그 이름이 의미하는 것처럼 MIT에서 리스트 처리

언어로 개발되었으며 Scheme은 LISP를 개선하여 개발된 언어이다. 수학의 함수를 기반으로 하는 함수형 언어라고 볼 수 있다.

- **ML:** 영국의 에딘버러 대학에서 개발된 안전한 타입 시스템을 갖춘 범용 함수형 언어이다. 이후 OCaml 형태로 발전하였다.
- **Haskell:** 순수 함수형 프로그래밍 언어를 목표로 개발되었으며 I/O와 같이 필요한 경우가 아니면 부수효과가 없는 순수 함수로만 만들어졌다. 언어의 이름은 논리학자 Haskell Curry의 이름에서 가져왔다.

논리 언어

- **Prolog:** 술어 논리(predicate logic)를 기반으로 한 논리 언어로 문제의 해결 절차가 아니라 해결해야 할 문제가 무엇인지 선언적으로 프로그래밍 하는 것이 가능하다.

기타 언어

- **SQL:** 데이터베이스 질의 언어이다.
- **Perl, PHP:** 웹 서버 프로그램 작성을 위한 스크립트 언어이다.
- **Shell:** 유닉스/리눅스에서 사용되는 쉘 스크립트 언어이다.

주요 프로그래밍 언어의 사용현황은 그림 1.1과 같다. 2020년 현재 가장 많이 사용되고 있는 언어는 C와 Java 언어이고 그 점유율은 각각 약 20% 정도이다. 다음은 Python 언어로 약 10% 정도의 점유율을 보이고 있다.

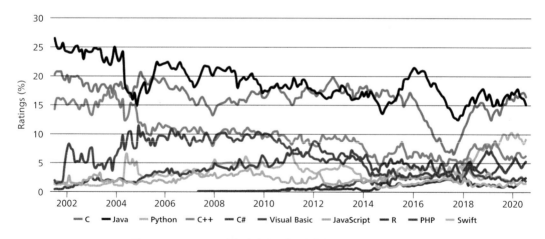

그림 1.1 주요 프로그래밍 언어의 사용 현황[출처 www.tiobe.com]

함수형 프로그래밍 언어

함수형 프로그래밍은 수학 함수를 기반으로 하는 프로그래밍 스타일로 프로그램의 계산 과정을 수학 함수의 수행으로 간주하는 프로그래밍 스타일이다. 더 쉽게 말하면 함수형 프로그래밍에서는 프로그램을 입력을 받아 처리한 후에 결과를 출력하는 함수로 간주한다. 프로그램은 함수들로 구성된다. 함수형 언어의 예로는 LISP, Scheme, ML, Haskell 등의 언어가 있다.

함수형 프로그래밍 언어는 함수의 정의 및 함수 호출(function call)을 그 기본적 메커니즘으로 한다. 이 메커니즘은 함수를 호출하여 계산하는 것뿐만 아니라, 함수에 매개변수(parameter)로서의 값을 전달하고 함수로부터의 반환 값(return value)으로 결과 값을 받는 것을 포함한다.

예를 들어 함수형 언어 ML를 이용하여 계승(factorial)을 계산하는 함수를 작성해 보자. 수학적으로 계승 함수 f는 다음과 같이 정의될 수 있다.

```
f(0) = 1          // 0! = 1
f(n) = n * f(n-1)   // n! = n * (n-1)!
```

이제 이 함수를 ML 언어를 이용하여 다음과 같이 작성해 보자. 먼저 이 함수는 `int` 타입의 값을 매개변수로 받아 `int` 타입의 값을 반환한다고 선언되어 있다. 이 함수는 매개변수 n의 값이 0이면 반환 값이 1이며 그렇지 않은 경우에는 n-1 계승을 계산한 결과인 `fact(n-1)` 값과 n 값을 곱한 값이 반환 값이 된다.

```
fun fact(n : int) : int =
    if n == 0 then 1
    else n * fact(n-1);
```

함수형 프로그래밍 언어의 특징은 다음과 같다. 함수형 언어에서는 변수나 배정문이 없으며 대신 함수의 매개변수를 통해서 값을 전달할 수 있다. 또한 루프와 같은 반복문도 없는데 그렇다면 어떻게 반복적인 작업을 수행할 수 있을까? 앞의 예에서 본 것처럼 함수형 언어에서 반복은 재귀호출(recursive call)을 통해서 할 수 있다. 또한 순수한 함수 수행은 부수 효과(상태 변경 혹은 데이터 수정)을 허용하지 않는다. 함수형 언어의 장점은 프로그래밍 모델이 기계 모델과 무관하다는 점이다. 또한 수학을 기반으로 하고 있으므로 프로그램의 의미를 명확하게 파악할 수 있다.

논리 프로그래밍 언어

논리 프로그래밍은 p → q 형태의 술어 논리(predicate logic)를 기반으로 한 프로그래밍 스타일이며 프로그램은 문제에 대한 사실 혹은 규칙을 표현하는 논리 문장들의 집합이다. 논리 프로그래밍은 선언적으로 프로그램을 작성하는데 프로그램은 문제를 해결하는 방법보다 문제가 무엇인지를 문제에 대한 사실 혹은 규칙 형태로 표현하는 논리 문장들로 구성된다. 이러한 프로그래밍 스타일을 선언적 프로그래밍(declarative programming)이라고도 한다. 대표적인 논리 언어로는 Prolog가 있다.

예를 들어 앞에서 살펴본 계승을 논리 언어인 Prolog를 이용하여 논리 문장들로 작성해 보자. 이 프로그램에서 첫 번째 규칙은 0의 계승은 1이라는 사실을 표현한다. 두 번째 규칙은 N이 0보다 클 때 적용될 수 있으며 이때 N의 계승 V는 N-1의 계승이 V1이면 N * V1이라는 것을 표현한다. :- 기호를 기준으로 오른쪽이 가정이고 왼쪽이 결론이라는 점에 주의하자.

```
fact(0,1).
fact(N, V) :- N > 0, fact(N-1, V1), V is N * V1.
```

이 언어의 특징은 순수한 논리 프로그래밍 언어는 루프나 선택과 같은 제어 추상화를 필요로 하지 않으며 제어는 순전히 하부 시스템(해석기)에 의해 제공된다는 점이다. 또한 여기서 사용하는 변수도 메모리 위치가 아니라 부분 결과 값에 대한 이름이다. 이 언어의 장점은 기계와는 독립적이고 정확한 의미구조를 가지고 있으며 선언적 프로그래밍이 가능하다는 점이다.

객체지향 프로그래밍 언어

객체지향 프로그래밍(OOP)는 실세계를 모의실험 하기 위한 언어로 고안되었으며 객체 개념을 기반으로 하는 프로그래밍 스타일이다. 객체는 속성(필드 변수)와 그 속성에 대한 행동(함수, 메소드)들을 포괄하는 개념이다. 프로그램 실행은 객체 사이의 상호작용 혹은 정보 교환에 의해 이루어진다. 각 객체들은 스스로가 자신만의 기억 장치와 연산을 가지고 있는 컴퓨터처럼 기능한다. 대표적인 객체지향 언어로는 Simula-67, Smalltalk, C++, Java 등이 있다.

많은 객체지향 언어에서, 동일한 성질을 가진 객체들을 표현하는 클래스(class)를 정의할 수 있으며 클래스는 객체에 대한 설계도 혹은 타입 역할을 한다. 프로그램 내에서 클래스의 특정한 사례인 실체(instance)로서의 객체를 생성하며 이 객체들 사이의 상호작용(주로 메소드 호출)에 의해서 프로그램이 실행된다.

1.3 프로그래밍 언어의 역사

프로그래밍 언어의 역사적 발전 과정을 살펴보자. 프로그램 저장 방식의 범용 컴퓨터의 등장과 함께 프로그래밍은 중요한 문제가 되었다. 초기의 프로그램은 기계어 또는 기계어를 표현하는 기호화 코드를 사용하는 어셈블리어를 사용하여 작성하였다. 그러나 이와 같은 '저급(low-level)' 언어를 사용한 프로그래밍은 너무 어렵고 비생산적인 단점을 갖고 있었다.

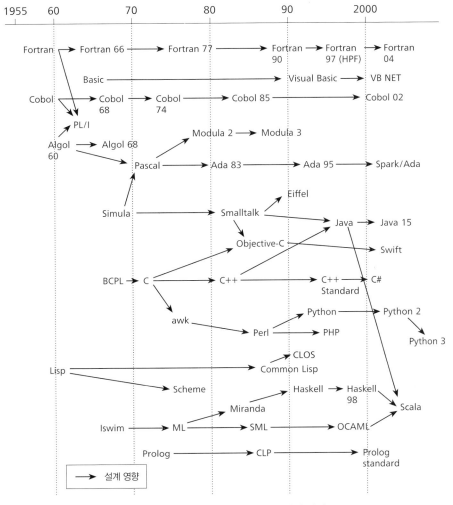

그림 1.2 주요 프로그래밍 언어의 발전 과정

이러한 문제점을 해결하기 위한 고급 프로그래밍 언어의 개발은 1950년대부터 시작되어 지금까지 계속되고 있다. 또한 이러한 고급 언어의 발전과 더불어 컴퓨터 및 소프트웨어의 발전이 계속되고 있다. 지금까지 소개된 주요 프로그래밍 언어들의 발전 과정은 그림 1.2와 같다. 예를 들어 Java 언어의 조상을 따라가 보면 Java 언어는 C++, C 언어들로부터 영향을 받아 만들어졌음을 알 수 있다. Ada 언어의 경우에는 Pascal, Algol, Simula로부터 영향을 받아 개발되었음을 알 수 있다. 고급 프로그래밍 언어의 역사에 대해서 시대별로 살펴보자.

1950년대: 고급 프로그래밍 언어의 시작

FORTRAN

최초의 고급 프로그래밍 언어는 1954년과 1957년 사이에 IBM의 John Backus 팀에 의해서 개발된 FORTRAN이다. 이 언어는 이름(FORmula TRANslation)에서 의미하듯이, 기본적으로 과학 계산용으로 설계되었고, 이 언어의 후속 버전들(FORTRAN IV, FORTRAN77, FORTRAN90, FORTRAN04)이 최근까지도 과학응용 분야에서 사용되고 있다. FORTRAN의 중요한 장점은 효율성이다. 그 컴파일러가 매우 빠르게 실행되는 코드를 생성할 수 있었다. 이것은 사실 FORTRAN의 중요한 설계 목표였다. 그 시대에는 컴퓨터가 매우 고가의 장비였기 때문에 코드의 효율성은 매우 중요한 설계 목표였으며 FORTRAN은 설계에서 이러한 점을 잘 반영하여 성공할 수 있었다.

FORTRAN이 최초의 고급 프로그래밍 언어였기 때문에 그의 대부분의 기능들은 새로운 것이었다. 그 중 일부는 이후의 언어에서 표준이 되었다. 이런 기능으로는 배열(array), 첨자변수(index variable)에 의해서 제어되는 FOR 반복문, 분기 if 문 등이 있다.

FORTRAN을 뒤따라 COBOL과 Algol60 두 개의 언어가 개발되어 프로그래밍과 컴퓨터의 사용에 큰 영향을 주었다.

COBOL

COBOL(COmmon Business-Oriented Language)은 미국 해군의 Grace Hopper 팀에 의해서 미국 국방성에서 1959년에 개발되었다. 이 언어는 사무용으로 설계된, 영어와 비슷한 구문을 갖는 프로그래밍 언어이다. 절차적, 명령형 언어이고 주로 비즈니스, 회사, 정부의 관리 시스템 등에서 주로 사용되었다. COBOL은 지금도 메인프레임 컴퓨터의 레거시 응용 프로그램들에 사용되고 있으며 대용량 일괄 처리 및 트랜잭션 처리와 같은 작업에 많이 쓰인다.

이 언어는 널리 사용되는 프로그래밍 언어였지만 학문분야에서는 별로 주목받지 못하였다. 이러한 현상은 이 언어가 프로그래머가 아닌 일반 사람들이 프로그램을 읽거나 이해할 수 있도록 영어 단어와 문장을 기본으로 설계되었으나, 진정한 의미의 판독 용이성 없이 구문만 복잡하게 되었기 때문이다. 이러한 이유로 복잡한 알고리즘은 COBOL로 프로그래밍하는 것이 대단히 어렵다. COBOL이 선구적으로 도입한 기능으로는 (1) 데이터를 조직하는 레코드 구조, (2) 프로그램의 실행부분과 분리된 자료구조, (3) 다양한 출력 기능 등이 있다.

LISP

컴퓨터의 폰 노이만 구조에 기반하여 위의 두 가지 언어가 개발되었던 때와 같이하여 수학 함수의 개념에 기반한 다른 형태의 언어가 개발되었다. LISP(LISt Processor)는 1950년대 말에 MIT의 John McCarthy 팀에 의해 인공지능용 언어로 개발되었다. 이 언어는 그 이름이 의미하는 것처럼 리스트 자료구조와 함수 적용을 기반으로 하고 있다. 특히 이 언어에서는 **재귀호출**(recursive call)이 매우 일반적으로 많이 사용된다.

이 언어와 후속 언어인 Scheme은 오늘날에도 인공지능 분야에서 여전히 많이 사용되고 있다. 이 언어는 실행 시간에 기억장소를 관리하는 메커니즘으로 더 이상 사용하지 않는 기억장소를 자동 반환하는 쓰레기 수집(garbage collection) 기능을 선구적으로 도입하였다. 이 언어는 최근의 번역 기술의 발전과 기계 성능의 향상으로 함수형 언어가 일반적 프로그래밍을 위해 더욱 유용하게 사용될 수 있게 됨에 따라, 그 영향력은 시간이 감에 따라 증가하였다.

1955년과 1960년 사이의 짧은 기간에 프로그래밍 언어 역사에서 매우 중요한 언어가 많이 개발되었다. 세 가지 중요한 명령형 언어(FORTRAN, COBOL, Algol60)가 등장했고, 이에 따라 계산과 프로그래밍을 보는 관점이 변했다. 이들 세 언어는 변형된 형태로 오늘날에도 여전히 사용되고 있다. 또한 이 시기에 폰 노이만 모델을 벗어난 프로그래밍, 특히 LISP로부터 시작된 함수형 프로그래밍이 도입되고 이후에 발전함에 따라 요즘에도 많이 사용되고 있다.

1960년대: 프로그래밍 언어의 다양성

1960년대에는 설계자의 흥미와 관심에 따라, 많은 프로그래밍 언어가 개발되었으나 현재 이러한 언어들 중 대부분은 사라졌다. 단지 몇 개만이 프로그래밍 언어 개발에 중요한 영향을 미치고 있다.

Algol60/68

Algol60(ALGOrithmic Language)은 알고리즘을 기술하기 위한 강력한 범용 언어를 목표로 1960년에 개발되었다. 이 언어는 후세의 현대적인 언어 개발에 매우 중요한 영향을 미치게 되는데 Pascal, C, Modula-2, Ada 같은 현대의 거의 모든 명령형 언어들은 Algol의 영향을 받아 개발되었다고 볼 수 있다. 오늘날에는 알고리즘을 기술하기 위하여 Algol 형태의 구문이 사용되고 있다.

Algol60은 프로그래밍에 구조적 문장, begin-end 블록, 자유 양식(free format), 변수의 타입 선언, 재귀 호출, 값 전달 매개변수 등 지금은 일반화된 많은 새로운 개념을 도입하였다. 또한 이 언어는 블록-구조 언어로 스택-기반 실행환경을 자연스럽게 도입하였는데, 이 방법은 오늘날의 언어들에서도 중요한 구현 방법이다. 그리고 이 언어는 구문을 정의하는 방법으로 Backus-Naur 형식(BNF)을 최초로 사용하였다(2장 참고).

Algol60의 후속 버전인 Algol68은 더 표현력 있고 이론적으로 완전히 일관성 있는 구조를 생성하여 Algol60을 향상하려고 하였다. Algol68 위원회는 언어를 정확히 기술하기 위해 엄격한 정의를 가진 새로운 표기법을 개발하였으나 이 표기법은 난해하여 실용적으로 보급되지 못했으며 또한 이 언어는 너무 복잡하고 방대한 사양을 요구했기 때문에 컴파일러 구현이 어려웠고, 결과적으로 널리 사용되지 못하였다.

PL/I

초기 프로그래밍 언어 개발에 참여했던 몇몇 설계자들은, 더 일반적이고 보편적인 언어, 즉 모든 언어를 통합하는 언어를 꿈꾸기 시작했다. IBM의 PL/I 프로젝트는 이러한 목적으로 시작되었다. 이 언어는 1960년대 중반에 FORTRAN, COBOL, Algol60의 가장 좋은 특징을 모두 결합하고 또한 병행성과 예외 처리 기능 등을 추가하여 개발되었다. 그러나 이 언어는 이제는 별로 사용하지 않는 언어가 되었다. 이 언어는 너무 복잡해서 컴파일러를 작성하기 어려웠고, 컴파일러는 느리고, 너무 크고, 신뢰할 수 없었다. 더구나 언어 기능들 사이에 예측할 수 없는 상호작용이 많았기 때문에, 배우기도 어렵고 사용하는 데 오류가 발생하기 쉬웠다. 병행성, 예외 처리 같은 시대를 앞선 기능을 많이 포함하였지만 그 시대에 충분히 이해되고 활용되지 못했다. PL/I의 실패는 좋은 기능을 모두 포함하는 포괄적인 언어가 꼭 좋은 것이 아니라는 것을 보여주었다.

Simula-67

1960년대에 명령형(절차형) 언어와는 전혀 다른 형태의 Simula-67이라는 프로그래밍 언어가 만들어졌다. 이 언어는 1967년에 노르웨이 컴퓨터센터에서 Nygaard와 Dahl에 의해 최초의 객체지향 언어로 만들어졌다. 이 언어는 원래 모의실험(simulation)을 위해 설계되었고, 이제는 대부분의 객체지향 언어에서 기본적으로 사용되고 있는 객체와 클래스 개념을 소개함으로써 추상화에 근본적으로 공헌하였다. 이 언어는 지금은 사용되지 않고 있지만 이후 개발되는 많은 객체지향 언어에 큰 영향을 미치게 되어 객체지향 언어의 원조가 되었다.

BASIC

BASIC(Beginners All-purpose Symbolic Instruction Code) 언어가 1964년에 다트머스대학에서 Kemeny와 Kurtz에 의해 처음으로 개발되었다. 이 언어의 원래의 의도는 단순한 언

어였다. 이것은 나중에 등장한 개인용 컴퓨터로 자연스럽게 이전되었고, 아직도 학교, 기업, 가정에서 널리 이용되고 있다. 특히 초기 버전은 현대적 언어 구조의 결여에도 불구하고, 단순성 때문에 교육용 언어로 또 개인용 컴퓨터 응용을 위한 언어로서 널리 사용되고 있다. 이 언어는 이후 마이크로소프트사에 의해 Visual Basic 형태로 발전되었다. 이 언어는 초보자가 접근하기 쉬운 장점을 가지고 있는데, 그 이유는 시각적인 개발 환경과 더불어 BASIC 언어의 연장선상에 있기 때문이다.

1970년대: 단순성 및 새로운 언어의 추구

PASCAL

1970년대 언어 설계자들은 언어 설계의 단순성과 일관성에 눈을 돌렸다. 1971년에 스위스 취리히연방공대(ETH)의 Wirth는 Pascal이라는 프로그래밍 언어를 설계했다. 이 언어는 교육용 프로그래밍 언어로 Algol의 아이디어를 작고, 단순하고, 효율적이고, 구조화된 언어로 세련되게 만들었다. 이 언어는 이후 교육용 언어로 매우 성공적이었으며, 분리 컴파일, 적절한 문자스트링 처리, 확장가능한 입출력 능력 같은 기능의 결여에도 불구하고, 교육용뿐만 아니라 많은 실제적인 응용에서 호응을 얻었다.

C 언어

1972년에 C 프로그래밍 언어가 벨연구소의 Dennis Ritchie에 의해 개발되었다. C 언어는 원래는 유닉스 운영체제 개발을 위해 개발된 언어인데 유닉스 운영체제의 성공과 보급에 따라 매우 대중적으로 사용되게 되었다. 뿐만 아니라 이 언어는 이후 다른 많은 운영체제에서도 채택되어 사용할 수 있게 되었다. C 언어는 실질적으로 모든 컴퓨터 시스템에서 사용할 수 있도록 설계된 프로그래밍 언어이다. 예를 들어 다양한 플랫폼에서 ANSI C의 정의에 따르는 비교적 동일한 구현이 가능하다. 이런 이유와 더불어 생성된 프로그램의 높은 성능이 아직까지도 C 언어가 사랑받는 이유 중 하나이다.

또한 이 언어는 운영체제 개발을 위한 언어로 개발되었기 때문에 작동하는 기계에 대해 많은 접근을 제공하였다. 이러한 이유로, C 언어는 고급 언어와는 달리 '중급 언어(middle-level)'라고도 한다. C와 Pascal의 성공은 단순성과 설계의 전반적인 일관성, 소규모 사람들에 의해 설계된 결과에 기인한다.

Prolog

프로그래밍 언어에 직접적으로 수학적인 논리를 사용하기 위한 시도인 Prolog는 논리 프로그래밍 언어의 대표적인 예이다. 이 언어는 1973년 마르세유대학교의 Colmerauer 팀에 의해 개발된 언어로서, 논리식을 토대로 하여 개체 간의 관계에 관한 문제를 해결하기 위해

주로 사용한다. 이 언어는 p → q 형태의 술어 논리(predicate logic)을 프로그램으로, 증명하는 것을 계산하는 것으로 간주하다는 면에서 새로운 계산법이라고 할 수 있다. 즉, 프로그램 자체는 사실(fact)과 논리 규칙(logical rule) 형태로 만들고, 그 프로그램을 실행하는 처리기가 증명기가 된다. 추론 기능을 간결하게 표현할 수 있기 때문에 인공지능이나 계산 언어학, 특히 자연어 처리 등의 분야에서 많이 사용된다.

Scheme과 ML

1970년대 후반에 기원을 둔 두 개의 새로운 함수형 언어는 Scheme과 ML이다. LISP의 한 버전인 Scheme은 1978년에 MIT(LISP의 근원지)에서 Sussman과 Steele Jr.에 의해 개발되었다. Scheme은 다른 버전보다 더 형식적이고 람다 계산에 더 가깝게 설계된 LISP 버전이라고 할 수 있다.

다른 방향에서, ML(Metalanguage) 언어는 1978년 에딘버러 대학에서 Robin Milner에 의해 개발되었다. ML은 Pascal과 가까운 구문을 가지고 또 Pascal과 유사한 타입 검사 메커니즘을 가지면서 훨씬 유연하다는 점에서 이전의 함수형 언어와 다른 특징을 갖고 있다.

1980년대: 추상 자료형과 객체지향

Ada

1980년대 초, 프로그래밍 언어에서 하나의 중요한 사건은 Ada의 출현이었다. 이 언어는 미국 국방부의 Ichbiah 팀에 의해 1980년에 개발되었다. 이 언어는 추상 자료형인 패키지, 병행 혹은 병렬 프로그래밍 기능인 태스크, 예외 처리 등과 같은 새롭고 흥미 있는 많은 기능을 포함하고 있다. 이 언어에 대항하는 반론이 언어의 크기와 복잡성에 대하여 일어났다. 그러나 그 후 미국 정부의 막강한 후원과 설계에서의 세밀함과 주도면밀함으로, 이 언어는 영향력 있는 중요한 언어로 점차 널리 사용되게 되었다.

Modula-2

1980년대 초 Pascal 언어를 개발한 Wirth에 의해 Modula-2라는 새로운 언어가 개발되었다. 이 언어는 범용 절차형 언어이면서 시스템 프로그래밍 목적을 위해 작동되는 기계에 대한 접근을 허락하였고 추상 자료형인 모듈과 부분적인 병행성 기능인 코루틴 기능을 추가하였다. 그러면서도 Pascal 설계에서처럼, 가능한 한 작고 단순한 언어를 유지하려고 했다. 이 언어는 이후 Modula-3와 Oberon 언어의 개발에 큰 영향을 주었다.

Smalltalk

Simula67의 클래스 개념으로부터 시작된 객체지향 프로그래밍은 1980년대를 거치면서 대중화되었다. Smalltalk 언어는 제록스사의 팔로알토연구센터(PARC)에서 Alan Kay와 Dan

Ingalls에 의해 1980년에 개발되었다. Smalltalk은 완전히 일관적인 방법으로 객체지향 접근 방법을 적용하기 위해 설계되었다. 그리하여 이 언어는 객체지향 언어 중 가장 순수한 객체 지향 언어로 인정받고 있다. Smalltalk는 이후 Ruby, Objective-C, Java, Python, Scala 등의 객체지향 언어에 영향을 주었다. 또한 최초로 GUI를 제공하는 언어였으며, 매킨토시의 그 래픽 사용자 인터페이스에도 영향을 주었다.

C++

1980년대 새로운 객체지향 언어로 벨연구소에서 Stroustrup에 의해 C++ 언어가 개발되었 다. C++ 언어는 1980년에 C 언어를 확장하여 개발되었는데 특히 C 언어의 구조체를 클래 스 형태로 확장하여 C 언어의 효율성을 유지하면서도 객체지향 프로그래밍이 가능하도록 하였다. C 언어를 확장한 언어이므로 포인터와 같은 C 언어의 중요한 특징을 그대로 포함 하고 있다.

1990년대: 인터넷 언어와 새로운 시도

Python

Python은 1991년 네덜란드 CWI 연구소의 프로그래머인 Guido van Rossum이 발표한 대 화형 인터프리터 방식의 프로그래밍 언어로, 플랫폼 독립성, 객체지향, 동적 타입(dynamic type) 등의 특징을 갖는 언어이다. 문법이 매우 쉬워서 초보자들이 처음 프로그래밍을 배울 때 많이 사용되는 언어이다. 최근 들어 프로그래밍 입문 언어로 국내외적으로 많이 사용되 고 있다. 학습용으로 좋은 언어인 동시에 실사용률과 생산성도 높은 강력한 언어로 접근성 과 응용력이 좋다. 자연과학, 공학, 통계학, 사회과학 등의 다양한 응용 분야에서 많이 사용 되고 있다. 특히 최근에는 빅데이터와 관련된 응용 분야에서 많이 사용되고 있다.

Java

Java는 1995년에 선마이크로시스템즈의 James Gosling이 개발한 객체지향 프로그래밍 언 어이다. 처음에는 가전제품 내에 탑재해 동작하는 프로그램을 위해 개발했지만 현재 웹 애 플리케이션 개발에 가장 많이 사용하는 언어이고, 뿐만 아니라 안드로이드 스마트폰과 같 은 모바일 기기용 소프트웨어 개발에도 널리 사용하고 있다.

Java 개발자들은 유닉스 기반의 배경을 가지고 있었기 때문에 문법적인 특성은 C 언어와 비슷하다. Java의 가장 큰 특징은 컴파일된 코드가 플랫폼 독립적이라는 점이다. Java 컴 파일러는 Java 프로그램을 바이트코드 형태로 변환한다. 바이트코드를 실행하기 위해서 는 자바 가상 머신(Java Virtual Machine, JVM)이라는 가상 머신이 필요한데, 이 가상 머 신은 자바 바이트코드를 어느 플랫폼에서나 동일한 형태로 실행시킨다. "Write Once, Run

Anywhere"라는 Java의 모토처럼 Java로 개발된 프로그램은 CPU나 운영체제의 종류에 관계없이 JVM(Java Virtual Machine)을 설치할 수 있는 시스템에서는 어디서나 실행할 수 있는 플랫폼 독립성을 갖게 되었으며, 이 점이 웹 애플리케이션의 특성과 맞아떨어져 폭발적인 인기를 끌게 되었다.

JavaScript

JavaScript는 본래 넷스케이프사의 Brendan Eich에 의해 객체 기반의 스크립트 프로그래밍 언어로 개발되었다. 이 언어는 웹 브라우저 내에서 주로 사용하며, 다른 응용 프로그램의 내장 객체에도 접근할 수 있는 기능을 가지고 있다. 또한 Node.js와 같은 런타임 환경과 같이 서버 사이드 네트워크 프로그래밍에도 사용되고 있다. JavaScript는 Java와 구문이 유사한 점도 있지만, 이는 사실 두 언어 모두 C 언어의 기본 구문에 바탕을 뒀기 때문이고, Java와 JavaScript는 직접적인 연관성은 없다. 이름과 구문 외에는 Java보다 오히려 Scheme과 유사성이 더 많다.

2000년대: 새로운 미래를 향하여

C#

C#는 마이크로소프트에서 개발한 객체지향 프로그래밍 언어로, 닷넷 프레임워크의 한 부분으로 만들었으며 나중에 ISO(ISO/IEC 23270)의 표준으로 자리 잡았다. C++와 Java로부터 많은 영향을 받았으며 이들과 비슷한 문법을 가지고 있다. Java 프로그램의 실행을 위해서 자바 가상 머신이 필요하듯이 C#은 실행을 위해서 닷넷 프레임워크가 필요하다. C#은 그 문법적인 특성이 Java와 상당히 유사하며 C#을 통하여 다룰 수 있는 닷넷 플랫폼의 기술들조차도 Java를 염두에 둔 것이 많아서 Java와 가장 많이 비교되고 있다. 성능 관련해서는, 여전히 C/C++보다는 다소 느리다. 이는 가상 머신을 사용하는 언어의 태생적인 한계점이라고 할 수 있다.

Scala

Scala는 객체지향 프로그래밍 언어와 함수형 프로그래밍의 요소가 결합된 다중패러다임 프로그래밍 언어이다. 스칼라라는 이름은 "Scalable Language(확장 가능한 언어)"에서 유래된 것이다. 기존의 Java 언어가 너무 복잡하다는 단점을 극복하기 위해 2004년 스위스 로잔공대의 Martin Odersky가 처음 개발하여 배포하였다. 간결한 소스 코드를 사용하여 Java에서 구현할 수 있는 대부분의 기능을 구현할 수 있다. Scala는 자바 바이트코드를 사용하기 때문에 자바 가상 머신에서 실행할 수 있고, Java 언어와 호환되어 대부분의 자바 API를 그대로 사용할 수 있다.

Swift는 애플의 iOS와 Mac OS를 위한 프로그래밍 언어로 2014 애플 세계 개발자 회의 (WWDC)에서 처음 소개되었다. 기존의 애플 운영체제용 언어인 Objective-C와 함께 공존할 목적으로 만들어졌다. Objective-C와 마찬가지로 LLVM으로 빌드되고 같은 런타임 시스템을 공유한다. 클로저, 다중 리턴 타입, 네임스페이스, 제네릭, 타입 유추 등 Objective-C에는 없었던 현대 프로그래밍 언어의 기능을 많이 포함하며 코드 내부에서 C나 Objective-C 코드를 섞어서 프로그래밍하거나 스크립트 언어처럼 실시간으로 상호작용하며 프로그래밍할 수도 있다.

1.4

추상화와
명령형 언어의 발전

프로그래밍 언어의 역사적 발전 과정을 살펴보자. 프로그래밍 언어는 1940년대 말에 최초의 **프로그램 저장 방식의 컴퓨터**(stored program computer)인 ENIAC이 만들어지면서 개발되기 시작했다. 잘 알려진 것처럼 그때 만들어진 컴퓨터는 폰 노이만(Von Neuman) 모델 컴퓨터이며 초창기 프로그램은 컴퓨터에 명령하는 기계어 명령어들의 집합이었다.

프로그램 저장 방식의 범용 컴퓨터의 등장과 함께 프로그래밍은 중요한 문제가 되었다. 초기의 프로그램은 기계어로 작성하였는데 이후 이것은 기계어를 표현하는 기호화 코드를 사용하는 어셈블리어로 발전되었다. 그러나 어셈블리어 역시 기계에 매우 의존적이었으며, 구문역시 자연어와 동떨어져 있었다. 따라서 이와 같은 언어를 '저급(low-level)'언어라고 부른다.

그렇다면 이와 같은 저급 언어로부터 시작하여 어떻게 고급 프로그래밍 언어가 발전하게되었을까? 프로그래밍 언어 특히 명령형 언어의 발전을 이해하기 위한 핵심 개념은 **추상화**(abstraction)라는 개념이다. 폰 노이만 모델의 컴퓨터부터 시작하여 추상화 개념을 이용한 프로그래밍 언어의 발전에 대해서 알아보도록 하자.

폰 노이만 모델 컴퓨터

프로그래밍 언어의 역사적 발전 과정을 살펴보자. 프로그래밍 언어는 최초의 컴퓨터ENIAC이 만들어지면서 개발되기 시작했을 것이다. 그렇다면 여기에서 두 가지 질문을 해볼 수 있을 것이다. 첫 번째는 질문은 그때 컴퓨터는 어떤 컴퓨터였을까? 두 번째 질문은그때 어떤 프로그래밍 언어가 사용되었을까?

잘 알려진 것처럼 그때 만들어진 컴퓨터는 폰 노이만(Von Neuman) 모델 컴퓨터이다. 그러면 초창기 프로그램은 어떤 형태였을까? 컴퓨터에 명령하는 기계어 명령어들의 집합이었을 것이다. 먼저 폰 노이만 모델 컴퓨터의 구조 및 동작 원리부터 살펴보자. 폰 노이만 모델컴퓨터는 그림 1.3과 같이 주메모리와 CPU로 구성되며 CPU 내에는 다음 가져올 명령어의주소를 저장하는 PC(Program Counter)라는 레지스터가 있다.

[핵심개념]

폰 노이만 모델의 가장 핵심적인 아이디어는 실행할 프로그램을 메모리에 저장해서 이를실행하는 방식으로 이를 **프로그램 저장 방식 컴퓨터**라고 한다.

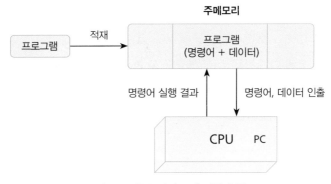

그림 1.3 폰 노이만 모델 컴퓨터 구조

프로그램 저장 방식은 지금 생각하면 너무 당연하게 보이지만 역사적으로 볼 때 매우 획기적인 아이디어였다. 컴퓨터 이전의 모든 기계들은 하나의 목적 혹은 역할을 하도록 고안되었다. 그러나 프로그램 저장 방식 컴퓨터는 어떤 프로그램을 저장해서 실행하느냐에 따라 그 기능이 달라지며 이러한 방식은 컴퓨터의 범용성의 원천이 되고 있다. 예를 들어 게임 프로그램을 저장해서 실행하면 게임기 역할을 하고 워드 프로세서 프로그램을 저장해서 실행하면 워드 프로세서 역할을 한다. 뿐만 아니라 새로운 프로그램을 개발함에 따라 그 활용 가능성이 무궁무진하게 된다.

프로그램은 명령어와 데이터로 구성되며 작성된 프로그램은 실행을 위해서 먼저 주메모리에 적재되어야 한다. 명령어는 주로 메모리에 저장된 데이터를 조작하거나 어떤 연산을 한다(Instructions operate on values stored in memory). CPU는 메모리에 저장된 명령어를 순차적으로 실행한다(A single CPU sequentially execute instructions in memory). CPU 내의 PC는 다음 실행할 명령어를 가리킨다. CPU는 주 메모리 내에 저장되어 있는 프로그램의 명령어를 한 번에 하나씩 읽어 들여 해석하고 실행하는데 이를 **인출-해석-실행** (fetch-decode-execute) 주기라고 한다. CPU는 그림 1.4와 같이 이러한 인출-해석-실행 주기를 계속해서 반복한다.

그림 1.4 인출−해석−실행 주기

추상화란 무엇인가?

명령형 혹은 절차형 언어는 폰 노이만 모델 컴퓨터의 연산을 흉내내거나 추상화하여 발전하였다. 예를 들어 이렇게 발전한 언어는 Fortran, Basic, C 같은 언어들이다. 이러한 언어들은 폰 노이만 모델 컴퓨터를 **추상화**(abstraction)하여 발전하였으므로 그 언어 내에 폰 노이만 모델 컴퓨터의 특징을 많이 갖고 있다. 그 대표적인 예를 들어 보면 다음과 같다.

- 순차적 명령어 실행
- 메모리 위치를 나타내는 변수 사용
- 대입문을 사용한 변수 값 변경

그렇다면 추상화란 무슨 뜻일까?

[핵심개념]

추상화는 실제적이고 구체적인 개념들을 요약하여 보다 높은 수준의 개념을 유도하는 과정이다.

그렇다면 명령형 언어는 컴퓨터의 무엇을 요약 추상화해서 만들어졌을까? 명령형 언어들은 컴퓨터의 데이터, 연산, 명령어 등을 요약하여 추상화하는 과정을 통해 만들어진 언어들이다. 추상화는 무엇을 요약하여 추상화하느냐에 따라 데이터 추상화(data abstraction)와 명령어(제어) 추상화(control abstraction)가 있다.

데이터 추상화

먼저 **데이터 추상화**(data abstraction)부터 살펴보자.

[핵심개념]

데이터 추상화는 저수준의 데이터나 자료형들을 요약하고 추상화하여 보다 고차원의 새로운 자료형 또는 자료구조를 만드는 과정을 의미한다.

기본적인 데이터와 관련된 간단한 추상화를 기본 추상화라고 할 수 있으며 기본 데이터를 요약하여 추상화한 예를 살펴보면 다음과 같다. 변수(variable)는 데이터 값을 저장하는 메모리 위치를 나타내는 추상화된 개념이다. 예를 들어 메모리 120 번지를 추상화하여 변수 x라고 할 수 있다. 자료형(data type)도 추상화된 개념으로 메모리에 저장될 값들의 종류에 대한 추상화된 이름이라고 할 수 있다. 예를 들어 int, float와 같은 타입 이름도 값들의 종류를 추상화한 이름이라고 볼 수 있다.

데이터와 관련된 보다 복잡하고 구조적인 추상화도 생각할 수 있는데 이는 주로 관련된 여러 값이나 변수들의 모음을 요약하여 추상화한 것이다. 예를 들어 배열은 같은 타입이 연속된 변수들의 모음을 추상화해서 만들어진 개념이다. 레코드(구조체)는 다른 타입의 여러 변수들의 모음을 추상화해서 만들어진 개념이다.

제어 추상화

이제 **제어 추상화**(control abstraction)에 대해서 알아보자. 제어 추상화를 이해하려면 먼저 제어(control)라는 용어부터 이해해야 한다.

Q&A #1 제어(control)는 무엇을 제어한다는 말일까?

제어란 프로그램 내의 명령어의 실행 순서를 의미한다. 따라서 제어는 명령어 실행 순서를 제어한다는 것을 의미한다.

Q&A #2 그렇다면 제어와 관련된 문장들은 어떤 것들이 있을까?

실행 순서를 제어하는 문장들을 생각해 보자. 이미 알고 있는 if 문을 생각해 보자. 이 문장은 조건에 따라 실행 순서가 다르게 된다. while 문도 마찬가지이다. 이러한 문장들이 실행 순서를 제어하는 문장들이다.

[핵심개념]

제어 추상화는 실행 흐름을 나타내는 저수준 명령어들을 요약하고 추상화하여 보다 높은 수준의 제어구조를 만드는 과정을 의미한다.

몇 개의 기계어 명령어들을 하나의 문장으로 요약해서 추상화한 간단한 예를 살펴보자. 예를 들어 다음과 같은 대입문(assignment statement)은 어떻게 만들어졌을까?

```
X = X + 1
```

이 문장은 어셈블리어 명령어로 작성하면 다음과 같이 작성할 수 있는데 레지스터 R1이 계산을 위한 레지스터로 사용되고 있다.

```
LOAD R1, X
ADD R1, 1
STORE R1, X
```

이와 같은 일련의 명령어들의 의미는 이해하기 쉽지 않다. 그러나 이를 X = X + 1과 같은 문장으로 요약 추상화하면 그 의미를 훨씬 쉽게 이해할 수 있다.

C와 같은 언어는 goto 문을 제공하는데 이 문장은 어떻게 만들어졌을까? 이 문장은 기계어나 어셈블리어의 jump 명령어를 간단히 요약해서 만들어진 문장이다.

이번에는 좀 더 복잡하고 구조적인 제어 추상화를 생각해 보자. 대부분 구조적 제어 추상화는 테스트 내의 중첩된 기계어 명령어들을 하나의 문장으로 요약해서 제공한다. 예를 들어 if 문이나 while 문은 이러한 추상화를 거쳐 만들어진 문장이다.

예들 들어 다음과 같은 의사 코드(pseudo code)를 생각해 보자.

```
L1: if (! condition) GOTO L2
    statements
    GOTO L1
L2: ...
```

이 코드가 수행하는 일은 조건 condition이 참인 동안 statements 부분을 반복하게 된다. 이러한 과정은 그 의미에 따라 다음과 같은 문장으로 요약 추상화할 수 있다. while 문은 이러한 과정을 거쳐서 만들어진 문장이다.

```
while (condition)  {
    statements
}
```

이제 이러한 제어 추상화에 의해 만들어진 문장으로 간단한 예제 프로그램을 작성해 보자. 이 프로그램은 어떠한 일을 수행할까?

```
x = 10;
y = 1;
while (x != 1) {
    y = y*x; x = x-1;
}
```

프로시저 추상화

프로시저나 함수도 제어 추상화를 통해 만들어진 기능이라고 볼 수 있다. 예를 들어 그림 1.5와 같은 코드 실행을 생각해 보자. 이 코드에서는 A부터 실행을 시작하여 GOTO B를 만나

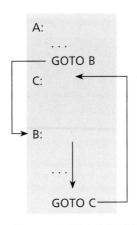

그림 1.5　프로시저 호출 과정

면 B 이하 부분을 실행하고 다시 되돌아온다. 여기에서 레이블 B 이하의 일련의 계산 과정을 하나의 이름으로 요약해서 정의할 수 있는데 이것이 바로 함수 혹은 프로시저 정의라고 할 수 있다. 이렇게 보면 GOTO B는 함수 호출이라고 볼 수 있고 GOTO C는 함수로부터 리턴이라고 볼 수 있다. 실제로 함수나 프로시저를 컴파일 하면 이러한 형태의 기계어 코드로 번역된다.

그림 1.5의 이 관계는 다음과 같이 프로시저 정의와 호출로 추상화할 수 있다. B 부분은 프로시저 B()의 정의로, GOTO B는 프로시저 호출 CALL B()로, GOTO C는 RETURN으로 추상화되었다.

```
A 부분

CALL B( )

C 부분

B( ) {
    ...
    RETURN
}
```

프로시저 추상화를 포함한 이러한 제어 추상화는 어떠한 장점이 있을까? 제어 추상화는 기계에 대한 추상화된 관점 혹은 개념을 제공하므로 이러한 개념을 이용하면 보다 쉽게 프로그래밍 할 수 있다. 또한 다른 제어 관련 문장들과 쉽게 중첩되어 사용될 수 있게 해주므로 이러한 추상화된 개념을 이용하면 보다 복잡한 프로그램을 보다 쉽게 작성할 수 있다. 특히 프로시저 추상화는 크고 복잡한 프로그램을 쉽게 작성할 수 있는 여러 개의 프로시저로 구분하여 작성하게 함으로써 프로그래밍의 복잡도를 줄일 수 있다.

추상 자료형

앞에서 데이터 추상화와 제어 추상화에 대해서 살펴보았다. 자연스럽게 다음과 같은 질문을 해 볼 수 있다.

> 이 둘을 하나로 통합해서 추상화하면 어떨까?

이렇게 통합해서 만들어진 자료형을 **추상 자료형**(abstract data type)이라고 한다.

[핵심개념]

추상 자료형은 데이터(자료구조)와 관련된 연산(프로시저)들을 한데 묶어 캡슐화하여 정의한 자료형이다(그림 1.6 참조).

그림 1.6 추상 자료형

예를 들어 스택 자료형을 생각해 볼 수 있는데 스택 자료형은 스택을 표현하기 위한 자료구조와 push, pop 등과 같은 관련된 연산들을 한데 묶어 추상 자료형으로 정의할 수 있다.

Modula-2 언어의 모듈(module), Ada 언어의 패키지(package) 등이 이러한 추상 자료형 개념을 기반으로 해서 만들어진 기능이다. C++, Java 등의 클래스도 데이터와 관련된 연산(메소드)들로 구성된다. 이러한 면에서 클래스도 추상 자료형의 발전된 형태라고 할 수 있으며 객체 지향 언어에서는 일반적으로 추상 자료형을 클래스, 추상 자료형의 인스턴스를 객체, 추상 자료형에서 정의된 연산을 메소드(함수)라고 한다.

1.5

프로그래밍 언어의
정의 및 구현

프로그래밍 언어의 정의 방법

새로운 프로그래밍 언어를 만든다고 가정해 보자. 무엇을 정의해야 할까? 가장 먼저 구성 요소들을 이용하여 **문장 혹은 프로그램을 구성하는 방법**을 정의해야 할 것이다. 보다 쉽게 말하면 문장 혹은 프로그램을 쓰는 방법을 정의해야 하는데 이를 **구문법**(syntax)이라고 한다. 그 다음으로는 무엇을 정의해야 할까? 구문법에 맞춰 작성된 문장이나 프로그램이 어떤 의미를 갖는지 정의해야 하는데 이를 **의미론** 혹은 **시맨틱스**(semantics)라고 한다.

정리하면 프로그래밍 언어를 정의하는 것은 구문법과 의미론을 정의하는 것이라고 할 수 있으며 구문법과 의미론은 프로그래밍 언어를 공부하는 데 있어 필요한 가장 중요한 기본기라고 할 수 있다.

- **구문법**(syntax)
- **의미론**(semantics)

프로그래밍 언어를 정의하기 위해 정의하고자 하는 언어의 어휘구조, 구문법, 의미론 등을 생각해 보자.

[핵심개념]

어휘구조(lexical structure)는 그 언어에서 사용하는 단어의 구조, 철자법 등을 의미한다.

예를 들어 식별자(변수나 함수 이름)는 어떻게 구성해야 하는가? 식별자 이름은 문자로 시작하고 여러 개의 문자나 숫자가 뒤따를 수 있다. 어휘구조는 크게 보면 구문법의 일부로 간주할 수도 있으므로 여기서는 자세히 다루지 않는다.

[핵심개념]

구문법(syntax)은 말 그대로 문장을 구성하는 방법을 의미하며 문법을 이용해서 기술할 수 있다.

문법을 기술하는 형식은 여러 가지가 있는데 프로그래밍 언어의 문법을 기술하는 데는 BNF(Backus-Naur Form) 형식이 많이 사용된다. 수식 문법을 BNF 형식으로 다음과 같이 작성할 수 있다. 이 문법에 대해서는 2장에서 자세히 기술한다.

```
<expr>  →  <expr> + <expr>
        |   <expr> * <expr>
        |   ( <expr> )
        |   number
```

[핵심개념]

의미론(semantics)은 작성된 문장 혹은 프로그램의 의미를 정하는 것을 말한다. 프로그램의 의미는 자연어를 이용하여 기술하거나 수학적으로 기술할 수 있다.

의미의 수학적 기술 방법으로 여러 가지 방법이 있는데 작동 의미론(operational seman-tics), 표시 의미론(denotational semantics), 공리 의미론(axiomatic semantics) 등이 있다. 이 교재에서는 주로 작동 의미론와 표시 의미론에 따라 프로그램의 의미를 기술하고 설명할 것이다. 의미론에 관한 자세한 내용은 5장에서 다룰 것이다.

프로그래밍 언어 구현

프로그래밍 언어를 구현하는 일반적인 방법은 두 가지가 있는데 컴파일 하거나 해석(inter-pret) 하는 것이다. 그렇다면 프로그래밍 언어를 구현하는 소프트웨어인 컴파일러나 인터프리터는 어떤 일을 할까? 인터프리터의 역할은 그림 1.7과 같다.

[핵심개념]

인터프리터는 소스 프로그램을 입력받아 구문법에 맞게 작성되었는지 검사하고 그 의미를 파악하여 그 의미에 맞게 동작하도록 해석한다.

프로그램 내의 문장을 해석할 때 입력 혹은 출력 문을 만나면 사용자로부터 입력을 받거나 사용자에게 출력한다.

[핵심개념]

컴파일러는 소스 프로그램을 입력 받아 구문법에 맞게 작성되었는지 검사하고 그 의미를 파악하여 그 의미에 맞게 동작하도록 기계어 명령어들로 번역한다(그림 1.8참조).

그림 1.7   인터프리터의 역할

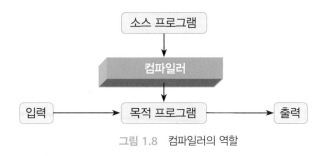

그림 1.8 컴파일러의 역할

이 기계어 프로그램을 목적 프로그램(target program)이라고 하며 이 프로그램이 실행된다. 프로그램 실행 중에 입력 혹은 출력 문을 만나면 사용자로부터 입력을 받거나 사용자에게 출력한다.

앞서 언급한 것처럼 컴파일러나 인터프리터는 소스 프로그램을 입력받아 그 프로그램이 구문법에 맞게 작성되어 있는지 검사하는데 이를 **구문 분석**(syntax analyzer 혹은 parser)이라고 한다. 보통 구문 분석에 앞서 소스 프로그램을 토큰이라는 의미 있는 어휘 단위로 분리하는데 이를 **어휘 분석**(lexical analyzer 혹은 scanner)이라고 한다. 구분 분석 이후에는 변수 중복 선언 검사, 타입 검사 등과 같은 **의미 분석**(semantic analyzer)을 통해 그 의미에 맞게 사용되고 있는지 검사하고 그 후에 의미에 따라 컴파일러는 코드를 생성하고 인터프리터는 해석하여 실행한다.

컴파일러와 인터프리터의 개괄적인 내부구조를 그림으로 살펴보면 그림 1.9와 같다. 소스 프로그램을 입력으로 받아 어휘 분석, 구문 분석, 그리고 의미 분석을 수행하고 컴파일러는 목적 코드를 생성하고 인터프리터는 해석하여 실행한다.

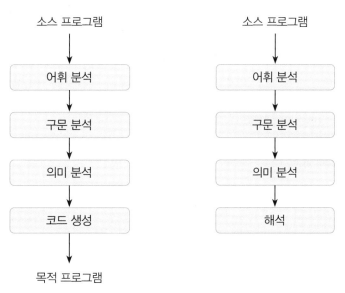

그림 1.9 컴파일러와 인터프리터의 내부 구조

01 프로그래밍 언어는 계산 과정을 기계가 읽을 수 있고 사람이 읽을 수 있도록 기술하기 위한 일종의 표기법이다.

02 명령형(절차형) 프로그래밍은 문제를 해결하는 절차를 기술 혹은 명령하는 방식의 프로그래밍 스타일이며 명령형 프로그램은 수행할 명령어들로 구성된다. 명령어들은 주로 프로그램의 상태를 변경하는 역할을 한다.

03 함수형 프로그래밍은 프로그램의 계산 과정을 수학 함수의 수행으로 간주하는 프로그래밍 스타일이며 프로그램은 함수들로 구성된다. 순수한 함수는 원칙적으로 부수 효과(상태 변경 혹은 데이터 수정)을 허용하지 않지만 함수형 언어는 언어에 따라 부수 효과를 허용한다.

04 논리 프로그래밍은 술어 논리(predicate logic)를 기반으로 한 프로그래밍 스타일이다. 프로그램을 문제에 대한 사실 혹은 규칙을 표현하는 논리 문장들의 집합으로 구성한다.

05 객체지향 프로그래밍(OOP)은 실세계를 모의실험하기 위한 언어로 고안되었으며 객체 개념을 기반으로 하는 프로그래밍 스타일이다. 객체는 속성과 그 속성에 대한 행동(함수, 메소드)들을 포괄하는 개념이다. 프로그램 실행은 객체 사이의 상호작용에 의해 이루어진다.

06 폰 노이만 모델의 가장 핵심적인 아이디어는 실행할 프로그램을 메모리에 저장해서 이를 실행하는 방식으로 이를 프로그램 저장 방식 컴퓨터라고 한다.

07 어휘구조(lexical structure)는 그 언어에서 사용하는 단어의 구조, 철자법 등을 의미한다.

08 구문법(syntax)은 말 그대로 문장을 구성하는 방법을 의미하며 문법을 이용해서 기술할 수 있다.

09 의미론(semantics)은 작성된 문장 혹은 프로그램의 의미를 정하는 것을 말한다. 프로그램의 의미는 자연어를 이용하여 기술하거나 수학적으로 기술할 수 있다.

10 추상화는 실제적이고 구체적인 개념들을 요약하여 보다 높은 개념을 유도하는 과정이다.

11 데이터 추상화는 저수준의 데이터나 자료형들을 요약하고 추상화하여 보다 고차원의 새로운 자료형 또는 자료구조를 만드는 과정을 의미한다.

12 제어 추상화는 실행 흐름을 나타내는 저수준 명령어들을 요약하고 추상화하여 보다 고차원의 제어구조를 만드는 과정을 의미한다.

13 추상 자료형은 데이터(자료구조)와 관련된 연산(프러시저)들을 한데 묶어 캡슐화하여 정의한 자료형이다.

14 인터프리터는 소스 프로그램을 입력받아 구문법에 맞게 작성되었는지 검사하고 그 의미를 파악하여 그 의미에 맞게 동작하도록 해석한다.

15 컴파일러는 소스 프로그램을 입력 받아 구문법에 맞게 작성되었는지 검사하고 그 의미를 파악하여 그 의미에 맞게 동작하도록 기계어 명령어들로 번역한다.

01 프로그래밍 언어의 역사에서 다음 언어에 영향을 준 조상 언어들은 무엇인가?

　(1) Ada

　(2) Java

　(3) Python

　(4) Scala

02 다음 용어에 대해서 설명하시오.

　(1) 추상화

　(2) 데이터 추상화

　(3) 제어 추상화

　(4) 추상 자료형

03 프로그래밍 언어를 정의하는 다음 용어에 대해 설명하시오.

　(1) 어휘 구조

　(2) 구문법

　(3) 의미론

04 컴파일러의 다음 단계의 역할을 설명하시오.

　(1) 어휘 분석

　(2) 구문 분석

　(3) 의미 분석

　(4) 코드 생성

05 4가지 프로그래밍 패러다임에 대해서 그 특징을 중심으로 설명하시오. 각 패러다임의 대표적인 언어는 무엇인가?

06 컴파일러와 인터프리터 방식을 모두 사용하고 있는 Java 인이 구현에 대해서 설명하시오. 이 방식의 장단점에 대해서 논하시오.

07 Scala 언어에 대해 조사하여 그 특징을 설명하시오. 이 언어에 영향을 준 언어들에 대하여 그 영향을 중심으로 설명하시오.

참고

01 1.1절의 프로그래밍 언어의 정의와 1.4절의 추상화에 대한 정의는 Louden & Lambert (2012)에서의 정의를 참조한 것이다. 그림 1.1 주요 프로그래밍 언어의 사용 현황은 TIOBE Programming Community Index에 수록된 것을 참조하였다. 그림 1.2 주요 프로그래밍 언어의 발전 과정은 Tucker & Noonan (2006)의 그림 1.2에 수록된 것을 기초로 확장 정리한 것이다.

02 주요 프로그래밍 언어에 대한 표준적인 참고문헌은 다음과 같다. C 프로그래밍 언어에 표준적인 참고문헌으로 Kernighan & Ritchie (1988)를 참고하기 바란다. C++ 언어에 표준적인 참고문헌으로 Stroustrup (1997)를 참고하기 바란다. Java 언어에 표준적인 참고문헌으로는 Gosling & Steele (1996)과 Arnold & Gosling (1997)를 참고하기 바란다. Python 언어에 표준적인 참고문헌으로 van Rossum (1995)를 참고하기 바란다. ML 언어에 표준적인 참고문헌으로 Milner 외 (1997)를 참고하기 바란다. Scheme 언어에 표준적인 참고문헌으로 Kelsey를 참고하기 바란다. Prolog 언어에 표준적인 참고문헌으로 Clocksin & Mellish (2003)를 참고하기 바란다.

구문법

2.1

구문 및 문법

이진수의 구문법

프로그래밍 언어의 구문법을 어떻게 정의해야 할까? 여기서 구문과 관련하여 다음과 같은 질문을 해 볼 수 있다.

Q&A 가능한 문장 혹은 프로그램의 개수가 무한하지 않은가? 무한한 것들을 어떻게 유한하게 정의할 수 있는가?

우리는 이 문제를 점화식 혹은 재귀식(recurrence relation)을 이용하여 해결할 수 있다. 그렇다면 이러한 재귀식 아이디어를 이용하여 이진수 혹은 십진수를 작성하는 구문법을 생각해 보자. 먼저 이진수를 구성하는 방법을 말로 설명해 보자.

> (1) 숫자(D)는 '0' 혹은 '1'이다.
>
> (2) 이진수(N)를 구성하는 방법은 두 가지가 있는데
>
>   첫 번째 방법은 숫자(D) 하나로 구성하는 것이다.
>
>   두 번째 방법은 이진수(N) 다음에 숫자(D)를 하나 붙여서 구성하는 것이다.

이진수를 구성하는 두 가지 방법을 논리 규칙 형태로 다음과 같이 시각적으로 표현할 수도 있다.

$$\frac{D\text{는 숫자이다}}{D\text{는 이진수 }N\text{이다}} \qquad \frac{N\text{이 이진수이고 }D\text{는 숫자이다}}{ND\text{는 이진수이다}}$$

이 규칙은 p → q 형태의 논리 규칙을 시각적으로 나타내며 가정인 p를 위에 결론인 q를 아래에 위치시킨다. 그 의미에 따라 "p이면 q이다"라고 읽을 수 있다.

이를 문법 규칙 형태로 작성하면 다음과 같이 작성할 수 있다. 이 문법 규칙의 의미는 이진수(N)를 작성하는 첫 번째 방법은 숫자(D) 하나로 작성하는 것이고, 두 번째 방법은 이진수(N) 다음에 숫자(D)를 하나 붙여서 작성한다는 것이다.

```
N → D
N → ND
```

이를 좀 더 간단한 형태로 작성하면 다음과 같이 작성할 수도 있으며 여기서 |는 또는(OR)의 의미이다. 즉 이진수 N를 구성하는 방법은 D 또는 ND이다는 의미이다.

```
N → D | ND
```

이 구문법에 따라 다음과 같이 이진수 1, 10, 101을 순차적으로 작성할 수 있다.

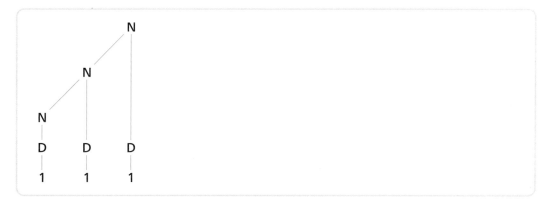

이제 이렇게 작성하는 이진수의 의미를 생각해 보자. 우리는 보통 이진수의 의미를 그 이진수가 의미하는 십진수 값으로 생각하는데 이것이 이진수의 시맨틱스라고 할 수 있다. 그렇다면 이진수가 의미하는 십진수 값 V를 어떻게 정의할 수 있을까? 다음과 같은 규칙으로 정의할 수 있다.

```
D → '0'      V('0') = 0
D → '1'      V('1') = 1
N → D        V(D)
N → ND       V(ND) = V(N) * 2 + V(D)
```

V(X)는 X의 의미로 X가 의미하는 십진수 값을 나타낸다. 첫 번째 규칙은 '0'의 의미(값)는 0이고 '1'의 의미(값)은 1이라는 것이다. V(D)의 의미는 D가 '0'이거나 '1'이므로 그에 따라 결정된다. ND의 값인 V(ND)는 N의 값인 V(N)에 2를 곱하고 여기에 D의 값인 V(D)를 더하면 된다. 이 규칙에 따라 이진수 101의 의미(값)을 계산해 보자.

```
V('101') = V('10') * 2 + V('1') = 2 * 2 + 1 = 5
V('10') = V('1') * 2 + V('0') = 2
```

십진수를 작성하는 구문법은 숫자(D)만 다음과 같이 정의하면 똑같은 방식으로 정의할 수 있다. 이제부터는 표기의 편의를 위해 숫자에 따옴표는 생략한다.

```
D → 0 | 1 | 2 | 3 | 4 | 5 | 6 | 7 | 8 | 9
```

또한 십진수의 값을 계산하는 규칙은 비슷하게 다음과 같이 정의할 수 있다.

```
V(D)
V(ND) = V(N) * 10 + V(D)
```

수식의 구문법

이번에는 좀 더 현실적인 예로 수식(expression)을 작성하는 방법인 수식의 구문법을 생각해 보자. 수식은 예를 들면 다음과 같이 작성할 수 있다.

```
5, 13, 5 + 13, 5 * 13, (5 + 13), (5 + 13) * 12, ...
```

수식의 구문법을 [수식 문법1]의 문법 형태로 정의해 보자. 이 문법에 의하면 수식을 작성 혹은 구성하는 방법은 4가지가 있다. 가장 간단한 방법은 네 번째 방법인 수(N) 하나로 수식을 구성하는 법이다. 첫 번째 방법은 수식 E 다음에 '+' 기호가 오고 그 다음에 다시 수식 E가 오도록 구성하는 것이다. 두 번째 방법은 수식 E 다음에 '*' 기호가 오고 그 다음에 다시 수식 E가 오도록 구성하는 것이다. 세 번째 방법은 괄호 안에 수식 E를 배치하여 구성하는 법이다. 이 문법에서는 표기의 편의를 위해 연산자나 괄호에 따옴표는 생략한다. 이 규칙에 따라 덧셈과 곱셈을 사용하는 위의 수식들을 작성할 수 있으며, 그 외에도 무수히 많은 수식을 작성할 수 있다.

[수식 문법 1]

```
E → E + E      (1)
  | E * E      (2)
  | ( E )      (3)
  | N          (4)
N → N D | D
D → 0 | 1 | 2 | 3 | 4 | 5 | 6 | 7 | 8 | 9
```

이렇게 작성하는 수식의 의미는 무엇일까? 우리는 일반적으로 수식의 결과 값을 그 수식의 의미라고 생각한다. 수식 E의 값인 V(E)를 계산하는 규칙은 다음과 같이 정의할 수 있다.

구문법	의미(값) 계산 규칙
E → E + E	V(E + E) = V(E) + V(E)
| E * E	V(E * E) = V(E) * V(E)
| (E)	V((E)) = V(E)
| N	V(N)

첫 번째 값 계산 규칙은 E + E의 값인 V(E + E)는 첫 번째 수식 E의 값인 V(E)와 두 번째 수식 E의 값인 V(E)를 더해서(+) 계산한다는 것을 나타낸다. 두 번째 규칙도 비슷하게 해석할 수 있다. 세 번째 규칙은 (E)의 값인 V((E))는 E의 값인 V(E)와 같다는 것을 나타낸다. 수 N의 값을 계산하는 규칙은 앞에서 정의되었다.

예를 들어 값 계산 규칙을 이용하여 수식 3 * 5 + 12의 의미인 값을 계산해 보자.

V(3 * 5 + 12) = V(3 * 5) + V(12) = V(3) * V(5) + V(12) = 3 * 5 + 12 = 27

프로그래밍 언어의 구문구조

프로그래밍 언어의 구문구조는 어떻게 표현할 수 있을까? 앞에서 살펴본 수식의 구문법으로부터 시작하여 프로그래밍 언어의 구문법을 생각해 보자. 먼저 프로그래밍 언어를 구성하는 문장들을 생각해 보자. 프로그래밍 언어의 문장은 언어에 따라 여러 종류가 있는데 가장 기본적인 문장이 대입문(assignment statement), 조건문(conditional statement), 반복문(repetitive statement) 등이다. 이러한 문장의 구조는 언어에 따라 조금씩 다르지만 예를 들어 다음과 같은 구문 구조일 것이다.

```
(1)  id = E
(2)  if E then S else S
(3)  while ( E ) S
```

여기서 id는 식별자를 나타내며 E는 수식, S는 임의의 문장을 나타낸다. 이들 문장 구조에서 S의 위치에는 어떤 문장이라도 올 수 있다는 점을 유의하자.

- 첫 번째 문장은 식별자(id)에 수식(E)의 값을 대입하는 대입문을 나타낸다.

- 두 번째 문장은 수식(E)의 값에 따라 실행할 문장을 결정하는 `if` 문의 구조이다.
- 세 번째 문장은 수식(E)가 참일 동안 문장 S를 반복하는 `while` 문의 구조이다.

이제 앞에서 살펴본 재귀적 정의를 이용하여 프로그래밍 언어의 문장 S의 구문법을 정의해 보자.

```
S → id = E
  | if E then S else S
  | while ( E ) S
  | ...
```

이 문법은 **문맥-자유 문법(CFG:Context-free grammar)**이라고 하며 문맥-자유 문법은 이러한 재귀적 구조를 자연스럽게 표현할 수 있다.

[정의 1]

문맥-자유 문법 CFG는 다음과 같이 구성된다.

- 터미널 심볼의 집합 T
- 넌터미널 심볼의 집합 N
- 시작 심볼 S (넌터미널 심볼 중에 하나)
- 다음과 같은 형태의 생성(문법) 규칙들의 집합

$$X \rightarrow Y_1 \ Y_2 \ \ldots \ Y_n \quad \text{여기서 } X \in N \text{ 그리고 } Y_i \in T \cup N$$

생성 규칙에서 오른쪽이 빈 스트링인 경우는 $X \rightarrow \varepsilon$으로 표시한다. ε는 빈 스트링을 나타내는 심볼이다.

보통 넌터미널(nonterminal) 심볼은 대문자로, 터미널(terminal) 심볼은 소문자로 표기한다. 문장 S를 정의하는 문법에서 대문자로 표시된 S, E 등은 넌터미널 심볼이고 id, if, then, else, while, = 등은 모두 터미널 심볼이다.

넌터미널 심볼은 끝나지 않은 심볼이라는 뜻인데 무슨 의미일까? 넌터미널 심볼이 나타내는 스트링들의 작성법이 문법 규칙에 의해 정의되어 있다는 의미이다. 따라서 넌터미널 심볼은 문법 규칙의 왼쪽에 위치할 수 있으며 일종의 구문적 변수 역할을 한다. 이에 반해 터미널 심볼은 그 자체가 기초 심볼로 더 이상 작성법이 정의되어 있지 않으며 문법 규칙에 왼쪽에는 위치할 수 없으며 오른쪽에만 나타날 수 있다.

[정의 2]

생성 규칙(production rule) $X \rightarrow Y_1 \ Y_2 \ \ldots \ Y_n$는 X를 작성하는 방법을 정의하는 문법 규칙으로 X는 $Y_1 \ Y_2 \ \ldots \ Y_n$ 형태로 작성할 수 있다는 것을 의미한다. 여기서 Y_i는 터미널 심볼 혹은 넌터미널 심볼이다.

X를 작성하는 방법이 여러 가지가 있을 수 있으므로 X로 시작하는 규칙도 여러 개 있을 수 있다. 생성 규칙은 문법을 이루는 규칙이므로 **문법 규칙**(grammar rule)이라고도 한다.

예를 들어, 다음 생성 규칙은 문장 S를 작성하는 규칙으로 if-then-else 문을 작성하는 규칙이다. 우리가 아는 것처럼 if 문은 if 다음에 수식 E가 오고 다음에 then과 문장 S가 오고 그 다음에 else와 문장 S가 온다는 것을 나타낸다.

$$S \rightarrow if \ E \ then \ S \ else \ S$$

문장 S에는 다른 종류의 문장도 존재함으로 위의 문법에서 본 것처럼 S로 시작하는 다른 규칙도 존재한다.

이제 지금까지 살펴본 수식과 문장들을 포함하는 문법을 다음과 같이 정의할 수 있다. 이 문법에서 수식은 산술 수식뿐만 아니라 관계 연산자를 사용하는 비교 수식도 포함한다. 수식에서 n은 정수 상수를 나타내며 id는 변수 이름을 나타낸다. true와 false는 각각 참과 거짓을 나타내는 터미널 심볼이다. 문장은 대입문, if-then 문과 if-then-else 문을 포함한 조건문, 반복문인 while 문, 입출력을 위한 read 문과 print 문 등을 포함한다. 또한 S; S는 여러 개의 문장들로 이루어진 복합문은 나타낸다.

[문장의 요약 문법]

```
Stmt S → id = E
       | S; S
       | if E then S
       | if E then S else S
       | while ( E ) S
       | read id
       | print E
Expr E → n | id | true | false
       | E + E | E - E | E * E | E / E | ( E )
       | E == E | E != E | E < E | E > E | !E
```

2.2

유도

유도

입력된 문장 혹은 프로그램이 문법에 맞는지 검사하는 것을 구문검사라고 한다.

Q&A 어떤 문장 혹은 프로그램이 구문법에 맞는지는 어떻게 검사할 수 있을까?

일반적으로 입력된 스트링이 문법에 맞는지 검사하려면 문법으로부터 **유도**(derivation)해 보아야 한다.

[핵심개념]

어떤 스트링이 문법으로부터 유도 가능하면 문법에 맞는 스트링이고, 그렇지 않으면 문법에 맞지 않는 스트링이다.

그러면 유도는 어떻게 할까? 유도는 생성 규칙을 적용하여 문법에 맞는 문장 혹은 스트링을 생성하는 과정이라고 할 수 있다. 생성 규칙 $X \rightarrow Y_1 \ Y_2 \ \dots \ Y_n$는 그 단어의 뜻처럼 X는 $Y_1 \ Y_2 \ \dots \ Y_n$을 생성한다 혹은 X는 $Y_1 \ Y_2 \ \dots \ Y_n$으로 대치될 수 있다는 의미를 갖고 있다. 유도는 다음과 같이 시작 심볼 S부터 시작하여 진행한다.

```
S => ... => ...
```

시작 심볼부터 시작하는 유도 과정의 핵심 아이디어는 다음과 같다.

1. 시작 심볼 S부터 시작한다.
2. 넌터미널 심볼 X를 X로 시작하는 생성규칙 $X \rightarrow Y_1 \ Y_2 \ \dots \ Y_n$을 적용하여 그 오른쪽 부분인 $Y_1 \ Y_2 \ \dots \ Y_n$으로 대치한다.
3. 이 과정을 넌터미널 심볼이 없을 때까지 반복한다.

터미널 심볼은 대치할 규칙이 없으므로 일단 생성되면 끝으로 터미널 심볼은 그 언어의 토큰(token)이라고 한다.

a가 여러 개 나오고 b로 끝나는 스트링들을 정의하는 다음과 같은 간단한 문법을 이용하여

스트링 aaab을 유도(생성)해 보자.

> S → aS | b

이 스트링의 유도과정은 다음과 같다.

> S => aS => aaS => aaaS => aaab

이제 이러한 유도 과정을 정의해 보자.

[정의 3]

다음과 같이 어떤 넌터미널 심볼을 선택해서 문법의 생성 규칙을 한 번 적용하는 것을 **직접 유도(direct derivation)**라고 하고 => 기호로 표시한다. 생성 규칙을 한 번 적용하는 것은 생성 규칙의 왼쪽 넌터미널 심볼을 오른쪽 심볼들로 대치하는 것이다.

생성 규칙 $X_i → Y_1 Y_2 \ldots Y_n$이 존재하면

$$X_1 \ldots X_{i-1} X_i X_{i+1} \ldots X_n => X_1 \ldots X_{i-1} Y_1 Y_2 \ldots Y_n X_{i+1} \ldots X_n$$

[정의 4]

유도(derivation)는 여러 번의 직접 유도를 연속적으로 하는 것을 말하고 $X_1 \ldots X_n$부터 시작하여 $Y_1 \ldots Y_m$까지의 0번 혹은 그 이상 번의 직접 유도가 가능하면 다음과 같이 $=>^*$ 기호로 나타낸다.

$$X_1 \ldots X_n => \ldots => Y_1 \ldots Y_m \text{ 이 가능하면}$$

$$X_1 \ldots X_n =>^* Y_1 \ldots Y_m$$

다음 수식 문법을 이용하여 스트링 3 + 4 * 5를 유도해 보자.

[수식 문법 2]

```
E → E + E
  | E * E
  | ( E )
  | N
N → N D | D
D → 0 | 1 | 2 | 3 | 4 | 5 | 6 | 7 | 8 | 9
```

스트링 3 + 4 * 5 유도 과정:

E => E + E => N + E => D + E => 3 + E => 3 + E * E => 3 + N * E
=> 3 + D * E => 3 + 4 * E => 3 + 4 * N => 3 + 4 * D => 3 + 4 * 5

좌측 유도와 우측 유도

지금까지 살펴본 예들은 모두 **좌측 유도**(leftmost derivation)를 중심으로 유도하는 과정을 설명하였다. 유도는 각 직접 유도 단계에서 어떤 넌터미널이나 선택하여 생성 규칙을 적용할 수 있다. 이에 반해 좌측 유도는 각 직접 유도 단계에서 가장 왼쪽 넌터미널을 선택하여 이를 대상으로 생성 규칙을 적용한다.

그렇다면 **우측 유도**(rightmost derivation)도 가능한가? 물론 가능하다. 우측 유도는 각 직접 유도 단계에서 가장 오른쪽 넌터미널을 선택하여 이를 대상으로 생성 규칙을 적용하면 된다. 3 + 4 * 5 스트링을 우측 유도를 적용하여 생성해 보자.

E => E + E => E + E * E => E + E * N =>* E + E * 5
=> E + N * 5 =>* E + 4 * 5 => N + 4 * 5 =>* 3 + 4 * 5

문법 G의 언어

문법에 의해 정의되는 언어는 무엇일까? 문법에 의해 정의되는 언어는 그 문법에 맞는 모든 스트링의 집합이라고 생각할 수 있다. 그런데 유도에서 살펴본 것처럼 문법에 맞는 스트링은 그 문법으로부터 유도될 수 있는 스트링이다.

[정의 5]

문법 G에 의해 정의되는 언어 L(G)는 문법 G에 의해서 유도되는 모든 스트링들의 집합이다. 이를 수학적으로 정리하면 다음과 같이 기술할 수 있다.

L(G) = {$a_1 \ldots a_n$ | S =>* $a_1 \ldots a_n$, 모든 a_i는 터미널 심볼이다. }

예를 들어 다음 문법 G에 의해 정의되는 언어는 무엇인가?

S → (S)
S → a

1. 먼저 몇 개의 가능한 스트링을 유도(생성)해 보면 다음과 같다.

```
S => a
S => (S) => (a)
S => (S) => ((S)) => ((a))
...
```

2. 이들을 집합 형태로 표현해 보자.

```
L(G) = {a, (a), ((a)), (((a))), ... } = { (ⁿ a )ⁿ | n≥0 }
```

유도 트리

유도 과정을 보다 쉽게 이해할 수 있도록 표현할 수 없을까? 유도 과정은 트리 형태로 시각적으로 표현할 수 있는데 이를 유도 트리 혹은 파스 트리 혹은 구문 트리라고 한다. 예를 들어 수식 3 + 4 * 5를 유도를 통해 생성해 보자.

```
E => E + E => N + E => D + E => 3 + E => 3 + E * E => 3 + N * E
=> 3 + D * E => 3 + 4 * E => 3 + 4 * N => 3 + 4 * D => 3 + 4 * 5
```

유도는 시작 심볼로부터 시작하여 연속적으로 직접 유도를 한다.

```
S => ... =>
```

이러한 유도 과정은 다음과 같이 트리 형태로 그릴 수 있다.

1. S가 트리의 루트이다.
2. 규칙 $X \rightarrow Y_1 Y_2 \ldots Y_n$을 적용하여 직접 유도를 할 때마다 X 노드는 $Y_1, \ldots, Y_n$를 자식 노드로 갖도록 트리를 구성한다.

예를 들어, 다음과 같은 직접 유도 과정을 트리 형태로 표현하면 그림 2.1의 트리에서 E가 E + E가 되는 부분이 될 것이다.

```
E => E + E
```

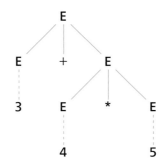

그림 2.1 3 + 4 * 5를 위한 파스 트리

3 + 4 * 5를 유도하는 전체 과정을 트리 형태로 구성하면 그림 2.1과 같다. 이 그림에서 E => N => D => 숫자가 유도되는 과정은 생략하고 점선으로 처리했다.

[핵심개념]

유도 트리(derivation tree)는 유도과정 혹은 구문구조를 보여주는 트리로 **파스 트리**(parse tree) 혹은 **구문 트리**(syntax tree)라고도 한다.

유도 트리는 잎에 터미널 심볼이 오고 내부 노드에 넌터미널 심볼이 온다. 이 트리 구조는 3 + (4 * 5)와 같은 결합 성질을 보여준다.

한 가지 주의할 점은 좌측 유도를 하든 우측 유도를 하든 이를 유도 트리로 구성하면 모두 같은 트리를 갖는다는 점이다. 단지 차이점은 트리에 가지가 추가되는 순서이다.

2.3

모호성

앞 절에서 [수식 문법 2]를 사용한 유도 과정을 트리 형태로 구성하였다. 그런데 앞에서 살펴본 3 + 4 * 5 스트링은 사실 **두 개의 파스트리**를 가질 수 있다. 어떻게 이게 가능할까? 이 스트링을 곱하기 규칙을 먼저 적용하여 다음과 같이 좌측 유도하는 것도 가능하다.

```
E => E * E => E + E * E => N + E * E => 3 + E * E => 3 + N * E
=>* 3 + 4 * E => 3 + 4 * N =>* 3 + 4 * 5
```

이 유도과정을 트리 형태로 구성하면 그림 2.3과 같다. 따라서 이 스트링에 대해서는 두 개의 좌측 유도가 존재하고 두 개의 파스 트리가 존재한다. 실제로 두 개의 파스 트리가 나타내는 구조에 따라 수식의 값을 계산하면 첫 번째는 23이 되고 두 번째는 35가 되므로 결과적으로 파스 트리의 구조에 따라 그 의미도 달라진다고 할 수 있다. 이러한 문법은 그 구문 구조가 모호하므로 모호한 문법이라고 한다.

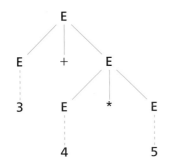

그림 2.2 3 + 4 * 5의 첫 번째 파스 트리

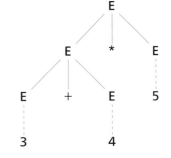

그림 2.3 3 + 4 * 5의 두 번째 파스 트리

[정의 6] 모호한 문법

어떤 스트링에 대해 **두 개 이상의 좌측 유도**(혹은 우측 유도)를 갖는 문법을 **모호한 문법** (ambiguous grammar)이라고 한다.

좌측 유도와 유도 트리 사이에는 일대일 대응 관계가 있다. 왜냐하면 앞의 예에서 본 것처럼 하나의 스트링에 대해서 좌측 유도가 두 개이면 이를 트리로 구성하면 트리도 두 개가 된다. 비슷한 이유로 유도 트리와 우측 유도 사이에도 일대일 대응 관계가 있다. 따라서 모호한 문법을 다음과 같이 정의할 수도 있다. 결과적으로 좌측 유도, 유도 트리, 우측 유도 사이에는 일대일 대응 관계가 있다.

[정의 7] 모호한 문법

어떤 스트링에 대해 두 개 이상의 파스 트리를 갖는 문법을 모호한 문법이라고 한다.

모호한 문법은 어떤 스트링에 대한 구문 구조를 두 개 이상으로 해석할 수 있기 때문에 말 그대로 모호하고 이런 면에서 문법의 모호성은 좋지 않은 성질이다. 그러면 모호한 문법은 어떻게 하여야 할까? 이 문제를 해결하기 위한 두 가지 방법이 있다.

1. 모호한 문법을 같은 언어를 정의하는 모호하지 않은 문법으로 재작성한다.
2. 언어의 구문법을 모호하지 않도록 일부 수정한다.

첫 번째 방법을 생각해 보자. 이 방법은 주어진 모호한 문법을 모호하지 않은 문법으로 재작성하는데 주어진 문법과 재작성된 문법이 같은 언어를 정의한다는 면에서 서로 동등하도록 작성해야 한다. 예를 들어, 수식 문법을 모호하지 않도록 재작성해 보자. 모호한 문법은 하나의 스트링에 대해서 두 개 이상의 트리를 구성할 수 있으므로 이에 따라 두 개 이상의 구문적 구조(syntactic structure)를 보여준다고 할 수 있다. 따라서 문법을 재작성하기 전에 먼저 원하는 구조가 어떤 것인지 정해야 한다. 예를 들어 3 + 4 * 5에 대한 트리 중에 어떤 것을 원하는지 선택해야 한다. 우리가 보통 익숙한 구조는 곱하기를 먼저하고 이를 더하는 첫 번째 트리 형태일 것이다.

그렇다면 어떻게 이런 형태의 트리만 구성하도록 문법을 작성할 수 있을까? 첫 번째 트리 형태를 잘 분석해 보면 수식(expr)은 여러 개의 항(term)을 더하는 형태인 것을 알 수 있다. 이런 형태로 수식을 위한 문법 규칙을 작성하면 다음과 같을 것이다. 즉 수식은 하나의 항으로 구성하거나 여러 개의 항을 더하는 형태로 구성하는데 이는 첫 번째 규칙과 같이 재귀적으로 표현할 수 있다. 그러면 항은 어떻게 구성할까? 비슷하게 항은 하나의 인수(factor)로 구성하거나 여러 개의 인수를 곱하는 형태로 구성한다.

[수식 문법 3]

```
E → E + T | T
T → T * F | F
F → N | ( E )
```

이 문법을 이용하여 3 + 4 * 5에 대한 좌측 유도를 해 보자.

```
E => E + T =>* N + T => 3 + T => 3 + T * F => 3 + F * F
=> 3 + N * F =>* 3 + 4 * N =>* 3 + 4 * 5
```

이 문법을 이용해서는 3 + 4 * 5에 대한 다른 좌측 유도는 할 수 없다는 것을 유의하자. 따라서 이 스트링에 대한 유도 트리도 다음과 같이 하나밖에 구성할 수 없다.

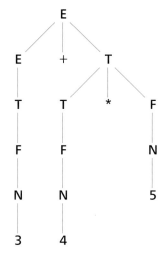

그림 2.4 3 + 4 * 5에 대한 유도 트리

또 다른 문법의 예를 살펴보자.

```
S  →  if E then S
   |  if E then S else S
```

이 문법도 모호한 문법이다. 왜냐하면 다음 문장에 대해 두 개의 파스 트리가 존재하기 때문이다.

```
if e1 then if e2 then s1 else s2
```

그림 2.5에서 첫 번째 트리는 이 문장을 then 부분에 if-then-else 문이 있는 if-then 문장 구조로 해석한 것이다. 두 번째 트리는 이 문장을 then 부분에 if-then 문이 있는 if-then-else 문장 구조로 해석한 것이다. 이 그림에서는 그림의 편의를 위해 then과 else 키워드는 생략했다.

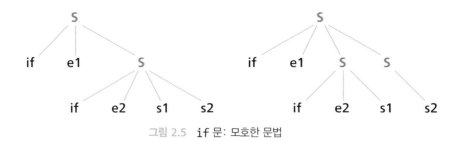

그림 2.5 if 문: 모호한 문법

이 문법을 동일한 언어를 정의하는 모호하지 않는 문법으로 재작성하는 것도 가능하나 이 문법을 모호하지 않은 문법으로 재작성하는 것은 꽤 복잡하고 재작성된 문법도 꽤 복잡하다(연습문제 7번 참조).

문법의 모호성을 해결하기 위한 두 번째 방법을 생각해 보자. 문법의 모호성을 해결하는 또 하나의 방법은 언어의 구문법을 모호하지 않도록 약간 바꾸는 것이다. 예를 들어 이 문법을 다음과 같이 구문법을 약간 변경할 수 있다. 이렇게 하면 if-then 문장은 반드시 end로 끝나야 하며 이 키워드를 이용하면 if-then 문장인지 if-then-else 문장인지 구별할 수 있다.

```
S → if E then S end
  |  if E then S else S
```

예를 들어 첫 번째 트리 형태로 작성하기를 원하면 다음과 같이 작성하면 된다.

```
if e1 then if e2 then s1 else s2 end
```

두 번째 트리 형태로 작성하기를 원하면 다음과 같이 작성하면 된다.

```
if e1 then if e2 then s1 end else s2
```

2.4 BNF와 구문 다이어그램

문법을 기술하는 형식은 여러 가지가 있는데 프로그래밍 언어의 문법을 기술하는 데는 BNF (Backus-Naur Form) 형식이 많이 사용된다. 이 형식에서는 넌터미널을 화살괄호 <...> 형태로 작성하는데 이렇게 하면 긴 이름의 넌터미널 심볼도 보다 분명히 표시하여 작성할 수 있다. 앞에서 작성한 모호하지 않은 [수식 문법 3]을 BNF 형식으로 다음과 같이 작성할 수 있다.

[수식 문법 4] BNF

```
<expr>   → <expr> + <term> | <term>
<term>   → <term> * <factor> | <factor>
<factor> → number | ( <expr> )
```

BNF 형식으로 작성된 이 문법은 재귀적으로 정의되어 있기 때문에 초보자들에게는 여전히 이해하기 어려울 수 있다. 이를 좀 더 쉽게 표현하기 위해 제안된 것이 EBNF(Extended Backus-Naur Form) 형식이다.

[핵심개념]

EBNF 형식의 핵심 아이디어는 재귀적 정의를 반복적 정의 형태로 표현하는 것인데 EBNF 형식에서 { ... } 형태로 쓰면 괄호 안의 것이 여러 번(0번 이상) 반복된다는 것을 나타낸다. 여기서 0번 반복된다는 것은 반복되지 않음을 의미한다.

예를 들어 [수식 문법 4]에서 수식 <expr>를 구성하는 규칙을 살펴보자. 이 규칙을 다음과 같이 반복해서 적용할 수 있다. 결국 이 규칙이 의미하는 것은 수식은 한 개 이상의 항 <term>들의 합으로 구성된다는 것이다.

```
<expr> => <expr> + <term>
       => <expr> + <term> + <term>
       => <expr> + <term> + <term> + <term>
       . . .
       => <term> + ... + <term>
```

EBNF에서는 이를 다음 문법과 같이 표현할 수 있는데 수식 <expr>은 항 <term>이 하나 오고 이어서 {+ <term>} 형태 즉 + <term>이 여러 번(0번 이상) 반복되어 나타날 수 있다. 비슷하게 <term>은 <factor>가 하나 오고 이어서 * <factor>가 0번 이상 반복되는 형태 이다.

[수식 문법 5] EBNF

```
<expr>  →  <term> {+ <term>}
<term>  →  <factor> {* <factor>}
<factor>  →  number | ( <expr> )
```

[수식 문법 5]는 뺄셈과 나눗셈을 표현할 수 없는데 이 문법을 뺄셈과 나눗셈을 포함하도록 확장하면 [수식 문법 6]과 같다.

[수식 문법 6]

```
<expr>  →  <term> {+ <term> | - <term>}
<term>  →  <factor> {* <factor> | / <factor>}
<factor>  →  number | ( <expr> )
```

이러한 문법은 프로그래밍 언어의 구문 구조를 매우 효과적으로 표현할 수 있다. 또한 EBNF 형식에서 대괄호 [...] 형태로 쓰면 괄호 안의 것이 0번 혹은 1번 나타날 수 있음을 의미한다. 이는 괄호 안의 것이 옵션이라는 것을 의미한다. 예를 들어 if 문에서 else 부분은 옵션인데 이를 다음과 같이 표현할 수 있다.

```
<stmt>  →   if <expr> then <stmt>
        |   if <expr> then <stmt> else <stmt>
                    ||
<stmt>  →   if <expr> then <stmt> [else <stmt>]
```

이제 문장을 보다 구체화하여 다음과 같이 EBNF 형식으로 작성할 수 있다. 문장에는 대입 문, 복합문, if 문, while 문 외에 입출력을 위한 read 문과 print 문 등이 있다. 복합문의 경우에는 시작과 끝을 나타내기 위해 중괄호를 사용한다. 또한 if 문은 if-then 문과 if-then-else 문을 모두 포함하도록 앞에서 설명한 대괄호 옵션을 사용하였다.

[문장의 문법] EBNF

```
<stmt> → id = <expr>;
       | '{' {<stmt>} '}'
       | if ( <expr> ) then <stmt> [else <stmt>]
       | while ( <expr> ) <stmt>
       | read id;
       | print <expr>;
```

이 문법에서 수식 <expr>은 다음과 같이 산술 수식 <aexp>과 관계 연산자를 사용하는 비교 수식 <bexp>을 모두 포함한다. 뿐만 아니라 수식에 논리 연산자(&, |, !)를 사용할 수 있고 true, false도 하나의 수식이다.

[수식 문법 7] EBNF

```
<expr> → <bexp> {& <bexp> | '|' <bexp>} | !<expr> | true | false
<bexp> → <aexp> [<relop> <aexp>]
<relop> → ==  | != | < | > | <= | >=
<aexp> → <term> {+ <term> | - <term>}
<term> → <factor> {* <factor> | / <factor>}
<factor> → [ - ] ( number | ( <aexp> ) | id )
```

구문 다이어그램

지금까지 살펴본 문법은 프로그래밍 언어의 구문 구조를 매우 효과적으로 표현할 수 있는 정형화된 방법이다. 그러나 문법에 익숙하지 않은 사용자들은 여전히 문법을 어렵게 생각할 수 있다. 이를 해결하기 위해 문법의 각 생성규칙을 다이어그램 형태로 표현할 수 있는데 이를 **구문 다이어그램**(syntax diagram)이라고 한다.

[핵심개념]

구문 다이어그램을 그리는 원리는 다음과 같다.

1. 넌터미널 심볼은 사각형으로 표시한다.
2. 터미널 심볼은 원으로 표시한다.
3. 생성 규칙 내의 심볼의 순서는 화살표로 표시한다.

[수식 문법 6]을 예를 들어 살펴보자. 이 문법을 구문 다이어그램으로 그리면 그림 2.6과 같다. EBNF에서 중괄호로 나타낸 반복을 표현하기 위해서 다이어그램에서는 루프를 사용하는 것을 주목하라. expr를 위한 다이어그램에서 화살표를 따라가면서 루프를 돌아 term을 여러 번 반복할 수 있다. term을 위한 다이어그램에서도 마찬가지로 루프를 돌아 factor를 여러 번 반복할 수 있다. factor를 위한 다이어그램에서는 화살표의 선택에 따라 괄호 수식 혹은 수를 선택할 수 있다.

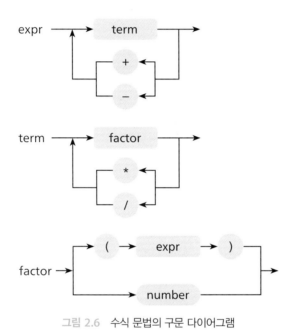

그림 2.6   수식 문법의 구문 다이어그램

2.5

재귀 하강 파싱

지금까지 논의한 것을 정리해 보자. 지금까지 논의한 주제는 구문법이었다. 구문법은 문장을 구성하는 방법이라고 할 수 있으며 이를 정형적으로 표현한 것이 문법이다. 어떤 스트링(혹은 문장)이 문법에 맞는지 검사하는 것은 유도를 통해서 가능하다. 즉 유도할 수 있으면 문법에 맞는 것이고 유도할 수 없으면 문법에 맞지 않는 것이다.

주제	논리	구현
구문법	문법	파서

이 절에는 입력 스트링을 문법에 따라 유도하는 것을 구현하는 문제를 생각해 보자.

[핵심개념]

주어진 입력 스트링이 문법에 맞는지 자동적으로 유도하면서 분석하는 것을 **파싱**(parsing)이라고 한다.

프로그래밍 언어의 문법은 구문적으로 합법적인 토큰들의 스트링에 대해서 기술한다. **파서**(parser)는 입력 스트링이 문법에 맞는지 자동적으로 유도(파싱)해서 분석하는 프로그램이다. 파서의 가장 단순한 형식은 인식기로 어떤 스트링의 합법성 여부에 따라 그 스트링을 수락하거나 거절하는 프로그램이다. 더 일반적인 파서는 파스 트리(또는 추상 구문 트리)를 구성하거나 수식에 대한 값을 계산하는 것과 같은 다른 일들을 수행할 수 있다.

매우 효과적이면서 간단한 파서 구현 방법으로 문법으로부터 직접 파서를 만드는 하향식 파싱 방법이 있다. 본질적으로 이 방법은 넌터미널을 상호 순환적인 프로시저(함수)로 변환시키는데 프로시저의 행동은 생성 규칙의 우측에 기초하여 정의된다. 따라서 이를 **재귀 하강 파싱**(recursive descent parsing)이라고 한다. 이 파싱 방법도 하향식 파싱이므로 기본적으로 match-expand 방식으로 동작하며 LL(1) 조건을 만족하는 문법은 재귀 하강 파싱으로 파싱할 수 있다. LL 파싱에 대해서는 다음 절에서 기술한다.

토큰과 어휘 분석기

재귀 하강 파서를 작성하기 전에 필요한 변수 및 토큰 관련 함수에 대해서 먼저 살펴보자.

먼저 파서에서는 문법의 터미널 심볼이 토큰(token)이 된다. 따라서 수식 문법에서는 연산 기호 '+', '*', '-', '/', 괄호 '(', ')', 상수 리터럴을 나타내는 number 등이 토큰이 된다. 보통 파서는 필요할 때마다 어휘 분석기(lexical analyzer)를 호출하며 어휘 분석기는 입력 스트 링을 토큰 단위로 분리하여 리턴한다. 파서는 어휘 분석기가 읽은 현재의 토큰을 token이 라는 전역 변수에 저장한다.

수식 문법을 위한 간단한 어휘 분석기를 구현해 보자.

● getToken() 함수는 어휘 분석기를 구현한 함수로 다음 토큰을 읽어서 리턴한다.

이 함수는 첫 번째 읽은 문자가 연산기호나 괄호이면 해당 문자를 리턴한다. 첫 번째 읽은 문자가 숫자이면 이는 상수를 나타내는 리터럴의 시작이며 이 부분은 number 함수에 의해 서 처리되어 그 값이 리턴된다. 이 리터럴의 실제 값은 변수 value에 저장되고, 이 상수 리 터럴을 나타내는 NUMBER가 토큰으로 리턴된다.

파서에서 현재 토큰에 대한 확인이 필요한 경우에는 match() 함수를 호출하여 토큰을 검 사할 수 있다.

● 보통 match() 함수는 현재 토큰을 확인하고 다음 토큰을 읽는 역할을 한다.

보통 파서는 첫 번째 토큰을 읽은 후에 시작하므로 geToken() 함수를 호출하여 첫 번째 토 큰을 변수 token에 저장하고 시작한다(59쪽 parse() 함수 참조).

```java
class Parser {
    int token;
    int value;
    int ch;
    PushbackInputStream input;
    final int NUMBER=256;

    Calc(PushbackInputStream is) {
        input = is;
    }

    int getToken() {    // 토큰은 문자 혹은 숫자
        while(true) {
            try {
                ch = input.read();
                if (ch == ' ' || ch == '\t' || ch == '\r') ;
```

```
                    else if (Character.isDigit(ch)) {
                        value = number();
                        input.unread(ch);
                        return NUMBER;
                    }
                    else return ch;
                } catch (IOException e) {
                    System.err.println(e);
                }
            }
        }
        void match(int c) { // 현재 토큰 확인 후 다음 토큰 읽기
            if (token == c)
                token = getToken();
            else error();
        }

        // ...
    }
```

재귀 하강 파서 만들기

[핵심개념]

재귀 하강 파서를 만드는 기본 원리는 입력 스트링을 좌측 유도(leftmost derivation)하도록 문법으로부터 다음과 같이 직접 파서 프로그램을 작성하는 것이다.

1. 각 넌터미널을 위한 하나의 프로시저(함수, 메소드)를 구현한다.

2. 프로시저 내에서 해당 생성 규칙의 우변을 수행하도록 작성한다.

   - 터미널은 어휘 분석기가 읽은 입력 토큰과 일치(match)해야 하며
   - 넌터미널은 그 넌터미널에 해당하는 프로시저에 대한 호출로 구현한다.

3. 프로시저 내에서 다른 넌터미널 프로시저를 호출하는 것은 해당 생성 규칙을 적용하는 (expand) 것이다.

예를 들어, 왼쪽과 같은 생성 규칙에 대해서 오른쪽과 같은 프로시저를 작성하는 것이다.

```
                                                    A()
                                                    {
                                                        B();
<A> → <B> c <D>          ══════════>                     match("c");
                                                        D();
                                                    }
```

만약 이 과정을 다음의 수식을 위한 규칙 같은 좌순환 규칙에 대해서 적용하면 어떻게 될까?

```
<expr> → <expr> + <term> | <term>
```

이 규칙을 재귀-하강 프로시저로 작성한다면, 다음과 같은 코드를 얻을 것이다.

```
void expr( ) {
    expr( );
    if (token == '+')  {
        match('+');
        term();
    }
}
```

불행히도 이 프로시저가 호출될 때, 즉각 무한 루프를 발생시킨다. 이러한 현상은 우순환 즉 후미 순환(tail recursion)에서는 발생하지 않고 좌순환 즉 머리 순환(head recursion)에서 발생한다. 이러한 이유로 언어 이론가들은 좌순환 제거(left-recursion removal) 기술을 연구해 왔다.

위의 좌순환 규칙은 같은 언어를 정의하는 다음과 같은 우순환 규칙으로 변환할 수 있다. 이 우순환 규칙은 재귀-하강 파싱에서 그와 같은 문제를 야기하지 않는다.

```
BNF:    <expr> → <term> + <expr> | <term>
EBNF:   <expr> → <term> [+ <expr>]
```

이 규칙은 직접적으로 다음 재귀-하강 코드에 해당한다. 이 코드에서는 term() 호출에 의해 항을 생성한 후에 다음 토큰이 '+'인 경우에만 다시 재귀 호출을 하기 때문에 문제가 없다.

```
void expr( ) {
    term( );
    if (token == '+')  {
        match('+');
        expr();
    }
}
```

만약 이 문법을 순환을 사용하지 않고 EBNF 형식이나 구문 다이어그램으로 규칙을 재작성한다면, 순환은 EBNF의 중괄호에 해당하는 간단한 루프로 대체될 수 있다. 예를 들어 위의 순환 규칙은 다음 EBNF 규칙으로 재작성할 수 있다.

```
<expr>  →  <term> {+ <term>}
```

이 규칙은 다음 재귀-하강 코드에 해당되며 EBNF에서 중괄호는 루프를 사용한 순환 제거를 나타낸다.

```
void expr( ) {
    term( );
    while (token == '+')  {
        match('+');
        term();
    }
}
```

넌터미널 <expr>를 위한 함수 expr( ) 내에서 이 문법 규칙을 적용하여 수식을 유도하는 과정을 다음과 같이 구현할 수 있다. 이 함수 내에서 term( ) 함수를 호출하는 것은 넌터미널 <term>으로 시작하는 규칙을 적용하여 항을 유도하기 위한 것이다. 이후로 다음 입력 문자(토큰)가 '+' 이면 match('+')를 호출하는데 이는 현재 토큰이 '+'인지 확인하고 그 다음 토큰을 읽는다. 계속해서 넌터미널 <term>으로 시작하는 규칙을 적용하여 다음 항을 유도한다. 이러한 과정은 다음 입력 문자가 '+'인 동안 반복해야 하는데 이는 다음 입력 문자가 '+'라는 것은 그 다음 항이 또 있기 때문이다.

수식 계산기 만들기

이 함수를 다음과 같이 약간 수정하면 수식을 파싱하는 함수 expr()이 수식을 파싱(유도)할 뿐만 아니라 동시에 그 값을 계산하여 그 결과 값 result를 반환하도록 확장할 수 있다.

```
int expr( ) {
    int result = term( );
    while (token == '+')  {
        match('+');
        result += term();
    }
    return result;
}
```

비슷하게 항을 나타내는 함수 term( )도 항을 파싱할 뿐만 아니라 동시에 항의 값을 계산하여 그 결과 값 result를 반환하도록 할 수 있다.

```
<term> → <factor> {* <factor>}
```

```
int term( ) {
    int result = factor( );
    while (token == '*')  {
        match('*');
        result *= factor();
    }
    return result;
}
```

넌터미널 <factor>를 위한 factor() 함수에서는 다음 문법 규칙을 적용하여 괄호 수식 혹은 상수 리터럴인 인수(factor)를 파싱(유도)한다.

```
<factor> → ( <expr> ) | number
```

이 함수에서는 첫 번째 토큰이 왼쪽 괄호이면 괄호 수식이므로 expr() 함수를 호출하고 그

결과 값을 리턴한다. 첫 번째 토큰이 상수 리터럴을 나타내는 NUMBER이면 이 토큰이 나타
내는 실제 값(value)을 리턴한다.

```c
int factor() {
    int result = 0;
    if (token == '(') {
        match('(');
        result = expr();
        match(')');
    }
    else if (token == NUMBER) {
        result = value;
        match(NUMBER);
    }
    return result;
}
```

이제 수식을 입력받아 입력된 수식이 문법에 맞게 작성되었는지 파싱(유도)하고 그 값을
계산하여 출력하는 프로그램을 작성해 보자. 이 프로그램을 위한 메인 프로그램은 다음과
같이 작성할 수 있는데 main( ) 함수는 반복적으로 parse( ) 함수를 호출하고 이 함수는
다음 토큰을 읽은 후에 command( ) 함수를 호출한다.

command( ) 함수는 다음과 같은 문법 규칙을 구현한다고 볼 수 있는데 이 함수는 수식을
입력한 후에 엔터키를 누르면 그 값을 계산하여 출력한다.

```c
<command> → <expr> '\n'

void command() {
    int result = expr( );
    if (token =='\n')
        printf("The result is: %d\n", result);
    else error();
}

void parse() {
    token = getToken();
    command();
```

```
    }

    public static void main(String args[]) {
        Parser p = new Parser(new PushbackInputStream(System.in));
        while(true) {
            System.out.print(">> ");
            p.parse();
        }
    }
}
```

이 수식 계산기 프로그램을 실제 실행하면 그 결과는 다음과 같다.

```
>> 12+33
45
>> 3*5+10
25
>> (2+3)*12
60
>> 2+3*12
38
```

2.6 파싱 이론(고급 주제)

문법은 파서의 행동과 어떻게 대응되는가? 문법은 토큰들의 스트링을 정확하게 유도하기 위해서 파서가 취해야 할 행동을 암시적으로 기술하고 있다. 파싱 방법은 시작 심볼부터 시작하여 유도하는 방식으로 동작하는 하향식 파싱과 유도의 역순으로 파싱하는 상향식 파싱 두 가지로 나눌 수 있다. 하향식 파싱은 루트 노드부터 하향식으로 파스 트리를 구성하고, 상향식 파싱은 터미널 노드부터 루트 노드를 향하여 상향식으로 파스트리를 구성한다고 이해할 수 있다.

하향식 파싱

하향식 파싱(top-down parsing)의 기본 아이디어는 입력 스트링이 문법에 맞는지 검사하기 위해서 시작 심볼로부터 시작해서 좌측 유도 방식으로 생성 규칙을 적용하면서 입력 스트링을 유도해 보는 것이다.

[핵심개념] 하향식 파싱의 핵심 아이디어는 다음과 같다.

- 시작 심볼로부터 시작해서 좌측 유도 방식으로 생성규칙을 적용하면서 입력 스트링을 유도해 보는 방법이다.
- 입력 스트링을 한 번에 한 토큰씩 좌에서 우로(left to right) 읽어가면서 루트 노드에서 시작하여 터미널 노드로 파스 트리를 만들어 나가는 방법이다.

하향식 파서는 **예측 파서**(predictive parser)라고도 부른다. 이 파서는 어떤 상태에서나 다음 하나의 토큰을 보고 다음 적용해야 할 규칙을 예측한다. 이렇게 하나의 토큰을 미리 보는 것을 **단일-심볼 미리보기**(single-symbol lookahead)라 하고 이 미리보기에 근거하여 특정 행동을 하는 파서를 예측 파서라고 한다. 예측 파서는 이러한 의사결정 과정이 결정적(deterministic)으로 일어나도록 파싱할 문법이 어떤 조건을 만족할 것을 요구한다(LL 파싱 참조).

하향식 파서는 다음 입력 토큰과 현재까지의 유도된 부분을 맞춰(match) 본 후, 다음에 시도할 생성 규칙을 선택하여 적용하면서(expand) 진행된다. 따라서, 하향식 파서는 match-expand 방식으로 좌측 유도를 하면서, 위에서 아래로 파스 트리를 구성해 나간다.

하향식 파싱은 좌순환 문법의 경우에는 파싱할 수 없다. 예를 들어 [수식 문법 3]과 같은 좌순환 문법의 경우에는 입력 심볼을 하나 보고 적용할(expand) 규칙을 선택할 수 없다. 예를 들어 id + id * id 스트링을 파싱할 때 첫 번째 심볼 id를 보고 E에서 E + T를 선택할지 T를 선택할지 결정할 수 없다. 왜냐하면 어떤 규칙을 선택하더라도 id가 생성될 수 있기 때문이다.

[수식 문법 3]은 좌순환 규칙을 포함하고 있는데, 좌순환 규칙을 우순환 규칙으로 변환하면 다음과 같이 재작성할 수 있다.

[수식 문법 8]

```
E → T + E | T
T → F * T | F
F → ( E ) | id
```

[수식 문법 8]에서 E에 대한 규칙에도 또 다른 문제가 있다: 이것은 두 선택 모두가 동일한 심볼 T로 시작하기 때문에 둘 중의 하나를 선택할 수 없다. [수식 문법 9]에서는 E에 대한 두 규칙의 공통부분인 T를 "인수 분해(factor out)"해서 재작성한 것이다. 이러한 것을 **좌인수화(left-factoring)**라고 한다. 이 문법에서 E'은 + T의 반복을 표현하기 위해 새로 도입한 넌터미널이다. 마찬가지로 T'은 * F의 반복을 표현하기 위해 새로 도입한 넌터미널이다. ε은 빈스트링을 나타내는 기호이다.

[수식 문법 9]

```
E  → T E'
E' → + T E' | ε
T  → F T'
T' → * F T' | ε
F  → ( E ) | id
```

이 문법을 이용하여 우선 id + id * id 스트링을 좌측 유도해 보자.

```
E => T E' => F T' E' => id T' E' => id E' => id + T E' => id + F T' E' =>
id + id T' E' => id + id * F T' E' => id + id * id T' E' =>* id + id * id
```

BNF 규칙의 옵션 부분의 공통적인 접두어를 인수 분해하거나 대괄호를 사용해서 EBNF 형태로 쓰는 이러한 좌인수화는 하향식 파싱하는 데 필요하다.

대표적인 하향식 파싱 방법은 앞에서 살펴본 **재귀 하향 파싱**(recursive descent parsing)과 테이블 기반의 **LL 파싱** 방법이 있다. LL 파싱에 대해서 개략적으로 살펴본다.

LL 파싱

가장 대표적인 하향식 파싱인 **LL 파싱**(LL parsing)은 문맥 자유 문법의 일부를 파싱할 수 있는 하향식 파서이다. LL 파서는 입력 문자열의 왼쪽(Left to right)에서부터 읽으면서, 좌측유도(Leftmost derivation) 방식으로 동작한다. 문맥 자유 문법 중에 LL 파서로 파싱이 가능한 문법은 LL 문법이라고 부른다. 보통 하나의 토큰을 미리 보면서 적용할 생성규칙을 결정하는 LL(1) 파서가 일반적이며 LL(1) 파싱이 가능한 문법을 LL(1) 문법이라고 한다.

일련의 유도 과정을 통해 문장 형태(sentential form)가 나타나게 되는데, 이 문장 형태에서 넌터미널 심볼에 어떤 생성규칙을 적용할지 결정적으로 선택할 수 있으면 LL 조건을 만족한 것이다. LL 조건을 구체적으로 이해하기 위해서는 문법에 대해서 다음과 같은 몇 가지 기본적인 개념의 정의가 필요하다.

[정의 8]

FIRST(A)란 넌터미널 심볼 A로부터 유도되어 첫 번째로 나타날 수 있는 터미널 심볼들의 집합을 나타낸다. 또한 빈스트링이 유도 가능하면 ε도 포함한다. 이는 다음과 같이 정의될 수 있으며 여기서 β는 임의의 어휘(터미널 또는 넌터미널) 스트링을 나타낸다.

$$\text{FIRST(A)} = \{ \ a \ | \ A \Rightarrow^* a\beta \} \ \cup \ \{ \ \varepsilon \ | \ A \Rightarrow^* \varepsilon \ \}$$

이 개념은 임의의 어휘 스트링 α에 대한 FIRST(α)로 자연스럽게 확장될 수 있다. [수식 문법 9]에 대해서 FIRST 집합을 계산하면 다음과 같다.

```
FIRST(E) = FIRST(T) = FIRST(F) = { (, id }
FIRST(E') = { +, ε }
FIRST(T') = { *, ε }
```

[정의 9]

FOLLOW(A)란 ε-생성규칙을 갖는 문법에서 시작 심볼로부터 유도될 수 있는 모든 문장 형태에서 A 다음에 나오는 터미널 심볼들의 집합을 나타내며 이는 다음과 같이 정의될 수 있다.

```
FOLLOW(A) = { a | S =>* αAaβ }
```

생성규칙 A → αBβ가 있을 때, 다음과 같은 성질을 이용하여 FOLLOW(B)의 집합을 계산할 수 있다.

1. FOLLOW(B) ⊇ FIRST(β) 왜냐하면 β의 FIRST가 B 다음에 나타날 수 있기 때문이다.

2. ε ∈ FIRST(β) 혹은 A → αB인 경우,

   FOLLOW(B) ⊇ FOLLOW(A) 왜냐하면 A 다음에 나올 수 있는 터미널 심볼은 모두 B 다음에 나올 수 있기 때문이다.

이 성질을 이용하여 [수식 문법 9]에 대해서 FOLLOW 집합을 계산하면 다음과 같다. $는 입력끝 표시 심볼로 시작심볼의 FOLLOW 집합에 포함되어야 한다.

- FOLLOW(E) = FOLLOW(E') = {), $}

- FOLLOW(T) = FOLLOW(T') = {+,), $}

  FOLLOW(T) ⊇ FIRST(E')   왜냐하면 E → T E' 그리고 FIRST(E') = { +, ε }

  FOLLOW(T) ⊇ FOLLOW(E)   왜냐하면 E → T E' 그리고 ε ∈ FIRST(E')

  FOLLOW(T) ⊇ FOLLOW(E') 왜냐하면 E' → + T E' 그리고 ε ∈ FIRST(E')

- FOLLOW(F) = {+, *,), $}

  FOLLOW(F) ⊇ FIRST(T')   왜냐하면 T → F T' 그리고 FIRST(T') = { *, ε }

  FOLLOW(F) ⊇ FOLLOW(T)   왜냐하면 T → F T' 그리고 ε ∈ FIRST(T')

  FOLLOW(F) ⊇ FOLLOW(T') 왜냐하면 T' → * F T' 그리고 ε ∈ FIRST(T')

[정의 10]

LL(1) 조건은 같은 넌터미널에 대한 임의의 생성규칙 A → α | β에 대하여 다음 조건을 만족하여야 한다.

1. FIRST($α$)와 FIRST($β$)는 서로소 집합[1]이다.

2. ε ∈ FIRST($α$)인 경우 FOLLOW(A)와 FIRST($β$)가 서로소 집합이다.

---

[1] 공통원소가 없는 두 집합을 서로소 집합이라고 한다.

이 두 조건을 만족하면 넌터미널 A에 대해 적용할 생성규칙을 결정적으로 선택할 수 있다. 즉 다음 입력 심볼이 FIRST(α)의 원소이면 A $\rightarrow \alpha$ 규칙을 적용하고 FIRST(β)의 원소이면 A $\rightarrow \beta$ 규칙을 적용하면 된다. 만약 $\varepsilon \in$ FIRST(α)인 경우에는 다음 입력 심볼이 FOL-LOW(A)의 원소이면 A $\rightarrow \alpha$ 규칙을 적용하면 된다. 이 경우에는 A $\rightarrow \alpha$ 규칙을 적용해도 α로부터 ε이 유도 가능하므로 다음 입력 심볼이 FOLLOW(A)의 원소일 수 있기 때문이다.

예를 들어, 다음 규칙에 대해서 LL(1) 조건을 검사하면 다음과 같이 (1)번 서로소 조건과 (2)번 서로소 조건이 만족되는 것을 알 수 있다.

```
E' → + T E' | ε
```

(1)번 조건: FIRST(+ T E') = { + }   FIRST(ε) = { ε }

(2)번 조건: FOLLOW(E') = {), $}   FIRST(+ T E') = { + }

또한 다음 규칙에 대해서 LL(1) 조건을 검사하면 다음과 같이 (1)번 서로소 조건과 (2)번 서로소 조건이 만족되는 것을 알 수 있다.

```
T' → * F T' | ε
```

(1)번 조건: FIRST(* F T') = { * }   FIRST(ε) = { ε }

(2)번 조건: FOLLOW(T') = {+,), $}   FIRST(* F T') = { * }

LL 파서는 그림 2.7에서 보는 것처럼 다음과 같은 구조로 이루어져 있다.

- **입력 버퍼:** 입력 스트링을 저장한다.
- **스택:** 시작 심볼부터 시작하여 생성규칙을 적용하여 expand된 문장 형태에서 입력 스트링과 아직 match 되지 않은 부분을 유지한다.
- **파싱표:** 각 넌터미널과 토큰에 대해, 어떤 생성 규칙을 적용해서 expand 해야 하는지를 정리해놓은 표로, 문법에 대해서 FIRST, FOLLOW 집합을 계산하여 만들 수 있다.

그림 2.7 LL 파싱의 구성

스택의 초기 상태에는 가장 위쪽에 시작 심볼 S가 들어있고, 그 밑에 스택의 바닥을 표시하는 특수 문자 $가 들어있다. 스택의 탑에 있는 넌터미널에 대해서, 파싱 테이블을 이용하여 시도할 생성규칙을 선택하여 적용(expand)한다. 즉 스택 탑에 있는 생성규칙의 왼쪽 넌터미널 대신에 오른쪽 부분으로 대치한다. 스택의 탑에 있는 터미널 심볼은 입력 심볼과 match 한 후 제거한다.

LL이나 LR과 같은 테이블 기반 파싱 방법은 둘 다 자동화될 수 있다. 즉, BNF로 기술된 문법을 자동적으로 해당 파서로 번역할 수 있는 **파서 생성기**(parser generator) 프로그램을 만들 수 있다. 대표적인 LL 파서 생성기로는 C 기반의 파서 생성기인 LLGen과 Java 기반의 파서 생성기인 JavaCC(Java Compiler Compiler)가 있다.

상향식 파싱

상향식 파싱(bottom-up parsing) 방법의 기본적인 아이디어는 입력 스트링을 문법 규칙의 우측과 맞춰 보는 것이다. 맞춰지면 우측을 좌측의 넌터미널로 대치 즉 **리듀스**(reduce)하는 것이다. 그리고 스트링을 넌터미널로 리듀스하기 전에 토큰을 스택으로 옮기는 **쉬프트**(shift) 동작을 하기 때문에 소위 **쉬프트-리듀스 파서**(shift-reduce parser)라고도 한다. 이러한 파서는 터미널 노드에서 시작하여 루트 노드로 파스 트리를 만들어 가기 때문에 상향식 파서라고 한다.

[핵심개념] 상향식 파싱의 핵심 아이디어는 다음과 같다.

- 입력 스트링을 한 번에 한 토큰씩 좌에서 우로(Left to right) 읽으면서 터미널 노드에서 시작하여 루트 노드로 파스 트리를 만들어나가는 방법이다.
- 입력 스트링에서 리듀스에 의해 시작 심볼을 찾아가는 방법으로 우측 유도(Rightmost derivation)의 역순으로 진행하면서 동작한다.

다음 문법을 이용하여 `id + id * id` 스트링을 우측 유도해 보자.

```
E → E + T | T
T → T * F | F
F → id | ( E )
```

그림 2.8은 우측 유도 과정을 파스 트리 형태로 보여주며 번호는 파스 트리가 구성되는 순서이다.

```
E => E + T => E + T * F => E + T * id => E + F * id => E + id * id
=> T + id * id => F + id * id => id + id * id
```

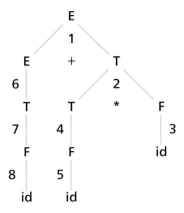

그림 2.8　우측 유도에 의한 파스 트리 구성

우측 유도는 가장 오른쪽 넌터미널부터 선택하여 유도를 진행하므로 오른쪽에서 왼쪽 순으로 생성이 이루어질 것이다. 그림 2.8을 보면 오른쪽부터 파스 트리가 구성되어 가는 것을 알 수 있으며 입력 스트링의 가장 왼쪽 심볼이 마지막으로 생성되는 것을 알 수 있다.

상향식 파싱은 입력 스트링에 대한 우측 유도의 역순으로 진행하게 된다. 그림 2.9는 우측 유도의 역순에 따라 파스 트리가 구성되는 과정을 보여주며 번호는 파스 트리가 구성되는 순서이다.

```
id + id * id => F + id * id => T + id * id => E + id * id =>
E + F * id => E + T * id  => E + T * F => E + T => E
```

상향식 파싱은 왜 우측 유도의 역순으로 동작하게 될까? 그림 2.9에서 보는 것처럼 입력 스트링을 좌에서 우로 읽어가면서 파스 트리를 상향식으로 구성하게 되면 파스 트리가 좌측 하단에서부터 시작하여 우측 상단 방향으로 가면서 구성될 것이다. 파스 트리를 모두

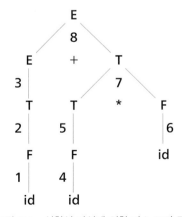

그림 2.9　상향식 파싱에 의한 파스 트리 구성

구성한 후에 이 순서를 역으로 해 보면 우측 상단이 가장 먼저 생성되는 우측 유도(right-most derivation)가 된다는 것을 알 수 있다.

LR 파싱

LR 파싱(LR parsing)은 가장 대표적인 상향식 파싱 방법으로 Knuth(1965)가 제안한 테이블 구동 방식의 결정적인 파싱 방법이다. LR 파싱에서 L은 왼쪽부터 오른쪽으로(Left-to-right) 입력 스트링을 읽어들이는 것을, R은 우측 유도(Rightmost derivation) 방식으로 동작하는 것을 의미한다. LR 파싱이 가능한 문법은 LR 문법이라고 부른다.

LR 파서는 쉬프트-리듀스(Shift-Reduce) 파싱 형식을 사용한다. 이 방식은 그림 2.10에서 보는 것처럼 이전에 파싱된 상황을 기록하고 있는 파싱 스택을 사용한다. 이 파서는 스택의 내용과 다음 입력 토큰을 미리 보고, 파싱표(parsing table)를 참조하여 다음에 취해야 할 행동(action)을 결정한다.

만약 LR 파서가 미리보기(lookahead)로 최대 k개의 토큰(token)을 사용한다면, 그 파서는 LR(k) 파서라고 부른다. LR(k) 파서로 파싱이 가능한 문법은 LR(k) 문법이라고 부른다. 일반적으로는 1개의 토큰을 미리보기 하는 LR(1) 파서가 많이 사용된다.

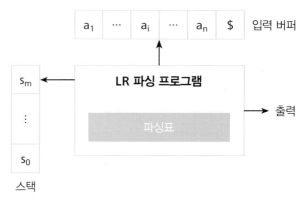

그림 2.10 LR 파서의 구조

파싱표는 문법을 분석하여 각 단계에서 LR파서가 취해야 할 행동을 유한 오토마타(finite automata) 형태로 구성할 수 있으며 파싱표를 구성하는 방법에 따라 CLR(Canonical LR), SLR(Simple LR), LALR(Look-ahead LR) 등의 변형 방법이 있다[DeRemer(1971)과 DeRemer & Pennello(1982) 참고]. SLR 방법은 파싱표를 구현하기는 쉽지만 파싱할 수 있는 문법에 있어서 강력하지 못하다. 반대로 CLR(간단히 LR이라고도 함) 방법은 파싱 문법에 있어서 더 강력하지만 파싱표가 너무 커져서 구현하기 어렵다. 실제적으로는 SLR과 CLR의 중간 형태인 LALR 방법이 가장 많이 사용된다. SLR(1) 파싱이 가능한 SLR(1) 문법은 모두 LALR(1) 파싱이 가능한 LALR(1) 문법이다. 또는 LALR(1) 문법은 모두 CLR(1) 문법이다. 이들 사이의 관계는 다음과 같으며 그림 2.11과 같이 표현할 수 있다.

SLR 문법 집합 ⊆ LALR 문법 집합 ⊆ CLR 문법 집합 ⊆ CFG 문법 집합

그림 2.11 LR 문법 사이의 관계

LL 및 여러 가지 LR 파싱에 대한 보다 자세한 내용은 Aho 외 (2007)를 참고하기 바란다.

LR 파싱은 아래와 같은 강점을 갖는다.

- LR 파서는 문맥 자유 문법으로 작성된 대부분의 프로그래밍 언어 구조를 이해하여 파싱할 수 있다. 또한, LR 문법을 따르지 않는 문맥 자유 문법에 대해서는 일반적으로 충돌을 회피하는 방법들이 있다.
- LR 파서는 대표적인 하향식 파서인 LL 파서보다 더 많은 종류의 문법을 이해하여 파싱할 수 있다.

위와 같은 이점에도 불구하고, LR 파서는 직접 구현하기에 너무 많은 작업을 필요로 한다는 단점이 있다. 이러한 문제점을 해결하기 위해 많은 LR 파서 생성 도구들이 개발되었으며, 그 중에서도 GPL 라이센스를 기반으로 무료로 배포되는 Yacc(Yet Another Compiler Compiler)과 그 오픈 소스 변종인 GNU Bison 등이 많이 이용되고 있다. Yacc은 1970년대 중반에 AT&T 벨연구소에서 Johnson이 개발한 LALR 파서 생성기로 입력 문법에 따라 LALR 파싱을 하는 C 코드 형태의 파서 프로그램을 생성한다. 또한 Java 기반의 LALR 파서 생성 도구인 Java CUP(Construction of Useful Parsers) 등이 많이 이용되고 있다.

LL(1) 문법은 모두 LR(1) 문법이나 그 역은 성립하지 않는다는 것이 Heilbrunner(1977)에 의해서 이론적으로 증명되었다. 즉 LR 문법 집합은 LL 문법 집합의 상위집합(superset)이다. 따라서 LR 파싱은 처리할 수 있는 문법 면에서 LL 파싱보다 더 강력하다. 이러한 이유로 LR 파서 생성기가 LL 파서 생성기보다 일반적으로 사용되고 있다.

요약

01 문맥-자유 문법 CFG는 다음과 같이 구성된다.

- 터미널 심볼의 집합 T
- 넌터미널 심볼의 집합 N
- 시작 심볼 S (넌터미널 심볼 중에 하나)
- 다음과 같은 형태의 생성(문법) 규칙들의 집합

> $X \rightarrow Y_1 \ Y_2 \ \ldots \ Y_n$ 여기서 $X \in N$ 그리고 $Y_i \in T \cup N$

생성규칙에서 오른쪽이 빈 스트링인 경우는 $X \rightarrow \varepsilon$으로 표시한다 .

02 생성 규칙(production rule) $X \rightarrow Y_1 \ Y_2 \ \ldots \ Y_n$는 X를 작성하는 방법을 정의하는 문법 규칙으로 X는 $Y_1 \ Y_2 \ \ldots \ Y_n$ 형태로 작성할 수 있다는 것을 의미한다. 여기서 Y_i는 터미널 심볼 혹은 넌터미널 심볼이다.

03 어떤 스트링이 문법으로부터 유도 가능하면 문법에 맞는 스트링이고 그렇지 않으면 문법에 맞지 않는 스트링이다.

04 다음과 같이 어떤 넌터미널 심볼을 선택해서 문법의 생성 규칙을 한 번 적용하는 것을 직접 유도 (direct derivation)라고 하고 => 기호로 표시한다. 생성 규칙을 한 번 적용하는 것은 생성 규칙의 왼쪽 넌터미널 심볼을 오른쪽 심볼들로 대치하는 것이다.

> 생성 규칙 $X_i \rightarrow Y_1 \ Y_2 \ \ldots \ Y_n$이 존재하면
> $X_1 \ \ldots \ X_{i-1} \ X_i \ X_{i+1} \ \ldots \ X_n$ => $X_1 \ \ldots \ X_{i-1} \ Y_1 \ Y_2 \ \ldots \ Y_n \ X_{i+1} \ \ldots \ X_n$

05 유도(derivation)는 여러 번의 직접 유도를 연속적으로 하는 것을 말하고 $X_1 \ \ldots \ X_n$부터 시작하여 $Y_1 \ \ldots \ Y_m$ 까지의 0번 혹은 그 이상 번의 직접 유도가 가능하면 다음과 같이 =>* 기호로 나타낸다.

> $X_1 \ \ldots \ X_n$ => $\ldots$ => $Y_1 \ \ldots \ Y_m$ 이 가능하면
> $X_1 \ \ldots \ X_n$ =>* $Y_1 \ \ldots \ Y_m$

06 문법 G에 의해 정의되는 언어 L(G)는 문법 G에 의해서 유도되는 모든 스트링들의 집합이다. 이를
    수학적으로 정리하면 다음과 같이 기술할 수 있다.

> L(G) = {a1... an | S =>* a1 ... an, 모든 ai 는 터미널 심볼이다.}

07 유도 트리(derivation tree)는 유도과정 혹은 구문구조를 보여주는 트리로 파스 트리(parse tree)
    혹은 구문 트리(syntax tree)라고도 한다.

08 어떤 스트링에 대해 두 개 이상의 좌측 유도(혹은 우측 유도)를 갖는 문법을 모호한 문법
    (ambiguous grammar)이라고 한다.

09 어떤 스트링에 대해 두 개 이상의 파스 트리를 갖는 문법을 모호한 문법이라고 한다.

10 구문 다이어그램을 그리는 원리는 다음과 같다.

    (1) 넌터미널 심볼은 사각형으로 표시한다.
    (2) 터미널 심볼은 원으로 표시한다.
    (3) 생성 규칙 내의 심볼의 순서는 화살표로 표시한다.

11 재귀 하강 파서를 만드는 기본 원리는 입력 스트링을 좌측 유도하도록 문법으로부터 다음과 같이
    직접 파서 프로그램을 작성하는 것이다.

    (1) 각 넌터미널을 위한 하나의 프로시저(함수, 메소드)를 구현한다.
    (2) 프로시저 내에서 해당 생성 규칙의 우변을 수행하도록 작성한다.
         - 터미널은 어휘 분석기가 읽은 입력 토큰과 일치해야(match) 하며
         - 넌터미널은 그 넌터미널에 해당하는 프로시져에 대한 호출로 구현한다.
    (3) 프로시저 내에서 다른 넌터미널 프로시저를 호출하는 것은 해당 생성 규칙을 적용하는
         (expand) 것이다.

12 하향식 파싱의 핵심 아이디어는 다음과 같다.

    ● 시작 심볼로부터 시작해서 좌측 유도 방식으로 생성규칙을 적용하면서 입력 스트링을 유도해
      보는 방법이다.
    ● 입력 스트링을 한 번에 한 토큰씩 좌에서 우로(left to right) 읽어가면서 루트 노드에서 시작
      하여 터미널 노드로 파스 트리를 만들어나가는 방법이다.

13 상향식 파싱의 핵심 아이디어는 다음과 같다.

- 입력 스트링을 한 번에 한 토큰씩 좌에서 우로 읽으면서 터미널 노드에서 시작하여 루트 노드로 파스 트리를 만들어나가는 방법이다.
- 입력 스트링에서 리듀스에 의해 시작 심볼을 찾아가는 방법으로 우측 유도의 역순으로 진행하면서 동작한다.

연습문제

01 다음 문법을 이용하여 스트링 **baaa**을 유도해 보자.

> S → Sa | b

02 다음 문법을 이용하여 스트링 **aaacbbb**를 유도해 보자.

> S → aSb | c

03 다음 각 문법에 의해 정의되는 언어는 무엇인가?

(1) S → aS | b

(2) S → Sa | b

(3) S → aSb | c

(4) S → aSa | bSb | ε

04 다음 문법을 생각해 보자.

> S → AaBb
> A → Ab | b
> B → aB | a

(1) 이 문법이 생성하는 스트링을 길이가 작은 것부터 6개 나열하시오.

(2) 이 문법이 생성하는 언어는 무엇인가?

05 다음 문법을 생각해 보자.

> S → (L) | a
> L → L, S | S

(1) 다음 스트링을 좌측 유도하고 파스 트리를 그리시오.

(a, a)

(a, (a, a))

(a, (a, a), a)

(2) (1)번의 스트링들을 우측 유도하고 파스 트리를 그리시오.

(3) 이 문법이 생성하는 언어는 무엇인가?

06 다음 문법에 대해서 답하시오.

```
E → E - E | id
```

(1) 이 문법이 모호하다는 것을 증명하시오.

(2) 이 문법을 모호하지 않는 문법으로 재작성하시오.

(3) (2)에서 작성한 문법을 BNF 형식으로 재작성하시오.

(4) (3)에서 작성한 문법을 재귀를 사용하지 않고 EBNF 형식으로 재작성하시오.

07 [수식 문법 3]을 이용하여 다음 수식을 유도하고 유도 트리를 그리시오.

(1) ((5))

(2) 1 + 2 * 3 + 4

(3) (1 + 2) * 3 + 4

(4) 1 * (2 + 3) * (4 + 5)

(5) (1 + (2 + (3 + 4)))

08 [수식 문법 4]에 나머지와 거듭제곱 연산자를 추가하시오. 나머지 연산자는 %를 거듭제곱 연산자는 ^를 사용한다. 나머지는 좌결합이고 거듭제곱은 우결합임을 고려하라.

```
2^2^3 = 256.
```

09 다음 문법은 모호한 문법이다. 이 문법과 같은 언어를 정의하는 모호하지 않는 문법으로 재작성하시오.

```
S → if E then S
  | if E then S else S
```

수식 파서 및 계산기

01 확장된 수식을 위한 문법을 EBNF 형식으로 나타내면 다음과 같다.

```
<expr>   → <bexp> {& <bexp> | '|' <bexp>} | !<expr> | true | false
<bexp>   → <aexp> [<relop> <aexp>]
<relop>  → ==  | != | < | > | <= | >=
<aexp>   → <term> {+ <term> | - <term>}
<term>   → <factor> {* <factor> | / <factor>}
<factor> → [ - ] ( number | (<aexp>) )
<number> → <digit> {<digit>}
```

이 문법을 위한 재귀-하강 파서 및 계산기를 Java 언어로 작성하시오.

참고

01 문맥 자유 문법은 Chmosky (1956)에 의해서 자연어에 대한 연구의 일부로 제안되었다. LL 문법은 Lewis & Stearns (1968)에서 소개되었다. LR 파서는 Knuth (1965)에서 처음 소개되었으며 효율적인 LR 파싱표 생성 방법으로 SLR과 LALR 파싱 방법이 DeRemer (1971)과 DeRemer & Pennello (1982)에서 제안되었다. 이들에 대한 포괄적인 설명은 Aho 외 (2007)을 참조하기 바란다.

02 Johnson (1975)에 의해 개발된 Yacc 시스템은 LALR 파서 생성기의 실용성을 증명하였다. Yacc은 어휘 분석기 생성기인 Lex와 쌍을 이루어 사용되며 대부분의 유닉스 시스템에서 이용 가능하다. Yacc의 오픈 소스 버전인 Bison은 Donnelly & Stallman (1995)에 의해서 개발되었다. Bison은 보통 Lex의 오픈 소스 버전인 Flex와 쌍을 이루어 사용된다. Lex/Yacc과 Flex/Bison은 모두 C 코드 형태로 파서와 어휘 분석기를 생성한다. Java 기반의 비슷한 LALR 파서 생성기로 Hudson 외 (1995)에 의해서 Java CUP이 개발되었다.

03 LL(1) 기반의 파서 생성기로 LLGen이 Grune & Jacobs (1988)에 의해 개발되었다. 또한 JavaCC (Java Compiler Compiler)는 오라클사에서 개발된 Java 언어 기반의 LL(1) 파서 생성기이다. JavaCC는 EBNF 표기법으로 작성된 문법으로부터 LL 파서를 생성한다.

04 수식을 위한 재귀 하강 파서의 구현은 Louden & Lambert (2012), Sebesta (2012), Tucker & Noonan (2006), Watt & Brown (2000) 등에서 기술되어 있다. 2.5절의 수식을 위한 재귀 하강 파서는 이 파서들을 참고하여 Java 언어로 재작성한 것이다.

언어 설계와 파서 구현

3.1

프로그래밍 언어 S

언어 설계 목표

이 교재에서는 프로그래밍 언어의 주요 개념과 이를 구현하는 원리를 쉽게 설명하기 위해 간단한 샘플 프로그래밍 언어를 하나 설계한다. 이 언어의 주요 설계 목표는 다음과 같다.

1. 간단한 교육용 언어로 쉽게 이해하고 구현할 수 있도록 설계한다.
2. 대화형 인터프리터 방식으로도 동작할 수 있도록 설계한다.
3. 프로그래밍 언어의 주요 개념을 쉽게 이해할 수 있도록 설계한다. 수식, 실행 문장, 변수 선언, 함수 정의, 예외 처리, 타입 검사 등을 포함한다.
4. 블록 중첩을 허용하는 블록 구조 언어를 설계한다. 전역 변수, 지역 변수, 유효범위 등의 개념을 포함한다.
5. 실행 전에 타입 검사를 수행하는 강한 타입 언어로 설계한다. 안전한 타입 시스템을 설계하고 이를 바탕으로 타입 검사기를 구현한다.
6. 주요 기능을 점차적으로 추가하면서 이 언어의 어휘 분석기, 파서, AST, 타입 검사기, 인터프리터 등을 순차적으로 구현한다.

언어 S의 설계

이 언어 S는 대화형 인터프리터 방식으로 동작할 수 있다. 이 인터프리터는 입력된 각 명령어를 파싱하고 해석한다. 이 프로그래밍 언어 S는 3종류의 명령어(<command>)로 구성되는데 변수 선언(<decl>), 함수 정의(<function>), 또는 문장(<stmt>)이 명령어가 될 수 있다. 명령어로서 변수 선언은 전역 변수를 선언하고 문장은 실행을 위한 문장이다. 함수 정의에 대해서는 8장에서 다룰 것이다. 언어 S의 프로그램은 일련의 명령어들(a sequence of commands)이라고 할 수 있다. 언어 S의 구문법을 정의하는 문법을 EBNF 형식으로 정의하면 다음과 같다.

[언어 S의 문법]

```
<program> → {<command>}
<command> → <decl> | <stmt> | <function>
<decl> → <type> id [=<expr>];
<stmt> → id = <expr>;
        | '{' <stmts> '}'
        | if (<expr>) then <stmt> [else <stmt>]
        | while (<expr>) <stmt>
        | read id;
        | print <expr>;
        | let <decls> in <stmts> end;
<stmts> → {<stmt>}
<decls> → {<decl>}
<type>  → int | bool | string
```

이 언어에는 7개 종류의 실행 문장이 있다. 대입문과 조건문인 if 문, 반복을 위한 while 문, 입력을 위한 read 문, 출력을 위한 print 문 등이 있다. 또한 괄호로 둘러싸인 일련의 문장들은 복합문으로 이 또한 하나의 문장이다. let 문에는 지역 변수를 선언할 수 있고 이어서 일련의 실행 문장들을 쓸 수 있다. 이 언어에서 변수 선언 등을 위해서 제공하는 타입은 정수(int), 부울(bool), 스트링(string)이며 실수 등을 위한 타입은 필요에 따라 쉽게 추가될 수 있다.

이 언어에서 제공하는 수식은 산술 수식(<aexp>)과 산술 수식을 관계 연산자(==, !=, <, >, <=, >=)를 사용하여 비교하는 비교 수식(<bexp>), 그리고 비교 수식에 논리 연산자 AND(&), OR(|), NOT(!)를 사용하는 논리 수식(<expr>)으로 정의된다. 수식 <expr>은 관계 연산자나 논리 연산자를 사용하지 않는 경우도 포함함으로 결과적으로 이 모든 수식들을 포괄적으로 나타낸다.

[언어 S의 수식 문법]

```
<expr> → <bexp> {& <bexp> | '|' <bexp>} | !<expr> | true | false
<bexp> → <aexp> [<relop> <aexp>]
<relop> → ==  | != | < | > | <= | >=
<aexp> → <term> {+ <term> | - <term>}
<term> → <factor> {* <factor> | / <factor>}
<factor> → [ - ] ( number | id | '('<aexp>')' ) | strliteral
```

이 문법이 정의하고 있는 언어는 무엇일까? 이 문법에 맞게 작성한 프로그램들은 모두 이 문법으로부터 유도 가능하다. 따라서 이 문법에 맞게 작성한 프로그램을 모두 모으면 이 집합이 이 문법이 정의하는 언어 S가 된다.

예를 들어, 이 언어에서는 다음과 같이 대화형 인터프리터 방식으로 변수 선언 혹은 실행문이 반복적으로 사용될 수 있다.

[예제 1]

```
>> print "hello world!";
hello world!
>> int x = -5;
>> print x;
-5
>> x = x+1;
>> print x*x;
16
>> if (x>0)
    then print x; else print -x;
4
```

다음 예제 프로그램은 지역 변수를 선언하고 이를 사용하는 let 문의 예를 보여준다.

[예제 2]

```
let int x = 0; in
    x = x + 2;
    print x;
end;
```

다음 예제 프로그램은 변수를 두 개 선언하고 정수를 입력으로 받아 그 절댓값을 계산해서 출력한다.

[예제 3]

```
let int x; int y; in
    read x;
    if (x>0) then
```

```
        y = x;
    else y = -x;
    print y;
end;
```

다음 예제 프로그램은 변수를 두 개 선언하고 정수를 입력으로 받아 정수의 계승(factorial) 값을 계산하여 출력한다.

[예제 4]

```
let int x=0; int y=1; in
    read x;
    while (x>0) {
        y = y * x;
        x = x - 1;
    }
    print y;
end;
```

다음 예제 프로그램은 간단한 제곱 함수를 정의하고 이를 호출해서 그 결과 값을 출력한다.

[예제 5]

```
>> fun int square(int x) return x*x;
>> print square(5);
25
```

다음 예제는 간단한 계승(factorial) 함수를 재귀적으로 정의하고 이를 호출해서 그 결과 값을 출력한다.

[예제 6]

```
>> fun int fact(x)
    if (x==0) then return 1;
    else x*fact(x-1);
>> print square(5);
120
```

3.2

추상 구문 트리

파서와 추상 구문 트리

파서 구현을 위해 필요한 주요 구성 요소는 그림 3.1과 같으며 각각의 역할은 다음과 같다.

[핵심개념] 어휘 분석기(lexical analyzer)

입력된 소스 프로그램을 읽어서 토큰(키워드, 식별자, 숫자, 연산 기호 등의 의미 있는 문법적 단위로 문법의 터미널 심볼에 해당함) 형태로 분리하여 반환한다.

[핵심개념] 파서(parser)

소스 프로그램을 구문 분석(파싱)하면서 프로그램 내의 문장들의 AST를 생성하여 반환한다. 파싱하면서 필요할 때마다 getToken()을 호출하여 어휘 분석기에 다음 토큰을 요구한다.

[핵심개념] 추상 구문 트리(Abstract Syntax Tree, AST)

파서는 소스 프로그램을 파싱하여 AST를 생성한다. AST는 소스 프로그램의 구문 구조를 추상적으로 보여주는 트리로 해석기의 입력이 된다.

보통 AST는 컴파일러 혹은 인터프리터에서 소스 코드의 구문적 구조를 표현하는 중간 표

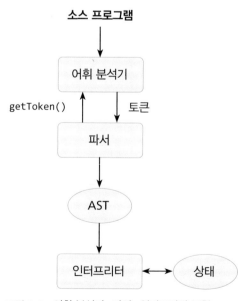

그림 3.1 어휘 분석기, 파서, 인터프리터 구현

현으로 많이 사용된다. 컴파일러의 경우에는 AST를 순회하면서 코드를 생성하고 인터프리터의 경우에는 AST를 순회하면서 각 문장을 해석하여 수행한다.

[핵심개념] 인터프리터(Interpreter)

프로그램 내의 각 문장의 AST를 순회하면서 각 문장의 의미에 따라 해석하여 수행한다.

[핵심개념] 상태(State)

인터프리터는 각 문장을 수행하면서 유효한 변수들의 상태를 저장하는 스택 형태의 자료구조를 사용한다.

유도 트리(derivation tree)는 입력 스트링의 유도 과정을 시각적으로 보여주는 트리로 유도 과정을 자세히 보여준다. 그러나 파싱을 한다고 해서 유도 트리가 자동적으로 구성되는 것은 아니며 유도 트리는 단지 파싱 과정을 보여주고 설명하기 위한 것이다.

[수식 문법 1]

```
<expr>   → <term> {+ <term>}
<term>   → <factor> {* <factor>}
<factor> → [ - ] ( number | id | '('<expr>')' )
```

예를 들어, [수식 문법 1]을 이용하여 a + b * c의 유도 과정을 트리로 그리면 다음과 같다. 실제 파싱에서 a, b, c와 같은 변수 이름들은 모두 식별자 id로 인식되어 처리되나 여기서는 이해를 돕기 위해 이름을 그대로 사용하였다.

```
<expr> => <term> + <term> => <factor> + <term> =>   a + <term> =>
a + <factor> * <factor> =>* a + b * c
```

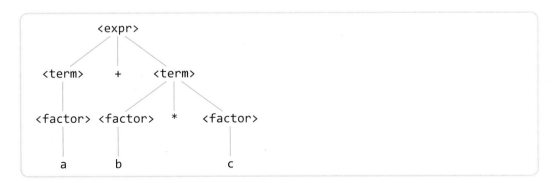

그러나 유도 트리는 너무 복잡하므로 실제 파싱(구문 분석) 결과는 보통 추상 구문 트리로 표현하여 이후 과정에서 사용한다.

추상 구문 트리(Abstract Syntax Tree, AST)는 입력 스트링의 구문 구조를 추상적으로 요약하여 보여주는 트리로 구문이 추상적이라는 의미는 실제 구문에서 나타나는 세세한 정보를 모두 나타내지는 않는다는 것을 의미한다. 추상 구문 트리는 컴파일러나 인터프리터에서 소스 코드의 구문적 구조를 표현하는 중간 표현으로 널리 사용되는 자료 구조이다. AST는 일반적으로 구문 분석 단계의 결과물로 의미 분석, 타입 분석, 문장 해석, 코드 생성 등 그 이후의 단계에서 사용된다.

수식의 AST

수식의 유도 트리를 추상 구문 트리로 표현해 보자. 예를 들어, a + b * c의 AST를 연산자들을 중심으로 다음과 같이 간단히 구성할 수 있다.

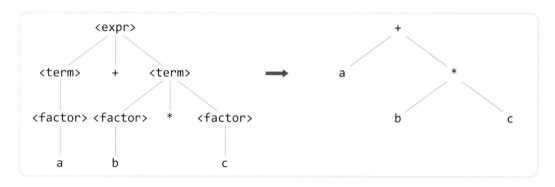

수식(Expr)의 AST 노드는 다음과 같이 식별자(변수 이름), 값, 이항 연산, 단항 연산으로 구분할 수 있다.

```
Expr = Identifier | Value | Binary | Unary
```

특히 연산을 포함한 수식(Expr)은 이항 연산(Binary Operation) 수식과 단항 연산(Unary Operation) 수식으로 구분하여 구현할 수 있다.

이항 연산의 AST

다음과 같이 이항 연산 수식을 나타내는 노드를 정의하여 모든 이항 연산을 위한 AST 노드를 구성할 수 있다.

예를 들어, 앞의 AST는 다음과 같이 구성할 수 있다. 앞으로 AST 그림에서 `Identifier`는
그림의 편의를 위해 `Id`로 줄여서 표시한다.

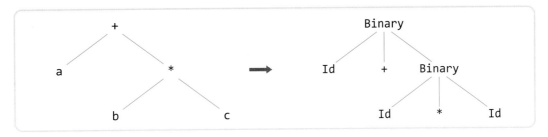

다음과 같이 이항 연산 수식을 나타내는 `Binary` 노드를 정의하여 모든 이항 연산을 위한
AST 노드를 구현할 수 있다.

```
class Binary extends Expr {
    // Binary = Operator op; Expr expr1; Expr expr2
    Operator op;
    Expr expr1, expr2;
    Binary (Operator o, Expr e1, Expr e2) {
        op = o; expr1 = e1; expr2 = e2;
    } // Binary
}
```

단항 연산의 AST

비슷하게 다음과 같이 단항 연산(Unary Operation) 수식을 위한 AST 노드도 정의할 수 있다.

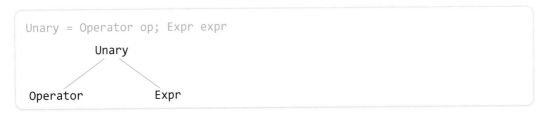

예를 들어 `-(a+b)` 수식의 AST는 다음과 같이 구성할 수 있다.

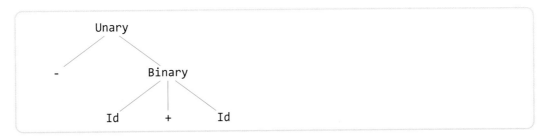

다음과 같이 단항 연산 수식을 나타내는 Unary 노드를 정의하여 모든 단항 연산을 위한 AST 노드를 구현할 수 있다.

```
class Unary extends Expr {
    // Unary = Operator op; Expr expr
    Operator op;
    Expr expr;
    Unary (Operator o, Expr e) {
        op = o;
        expr = e;
    } // Unary
}
```

비교 및 논리 연산의 AST

지금까지 살펴본 산술 연산뿐만 아니라 [언어 S의 수식 문법]에서 다음과 같은 비교 및 논리 연산을 포함하는 수식의 AST도 비슷하게 Binary 노드 또는 Unary 노드로 모두 표현할 수 있다.

[수식 문법 2]

```
<expr> → <bexp> {& <bexp> | '|' <bexp>} | !<expr> | true | false
<bexp> → <aexp> [<relop> <aexp>]
<relop> → ==  | != | < | > | <= | >=
```

문장의 AST

이제 언어 S의 문법을 중심으로 각 문장의 추상 구문 트리를 구성해 보자.

변수 선언

변수 선언(Decl)은 타입 이름(Type)과 변수 이름(Identifier) 그리고 초기화할 수식(Expr)으로 구성된다. 변수 선언을 위한 AST는 다음과 같이 구성할 수 있다.

```
Decl = Type type; Identifier id; Expr expr
                Decl
              /  |  \
          Type   Id   Expr
```

예를 들어 `int x = 0;` 선언을 위한 AST는 다음과 같이 구성할 수 있다.

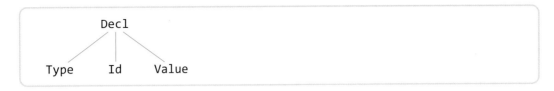

대입문(`Assignment Statement`)은 변수 이름(`Identifier`)과 대입할 수식(`Expr`)으로 구성된다. 따라서 대입문을 위한 AST는 다음과 같이 구성할 수 있다.

예를 들어, `x = x + 1`를 위한 AST는 다음과 같이 구성할 수 있다.

대입문을 위한 AST 노드는 다음과 같이 구현할 수 있다.

```
class Assignment extends Stmt {
    Identifier id;
    Expr expr;
    Assignment (Identifier t, Expr e) {
        id = t;
        expr = e;
    }
}
```

Read 문

Read 문은 변수 이름(Identifier)로 구성된다. 따라서 Read 문을 위한 AST는 다음과 같이 구성할 수 있다.

```
Read = Identifier id;
    Read
     |
     Id
```

Print 문

Print 문은 수식(Expr)으로 구성된다. 따라서 print 문을 위한 AST는 다음과 같이 구성할 수 있다.

```
Print = Expr expr;
    Print
      |
    Expr
```

복합문

복합문(Compound)은 여러 개의 문장들(Stmts)로 구성된다. 따라서 블록을 위한 AST는 다음과 같이 구성할 수 있다.

```
Stmts = Stmt*
              Stmts
             /     \
        Stmt    ...    Stmt
```

예를 들어, 다음 블록은 두 개의 대입문으로 구성되어 있으며 이를 위한 AST는 다음과 같이 구성할 수 있다.

```
{   x = 0;
    x = x + 1;
}
```

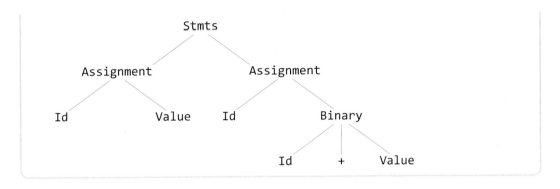

복합문 내의 문장들을 위한 AST는 다음과 같이 ArrayList를 이용하여 구현할 수 있다.

```
class Stmts extends Stmt {
    public ArrayList<Stmt> stmts=new ArrayList<Stmt>();
}
```

조건문

조건문(If Statement)은 조건식 Expr과 then 부분 문장(Stmt)과 else 부분 문장(Stmt)으로 구성된다. 따라서 조건문을 위한 AST는 다음과 같이 구성할 수 있다.

예를 들어, 다음 조건문을 위한 AST는 다음과 같이 구성할 수 있다.

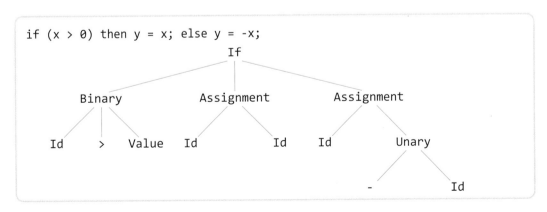

While 문

`While` 문은 조건식(`Expr`)과 본체 문장(`Stmt`)으로 구성된다. 따라서 `While` 문을 위한 AST는 다음과 같이 구성할 수 있다.

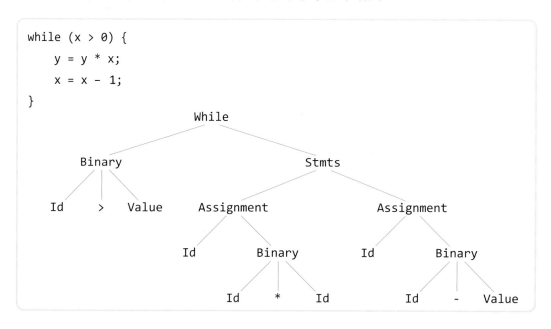

```
While = Expr expr; Stmt stmt;
              While
         ╱            ╲
     Expr              Stmt
```

예를 들어, 다음 문장을 위한 AST는 다음과 같이 구성할 수 있다.

```
while (x > 0) {
    y = y * x;
    x = x - 1;
}
                          While
             ╱                        ╲
        Binary                          Stmts
      ╱   │   ╲              ╱                      ╲
   Id    >   Value    Assignment              Assignment
                      ╱       ╲              ╱          ╲
                   Id        Binary      Id            Binary
                            ╱  │  ╲              ╱  │  ╲
                         Id    *    Id      Id    -    Value
```

Let 문

Let 문(`Let Statement`)은 변수 선언들(`Decls`)과 여러 실행문들(`Stmts`)로 구성된다. 따라서 `let` 문을 위한 AST는 다음과 같이 구성할 수 있다. 변수 선언은 타입(`Type`)과 변수 이름(`Id`)으로 구성된다.

```
Let = Decls decls; Stmts stmts;
              Let
         ╱          ╲
     Decls            Stmts
```

예를 들어, 다음 문장을 위한 AST는 다음과 같이 구성할 수 있다.

```
let int x; in
    x = 0;
    x = x + 1;
end
```

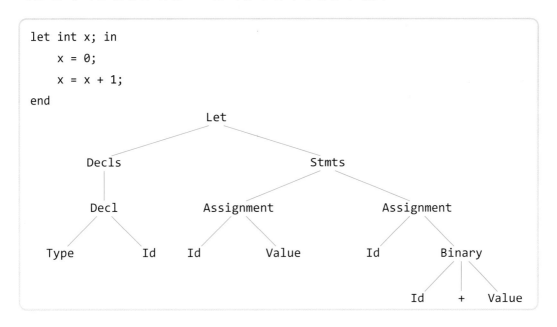

3.3

어휘 분석기

토큰

어휘 분석(lexical analysis)이란 소스 프로그램을 읽어 들여 토큰(token)이라는 의미 있는 문법단위(문법에서 터미널 심볼에 해당함)로 분리하는 것을 말한다. 어휘 분석을 담당하는 도구를 **어휘 분석기**(lexical analyzer) 또는 **스캐너**(scanner)라고 한다. 보통 구문 분석을 하면서 다음 토큰이 필요할 때마다 어휘 분석기를 호출하는 것이 일반적이다.

토큰(token)이란 의미 있는 문법적 단위로서 일반적으로 식별자(identifier), 상수(constant), 예약어(keyword), 연산자(operator), 구분자(delimiter) 등이 토큰으로 사용된다. 토큰의 종류와 형태는 프로그래밍 언어 설계자가 결정한다.

예를 들어 언어 S의 각 토큰은 다음과 같이 정할 수 있다.

예약어

언어에서 미리 그 의미와 용법이 지정되어 사용되는 단어로 예약어 또는 키워드라고도 한다. 언어 S의 예약어 이름과 해당하는 스트링은 다음과 같다. 괄호 안이 예약어에 해당하는 스트링이다.

```
BOOL("bool"), TRUE("true"), FALSE("false"), IF("if"),
THEN("then"), ELSE("else"), INT("int"), STRING("string"),
WHILE("while"), VOID("void"), FUN("fun"), RETURN("return"),
LET("let"), IN("in"), END("end"), READ("read"), PRINT("print")
```

식별자

변수 혹은 함수의 이름을 나타내며 토큰 이름은 ID라고 하자. 식별자는 첫 번째는 문자이고 이어서 0개 이상의 문자 혹은 숫자들로 이루어진 스트링이며, 이는 다음과 같이 **정규식**(regular expression) 형태로 표현할 수 있다. 정규식에 대해서는 뒤에서 따로 설명할 것이다.

```
ID = letter(letter | digit)*
letter = [a-zA-Z]
digit = [0-9]
```

정수 리터럴

정수 리터럴은 정수 상수를 나타내며 토큰 이름은 NUMBER라고 하자. 정수 리터럴은 숫자로 이루어진 스트링이며 정규식으로 다음과 같이 표현할 수 있다.

```
NUMBER = digit⁺
```

스트링 리터럴

스트링 리터럴은 문자열을 나타내며 토큰 이름은 STRLITERAL이라고 하자. 스트링 리터럴 은 다음과 같이 큰따옴표로 둘러싸인 임의의 문자열이다.

```
STRLITERAL = "..."
```

연산자

언어 S에서 사용되는 연산자를 다음과 같이 토큰으로 정의할 수 있다. 괄호 안이 해당 연산 자의 스트링이다.

```
ASSIGN("="), EQUAL("=="),  LT("<"), LTEQ("<="), GT(">"),
GTEQ(">="),  NOT("!"), NOTEQ("!="), PLUS("+"), MINUS("-"),
MULTIPLY("*"), DIVIDE("/"), AND("&"), OR("|")
```

구분자

언어 S에서 사용되는 구분자를 다음과 같이 토큰으로 정의할 수 있다. 괄호 안이 해당 구분 자의 스트링이다.

```
LBRACE("{"), RBRACE("}"), LBRACKET("["), RBRACKET("]"),
LPAREN("("), RPAREN(")"), SEMICOLON(";"), COMMA(","), EOF("<<EOF>>")
```

정규식

어휘 분석기를 작성하기 위해서는 우선 각 토큰이 나타내는 스트링을 **정규식**(regular expression) 형태로 표현하는 것이 필요하다. 정규식은 특정한 규칙을 가진 문자열의 집합을 표현하는 데 사용된다.

[정의 1]

정규식은 다음과 같이 재귀적으로 정의할 수 있다. M과 N이 정규식일 때 다음 표현은 모두 정규식이다.

1. x   문자 x를 나타낸다.
2. M | N   M 또는 N을 표현한다.
3. MN   M 다음에 N이 나타나는 접합을 표현한다.
4. M*   M이 0번 이상 반복됨을 표현한다.

추가적으로 다음과 같은 간단 표기법을 사용할 수 있다.

- M^+ MM*를 나타내며 M이 1번 이상 반복됨을 표현한다.
- M?   M이 0번 또는 1번 나타남을 표현한다.
- [. . .]   문자 집합을 나타낸다.

예를 들어 [aeiou] 표기는 모음 문자 집합으로 a | e | i | o | u 정규식을 나타낸다. 또한 문자 범위를 표현할 수 있는데 [A-Z]는 대문자 집합을 [0-9]는 0부터 9까지의 숫자 집합을 나타낸다. 다음과 같이 문자 집합의 이름을 주었을 때

```
letter = [a-zA-Z]
digit = [0-9]
```

정수 리터럴(NUMBER)을 나타내는 digit$^+$는 하나 이상의 숫자들로 이루어진 스트링을 표현한다. 식별자(ID)를 나타내는 letter(letter | digit)* 정규식은 첫 번째는 문자이고 이어서 0 개의 이상의 문자 혹은 숫자들로 이루어진 스트링을 표현한다.

어휘 분석기는 각 토큰을 정규식으로 표현하고 이를 직접 구현할 수 있다. 이 책에는 언어 S의 어휘 분석기를 직접 구현할 것이다. 뿐만 아니라 각 토큰을 정규식으로 표현하면 해당하는 어휘 분석기를 자동으로 생성해주는 어휘 분석기 생성기도 있다. 대표적인 어휘 분석기 생성기로는 Lex, Flex, ScanGen 등이 있다.

어휘 분석기 구현

어휘 분석기는 입력으로 소스 프로그램을 입력 받아 호출될 때마다 하나의 토큰(token)을 인식하여 리턴한다. 토큰은 토큰의 종류와 그 토큰의 실제 스트링 값(value)으로 정의할 수 있다. 앞에서 정의한 토큰들은 다음과 같이 열거형 상수로 정의할 수 있으며 그 스트링 값은 Token 생성자의 매개변수로 전달된다. 열거형 상수는 토큰 객체를 나타내는 상수로 예를 들어 열거형 상수 BOOL은 다음과 같은 의미를 갖는다.

```
final static Token BOOL = new Token("bool");
```

ID, NUMBER, STRLITERAL 등의 토큰은 토큰마다 그 스트링 값이 각기 다르므로 어휘 분석기에서 해당 토큰이 인식될 때 그 스트링 값은 setValue() 메소드에 의해 설정될 것이다.

```
enum Token {
    BOOL("bool"), TRUE("true"), FALSE("false"), IF("if"),
    THEN("then"), ELSE("else"), INT("int"), STRING("string"),
    WHILE("while"), VOID("void"), FUN("fun"), RETURN("return"),
    LET("let"), IN("in"), END("end"), READ("read"), PRINT("print"),
    EOF("<<EOF>>"),
    LBRACE("{"), RBRACE("}"), LBRACKET("["), RBRACKET("]"),
    LPAREN("("), RPAREN(")"), SEMICOLON(";"), COMMA(","),
    ASSIGN("="), EQUAL("=="),  LT("<"), LTEQ("<="), GT(">"),
    GTEQ(">="),  NOT("!"), NOTEQ("!="), PLUS("+"), MINUS("-"),
    MULTIPLY("*"), DIVIDE("/"), AND("&"), OR("|"),
    ID(""), NUMBER(""), STRLITERAL("");

    private String value;
    private Token (String v) { value = v; }
    public String value( ) { return value; }
    public Token setValue(String v) {
        this.value = v;
        return this;
    }

    public static Token idORkeyword (String name) {
        for (Token token : Token.values()) {
            if (token.value().equals(name))
                return token;
```

```
            if (token == Token.EOF)
                break;
        }
        return ID.setValue(name);
    } //ID or keyword
}
```

구체적으로 어휘 분석기의 getToken( ) 메소드는 호출될 때마다 다음 토큰(token)을 인식하여 리턴하도록 다음과 같이 구현할 수 있다. ch는 방금 읽은 문자를 저장하는 일종의 전역변수이다.

1. 읽은 문자가 알파벳 문자이면 이는 식별자 아니면 예약어일 것이다. 따라서 이 경우에는 다음 문자가 알파벳 문자나 숫자인 한 계속해서 다음 문자를 읽는다. 그리고 Token. idORkeyword 메소드를 호출하여 읽은 문자열이 식별자인지 예약어인지 구별하여 해당 토큰을 리턴한다.

2. 읽은 문자가 숫자이면 이는 정수 리터럴일 것이다. 따라서 이 경우에는 다음 문자가 숫자인 한 계속해서 읽어 정수 리터럴을 인식하고 이를 나타내는 NUMBER 토큰을 리턴한다.

3. 나머지는 읽은 문자에 따라 연산자, 구분자 등을 인식하여 리턴한다.

```
public Token getToken( ) {              // get the next token
    do {
        if (Character.isLetter(ch)) { // ID or keyword
            String s = "";
            do {
                s += ch;
                ch = getchar();
            } while (Character.isLetter(ch) || Character.isDigit(ch));
            return Token.idORkeyword(s);
        }

        if (Character.isDigit(ch)) {   // number
            String s = "";
            do {
                s += ch;
                ch = getchar();
            } while (Character.isDigit(ch));
```

```java
                return Token.NUMBER.setValue(s);
        }

        switch (ch) {
            case ' ': case '\t': case '\n':
                ch = getchar();
                break;
            case '+': ch = getchar();
                return Token.PLUS;
            case '*': ch = getchar();
                return Token.MULTIPLY;
            case '\"':  // string literal
                String s ="";
                while ((ch = getchar()) != '\"')
                    s += ch;
                ch = getchar();
                return Token.STRLITERAL.setValue(s);
            case eofCh:
                return Token.EOF;
            case '(': ch = getchar();
                return Token.LPAREN;
            case '=': ch = getchar();
                if (ch != '=') return Token.ASSIGN;
                else {ch = getchar(); return Token.EQUAL;}

                ...
        } // switch
    } while(true);
}

private char getchar() { // get next char
    int c = 0;
    try {
        c = input.read();
        if (c == -1)
            c = eofCh;
    } catch(IOException e) { System.err.println(e);}
    return (char) c;
}
```

3.4

파서 구현

파서 구성

[핵심개념]

파서는 입력으로 받은 소스 프로그램을 (재귀 하강 파싱 스타일로) 파싱하면서 프로그램을 구성하는 문장들의 AST를 생성하여 반환한다.

파서의 내부 구조는 그림 3.2와 같다.

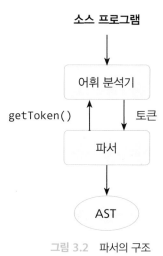

그림 3.2 파서의 구조

언어 S를 위한 파서의 개략적인 구조는 다음 프로그램과 같다. 이 파서는 일련의 명령어들을 입력으로 받아 파싱한 후에 각 명령어의 AST를 구성하여 리턴한다.

```
public class Parser {
    Token token;            // 현재 토큰을 저장하는 변수
    Lexer lexer;

    public Parser(Lexer l) {
        lexer = l;
        token = lexer.getToken();
    }
```

```
    private String match(Token t) {
        String value = token.value();
        if (token == t)
            token = lexer.getToken();
        else
            error(t);
        return value;
    }

    public static void main( ) {
        // <program> -> { <command> }
        parser  = new Parser(new Lexer());
        System.out.print(">> ");
        do {
            Command command = parser.command();
            System.out.print("\n>> ");
        } while(true);
    }

    public Command command() {
        // <command> ->  <decl> | <function> | <stmt>
        if (isType()) {
            Decl d = decl();
            return d;
        }
        if (token == Token.FUN)  {
            Function f = function();
            return f;
        }
        if (token != Token.EOF)) {
            Stmt s = stmt();
            return s;
        }
        return null;
    }
    Stmt stmt( )            {     ...     }
    Decl decl( )            {     ...     }
    Function function( )    {     ...     }
    Expr expr()             {     ...     }
}
```

파서의 각 메소드는 다음과 같은 역할을 수행한다.

명령어 command( )

언어 S는 대화형 인터프리터 방식으로 동작할 수 있다. 이 메소드는 파서의 시작으로 입력된 각 명령어를 파싱한다. 명령어(<command>)는 변수 선언(<decl>), 함수 정의(<function>), 또는 문장(<stmt>)이며 프로그램은 이러한 명령어들의 리스트라고 할 수 있다. 이 메소드는 각 명령어를 파싱하면서 해당 AST를 생성한다. 함수에 대해서는 8장에서 다룰 것이다.

```
<command> → <decl> | <stmt> | <function>
```

변수 선언 decl( )

변수 선언은 다음과 같이 할 수 있으며 수식의 값으로 초기화할 수 있다. 변수의 타입은 int, bool, string이 가능하다.

```
<decl> → <type> id [=<expr>];
<type> → int | bool | string
```

이 메소드는 변수 선언을 하나 읽고 파싱하면서 해당 AST를 구성하여 리턴한다. 변수 선언(<decl>)은 타입 이름(<type>)과 변수 이름인 식별자(id)로 구성된다. 초기화를 하는 경우에는 대입 연산자(=)와 수식(<expr>)이 나타나고 세미콜론으로 끝난다. 이를 파싱하는 파서는 문법으로부터 다음과 같이 작성할 수 있다.

```java
private Decl decl () {
    // <decl> -> <type> id [= <expr>];
    Type t = type();
    String id = match(Token.ID);
    Decl d = null;
    if (token == Token.ASSIGN) {
        match(Token.ASSIGN);
        Expr e = expr();
        d = new Decl(id, t, e);
    } else d = new Decl(id, t);
    match(Token.SEMICOLON);
    return d;
}
```

언어 S를 위한 다음 문법에서 정의한 각 문장을 읽고 파싱하면서 해당 문장의 AST를 구성하여 리턴한다.

```
<stmt> → id = <expr>;
        | '{' <stmts> '}'
        | if (<expr>) then <stmt> [else <stmt>]
        | while (<expr>) <stmt>
        | read id;
        | print <expr>;
        | let <decls> in <stmts> end
<stmts> → {<stmt>}
<decls> → {<decl>}
```

수식과 문장을 읽고 파싱하는 파서의 구현에 대해서 구체적으로 살펴보자.

수식 파싱

수식(expr) 파싱

수식을 파싱하는 파서 구현부터 살펴보자. 이 메소드는 언어 S의 수식을 읽고 파싱하면서 수식의 AST를 구성하여 반환한다. 2장에서 다루었던 다음과 같은 산술 수식(arithmetic expr)을 위한 파서를 수식의 값 대신에 수식의 AST를 구성하여 리턴하도록 확장해 보자.

```
<aexp> → <term> { + <term> | - <term> }
```

이 파서는 수식을 파싱하고 수식을 위한 AST를 구성하여 리턴한다. 이를 위한 aexp 메소드에서는 먼저 term 메소드를 호출하는데 이 term 메소드는 첫 번째 항(term)을 파싱하고 이를 나타내는 AST를 구성한다. 이어서 플러스(PLUS)나 마이너스(MINUS) 연산자가 나타나면 이 연산자(Operator)를 나타내는 노드를 생성한다. 그리고 다시 term 메소드를 호출하여 다음 항(term)을 파싱하고 이를 나타내는 AST를 구성한다. 두 항의 AST와 연산자(Operator) 노드를 이용하여 이항 연산을 나타내는 Binary 노드를 생성하여 리턴한다. 여러 개의 항으로 구성된 수식도 이미 구성된 수식의 AST에 항을 하나씩 추가하면서 AST를 구성할 수 있다.

```
Expr aexp() {
    Expr e = term();
    while (token == Token.PLUS || token == Token.MINUS) {
            Operator op = new Operator(match(token));
            Expr t = term();
            e = new Binary(op, e, t);
        }
        return e;
}
```

항(term) 파싱

2장에서 다루었던 다음과 같은 항(term)을 위한 파서를 항의 값 대신에 항의 AST를 구성하여 리턴하도록 확장해 보자.

<term> → <factor> { * <factor> | / <factor> }

항(term)을 파싱하는 term 메소드를 살펴보자. 이 term 메소드는 먼저 인수(factor)를 파싱하고 이를 나타내는 AST를 구성한다. 이어서 곱하기(MULTIPLY) 혹은 나누기(DIVIDE) 연산자가 나타나면 이 연산자(Operator)를 나타내는 노드를 생성한다. 그리고 다시 factor 메소드를 호출하여 다음 인수(factor)를 파싱하고 이를 나타내는 AST를 구성한다. 두 인수의 AST와 연산자(Operator) 노드를 이용하여 이항 연산을 나타내는 Binary 노드를 생성하여 리턴한다. 여러 개의 인수로 구성된 항도 이미 구성된 항의 AST에 인수를 하나씩 추가하면서 AST를 구성할 수 있다.

```
Expr term () {
    Expr t = factor();
    while (token == Token.MULTIPLY || token == Token.DIVIDE) {
        Operator op = new Operator(match(token));
        Expr f = factor();
        t = new Binary(op, t, f);
    }
    return t;
}
```

인수(factor) 파싱

인수(factor)는 식별자 id, 숫자 number, 괄호 수식 (<aexp>) 중의 하나이며 이들 앞에 단항 연산자 -가 올 수 있다. 스트링 타입을 지원하기 위해서는 스트링 리터럴(strliteral)도 하나의 인수로 처리할 수 있다.

```
<factor> → [-] (id | number | '('<aexp>')') | strliteral
```

인수를 파싱하는 factor 메소드는 먼저 단항 - 연산자가 있는지 확인하고 있으면 이를 나타내는 연산자(Operator) 노드를 생성한다. 이어서 식별자(ID), 숫자(NUMBER), 스트링리터럴(STRLITERAL) 또는 괄호 수식('('<aexp>')')을 처리하여 AST를 구성한다. 단항 연산자를 사용하는 경우에는 연산자 노드와 이들을 이용하여 단항 연산을 나타내는 Unary 노드를 생성하여 리턴하고, 그렇지 않은 경우에는 이미 구성된 AST를 리턴하면 된다.

```java
Expr factor() {
    Operator op = null;
    if (token == Token.MINUS)
        Operator op = new Operator(match(token));
    Expr e = null;
    switch(token) {
    case ID:
        Identifier v = new Identifier(match(Token.ID));
        e = v;
        break;
    case NUMBER: case STRLITERAL:
        e = literal();
        break;
    case LPAREN:
        match(Token.LPAREN);
        e = expr();
        match(Token.RPAREN);
        break;
    default:
        error("Identifier | Literal");
    }
    if (op != null)
        return new Unary(op, e);
    else return e;
}
```

지금까지는 산술 수식에 대한 파싱과 AST 구성에 대해서 설명하였다. 이를 확장한 3.1절의 [언어 S의 수식 문법]의 비교 수식 및 논리 수식에 대한 파싱과 AST 구성 역시 비슷하게 작성할 수 있다.

문장 파싱

이 stmt 메소드는 문장(statement)을 파싱하기 위한 메소드로 첫 번째 토큰의 종류에 따라 문장의 종류를 구분하여 파싱한다. 각 문장을 파싱하는 메소드는 해당 문장을 파싱하고 그 문장을 나타내는 AST를 리턴한다. 예를 들어, 첫 번째 토큰이 왼쪽 괄호(LBRACE)이면 이 문장은 복합문(stmts)이고 첫 번째 토큰이 IF 토큰이면 if 문(ifStmt)이고 첫 번째 토큰이 ID이면 대입문(assignment)일 것이다.

```
Stmt stmt( ) {
    // <stmt> -> <assignment> | <ifStmt> | <whileStmt>
    //            | { <stmts> } | <letStmt> |  ...
    Stmt s;
    switch (token) {
        case ID:        // assignment
            s = assignment(); return s;
        case LBRACE:
            match(Token.LBRACE); s = stmts(); match(Token.RBRACE);
            return s;
        case IF:        // ifStmt
            s = ifStmt(); return s;
        case WHILE:     // whileStmt
            s = whileStmt(); return s;
        case LET:       // letStmt
            s = letStmt(); return s;
        case READ:      // Read
            s = readStmt(); return s;
        case PRINT:     // printStmt
            s = printStmt(); return s;
        default:
            error("Illegal statement"); return null;
    }
}
```

각 문장을 파싱하고 그 문장을 나타내는 AST 노드를 리턴하는 메소드를 살펴보자.

대입문(Assignment Statement)

assignment 메소드는 대입문을 파싱하고 그 AST를 생성하여 리턴한다. 이 메소드는 먼저 식별자(ID)를 매치하고 대입 연산자(ASSIGN)를 확인하고 다음으로 수식(expr)을 파싱한다. 식별자를 나타내는 Identifier 노드와 수식을 나타내는 Expr 노드를 생성하고 이를 이용하여 대입문을 나타내는 Assignment 노드를 생성하여 리턴한다.

```
Assignment assignment() {
    // <assignment> -> id = <expr>;
    Identifier id = new Identifier(match(Token.ID));
    match(Token.ASSIGN);
    Expr e = expr();
    match(Token.SEMICOLON);
    return new Assignment(id, e);
}
```

복합문(Compound Statement)

stmts 메소드는 복합문을 파싱하고 그 AST를 생성하여 리턴한다. 이 메소드는 먼저 복합문의 AST를 나타내는 Stmts 객체를 생성하고, 복합문 내의 각 문장을 순차적으로 파싱하고 이 복합문 AST에 각 문장의 AST를 추가한 후 리턴한다. 오른쪽 괄호(RBRACE)가 나타나면 복합문의 끝이라는 점을 유의하자.

```
Stmts stmts ( ) {
    // <stmts> -> { <stmt> }
    Stmts ss = new Stmts();
    while((token != Token.RBRACE) && (token != Token.END))
        ss.stmts.add(stmt());
    return ss;
}
```

조건문(If Statement)

ifStmt 메소드는 if 문을 파싱하고 그 AST 노드를 생성하여 리턴한다. 이 메소드는 먼저 if 문의 시작을 나타내는 IF 토큰을 매치하고 이어서 왼쪽 괄호(LPAREN)를 매치하고 수식

(expr)을 파싱하고 오른쪽 괄호(RPAREN)를 매치한다. 이어서 THEN 토큰을 매치하고 문장(stmt)을 파싱한다. 이어서 ELSE 토큰이 나오면 매치하고 문장(stmt)을 파싱한다. 최종적으로 조건 수식과 파싱한 두 문장들을 나타내는 AST 노드들을 이용하여 If AST 노드를 생성하고 리턴한다. if-then 문장은 if-then-else 문장인데 else 부분이 빈 문장(empty statement)으로 간주하여 처리한다.

```
If ifStmt ( ) {
    // <ifStmt> -> if ( <expr> ) then <stmt>
    //             [ else <stmt> ]
    match(Token.IF);
    match(Token.LPAREN);
    Expr e = expr();
    match(Token.RPAREN);
    match(Token.THEN);
    Stmt s1 = stmt();
    Stmt s2 = new Empty();
    if (token == Token.ELSE){
        match(Token.ELSE);
        s2 = stmt();
    }
    return new If(e, s1, s2);
}
```

반복문(While Statement)

whileStmt 메소드는 while 문을 파싱하고 그 AST를 생성하여 리턴한다. 이 메소드는 먼저 while 문의 시작을 나타내는 while 토큰을 매치하고 이어서 왼쪽 괄호(LPAREN)를 매치하고 수식(expr)을 파싱하고 오른쪽 괄호(RPAREN)를 매치한다. 이어서 본체 문장(stmt)을 파싱한다. 조건 수식과 본체 문장의 AST 노드들을 이용하여 While AST 노드를 생성하고 리턴한다.

```
While whileStmt ( ) {
    // <whileStmt> -> while ( <expr> ) <stmt>
    match(Token.WHILE);
    match(Token.LPAREN);
    Expr e = expr();
    match(Token.RPAREN);
```

```
        Stmt s = stmt();
        return new While(e, s);
    }
```

Let 문(Let Statement)

letStmt 메소드는 let 문을 파싱하고 그 AST 노드를 생성하여 리턴한다. 이 메소드는 먼저 let 문의 시작을 나타내는 let 토큰을 매치하고 이어서 변수 선언들을 파싱하고 이어서 in 토큰을 매치하고 본체를 구성하는 문장들인 Stmts를 파싱한다. 변수 선언과 본체 문장들의 AST 노드들을 이용하여 let 문을 위한 AST 노드를 생성하고 리턴한다.

```
Let letStmt () {
    // <letStmt> -> let <decls> in <stmts> end;
    match(Token.LET);
    Decls ds = decls();
    match(Token.IN);
    Stmts ss = stmts();
    match(Token.END);
    match(Token.SEMICOLON);
    return new Let(ds, null, ss);
}

private Decls decls () {
    // Decls -> { <decl> }
    Decls ds = new Decls ();
    while (isType()) {
        Decl d = decl();
        ds.add(d);
    }
    return ds;
}
```

요약

01 어휘 분석기(lexical analyzer)

- 입력된 소스 프로그램을 읽어서 토큰(키워드, 식별자, 숫자, 연산 기호 등의 의미 있는 문법적 단위로 문법의 터미널 심볼에 해당함) 형태로 분리하여 반환한다.

02 파서(parser)

- 소스 프로그램을 구문 분석(파싱)하면서 프로그램 내의 문장들의 AST를 생성하여 반환한다. 파싱하면서 필요할 때마다 `getToken()`을 호출하여 어휘 분석기에 다음 토큰을 요구한다.

03 추상 구문 트리(Abstract Syntax Tree, AST)

- 파서는 소스 프로그램을 파싱하여 AST를 생성한다. AST는 소스 프로그램의 구문 구조를 추상적으로 보여주는 트리로 해석기의 입력이 된다.

04 인터프리터(Interpreter)

- 프로그램 내의 각 문장의 AST를 순회하면서 각 문장의 의미에 따라 해석하여 수행한다.

05 상태(State)

- 인터프리터는 각 문장을 수행하면서 유효한 변수들의 상태를 저장하는 스택 형태의 자료구조를 사용한다.

06 정규식은 다음과 같이 재귀적으로 정의할 수 있다. M과 N이 정규식일 때 다음 표현은 모두 정규식이다.

    (1) x   문자 x를 나타낸다.

    (2) M | N   M 또는 N을 표현한다.

    (3) MN   M 다음에 N이 나타나는 접합을 표현한다.

    (4) M*   M이 0번 이상 반복됨을 표현한다.

연습문제

01 `while` 문과 `if` 문을 위한 AST를 정의하는 클래스를 구현하시오.

02 `let` 문을 위한 AST를 정의하는 클래스를 구현하시오.

03 어휘 분석기, 파서, AST, 해석기 사이의 관계를 중심으로 설명하시오.

04 다음 작성법을 정규식으로 표현하시오.

   (1) 전화번호

   (2) 이메일 주소

   (3) 금액 표시(천원 이상인 경우에는 콤마를 사용함)

   (4) C 언어의 코멘트

05 다음 정규식에 의해 표현되는 언어를 정의하는 문법을 작성하시오.

   (1) ab*

   (2) a*b*

   (3) ab*c*

06 다음 문법에 대해서 답하시오.

```
E → E + T | T
T → T * F | F
F → id
```

   (1) `id * id + id`에 대한 유도트리를 그리시오.

   (2) 이 유도트리를 AST 형태로 나타내시오.

07 다음과 같은 do-while 문과 for 문의 AST를 정의하고 예를 들어 AST를 그리시오.

```
<stmt> →
        | do <stmt> while (<expr>);
        | for (<type> id = <expr>; <expr>; id = <expr>)
            <stmt>
```

08 다음과 같이 언어 S에 배열 선언 및 사용 기능을 추가할 수 있다. 배열 선언과 사용을 위한 AST를 정의하고 예를 들어 AST를 그리시오.

```
<decl> → ... | <type> id[n];
<factor> → ... | id[expr]
<type> → int | bool | string
```

수식 파서 구현

01 다음과 같은 비교 수식 및 논리 수식을 포함한 수식(expr)을 위한 파서를 작성한다.

```
<expr>   → <bexp> {& <bexp> | '|' <bexp>} | !<expr> | true | false
<bexp>   → <aexp> [<relop> <aexp>]
<relop>  → ==  | != | < | > | <= | >=
<aexp>   → <term> {+ <term> | - <term>}
<term>   → <factor> {* <factor> | / <factor>}
<factor> → [ - ] ( number | (<aexp>) | id)
```

(1) 이 문법을 기초로 추상 구문 트리(Abstract Syntax Tree)를 구현하시오.

(2) 이 AST를 바탕으로 파서 구현을 완성하시오.

(3) 각 AST 노드에 대해서 해당 노드를 트리 형태로 출력하는 display 메소드를 구현하고 수식(expr)을 파싱하고 그 AST를 출력하시오.

언어 S의 파서 구현

02 언어 S를 위한 문법을 EBNF 형식으로 나타내면 다음과 같다.

```
<program> → {<command>}
<command> → <decl> | <stmt>
<decl> → <type> id [=<expr>];
<stmt> → id = <expr>;
       | '{' <stmts> '}'
       | if (<expr>) then <stmt> [else <stmt>]
       | while (<expr>) <stmt>
       | read id;
       | print <expr>;
       | let <decls> in <stmts> end;
<stmts> → {<stmt>}
<decls> → {<decl>}
<type>  → int | bool
```

(1) 이 언어에 대해 추상 구문 트리(Abstract Syntax Tree)를 구현하시오.

(2) 이 AST를 바탕으로 파서 구현을 완성하시오.

(3) 각 AST 노드에 대해서 해당 노드를 트리 형태로 출력하는 `display` 메소드를 구현하고 command를 파싱하고 그 AST를 출력하시오.

언어 S의 파서 확장

03 실습 3.2의 EBNF 형식의 문법에 다음을 추가하여 파서를 구현하시오.

(1) 자료형으로 스트링(string) 자료형을 추가하여 파서를 구현하시오.

```
<type>   → int | bool | string
<factor> → [-] ( number | id | (<aexp>)) | strliteral
```

(2) 이 언어에 다음과 같이 do-while 문과 for 문을 추가하여 AST와 파서를 구현하시오.

```
<stmt> → ...
          | do <stmt> while (<expr>);
          | for (<type> id = <expr>; <expr>; id = <expr>)
                <stmt>
```

(3) 이 파서는 파싱 결과로 AST를 반환하고 이를 시각적으로 트리 형태로 출력한다.

참고

01 Lex는 Lesk & Schmidt (1975)에 의해서 개발된 대표적인 어휘 분석기 생성기로 Yacc과 쌍을 이루어 사용되며 대부분의 유닉스/리눅스 시스템에서 이용 가능하다. Lex의 오픈 소스 버전인 Flex는 Paxson (1995)에 의해서 개발되었으며 Yacc의 오픈 소스 버전인 Bison과 쌍을 이루어 사용된다.

02 샘플 언어(Mini-Triangle과 Clite)에 대한 AST와 재귀 하강 파서의 구현은 Watt & Brown (2000)과 Tucker & Noonan (2006)에 각각 기술되어 있다. 3.2절의 언어 S의 AST는 Watt & Brown (2000)과 Tucker & Noonan (2006)에서 정의된 AST를 참고하여 설계되었다.

PROGRAMMING LANGUAGES

변수 및 유효범위

4.1

변수 선언

대부분의 현대 프로그래밍 언어에서는 변수를 사용하기 전에 변수를 선언해야 한다. 이러한 원칙을 **사용전 선언**(declaration before use)이라고 한다.

블록과 변수 선언

블록은 프로그램 중에 서로 연관된 선언문과 실행문들을 묶어놓은 구문구조로 보통 블록은 변수나 함수를 선언하는 선언문들과 일련의 실행문들로 구성된다. 프로그래밍 언어 S에서 **지역 변수**(local variable) 선언을 위한 블록으로 사용되는 let 문을 살펴보자.

구문법

```
<stmt>  →  ...
        |  id = <expr>;
        |  let <decls> in <stmts> end;
<decls>  →  {<type> id [=<expr>];}      // 변수 선언
<stmts>  →  {<stmt>}
<type>  →  int | bool | string
```

의미

- 변수 id는 <type> 타입의 변수이며 초기화가 가능하다.
- 초기화하지 않은 변수는 자동으로 기본값(정수형은 0, 논리형은 false, 스트링 타입은 빈 스트링(" "))으로 초기화된다.
- 변수 id의 유효범위는 선언된 블록 내이다.

let 문과 같은 블록은 블록 내의 일련의 문장들을 하나의 문장처럼 취급하게 해준다. 또한 블록 내에 선언된 변수를 다른 곳에서 선언된 같은 이름의 변수와 구별하게 해준다.

C/C++, Java 언어처럼 이렇게 한 번 선언된 변수의 타입은 변하지 않으며 이러한 언어를 정적 타입 언어(statically typed language)라고 한다.

언어 S로 작성된 변수를 선언하는 간단한 [예제 1]의 코드를 살펴보자. 이 코드는 다음과 같은 C 언어 코드로 작성할 수 있으며 x의 유효범위는 C 언어에서도 똑같이 블록 내로 한정된다.

[예제 1]

S의 예제	C의 예제

```
let int x; in
    x = 1;
    x = x + 1;
end;
```

```
{ int x;
    x = 1;
    x = x + 1;
}
```

변수를 선언하면 프로그램 내 어디에서나 사용할 수 있을까? 그렇지 않다. 변수는 어디서 어떻게 선언되었느냐에 따라 사용될 수 있는 범위가 다르다.

[정의 1]

선언된 변수가 유효한, 즉 사용될 수 있는 프로그램 내의 범위/영역을 변수의 **영역** 혹은 **유효범위**(scope)라고 한다.

변수 이름뿐만 아니라 함수 등 다른 이름도 유효범위가 있다. 이 예에서 선언된 변수 x의 유효범위는 일반적으로 선언된 let 블록 내부이다.

그렇다면 선언된 (변수) 이름의 유효범위는 어떻게 결정될까? 언어에 따라 유효범위를 정하는 규칙이 조금씩 다를 수 있는데 선언된 (변수) 이름의 유효범위를 정하는 규칙을 유효범위 규칙이라고 한다. 현대 프로그래밍 언어에서 가장 많이 사용되는 유효범위 규칙은 **정적 유효범위 규칙**(static scope rule)으로 아마 대부분의 프로그래머들이 익숙한 규칙이며 대부분 언어에서 표준 유효범위 규칙으로 사용되고 있다. 유효범위 규칙에 대한 보다 자세한 내용은 8.3절에서 기술한다.

[핵심개념]

정적 유효범위 규칙의 기본적인 아이디어는 선언된 이름은 선언된 블록 내에서만 유효하다는 것이다.

블록의 중첩

let 블록 내에는 아무 문장이나 올 수 있으므로 let 블록 내에 다시 let 블록이 중첩되어 올 수 있다. 따라서 다음과 같은 let 블록의 중첩이 가능하다. D1과 D2는 변수 선언을 나타낸다고 가정하자.

```
let D1; in
    let D2; in
        S
    end;
end;
```

[예제 2]의 중첩 블록을 살펴보자. 외부 블록에서 선언된 변수 x는 그 블록 내 어디서나 사용될 수 있다. 내부 블록에서 선언된 변수 y는 내부 블록에서만 사용될 수 있다. 따라서 내부 블록 내에서는 변수 x와 y가 모두 사용 가능하다. 이를 C 언어로 작성하면 다음과 같이 작성할 수 있으며 선언된 변수의 유효범위도 똑같이 정해진다.

[예제 2]

	S의 예제	C의 예제
1	`let int x; in`	`{ int x;`
2	`    let int y; in`	`    { int y;`
3	`        x = 1;`	`        x = 1;`
4	`        y = x + 2;`	`        y = x + 2;`
5	`    end;`	`    }`
6	`end;`	`}`

이 코드는 블록이 중첩되므로 꽤 복잡하다. 이러한 코드는 일반적으로 다음과 같이 간단한 형태로 선언하도록 허용하는데 이것도 일종의 설탕 구문(syntactic sugar)이라고 볼 수 있다. D1과 D2에서 선언된 변수들의 유효범위는 이 블록 내부이다.

```
let D1;D2; in
    S
end;
```

[예제 2]의 프로그램은 [예제 3]과 같이 간단한 형태로 재작성할 수 있다.

[예제 3]

```
let int x; int y; in
    x = 1;
    y = x + 1;
end;
```

중첩 블록과 관련해서 한 가지 주의해야 할 점은 같은 이름의 변수가 여러 개 선언될 수 있다는 점이다. [예제 4]의 프로그램을 살펴보자. 이 코드에서 변수 x는 외부 블록에서 선언되고 내부 블록에서 다시 선언되었다. 그렇다면 똑같은 이름의 변수 x를 어떻게 구분할 수 있을까? 정적 유효범위 규칙을 이용하여 구분할 수 있다.

- 3번 줄의 y = x + 2 문장에서 사용된 x는 외부 블록에서 선언된 x이다. 왜냐하면 이곳에서는 외부 블록에서 선언된 x만 유효하기 때문이다.

- 내부 블록 내의 6번 줄의 x = x + 1 문장에서 사용된 x는 어떤 x일까? 사실 이곳에서는 외부 블록에서 선언된 x와 내부 블록에서 선언된 x가 모두 유효하다. 보통 이런 경우에는 내부 x가 우선권이 있다. 따라서 여기서 사용한 x는 내부 블록에서 선언된 x를 의미한다.

- 8번 줄의 x = x * 2 문장에서 사용된 x는 어떤 x를 의미할까? 이곳에서는 내부 x는 유효하지 않으므로 사용될 수 없고 외부 x만 유효하다. 따라서 이 x는 외부 블록에서 선언된 x를 의미한다.

이 예제 코드는 다음과 같이 C 언어로도 작성할 수 있으며 위와 같은 현상은 C 언어에서도 똑같이 존재한다.

[예제 4]

S의 예제
```
1   let int x = 1; in
2       let int y; in
3           y = x + 2;
4       end;
5       let int x; in
6           x = x + 1;
7       end;
8       x = x * 2;
9   end;
```

C의 예제
```
{ int x = 1;
    { int y;
        y = x + 2;
    }
    { int x;
        x = x + 1;
    }
    x = x * 2;
}
```

전역 변수 선언

언어 S는 일종의 인터프리터 언어로 S 프로그램은 다음과 같이 변수 선언(<decl>), 함수 정의(<function>), 혹은 문장(<stmt>)의 반복으로 정의할 수 있다. 함수 정의에 대해서는 8장에서 자세히 다룰 것이다. 앞에서 살펴본 것 같이 let 문 내에서 선언된 변수는 지역 변수이며, let 문 밖에서 선언된 변수는 **전역 변수**(global variable)이다.

```
<program> → {<decl> | <stmt> | <function>}
<decl> → <type> id [=<expr>];
```

let 문 내에서 선언된 변수는 지역 변수로 선언된 블록 내에서만 사용할 수 있다. 반면 let 문 밖에서 선언된 변수는 프로그램 내 어디에서도 접근할 수 있는 전역 변수로 지역 변수와 대비되는 개념이다. 전역 변수도 지역 변수와 마찬가지로 초기화할 수 있으며 초기화하지 않은 변수는 자동으로 기본값으로 초기화된다.

예를 들어, 다음과 같이 선언하면 변수 x는 전역 변수이고 변수 y는 지역 변수이다. let 문 내에서는 둘 다 사용 가능하고 let 문이 끝나면 전역 변수 x만 사용 가능하다. 인터프리터를 실행하는 과정을 보면 다음과 같다.

```
>> int x=1;
>> let int y=2; in
        x = x+y;
    end;
>> print x;
3
```

또한 다음과 같이 전역 변수와 같은 이름의 지역 변수를 선언하는 것도 가능하다. 둘은 이름을 같지만 다른 변수이다. let 문 내에서 사용된 x는 지역 변수를 의미한다. let 문 밖에서 사용된 x는 전역 변수를 의미한다.

```
>> int x=1;
>> let int x=2; in
        print x;
    end;
2
>> print x;
1
```

또한 다음과 같이 함수를 정의한 후 이를 호출해서 사용하는 것도 가능하다.

```
>> fun int f(int x) return x*x;
>> print f(10);
100
```

타입 없는 변수 선언

Lisp/Scheme, JavaScript, Python 등과 같은 언어는 변수의 타입을 선언하지 않고 바로 사용할 수 있으며 어떤 타입의 값이든지 저장할 수 있다. 이러한 언어를 **동적 타입 언어**(dynamically typed language)라고 한다(타입에 대한 자세한 사항은 6장 참조).

예를 들어, JavaScript 언어에서는 다음과 같이 타입 없이 변수를 선언할 수 있으며 이 변수에 임의의 타입의 값을 대입할 수 있다.

```
var id [=<expr>];
```

Python에서는 변수를 선언할 필요가 없으며 이 변수에 값을 저장할 때 다음과 같은 형식의 **대입문**(assignment statement)을 사용하면 변수는 자동으로 생성된다. 이 변수에 어떤 타입의 값이든지 저장할 수 있다.

```
id = <expr>
```

예를 들어, 다음과 같이 점수를 나타내는 변수 score에 정수 값 80을 저장하면 변수 score는 자동으로 생성되고 여기에 정수 값 80이 저장된다. 변수 값을 print 문을 이용하여 출력해 보자. 또한 이 변수에 다시 문자열 "80 %"을 저장할 수도 있고 그 값을 출력하여 확인할 수 있다.

```
>>> score = 80
>>> print(score)
80
>>> score = "80 %"
>>> print(score)
80 %
```

또한 전역 변수를 사용하는 것도 가능하다. 예를 들어, Python에서 다음과 같이 전역 변수 percent를 함수 내에서 사용할 수 있다. 이 함수는 가격을 매개변수로 받아 할인율 percent에 따라 할인 가격을 계산한다(Python 함수에 대한 자세한 사항은 8.1절 참조).

[예제 5]

```
>>> percent = 20
>>> def salePrice(price):
    result = price * (1 - percent/100)
```

```
    return result
>>> salePrice(48000)
38400.0
```

그러나 전역 변수와 관련해서 한 가지 주의해야 할 점이 있는데 함수 내에서 전역 변수를 사용할 수는 있지만 그 값을 수정할 수는 없다는 점이다. 왜냐하면 함수 내에서 대입문을 이용하여 전역 변수 값을 수정하려고 시도하면 Python은 자동적으로 그 이름에 해당하는 새로운 지역 변수를 만들어 내기 때문이다. 예를 들어 다음과 같이 함수 내에서 percent에 새로운 값을 대입하면 percent는 새로운 지역 변수가 된다. 그런데 이 지역 변수 percent는 대입하기 전에 먼저 사용되고 있으므로 다음과 같이 오류가 발생한다.

[예제 6]

```
>>> percent = 20
>>> def salePrice(price):
        percent = percent + 10
        result = price * (1 - percent/100)
        return result
>>> salePrice(48000)
Traceback (most recent call last):
File "<pyshell#6>", line 1, in <module>
salePrice(48000)
File "<pyshell#5>", line 2, in salePrice
percent = percent + 10
UnboundLocalError: local variable 'percent' referenced before assignment
```

그렇다면 함수 내에서 전역 변수를 사용하려면 어떻게 하여야 할까? 다음과 같이 percent를 global로 선언해야 한다. 이 경우에는 함수 내에서 사용한 변수 percent는 전역 변수이며 전역 변수 percent의 값을 30으로 수정한다.

[예제 7]

```
>>> percent = 20
>>> def salePrice(price):
        global percent
        percent = percent + 10
        result = price * (1 - percent/100)
        return result
```

4.2 블록 구조 언어

다른 언어에서 선언 및 유효범위를 어떻게 다루고 있는지 사례를 살펴보자. 이를 위해 먼저 선언과 관련하여 몇 가지 질문을 해 보자.

무엇을 선언하는가?

● 상수, 변수, 함수 등을 선언할 수 있다.

어디에 선언하는가?

● 블록 내 혹은 밖에 변수 등을 선언할 수 있다.
● 구조체(struct) 내에 필드 변수를 선언할 수 있다.
● 클래스(class) 내에 필드 변수 혹은 함수를 선언할 수 있다.

어떻게 선언하는가?

● 명시적 선언을 하는 언어: Pascal, C, C++, Java 등
● 묵시적 선언을 허용하는 언어: Lisp, Python, ML 등

블록 구조 언어

블록은 프로그램 중에 서로 연관된 선언문과 실행문들을 묶어놓은 프로그래밍 단위로 보통 블록은 변수나 함수를 선언하는 선언문들과 일련의 실행문들로 구성된다. 많은 언어에서 블록은 중괄호({,})나 begin-end로 구분되며 마치 하나의 복합문처럼 사용될 수 있다. C, Pascal 등의 언어에서는 프로시저 또는 함수도 하나의 블록이다.

[핵심개념]

블록의 중첩을 허용하는 언어를 **블록 구조 언어**(block structured language)라고 한다.

Algol, Pascal, Modula, Ada, C 언어 등이 블록 구조를 지원하는 대표적인 언어들이다. 대부분의 블록 구조 언어는 블록 내에 블록의 중첩을 허용하며 정적 유효범위 규칙에 따라 블록에서 선언된 변수는 선언된 블록 내에서만 유효하다.

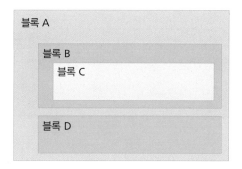

그림 4.1 블록 구조

예를 들어, 그림 4.1과 같이 블록의 중첩을 형성하는 예를 살펴보자. 외부 블록 A 내에 내부 블록 B와 D가 있다. 또한 내부 블록 B 내에 중첩된 내부 블록 C가 있다. 블록 A에서 선언된 변수는 A 내 어디서나 유효하다. 블록 B에서 선언된 변수는 B 내에서 유효한데 블록 C도 블록 B 내에 있으므로 블록 C 내에서도 유효하다. 블록 D 내에서 선언된 변수는 D 내에서만 유효하다.

블록 구조 언어가 갖는 특징 및 장점은 다음과 같다.

1. 대형 프로그램을 여러 블록으로 나누어 작성할 경우 잘 정돈된 블록단위 프로그램은 복잡한 수행 내용을 단순화하며 프로그램의 해독성을 높여준다.
2. 프로그램의 수행 중 오류가 발생하여도 그 범위가 블록단위로 한정되므로 수정이 쉬워지며 응용의 용도에 따라 블록의 첨가, 삭제, 수정 등이 용이하다.
3. 블록 내에 선언된 변수들은 그 안에서만 유효하며 실행이 종료된 후에는 기존에 선언되었던 변수들은 모두 무효화 된다.
4. 사용자로 하여금 변수의 사용과 기억장소의 할당에 관한 경계를 명확하게 할 수 있다.

이러한 블록 구조를 제공하는 블록 구조 언어의 사례들에 대해서 살펴보자.

Pascal

Pascal 프로그램의 가장 바깥 블록은 program이다. 이 program 내에 변수 선언이나 프로시저(함수) 정의가 가능하다. 프로시저(함수) 정의 역시 하나의 블록으로 그 내부에 변수 선언 및 프로시저(함수) 정의가 가능하다. 어떤 블록이든 선언 뒤에 나오는 begin-end 사이에 실행문 나열이 가능하다.

예를 들어, Pascal 언어로 작성된 swap 프로시저를 작성해서 테스트하는 [예제 5]의 프로그램을 살펴보자. 이 프로그램의 가장 외부 블록인 program 내에서는 변수 x, y를 선언하고 프로시저 swap를 정의하였다. 선언된 변수 x, y는 전역 변수로 이 프로그램 내에 어디서나 사용 가능하다. swap 프로시저 내에서 선언된 변수 temp는 지역 변수로 이 프로시저 내에서만 사용 가능하다. 선언 뒤를 따르는 begin-end 사이에 그 블록의 실행문이 온다. program 블록의 실행문에서부터 프로그램이 실행되어 swap 프로시저를 호출한다.

[예제 8]

```pascal
program ex(output);
    var x, y: integer;          // 전역 변수
    procedure swap(var A, B: integer);
        var temp: integer ;     // 지역 변수
    begin
        temp := A;
        A:=B;
        B:=temp;
    end;
begin
    x := 5; y := -3;
    swap (x,y);
end.
```

C 언어

C 프로그램은 다음과 같이 변수 선언과 함수 정의들로 이루어진다. C 언어에서는 중괄호가 하나의 블록이다. 따라서 중괄호로 시작하는 함수도 하나의 블록이다. 다음과 같이 괄호로 시작하는 블록 내에 변수 선언 및 실행문 나열이 가능하다. 뿐만 아니라 블록 내에 블록이 중첩되는 것도 가능하다.

```
변수 선언;

리턴타입 함수명(매개변수) {
    변수 선언;
    실행문;
}
```

C 언어에서는 블록 내에 변수를 선언할 수 있을 뿐만 아니라 함수 밖에 변수를 선언할 수도 있다. 블록 내에 선언된 변수들은 블록 내에서만 사용될 수 있는 지역 변수이며 함수밖에 선언된 변수들은 전역 변수(비지역 변수)이다. C 언어에서 전역 변수는 함수 밖에 선언되어 초기화되며, 지역 변수와 다르게 선언된 이후부터 프로그램 내의 어느 부분에서도 사용될 수 있다. C 언어에서 전역 변수는 지역 변수와 대비되는 개념으로 비지역 변수라고도 한다.

예를 들어 [예제 9]의 프로그램에서 main 함수 밖에서 선언된 변수 x는 전역 변수이고 main 함수 내에서 선언된 변수 y는 지역 변수이다. 또한 main 함수 밖에서 다른 함수 f를 정의할 수 있으며 이 함수는 정의된 이후부터 호출될 수 있다.

[예제 9]

```
int x=1;

int f(int x) { return x*x; }

int main() {
    int y = 2;
    x = f(y);
    printf("%d %d\n", x, y);
}
```

또한 변수를 선언할 때 static으로 선언할 수 있는데 이렇게 선언된 변수는 정적 변수의 특징을 가지고 있으므로 프로그램이 실행될 때 생성되어 프로그램이 종료될 때까지 존재한다.

C 언어 유효범위의 핵심 아이디어는 **사용전 선언**(Declaration before use)이라고 할 수 있다. 사용전 선언 원칙은 모든 이름은 사용전에 선언해야 한다는 것을 의미하며 선언된 이름의 유효범위는 선언된 지점부터 선언된 블록 끝까지이다. 이 원칙에 따르면 지역 변수의 유효 범위는 선언된 지점부터 선언된 함수 혹은 블록 끝까지이다. 전역 변수의 유효범위는 선언된 지점부터 파일 끝까지이다.

[예제 10]의 프로그램에서 선언된 이름들의 유효범위를 표시해 보자. 먼저 선언된 함수 이름 p나 q, 전역 변수 x의 유효범위는 선언된 지점부터 파일 끝까지이다. 지역 변수 x, y, z의 유효범위는 선언된 지점부터 선언된 블록 끝까지이다.

[예제 10]

```
int x = 1;              // 전역 변수 선언

void p( )               // 함수 p 정의
{   char x;             // 지역 변수 선언
    x = 'A';
}

void q( )               // 함수 q 정의
{   double y = 2;       // 지역 변수 선언

    {   int z = 3;      // 중첩 블록에서 지역 변수 선언
        x = y + z;
    }
    ...
}

main()                  // main 함수 정의
{   int w[10];          // 지역 변수 선언
    x = x + 1;          // 전역 변수 사용
        ...
}
```

한 식별자가 중첩된 블록에서 여러 번 선언될 수도 있다. 이 예에서 변수 이름 x는 전역 변수로 선언되었고 다시 함수 p 내에서 지역 변수로도 선언되었다. 이런 경우 함수 p 내에서 x를 사용하면 이 x는 어떤 x를 의미할까? 사실 유효범위 규칙에 의하면 전역 변수 x와 지역 변수 x 모두 블록 내에서 사용 가능하다. 이런 경우에는 최중첩된 선언을 우선하는데 이를 **최중첩 우선 규칙**(most closely nested rule)이라고 한다. 따라서 함수 p 내에 사용된 x는 지역 변수 x를 의미한다. 그러나 main 함수 내에서는 전역 변수 x만 유효하므로 여기서 사용된 x는 전역 변수 x를 의미한다.

Ada 언어

다음과 같은 declare-begin-end가 하나의 블록이며 declare 다음에는 선언이 오고 begin-end 사이에 실행문들이 온다. 선언된 이름들의 유효범위는 선언된 블록 내부이다.

```
declare
    변수 선언
begin
    실행문
end;
```

예를 들어, 다음과 같이 declare 내에 변수 x, y를 선언하고 begin-end 사이에 실행문이 올 수 있다.

[예제 11]

```
declare
    x: integer;
    y: boolean;
begin
    x := 2;
    y := true;
    x := x+1;
    ...
end;
```

Ada 언어의 유효범위 규칙의 핵심 아이디어는 선언된 식별자의 유효범위는 선언된 블록 내라는 것이다. begin-end 내에 다른 블록이 중첩되어 사용될 수 있다. [예제 12]의 프로그램을 살펴보자. B1 블록에서 선언된 변수 x와 y의 유효범위는 B1 블록 내이다. 마찬가지로 B2 블록 내에서 선언되니 변수 a와 b의 유효범위는 B2 블록 내이다.

[예제 12]

```
B1: declare
    x: integer;
    y: boolean;
begin
    x := 2;
    y := false;
    B2: declare
        a, b: integer;
```

```
        begin
            if y then a := x;
            else b := x;
            end if
        end B2;
        ...
    end B1;
```

ML

ML은 함수형 언어이지만 블록의 중첩을 허용하는 블록 언어의 특징도 갖고 있다. 언어 S와 같이 let-in-end가 하나의 블록이 된다. 언어 S와 비슷하게 let 다음에 변수 혹은 함수를 선언할 수 있고 in과 end 사이에 실행문들이 올 수 있다.

```
let 변수 선언
    함수 선언
in
    실행문
end;
```

예를 들어, [예제 13]과 같이 let 블록문 내에서 변수와 함수를 선언하고 이 함수를 호출한 간단한 프로그램을 작성할 수 있다. 이 프로그램에서 x는 한 번은 전역 변수로, 한 번은 함수 f 내에서 매개변수로 사용되고 있다. f(x+1) 호출을 하면 f(2)가 호출되어 매개변수 x에 2가 전달된다. 실행결과에서 이를 확인할 수 있다. 엄밀히 말하면 ML에서 변수는 없으며 모두 값을 나타내는 이름, 즉 식별자이다. 또한 언어 S처럼 let 블록문을 중첩하여 사용하는 것도 가능하다(ML에 대한 자세한 사항은 13.4절 참고).

[예제 13]

```
let
    val x = 1;
    fun f(x:int) = x + x
in
    f(x + 1)
end;
val it = 4 : int
```

Java

Java 언어는 블록 구조 언어는 아니지만 클래스 혹은 메소드 내에 변수를 선언함에 따라 그 유효범위가 달라진다. [예제 14]의 프로그램을 살펴보자. 이 클래스 내에 필드 변수 value와 메소드 getValue()와 gcd()를 선언하였다. 선언된 이 이름들의 유효범위는 private과 public과 같은 접근 제어자에 의해서 결정된다. 필드 변수 value는 이 클래스 내에서만 접근 가능한 일종의 지역 변수이고 두 메소드는 public으로 선언되었으므로 프로그램 내 어디서나 접근 가능하다. 또한 gcd() 메소드 내에 선언된 tmp와 n은 이 메소드 내에서만 사용 가능한 지역 변수이다. 접근 제어에 대한 보다 자세한 사항은 11장 객체지향 언어에서 논한다.

[예제 14]

```java
public class IntWithGcd
{
    private int value;       /* value 필드 지역 선언 */
    public int getValue() { /* intValue 메소드 선언 */
        return value;
    }
    public int gcd(int v) { /* gcd 메소드 선언 */
        int tmp, n;
        ...
    }
}
```

4.3 변수의 상태와 의미

변수의 상태

변수는 메모리 위치(주소)를 나타내는 이름이다. 변수에 수식의 값을 저장하는 대입문은 id = E 같은 형태이다. 예를 들어 x = x + 1 대입문에서 오른쪽 변수 x와 왼쪽 변수 x가 의미하는 것은 다르다. 오른쪽 변수 x는 해당 메모리 위치에 저장된 값을 의미한다. 왼쪽 변수 x는 변수가 나타내는 메모리 위치를 나타낸다. 변수의 값은 r-value라고 하고 변수가 나타내는 메모리 위치는 l-value라고 한다.

이번에는 변수를 포함하는 수식의 의미를 생각해 보자. 예를 들어 두 수식 23 + 5와 x + y의 의미를 생각해 보자. 23 + 5의 의미는 보통 이 수식의 값으로 생각하며 변수를 사용하지 않으므로 간단히 그 값이 28이라는 것을 알 수 있다. 그렇다면 변수를 포함하는 수식 x + y의 의미 즉 이 수식의 값은 무엇인가? 이 수식의 값은 당연히 변수 x, y의 현재 값에 따라 다를 것이다. 따라서 수식의 의미(값)를 말할 때는 반드시 변수들의 현재 값과 함께 이야기해야 한다.

변수들의 현재 값을 이론적으로 표현하는 데 다음과 같은 기본적인 수학 개념을 사용할 것이다.

• **함수집합**: 정의역 A이고 공변역이 B인 모든 함수들의 집합

$$A \rightarrow B = \{ f \mid f: A \rightarrow B \}$$

• **함수 f: A → B**: 정의역이 A이고 공변역이 B인 하나의 함수

$$f = \{a_1 \mapsto b_1, a_2 \mapsto b_2, \ldots, a_n \mapsto b_n\}$$

• **함수 수정 f[a ↦ b]**: 함수 f에서 a에 대응한 값만 b로 수정한 새로운 함수

$$f[a \mapsto b](x) = \begin{cases} b & \text{if } x = a \\ f(x) & \text{otherwise} \end{cases}$$

변수들의 현재 값들을 무엇이라고 할까? 프로그램이 실행 중일 때 변수들이 현재 갖고 있는 값들을 **상태**(state)라고 한다.

[정의 2]

상태 s는 다음과 같이 변수 이름 집합인 `Identifier`에서 값 집합인 `Value`로 가는 하나의 함수로 정의할 수 있다.

```
s:Identifier → Value
```

예를 들어 프로그램 내 3개의 변수 x, y, z의 현재 값이 각각 1, 2, 3이라고 하면 이 상태는 다음과 같은 함수로 정의할 수 있다.

```
s = {x ↦ 1, y ↦ 2, z ↦ 3}
```

상태는 하나의 함수이므로 상태 s에서 변수 x의 값은 상태 s에서 변수 x에 대응되는 값 즉 s(x)가 된다. 변수의 값이 변하여 상태가 수정되면 새로운 상태가 되는데 이러한 상태 변화는 어떻게 표현할 수 있을까? 만약 변수 y의 값이 v로 수정되었다면 수정된 상태는 s[y ↦ v]로 표현할 수 있다. 이 수정된 상태를 s' = s[y ↦ v]이라고 하면 s'은 다른 변수의 값은 상태 s에서의 변수 값과 그대로 같고 변수 y의 값만 v로 수정된 상태를 나타낸다.

수식의 의미

이제 어떤 상태에서 수식 E의 의미 즉 값을 생각해 보자. 일반적으로 어떤 상태에서 수식의 의미(값)를 각 수식에 대해서 다음과 같은 함수 V 형태로 정의할 수 있다. Expr는 모든 가능한 수식들의 집합이고 `State`는 모든 가능한 상태들의 집합이고 `Value`는 모든 가능한 값들의 집합이라고 하자.

```
V: (State, Expr) → Value
```

어떤 상태 s에서 수식 E의 값은 V(s, E)로 표시한다. 예를 들어, s = {x ↦ 1, y ↦ 2}일 때 V(s, x + y) = 3이 된다.

- **간단한 수식**: 먼저 다음과 같은 간단한 형태의 수식에 대해서 생각해 보자.

```
E → true | false | n | str | id
```

예를 들어 상태 s에서 true의 값은 상태에 상관없이 T(참)이다. 비슷하게 상태 s에서 상수 n의 값은 상태에 상관없이 n이다. 상태 s에서 스트링 리터럴 str의 값은 상태에 상관없이 str이다. 상태 s에서 변수 id의 값 V(id, s)는 상태 s에서 id에 대응된 값이다.

```
V(s, true) = T
V(s, false) = F
V(s, n) = n
V(s, str) = str
V(s, id) = s(id)
```

예를 들어, 상태 s에서 변수 x의 값은 다음과 같이 계산된다.

```
s = {x ↦ 1, y ↦ 2}
V(s, x) = s(x) = 1
```

- **산술 연산**: 다음과 같은 형태의 산술 연산들을 생각해 보자.

```
E → E + E | E - E | E * E | E / E
```

산술 연산들 중에서 덧셈 연산 수식 E1 + E2를 중심으로 살펴보자(첫 번째와 두 번째 수식을 구분하기 위해 E 다음에 숫자를 사용함). 상태 s에서 E1 + E2의 값 즉 V(s, E1 + E2)는 상태 s에서 E1의 값 V(s, E1)과 상태 s에서 E2의 값 V(s, E2)를 더한 값이다.

```
V(s, E1 + E2) = V(s, E1) + V(s, E2)
```

예를 들어, 상태 s에서 산술 수식 x + y의 값은 다음과 같이 계산된다.

```
s = {x ↦ 1, y ↦ 2}
V(s, x + y) = V(s, x) + V(s, y) = s(x) + s(y)   = 1 + 2 = 3
```

- **비교 연산**: 다음과 같은 형태의 비교 연산들을 생각해 보자.

```
E → E > E | E < E | E == E | E != E
```

비교 연산들 중에서 비교 연산 >을 중심으로 살펴보자. 상태 s에서 E1 > E2의 값은 상태 s에서 E1의 값이 상태 s에서 E2의 값보다 크면 T(참)이고 그렇지 않으면 F(거짓)이다. 논리형 값에 대한 비교는 보통 `false < true`으로 정의한다. 스트링에 대한 순서 비교는 사전식 순서에 따라 비교한다.

```
V(s, E1 > E2) = T  if V(s, E1) > V(s, E2)
                F  otherwise
```

예를 들어, 상태 s에서 비교 수식 x > y의 값은 다음과 같이 계산된다.

```
s = {x ↦ 1, y ↦ 2}
V(s, x > y) = V(s, x) > V(s, y) = s(x) > s(y) = 1 > 2 = F
```

나머지 수식에 대해서도 비슷하게 수식의 값을 정의할 수 있다.

변수 관련 문장 실행

이제 문장의 의미를 생각해 보자. 작동 의미론(operational semantics)에서 문장은 문장 실행 전 상태를 문장을 실행함으로써 실행 후 상태로 변경하는 일을 하는 것으로 그 의미를 정의한다.

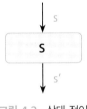

그림 4.2 상태 전이

[정의 3]

문장 S는 그림 4.2에서 보는 것처럼 문장 실행 전 상태 s를 문장 실행 후 상태 s'으로 변경시킨다. 이를 **상태 전이**(State transition)라고 하며 다음과 같이 상태 전이 관계로 표시할 수 있다.

```
(s, S) → s'
```

작동 의미론에서는 각 문장마다 그 문장이 하는 일을 상태 전이 규칙으로 정의하고 이를 이용하여 문장의 의미를 설명한다. 또한 일련의 문장들로 구성된 프로그램의 의미도 문장들의 상태 선이 과성으로 설명한다.

표시 의미론(denotational semantics)에서처럼 상태 전이 관계를 다음과 같이 상태 변환 함수로 정의할 수 있다 .

[핵심개념]

문장 S의 실행 전 상태 s에서 실행 후 상태 s'를 결정하는 **상태 변환 함수**(state transformation function) Eval으로 정의할 수 있다. Statement는 문장들의 집합이다.

```
Eval: (State, Statement) → State
Eval(s, S) = s' for each statement S
```

이제 대입문의 의미를 살펴보자.

대입문

대입문(assignment)은 수식 E의 값을 계산해서 변수 id에 대입한다.

```
id = E;
```

따라서 이 문장을 수행하면 변수 id의 값이 바뀌므로 그림 4.3과 같이 상태가 바뀌게 된다.

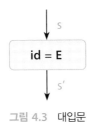

그림 4.3   대입문

이 과정은 id의 값이 E의 값으로 바뀌므로 다음과 같은 상태 전이 관계로 표현할 수 있다.

```
(s, id = E) → s[id ↦ V(E,s)]
```

또한 이 관계는 다음과 같이 실행 전 상태에서 실행 후 상태를 결정하는 함수 Eval으로 정의할 수 있다.

```
Eval(s, id = E) = s[id ↦ V(E,s)]
```

예를 들어, 다음 코드를 중심으로 대입문의 실행에 대해서 살펴보자.

[예제 15]

```
let int x; in
    x = 1;              (1)
    let int y; in
        y = 2;          (2)
        x = x + y;      (3)
    end;
end;
```

이 프로그램이 시작했을 때의 상태는 유효한 변수가 하나도 없으므로 s = { }이다.

- 1번 대입문 실행 전 상태: 변수 x가 선언되었으나 초기값이 없으므로 기본값 0으로 초기화된다.

```
s = {x ↦ 0}
```

이 상태 s에서 1번 대입문을 실행하면 다음과 같이 변수 상태가 변경된다.

```
Eval(s, x = 1) = s[x ↦ 1] = {x ↦ 1}
```

- 2번 대입문 실행 전 상태: 변수 y가 선언되었으나 초기값이 없으므로 기본값 0으로 초기화된다.

```
s = {x ↦ 1, y ↦ 0}
```

이 상태 s에서 2번 대입문을 실행하면 다음과 같이 변수 상태가 변경된다.

```
Eval(s, y = 2) = s[y ↦ 2] = {x ↦ 1, y ↦ 2}
```

- 3번 대입문 실행 전 상태 s에서 x = x + y를 실행하면 다음과 같이 상태가 변경된다.

```
s = {x ↦ 1, y ↦ 2}
Eval(s, x = x + y) = s[x ↦ V(s, x + y)] = s[x ↦ 3]={x ↦ 3, y ↦ 2}
```

이 대입문에서 오른쪽 수식에서 사용된 변수 x와 왼쪽 변수 x의 의미가 다르다는 점을 주의해야 한다. 오른쪽 수식에서 사용된 변수 x는 그 변수에 저장된 값을 의미한다. 이를 변수의 r-value라고 하며 이를 상태를 이용해 표현하면 다음과 같다.

```
V(s, x + y) = V(s, x) + V(s, y) = s(x) + s(y) = 3
```

이에 반해 대입문의 왼쪽 변수 x는 변수의 위치를 의미하고 이 대입문의 의미는 그 변수 위치에 값을 대입하라는 의미이다. 변수의 위치를 변수의 l-value라고 하며 이를 상태를 이용해 표현하면 다음과 같다.

```
Eval(s, x = x + y) = s[x ↦ V(s, x + y)] = {x ↦ 3, y ↦ 2}
```

4.4

변수의 유효범위 관리

이제는 변수를 사용하는 수식 혹은 문장의 의미를 생각해 보자. 수식 혹은 문장의 의미를 파악하기 위해서는 유효한 변수들에 대한 값 혹은 정보가 필요하며 인터프리터는 해석을 위해서 어떤 형태로든 유효한 변수의 상태 정보를 유지 관리해야 한다. 인터프리터는 프로그램을 한 줄씩 읽으면서 해석하는데 프로그램의 각 지점에서 유효한 변수들에 대한 값 혹은 정보가 있어야 이를 기초로 하여 해석을 할 수 있다.

프로그램 각 지점에서 유효한 변수 이름들은 지점에 따라 다르다는 것을 유의해야 한다. 정적 유효범위 규칙을 사용한다고 가정하자. [예제 16]의 프로그램을 살펴보자. 2번 줄에서 유효한 변수는 x이고 4번 줄에서 유효한 변수는 x와 y이다. 5번 줄의 end가 끝나면 y는 더 이상 유효하지 않으며 x만 유효하다.

[예제 16]

```
1    let int x; in
2        x = 1;
3        let int y; in
4            y = x+2;
5        end;
6    end;
```

그렇다면 유효한 변수들의 상태(값) 정보를 어떻게 유지 관리할 수 있을까? 그 기본 아이디어는 다음과 같이 정리할 수 있다.

블록 시작을 만났을 때

선언된 변수의 값을 나타내는 상태 정보를 새로 생성하여 유지한다.

블록 내 문장을 만났을 때

유지되고 있는 유효한 변수들의 상태 정보를 이용해서 문장들을 해석한다.

블록 끝을 만났을 때

선언된 변수들은 더 이상 유효하지 않으므로 그들의 상태 정보를 제거한다.

예를 들어 [예제 16]의 프로그램을 해석(interpret)한다고 생각해 보자. 한 줄씩 읽으면서 각 줄을 다음과 같이 처리할 것이다.

- **1번 줄**: x의 값을 나타내는 상태 정보를 생성한다.
- **2번 줄**: 이 상태 정보를 이용하여 2번 줄을 해석한다.
- **3번 줄**: y의 값을 나타내는 상태 정보를 생성한다.
- **4번 줄**: 이 상태 정보들을 이용하여 4번 줄을 해석한다.
- **5번 줄**: y의 상태 정보를 제거한다.
- **6번 줄**: x의 상태 정보를 제거한다.

그렇다면 상태 정보는 어떻게 유지 관리해야 할까? 위의 예에서 본 것처럼 중첩된 블록에서 선언된 변수들의 유효범위는 First-In Last-Out, Last-In First-Out 특성을 갖는다. 즉 외부 블록에서 선언되어 먼저 유효해진 변수 x가 외부 블록이 끝날 때까지 유효하게 되고, 내부 블록에서 선언되어 나중에 유효해진 변수 y가 먼저 내부 블록이 끝나므로 필요 없게 된다.

이러한 특성을 반영하여 블록 구조 언어를 위한 변수들의 상태 정보는 다음과 같이 스택 형태로 유지 관리하면 자연스럽게 유효한 이름들만 유지할 수 있다.

블록 시작

블록에서 선언된 변수의 값을 나타내는 상태 정보를 스택에 push 한다.

블록의 끝

블록에서 선언된 변수는 더 이상 유효하지 않으므로 변수의 상태 정보를 pop 한다.

변수의 상태 정보를 스택 형태로 유지하면서 [예제 16]의 프로그램을 해석한다고 생각해 보자.

- **1번 줄**: 변수 x의 값을 나타내는 상태 정보를 스택에 push 한다.
- **2번 줄**: 유효한 변수 x의 상태 정보를 이용하여 2번 줄을 해석한다.
- **3번 줄**: 변수 y의 값을 나타내는 상태 정보를 스택에 push 한다.
- **4번 줄**: 유효한 변수 x와 y의 상태 정보를 이용하여 4번 줄을 해석한다.
- **5번 줄**: 변수 y의 상태 정보를 pop 한다.
- **6번 줄**: 변수 x의 상태 정보를 pop 한다.

그림 4.4는 블록을 시작하고 끝날 때마다 변하는 스택의 모양을 보여준다.

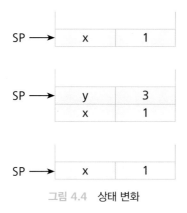

그림 4.4 상태 변화

이번에는 같은 이름의 변수가 두 번 선언된 [예제 17]의 프로그램을 해석한다고 생각해 보자. 각 줄에 대한 해석은 다음과 같다.

[예제 17]

```
1    let int x = 1; in
2        let int y; in
3            y = x + 2;
4        end;
5        let int x; in
6            x = 10;
7        end;
8        x = x * 5;
9    end;
```

- **1번 줄**: 변수 x의 값을 나타내는 상태 정보를 스택에 push 한다.
- **2번 줄**: 변수 y의 값을 나타내는 상태 정보를 스택에 push 한다.
- **3번 줄**: 유효한 변수 x와 y의 상태 정보를 이용하여 3번 줄을 해석한다.
- **4번 줄**: 변수 y의 상태 정보를 pop 한다.
- **5번 줄**: 새로운 변수 x의 값을 나타내는 상태 정보를 push 한다.
  스택에는 2개의 x가 존재한다.
- **6번 줄**: 변수 x를 만나면 심볼 테이블 탑에서부터 x를 찾는다.
  따라서 이 변수 x는 5번 줄에서 선언되어 최근에 추가된 x를 나타낸다.

- **7번 줄**: 이 변수 x의 상태 정보를 pop 한다.

  이제 심볼 테이블에는 1번 줄에서 선언된 변수 x만 남아 있다.

- **8번 줄**: 사용한 변수 x는 1번 줄에서 선언된 변수를 나타낸다.

- **9번 줄**: 1번 줄에서 선언된 변수 x의 상태 정보를 pop 한다.

그림 4.5는 블록을 시작하고 끝날 때마다 변하는 스택의 모양을 보여준다. 6번 줄에 도달하면 두 개의 변수 x가 유효하므로 심볼 테이블 내의 변수 x의 엔트리가 두 개가 있다는 점을 유의해야 한다.

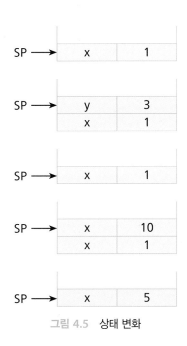

그림 4.5 상태 변화

4.5

구현

변수 선언 및 사용에 관련된 다음과 같은 언어 S의 일부에 대한 인터프리터를 구현에 대해 살펴보자.

[변수 관련 언어 S의 문법]

```
<program> → { <command> }
<command>  → <decl> | <stmt> | <function>
<decl> → <type> id [=<expr>];
<stmt> → ...
       | id = <expr>;
       | let <decls> in <stmts> end;
<decls> → {<decl>}
<stmts> → {<stmt>}
<type> → int | bool | string
```

의미

- 선언된 변수 **id**는 <type> 타입이다.
- 초기화가 가능하며 초기화되지 않으면 자동으로 기본값으로 초기화된다.
- 선언된 변수 **id**의 유효범위는 선언된 블록 내이다.

상태 구현

앞에서 살펴본 바와 같이 상태는 변수와 그 값을 대응시키는 하나의 함수이다.

```
s: Identifier → Value
```

상태는 변수와 그 값을 나타내는 <변수 이름, 값> 쌍들의 집합으로 표현할 수 있다. 예를 들어, 변수의 값을 다음과 같이 `<id, val>` 쌍 형태로 정의할 수 있다.

```
class Pair {
    Identifier id;
    Value val;

    Pair (Identifier id, Value v) {
        this.id = id;
        this.val = v;
    }
}
```

여러 타입(int, bool, string)의 값은 다음과 같이 Value 클래스로 정의될 수 있다. int나 bool 타입의 값으로 Value 객체를 생성하면 그 값이 자동 박싱(auto boxing)되어 Integer 나 Boolean 객체 형태로 저장된다. 타입만으로 Value 객체를 생성하면 타입에 따라 기본 값으로 초기화하여 생성된다. 또한 객체 형태로 저장된 값으로부터 실제 값을 추출할 수 있는 메소드를 제공한다. 예를 들어 intValue 메소드는 객체 형태로 저장된 값으로부터 실제 정수 값을 추출한다.

```
class Value extends Expr {
    // Value = int value | bool value | string value
    protected boolean undef = true;
    Object value;

    Value(Type t) {
        type = t;
        ...        //초기화
    }

    Value(Object v) {
        if (v instanceof Integer) type = Type.INT;
        if (v instanceof Boolean) type = Type.BOOL;
        if (v instanceof String) type = Type.STRING;
        value = v; undef = false;
    }

    int intValue( ) {
        if (value instanceof Integer)
            return ((Integer) value).intValue();
```

```
        else return 0;
    }
    ...
}
```

상태를 구현하기 위해서는 <변수 이름, 값> 쌍을 하나의 엔트리로 저장하기 위한 자료구조가
필요한데 실제 구현에서는 변수의 유효범위를 동적으로 관리하기 위해 보통 스택 형태로 유
지 관리된다. 예를 들어, 다음과 같이 `Stack<Pair>`를 확장해서 다음과 같이 구현할 수 있다.

```
class State extends Stack<Pair> {
    // id은 식별자로 변수 이름을 나타낸다.
    public State( )
    public State(Identifier id, Value val)
    public State push(Identifier id, Value val)
    public Pair pop ( )
    public int lookup(Identifier id)
    public State set(Identifier id, Value val)
    public Value get (Identifier id)
}
```

이 상태를 스택 형태로 유지하기 위한 주요 함수는 다음과 같다.

- `int lookup(Identifier id)`

  스택 탑에서부터 해당 변수를 찾아 그 엔트리 위치를 리턴한다.

- `State push(Identifier id, Value val)`

  변수의 새로운 엔트리를 만들어 push하고 변한 상태를 리턴한다.

- `Pair pop ( )`

  스택 탑에 있는 엔트리를 제거하고 이를 리턴한다.

- `Value get (Identifier id)`

  스택 탑에서부터 해당 변수를 찾아 값을 리턴한다.

- `State set(Identifier id, Value val)`

  스택 탑에서부터 해당 변수를 찾아 값을 설정한다.

수식 값 계산

산술 연산, 비교 연산, 논리 연산 등을 포함하는 언어 S의 수식에 대한 문법은 다음과 같다.

```
<expr> → <bexp> {& <bexp> | '|' <bexp>} | !<expr> | true | false
<bexp> → <aexp> [<relop> <aexp>]
<relop> → ==  | != | < | > | <= | >=
<aexp> → <term> {+ <term> | - <term>}
<term> → <factor> {* <factor> | / <factor>}
<factor> → [ - ] ( number | id | '('<aexp>')' ) | strliteral
```

파서는 수식을 입력 받아 파싱하고 그 수식을 나타내는 AST 노드를 리턴하는데, 수식 (Expr)의 AST 노드는 3.2절에서 논한 것처럼 다음과 같이 식별자(변수 이름), 값, 이항 연산, 단항 연산으로 구분할 수 있다.

```
Expr = Identifier | Value | Binary | Unary
```

특히 연산을 포함한 수식(Expr)은 이항 연산(Binary Operation) 수식과 단항 연산(Unary Operation) 수식으로 구분하여 구현할 수 있다.

상태 state에서 수식의 의미(값)를 계산하는 과정은 다음과 같은 함수 V로 구현할 수 있는데 매개변수 state는 현재 상태를 나타내고 매개변수 e는 이 상태에서 계산할 수식(Expr)의 AST 노드를 나타낸다. 이 함수는 AST 노드로 표현된 수식의 종류에 따라 적절하게 그 수식의 값(Value)을 계산하여 리턴한다.

```
Value V(Expr e, State state) {
    if (e instanceof Value)
        return (Value) e;
    if (e instanceof Identifier) {
        Identifier v = (Identifier) e;
        return (Value)(state.get(v));
    }
    if (e instanceof Binary) {
        Binary b = (Binary) e;
        Value v1 = V(b.expr1, state);
        Value v2 = V(b.expr2, state);
        return binaryOperation(b.op, v1, v2);
```

```
        }
        if (e instanceof Unary) {
            Unary u = (Unary) e;
            Value v = V(u.expr, state);
            return unaryOperation(u.op, v);
        }
    }
```

예를 들어, 수식이 간단히 값인 경우에는 그 값을 리턴하면 된다. 또한 변수(Identifier)인 경우에는 상태 state에서 그 변수의 값을 가져와서 리턴하면 된다.

수식이 이항 연산인 경우에는 이항 연산을 나타내는 AST 노드는 다음과 같다.

이항 연산을 나타내는 AST 노드 b를 이용하여 이항 연산의 첫 번째 항(b.expr1)과 두 번째 항(b.expr2)의 값을 계산해서 그 두 값에 대해 이항 연산자를 적용하면 된다.

계산된 두 값에 대해 이항 연산자를 적용하는 함수는 다음과 같이 별도로 작성할 수 있다. 이 함수에서는 연산자의 종류에 따라 값을 계산하여 그 결과 값을 리턴한다. 대표적인 몇 개의 연산을 예를 들어 살펴보자. 플러스("+") 연산의 경우에는 두 개의 정수 값을 더한 결과를 리턴한다. 비교 연산인 "<"의 경우에는 첫 번째 정수 값이 두 번째 정수 값보다 작은지 비교하여 그 결과(부울) 값을 리턴한다. 또한 동등 비교("==") 연산의 경우에는 두 정수 값이 같은지 비교하여 그 결과(부울) 값을 리턴한다. 사실 이러한 비교 연산은 정수 값 뿐만 아니라 부울 값이나 스트링에 대해서도 적용할 수 있다(실습문제 3 참고). 또한 AND("&")와 같은 논리 연산도 수행하여 두 개의 부울 값을 논리곱하여 그 결과(부울) 값을 리턴한다.

```
Value binaryOperation (Operator op, Value v1, Value v2) {
    switch(op.val) {
        case "+":
            return new Value(v1.intValue( ) + v2.intValue( ));
            ...
        case "<":
            return new Value(v1.intValue( ) < v2.intValue( ));
            ...
```

```
        case "==":
            return new Value(v1.intValue( ) == v2.intValue( ));
            ...
        case "&":
            return new Value(v1.boolValue( ) && v2.boolValue( ));
    }
}
```

수식이 단항 연산인 경우에는 단항 연산을 나타내는 AST 노드는 다음과 같다. 단항 연산의 값을 계산하는 함수 unaryOperation는 이항 연산을 참고하여 작성할 수 있다.

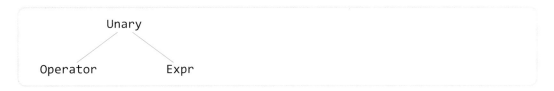

대입문 실행

이제 문장 실행에 대해서 살펴보자. 먼저 다음과 같은 형태의 대입문과 그 AST를 살펴보자.

```
id = <expr>;

        Assignment
        /         \
      Id          Expr
```

이제 이 대입문의 실행에 대해서 살펴보자. 대입문은 어떤 상태 state에서 수식 Expr의 값을 계산해서 그 값으로 변수 id의 값을 변경한다. 이 과정은 다음과 같은 함수 Eval로 구현할 수 있는데 매개변수 state는 상태를 나타내고 매개변수 a는 이 상태에서 실행할 대입문(Assignment)의 AST 노드로 a.id는 대입문의 왼쪽 변수를 나타내고 a.expr는 오른쪽 수식을 나타낸다. 이 함수는 현재 상태에서 오른쪽 수식의 값을 먼저 계산하고 그 값으로 왼쪽 변수의 값을 변경(set) 한다.

```
State Eval(Assignment a, State state) {
    Value v = V(a.expr, state);
    return state.set(a.id, v);
}
```

let 문

다음으로 변수 선언과 복합문을 포함하는 let 문의 실행을 생각해 보자.

```
let <decls> in <stmts> end;

              Let

    Decls           Stmts
```

let 문의 실행 과정을 다음과 같은 함수 형태로 구현할 수 있다. 이 함수는 상태 state와 let 문의 AST 노드 1을 받아서 먼저 이 let 문 내에서 선언된 지역 변수들(l.decls)을 위한 엔트리를 상태 state에 추가하고 이 let 문 내의 복합문(l.stmts)를 실행한다. 실행을 마친 후에는 이 let 문 내에서 선언된 변수들은 더 이상 유효하지 않으므로 추가된 엔트리를 제거한다.

```
State Eval(Let l, State state) {
    State s = allocate(l.decls, state);
    s = Eval(l.stmts, s);
    return free(l.decls, s);
}
```

allocate 함수는 선언된 지역 변수들(l.decls)을 위한 엔트리들을 상태 state에 추가한다.

```
State allocate (Decls ds, State state) {
    // 선언된 변수들(ds)을 위한 엔트리들을 상태 state에 추가
}
```

하나의 엔트리를 추가하기 위해서는 state의 push 함수를 사용한다.

```
State push(Identifier id, Value val)
```

선언된 변수들(l.decls)의 엔트리를 상태 state에서 제거하는 함수는 state의 pop 함수를 이용하여 다음과 같이 작성해야 한다.

```
State free (Decls ds, State state) {
    // 선언된 변수들(ds)의 엔트리를 상태 state에서 제거
}
```

전역 변수 선언

다음으로 전역 변수의 구현에 대해 생각해 보자. 언어 S의 명령어는 다음과 같이 문장
(<stmt>) 또는 전역 변수 선언(<decl>)이다.

```
<command> → <stmt> | <decl>
<decl> → <type> id [=<expr>];
```

전역 변수는 선언되면 상태에 추가되어 프로그램 실행이 끝날 때까지 유지되어야 한다.
따라서 다음과 같이 allocate 함수를 호출하여 선언된 전역 변수를 상태 스택에 추가해야
한다.

```
State Eval(Command p, State state) {
    if (p instanceof Decl) {
        Decls decls = new Decls();
        decls.add((Decl) p);
        return allocate(decls, state);
    }

    if (p instanceof Stmt) {
        return Eval((Stmt) p, state);
    }
}
```

요약

01 선언된 변수 이름이 유효한 즉 사용될 수 있는 프로그램 내의 범위/영역을 변수의 영역 혹은 유효범위(scope)라고 한다.

02 정적 유효범위 규칙의 기본적인 아이디어는 선언된 이름은 선언된 블록 내에서만 유효하다는 것이다.

03 블록의 중첩을 허용하는 언어를 블록 구조 언어(block structured language)라고 한다.

04 상태 s는 다음과 같이 이름 집합인 Identifier에서 값 집합인 Value로 가는 하나의 함수로 정의할 수 있다.

> s:Identifier → Value

05 문장 S는 그림 4.2에서 보는 것처럼 문장 실행 전 상태 s를 문장 실행 후 상태 s'으로 변경시킨다. 이를 상태 전이(State transition)라고 하며 다음과 같이 상태 전이 관계로 표시할 수 있다.

> (s, S) → s'

06 문장 S의 실행 전 상태 s에서 실행 후 상태 s'를 결정하는 상태 변환 함수(state transformation function) Eval으로 정의할 수 있다. Statement는 문장들의 집합이다.

> Eval: (State, Statement) → State
> Eval(s, S) = s' for each statement S

연습문제

01 다음에 대해서 설명하시오.

    (1) 유효범위(scope)

    (2) 정적 유효범위 규칙(static scope rule)

    (3) 동적 유효범위 규칙(dynamic scope rule)

02 다음에 대해서 설명하시오.

    (1) 전역 변수(global variable)

    (2) 지역 변수(local variable)

    (3) 비지역 변수(nonlocal variable)

    (4) 정적 변수(static variable)

03 블록의 용도는 무엇인가? 주요 언어의 블록에 대해서 설명하시오.

04 블록 구조 언어는 무엇인가? 주요 블록 구조 언어에 대해서 설명하시오.

05 다음 C 프로그램에 대해서 각 지점에서 유효한 변수들을 리스트하시오.

```
void f() {
    int a, b;           // 정의 1
    while (a>0) {
        int b, c;       // 정의 2
               (1)
        while (b>0) {
            int c, d;   // 정의 3
               (2)
        }
               (3)
    }
               (4)
}
```

06 다음 언어 S 프로그램에 대해 답하시오.

```
let int x; in
    x = 1;              (a)
    let int y; in
        y = 2;          (b)
        x = x + y;      (c)
    end;                (d)
end;                    (e)
```

(1) 상태(state)란 무엇인가?

(2) (a), (b), (c) 지점에서 상태를 나타내시오.

(3) 상태를 스택 형태로 구현했을 때 (a), (b), (c), (d), (e) 각 지점에서 스택의 모양을 그려서 설명하시오.

07 4.5절의 143쪽에서 타입으로 Value 객체를 생성할 때 타입에 따라 기본값으로 초기화하여 생성하도록 코드를 완성하시오.

01 let 문을 구현하기 위한 allocate 함수와 free 함수를 구현하시오.

```
State allocate (Decls ds, State state) {
  // 선언된 변수들(ds)을 위한 엔트리들을 상태 state에 추가
}

State free (Decls ds, State state) {
  // 선언된 변수들(ds)의 엔트리를 상태 state에서 제거
}
```

02 단항 연산을 계산하기 위한 다음 함수를 구현하시오.

```
Value unaryOperation(Operator op, Value v) { ... }
```

가능한 단항 연산자는 다음과 같다.

```
<expr>   → ...  | !<expr>
<factor> → [ - ] ( number | id | '('<aexp>')' )
```

03 이항 연산을 계산하기 위한 다음의 binaryOperation 함수를 확장하여

```
Value binaryOperation (Operator op, Value v1, Value v2) { .... }
```

산술 연산뿐만 아니라 다음 문법이 표현하는 비교 연산과 논리 연산을 처리하도록 확장
하여 구현하시오. 자료형도 int 타입뿐만 아니라 bool 타입과 string 타입의 값에 적용
가능하도록 구현하시오.

```
<expr>  → <bexp> {& <bexp> | '|' <bexp>} | !<expr> | true | false
<bexp>  → <aexp> [<relop> <aexp>]
<relop> → ==  | != | < | > | <= | >=
```

04 예쁜 프린터(pretty-printer)는 소스 프로그램을 적당한 들여쓰기를 하여 예쁘게 출력하
는 언어 처리기이다. 언어 S에 대해 예쁜 프린터를 구현하시오.

참고

01 이 장에서 다룬 대부분의 개념은 Naur (1963)의 Algol60 설계에 대한 보고서에 소개되었다. Algol 60의 구현에서 현대 컴파일러의 대부분의 기법들이 사용되었다. 이 기법들에 대해서는 Aho 외 (1986, 2007)를 참고하기 바란다. 블록 구조를 사용하는 블록 구조 언어는 그 개념이 Dahl 외 (1972)에서 소개된 이후에 나중에 유행하게 되었다. 블록 구조 언어에 대한 장단점 분석은 Hanson (1981)에 기술되어 있다.

의미론

5.1

수식의 의미

의미론 개요

의미론 또는 **시맨틱스**(semantics)는 작성된 수식, 문장 혹은 프로그램의 의미를 정하는 것을 말한다. 그렇다면 의미론은 왜 필요할까? 의미론은 다음과 같은 용도로 사용될 수 있다.

1. 프로그램 의미를 정확하게 정의하고 이해하기 위해서 필요하다.
2. 소프트웨어가 하는 일을 정확하게 명세하는 데 사용된다.
3. 소프트웨어에 대한 검증 혹은 추론의 기초가 된다.
4. 컴파일러 혹은 해석기 작성의 기초가 된다.

프로그램의 의미는 자연어를 이용하여 기술하거나 수학적으로 기술할 수 있다. 의미의 수학적 기술 방법으로 여러 가지 방법이 있는데 작동 의미론(operational semantics), 표시 의미론(denotational semantics), 공리 의미론(axiomatic semantics) 등이 있다. 각각에 대해 간단히 설명하면 다음과 같다.

작동 의미론(operational semantics)

프로그램의 의미를 프로그램 내의 수식이나 문장의 작동, 즉 실행 과정을 기술하여 정의하는 정형화된 방법이다.

표시 의미론(denotational semantics)

프로그램 내의 수식이나 문장의 의미를 표시(denotation)라고 부르는 수학적 함수 형태로 정의하는 정형화된 방법이다.

공리 의미론(axiomatic semantics)

공리 의미론은 수학적 논리를 기반으로 프로그램 내의 문장의 의미를 그 문장의 전제 조건과 후행 조건을 상태에 대한 표명(assertion)으로 그 효과를 기술하여 정의한다. 프로그램의 정확성을 증명하는 데 많이 사용된다.

수식의 의미

4.3절에서 살펴본 수식의 의미에 대해서 요약해서 살펴보자. 어떤 상태에서 수식 E의 의미,

즉 값을 생각해 보자. 일반적으로 어떤 상태에서 수식의 의미(값)를 각 수식에 대해서 다음과 같은 함수 V 형태로 정의할 수 있다. Expr는 모든 가능한 수식들의 집합이고 State는 모든 가능한 상태들의 집합이고 Value는 모든 가능한 값들의 집합이라고 하자.

```
V: (State, Expr) → Value
```

어떤 상태 s에서 수식 E의 값은 V(s, E)로 표시한다. 각 수식 E에 대해서 그 값을 계산하는 V(s, E) 함수는 4.3절에서 이미 살펴보았다. 예를 들어, s = {x ↦ 1, y ↦ 2}일 때 V(s, x + y) = 3이 된다.

- **간단한 수식**: 먼저 다음과 같은 간단한 형태의 수식에 대해서 생각해 보자.

```
E → true | false | n | id | str
```

예를 들어 상태 s에서 true의 값은 상태에 상관없이 T(참)이다. 비슷하게 상태 s에서 상수 n의 값은 상태에 상관없이 n이다. 상태 s에서 스트링 리터럴 str의 값은 상태에 상관없이 str이다. 상태 s에서 변수 id의 값 V(s, id)는 상태 s에서 id에 대응된 값이다.

```
V(s, id) = s(id)
```

예를 들어, 상태 s에서 변수 x의 값은 다음과 같이 계산된다.

```
s = {x ↦ 1, y ↦ 2}
V(s, x) = s(x) = 1
```

- **산술 연산**: 다음과 같은 형태의 산술 연산들을 생각해 보자.

```
E → E + E | E - E | E * E | E / E | ( E ) | -E
```

산술 연산들 중에서 덧셈 연산을 중심으로 살펴보자. 상태 s에서 E1 + E2의 값 즉 V(s, E1 + E2)는 상태 s에서 E1의 값 V(s, E1)과 상태 s에서 E2의 값 V(s, E2)을 더한 값이다.

```
V(s, E1 + E2) = V(s, E1) + V(s, E2)
```

예를 들어, 상태 s에서 산술 수식 x + y의 값은 다음과 같이 계산된다.

```
s = {x ⟼ 1, y ⟼ 2}
V(s, x + y) = V(s, x) + V(s, y) = s(x) + s(y)  = 1 + 2 = 3
```

- **비교 연산**: 다음과 같은 형태의 비교 연산들을 생각해 보자.

```
E → E > E | E < E | E == E | E != E | !E
```

비교 연산들 중에서 비교 연산 >을 중심으로 살펴보자. 상태 s에서 E1 > E2의 값은 상태 s에서 E1의 값이 상태 s에서 E2의 값보다 크면 T(참)이고 그렇지 않으면 F(거짓)이다.

```
V(s, E1 > E2) = T  if V(s, E1) > V(s, E2)
                F   otherwise
```

예를 들어, 상태 s에서 비교 수식 x > y의 값은 다음과 같이 계산된다.

```
s = {x ⟼ 1, y ⟼ 2}
V(s, x > y) = V(s, x) > V(s, y) = s(x) > s(y) = 1 > 2 = F
```

나머지 수식에 대해서도 비슷하게 수식의 값을 정의할 수 있다.

연산자 우선순위

수식의 값을 계산할 때 연산자의 우선순위나 결합성에 따라 그 결과 값이 달라질 수 있다. 연산자 우선순위는 연산자를 실행하는 순서로 우선순위가 높은 연산자가 먼저 실행된다. 예를 들어, 다음과 같은 수식에서 연산자 우선순위에 따라 b * c를 먼저 계산한 후에 이를 a와 더한다. 이 구조를 AST로 나타내면 다음과 같다.

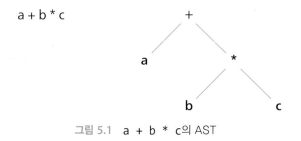

a + b * c

그림 5.1 a + b * c의 AST

이러한 연산자 우선순위는 구문법으로 표현할 수 있다. 예를 들어, 곱셈 연산이 덧셈보다 우선순위가 높다는 것은 다음과 같이 표현할 수 있다. 이 문법에서 수식은 여러 개의 항으로 구성되며 따라서 곱셈을 포함한 항이 먼저 계산되고 나중에 항들을 더하게 된다.

```
E → E + T | T
T → T * F | F
F → n | id
```

다양한 연산자를 제공하는 C 언어의 연산자 우선순위를 예를 들어 살펴보면 표 5.1과 같다. 산술 연산을 먼저 수행하고 비교 연산을 수행한 후에 논리 연산을 수행한 후 결과를 대입 연산자를 수행하여 결과를 저장한다. 산술 연산에서는 덧셈, 뺄셈 보다 곱셈과 나눗셈 연산을 먼저 수행한다.

표 5.1　C 연산자의 우선순위 기억요령

연산자 그룹	연산자	기억 요령
산술 연산자	* / %	계산하여
산술 연산자	+ -	
비교 연산자	< <= > >= == !=	비교한 후
논리 연산자	&& ||	판단하여
조건 연산자	?:	
대입 연산자	= += -= *= /= %= &= ^= |= <<= >>=	저장한다.

연산자의 결합성

수식의 값은 연산자의 결합성에 따라 그 결과 값이 달라질 수 있다. 예를 들어 a – b – c 수식은 결합 순서에 따라 (a – b) – c 혹은 a – (b – c)를 의미한다. 연산자의 결합성은 연산자를 결합하는 법칙으로 동일한 우선순위를 갖는 연산자가 두 개 이상 인접해서 나타나는 수식에서 무엇을 먼저 수행하느냐에 대한 규칙이다.

[정의 1]
좌결합(left associative)은 왼쪽부터 우선 결합하는 규칙으로 왼쪽에서 오른쪽으로 수행된다.

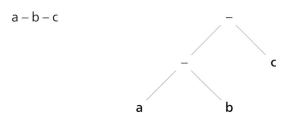

그림 5.2　a – b – c의 좌결합을 나타내는 AST

대부분의 이항 연산자들은 좌우선 결합 규칙을 따른다. a − b − c 수식도 그림 5.2와 같이 좌우선 결합하게 된다.

보통 연산자의 좌결합은 구문법을 작성할 때 **좌순환 규칙**(left recursive rule)으로 표현할 수 있다. 예를 들어 − 연산자의 좌결합성은 그림 5.3의 문법과 같이 표현할 수 있다. 이 문법을 이용하여 T − T − T 형태의 수식을 유도하면 그림 5.3과 같은 형태의 구문 트리가 구성되고 이 구조는 좌우선 결합성을 보여준다.

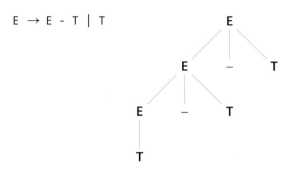

그림 5.3　T−T−T의 좌결합을 보여주는 구문 트리

[정의 2]

우결합(right associative)은 오른쪽부터 우선 결합하는 규칙으로 오른쪽의 연산자부터 먼저 수행하는 것을 말한다.

대부분의 단항 연산자들과 대입 연산자는 우결합 규칙을 따른다. 예를 들어 다음과 같은 논리 부정과 C의 대입 연산자는 우결합 연산자이다.

```
!!a             (논리 부정)
 a = b = c;     (C의 대입 연산자)
```

연산자의 우결합성은 **우순환 규칙**(right recursive rule)으로 표현할 수 있다. 예를 들어 논리 부정 연산자의 우결합성은 다음과 같이 표현할 수 있다. !!E 형태의 수식을 유도하면 그림 5.4와 같은 형태의 구문 트리가 구성되고 이 구조는 우우선 결합성을 보여준다.

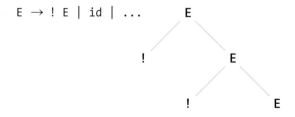

그림 5.4　!!E의 우결합을 보여주는 구문 트리

5.2

구조적 프로그래밍

goto 문에 대한 역사적 논쟁

goto 문을 사용한 프로그램 예를 살펴보자. 이 프로그램의 구조는 파악하기 어렵고 프로그램의 실행 흐름은 그림 5.5와 같이 파악하기 어렵다. 결과적으로 이러한 프로그램은 이해하기 매우 어렵다. 왜 goto 문을 사용하면 프로그램을 이해하기 힘들까?

1968년에 네덜란드의 컴퓨터과학자 Dijkstra는 Communications of the ACM(CACM) 학회지에 "Go To Statement Considered Harmful"이라는 제목의 글을 게재하였다. 이 글에서, goto 문은 가독성(readability)을 떨어뜨림으로서 유지보수성(maintainability)을 저하시키고, 절차의 유효성을 감소시키기 때문에 모든 프로그램 언어에서 사라져야 한다고 주장하였다.

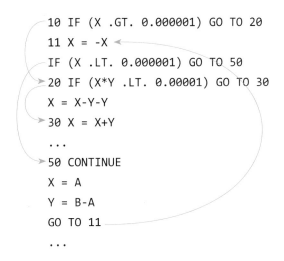

```
10 IF (X .GT. 0.000001) GO TO 20
11 X = -X
   IF (X .LT. 0.000001) GO TO 50
20 IF (X*Y .LT. 0.00001) GO TO 30
   X = X-Y-Y
30 X = X+Y
   ...
50 CONTINUE
   X = A
   Y = B-A
   GO TO 11
   ...
```

그림 5.5   goto 실행

1974년에 미국 스탠포드대학의 Knuth 교수는 "Structured Programming with goto Statements"라는 제하의 논문을 ACM Computing Survey 논문지를 통해 발표하였는데 이 논문에서 그는 구조적 프로그래밍이란 goto 없는 프로그래밍이 아니라, 보다 가독성이 좋도록 만드는 기법이며, 몇몇의 경우에 모듈(module)은 goto 문을 포함하는 쪽이 goto 문을 사용하지 않는 쪽보다 더 이해하기 쉽다고 주장하였다.

이러한 주요 논쟁을 포함하여 역사적으로 많은 goto 논쟁이 진행되었으며 현대에 와서는 프로그래밍 언어에서 goto 문을 없애거나 허용하더라도 매우 제한된 형태로 사용하도록 하고 있다. 예를 들어 C 언어에서는 제한적 형태로 goto 문을 사용할 수 있으며 Java 언어에서는 goto 문을 사용할 수 없다.

구조적 프로그래밍

[핵심개념]

구조적 프로그래밍(structured programming)의 기본 아이디어는 goto 문을 사용하지 않고 시작과 끝나는 지점이 일정한 **구조적 구문**(structured construct)을 사용하자는 것이다.

구조적 구문은 시작과 끝나는 지점이 일정하므로 프로그램에 있는 각각의 구조와 그 사이의 관계를 이해하면 프로그램 전체를 보다 쉽게 이해할 수 있다는 장점이 있다. 구조적 프로그램은 간단하고, 계층적인 제어 구조로 구성된다. 이 제어 구조들은 하나의 구조적 구문이면서 동시에 더 간단한 구문들을 결합시키는 역할을 한다.

Böhm & Jacopini(1966)는 어떤 계산 함수든 순차, 선택, 반복의 3가지 형태의 제어 구조로 표현할 수 있다는 것을 증명하였다.

- 순차(concatenation)는 구문 순서에 따라서 순서대로 수행하는 것이다.
- 선택(selection)은 프로그램의 상태에 따라서 여러 구문들 중에서 하나를 수행하는 것이다. 주로 if, switch와 같은 키워드로 표현한다.
- 반복(repetition)은 프로그램이 특정 상태에 도달할 때까지 구문을 반복하여 수행하거나, 집합체의 각각의 원소들에 대해 어떤 구문을 반복 수행하는 것이다. 보통 while, repeat, for와 같은 키워드로 표현한다.

우리가 설계한 언어 S의 문장의 구문 구조도 이러한 구조적 프로그래밍 원칙에 따라 설계되었다. 먼저 언어 S의 문장을 나타내는 요약 문법을 살펴보자. Int는 정수의 집합, Identifier는 변수 이름인 식별자 집합, Expr는 수식의 집합이라고 하자. 언어 S의 문장은 다음과 같이 총 7 종류이다.

[언어 S의 문장 요약 문법]

정수 리터럴	$n \in$ **Int**(정수 집합)
변수 이름	$id \in$ **Identifier**(식별자 집합)
수식	$E \in$ **Expr**(수식 집합)

```
Stmt S → id = E                              (1)
       | S; S                                 (2)
       | if E then S [else S]                 (3)
       | while (E) S                          (4)
       | read id                              (5)
       | print E                              (6)
       | let T id [=E] in S end               (7)
Type T → int | bool | string
```

각각에 대해서 간단히 설명하면 다음과 같다.

1. 대입문을 나타낸다.
2. 복합문으로 세미콜론으로 분리된 여러 문장들로 이루어진 문장으로 이 자체가 하나의 문장처럼 사용된다.
3. 조건문으로 if-then 문장 혹은 if-then-else 문장이다.
4. 반복을 위한 while 문이다.
5. 입력을 위한 read 문이다.
6. 출력을 위한 print 문이다.
7. 변수를 선언하고 사용하는 let 문이다.

이 구문들은 모두 시작 지점과 끝나는 지점이 일정하다. 예를 들어 if 문의 경우에는 if 문의 시작 부분에서 시작하여 then 혹은 else 부분을 수행하고 끝나게 된다. while 문의 경우에는 while 문 시작 부분에서 시작하여 조건 E가 참인 동안 반복하고, 조건 E가 거짓이면 거기서 끝나게 된다. let 문은 시작 부분에서 시작해서 end에서 끝나게 된다. 함수 역시 시작 부분에서 시작하여 본체 수행이 끝나면 끝나게 된다.

```
• if E then S else S
• while (E) S
• let T x = E in S end
• fun T f(T x) S
```

이러한 구조적 구문을 사용하는 구조적 프로그래밍에서는 일련의 코드를 블록 내에 그룹화하고 블록 내에서 임의로 빠져 나오거나 블록 내로 직접 점프하는 것을 할 수 없다.

언어 S에서는 let 문장이 블록 역할을 한다. 또한 블록 내에 다시 블록이 오는 형태로 중첩될 수 있는데 이러한 스타일의 프로그래밍을 **블록 구조 프로그래밍**(block structured programming)이라고 한다. 블록 구조 프로그래밍에 대해서는 4장에서 자세히 다루었으므로 여기서 자세한 설명은 생략한다.

예를 들어 이러한 구문구조를 사용한 다음 프로그램의 작동 과정을 살펴보자.

```
read x;
y = 1;
while (x != 1) {
    y = y*x;
    x = x-1;
}
print y;
```

이 프로그램의 작동 과정을 설명하면 다음과 같다.

1. x 값을 읽는다.

2. y에 1을 대입한다.

3. x 값이 1이 아닌지 검사한다.

4-a. 거짓이면 종료한다.

4-b. 참이면 y 값을 x 값과 현재 y 값의 곱으로 변경한다.
     x 값을 1 감소한다.
     3번부터 반복한다.

5. y 값을 출력한다.

설탕 구문

언어 S는 필수적인 몇 개의 문장만을 제공하고 있다. 이에 반해 일반 프로그래밍 언어는 필수적인 문장들 외에 프로그래밍의 편의를 위해 부가적인 문장들을 제공하는데 이러한 문장들을 **설탕 구문**(syntactic sugar)이라고 한다.

예를 들면 C 혹은 Java 같은 언어들은 while 문 외에 프로그래밍 편의를 위해 다음과 같은 do-while 문을 제공한다.

```
do
    S
while (E);
```

이 문장은 while 문과 달리 일단 S를 한번 실행하고 조건을 평가한다. 따라서 이 문장은 S를 1번 이상 수행하게 된다. 프로그래밍을 하다 보면 어떤 일을 한 번 이상 반복 수행해야하는 경우를 많이 만나게 되는데 이러한 경우에 유용하게 사용될 수 있다. 그러나 사실 이 문장이 꼭 필요한 것은 아니다. 사실 이 문장이 없어도 while 문을 사용하여 do-while과 똑같은 일을 하도록 프로그래밍 하는 것이 가능하다.

[연습문제 1] while 문을 사용하여 위의 do-while과 똑같은 일을 하도록 작성해 보자.

비슷한 예로 for 문을 들 수 있다. C 언어의 for 문은 다음과 같은 형태이며 시작, 조건, 증감를 한눈에 파악할 수 있다는 점에서 편리하게 사용된다.

```
for (e1; e2; e3)
    S
```

그러나 사실 이 문장이 꼭 필요한 것은 아니다. 왜냐하면 이 문장이 없어도 while 문을 사용하여 똑같은 일을 하도록 프로그래밍 하는 것이 가능하다.

[연습문제 2] while 문을 사용하여 위의 for 문과 똑같은 일을 하도록 작성해 보자.

또 다른 예를 하나 들어보자. C 혹은 Java 언어의 switch 문은 다음과 같은 형태이다. 이 문장은 E의 값에 따라 case를 선택하여 해당 경우만을 실행하므로 값에 따른 다중 선택을 표현하는데 매우 유용하게 사용될 수 있다.

```
switch (E) {
    case a: S; break;
    case b: S; break;
    case c: S; break;
}
```

그러나 사실 이 문장도 꼭 필요한 문장은 아니다. 사실 이 문장은 `if` 문을 중첩해서 사용함으로써 표현할 수 있는데 이런 경우에는 다만 그 코드가 좀 복잡해지게 된다.

[연습문제 3] `if` 문을 사용하여 위의 `switch` 문과 똑같은 일을 하도록 작성해 보자.

5.3

문장의 의미

문장의 의미

프로그램이 실행 중일 때 변수들이 현재 갖고 있는 값들을 **상태**(state)라고 한다.

[정의 3]

상태(state)는 식별자 집합인 Identifier에서 값 집합 Value로 가는 하나의 함수로 정의할 수 있다.

> s:Identifier → Value

이제 상태를 중심으로 문장의 실행 의미 즉 시맨틱스를 생각해 보자. 작동 의미론에서 문장은 실행 전 상태를 문장을 실행함으로써 실행 후 상태로 변경하는 일을 하는 것으로 그 의미를 정의한다.

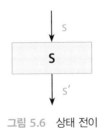

그림 5.6   상태 전이

[정의 4]

문장 S는 그림 5.6처럼 문장 실행 전 상태 s를 문장 실행 후 상태 s'으로 변경시킨다. 이를 **상태 전이**(state transition)라고 하며 다음과 같이 상태 전이 관계로 표시할 수 있다.

> (s, S) → s'

작동 의미론에서는 각 문장마다 그 문장이 하는 일을 상태 전이 규칙으로 정의하고 이를 이용하여 문장의 의미를 정의한다. 일련의 문장들로 구성된 프로그램의 의미도 문장들의 상태 전이 과정으로 설명한다.

각 문장의 **상태 전이 규칙**(state transition rule)은 보통 논리 규칙(logical rule) 형태로 작성한다. 논리 규칙은 p → q ("p이면 q이다"라고 읽는다) 형태로 작성하며 다음과 같은 형태로도 표시한다.

$$\frac{p}{q}$$

[핵심개념]

상태 전이 관계를 다음과 같이 문장의 실행 전 상태에서 실행 후 상태를 결정하는 **상태 변환 함수**(state transformation function) Eval으로 정의할 수 있으며 Eval 함수를 구현하여 인터프리터를 구현한다.

State는 모든 가능한 상태들의 집합이고 Statement는 모든 문장들의 집합이다. 이 상태 변환 함수는 문장 S를 실행하기 전 상태를 받아 문장 S를 실행한 후 상태를 리턴한다.

```
Eval: (State, Statement) → State
Eval(s, S) = s' for each statement S
```

이제 각 문장 실행의 의미를 살펴보자. 이 절에서는 프로그래밍 언어 S의 문장의 시맨틱스를 살펴볼 것이다. 5.2절의 [언어 S의 문장 요약 문법]은 구문적으로 모호한 문법이지만 간단하고 직관적이어서 이 문법을 가지고 시맨틱스를 설명할 것이다.

대입문

대입문(assignment)은 수식 E의 값을 계산해서 변수 id에 대입한다.

```
id = E;
```

따라서 이 문장을 수행하면 변수 id의 값이 바뀌므로 상태가 바뀌게 된다. 이 과정은 다음과 같은 상태 전이 관계로 표현할 수 있다.

```
(s, id = E) → s[id ↦ V(E,s)]
```

이 관계는 다음과 같이 실행 전 상태에서 실행 후 상태를 결정하는 함수 Eval으로 정의할 수 있다.

```
Eval(s, id = E) = s[id ↦ V(E,s)]
```

대입문의 실행에 대한 예는 4장의 [예제 15]를 참조하기 바란다.

let 문

다음 let 문(let statement)은 변수를 선언하고 이를 사용하는 문장 S를 실행하기 위한 문장이다.

```
let T id [=E] in S end
```

이 문장의 실행 과정을 살펴보자. 변수 선언을 만나면 변수가 유효해지므로 이 변수를 위한 엔트리를 E의 값으로 초기화하여 실행 전 상태 s에 추가하여야 한다. 이 상태에서 문장 S를 실행하면 상태가 변하게 되고 let 문 실행 후에는 선언된 변수는 더 이상 유효하지 않으므로 실행 후 상태에서 해당 엔트리를 제거해야 한다. 이 과정은 다음과 같은 상태 전이 관계로 표현할 수 있다. 여기서 *는 임의의 값을 나타낸다.

```
(s[id ↦ V(E,s)], S) → s'[id ↦ *]
─────────────────────────────────
 (s, let T id [=E] in S end) → s'
```

이 관계는 다음과 같이 실행 전 상태에서 실행 후 상태를 결정하는 함수 Eval으로 정의할 수 있다.

```
Eval(s, let T=E id in S end) =  s'
if s'[id ↦ *] = Eval(s[id ↦ V(E,s)], S)
```

[예제 1]

```
0    let int x = 1; in
1        let int y = 1; in
2            y = y + 1;
3            x = x + y;
4        end;
5    end;
6
```

예를 들어 이 프로그램의 각 지점에서의 상태는 다음과 같다. 여기서 변수의 해당 엔트리 제거는 \로 표시하였다. 실제 구현에서 변수의 해당 엔트리 추가와 제거는 4장에서 살펴본 것처럼 push와 pop으로 구현할 수 있다.

```
s0 = { }
s1 = s0[x ↦ 1]                          push((x ↦ 1), s0)
s2 = s1[y ↦ 1] = {x ↦ 1, y ↦ 1}        push((y ↦ 1), s1)
s3 = {x ↦ 1, y ↦ 2}
s4 = {x ↦ 3, y ↦ 2}
s5 = s4 \ [y ↦ *] = {x ↦ 3}            pop((y ↦ *), s4)
s6 = s5 \ [x ↦ *] = {}                  pop((x ↦ *), s5)
```

복합문

복합문(compound statement)은 일련의 연속된 문장들이다. 복합문이 하는 일은 그림 5.7에서 보는 것처럼 전 상태 s에서 문장 S1를 실행하고 이어서 S2를 실행하는 것이다. 그러면 이 복합문을 실행한 후의 상태는 어떻게 될까?

복합문의 실행 전 상태 s에서 첫 번째 문장 S1을 실행하고 바뀐 상태 s'에서 두 번째 문장 S2를 실행하여 바뀐 상태가 s"가 이 두 문장을 실행한 후의 상태가 된다. 다음 상태 전이 규칙이 이를 논리 규칙 형태로 표현한다.

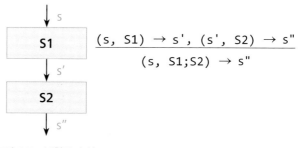

$$\frac{(s, S1) \rightarrow s', \ (s', S2) \rightarrow s''}{(s, S1;S2) \rightarrow s''}$$

그림 5.7 복합문 순서도

이 관계는 다음과 같이 실행 후 상태를 결정하는 함수 Eval으로 정의할 수 있다.

```
Eval(s, S1;S2) = Eval(Eval(s, S1), S2)
```

예를 들어, [예제 1]의 복합문 y = y + 1; x = x + y을 실행하면 실행 전 상태 s에서 다음과 같이 순차적으로 상태가 변경된다.

```
s = {x ↦ 1, y ↦ 1}
Eval(s, y = y + 1; x = x + y) =
Eval(Eval(s, y = y + 1), x = x + y) =
Eval({x ↦ 1, y ↦ 2}, x = x + y) = {x ↦ 3, y ↦ 2}
```

read 문

read 문(read statement)은 사용자로부터 입력을 받아서 이를 변수에 대입한다. 이러한 면에서 대입문과 비슷한 역할을 한다. 이를 다음과 같이 상태 전이 규칙으로 표현할 수 있으며 여기서는 일단 정수를 입력받는 것으로 가정한다. READ n은 정수 n을 입력받은 것을 의미한다.

$$\frac{\text{READ } n}{(s, \text{ read id}) \rightarrow s[\text{id} \mapsto n]}$$

또한 이 관계는 다음과 같이 실행 후 상태를 결정하는 함수 Eval으로 정의할 수 있다.

```
Eval(s, read id) = s[id ↦ n]     if n is read.
```

print 문

print 문(print statement)은 수식의 값을 계산해서 이를 출력한다. 이를 다음과 같이 상태 전이 규칙으로 표현할 수 있으며 여기서 PRINT는 해당 값을 화면에 출력하는 것을 의미한다.

$$\frac{\text{PRINT } V(s,E)}{(s, \text{ print } E) \rightarrow s}$$

또한 이 관계는 다음과 같이 실행 후 상태를 결정하는 함수 Eval으로 정의할 수 있다.

```
Eval(s, print E) = s   if V(s, E) is printed.
```

if 문

`if` 문(if statement)은 어떤 일을 하는가? 그림 5.8의 순서도에서 보는 것처럼 실행 전 상태 s 에서 먼저 수식 E의 값을 계산하고 이 값이 참이면 S1만을 실행하고 거짓이면 S2만을 실행한다. 이를 상태 전이 규칙으로 다음과 같이 표현할 수 있다. 첫 번째 규칙은 수식 E의 값이 참일 때는 S1만 실행하며 이 문장의 실행 후 상태가 `if` 문의 실행 후 상태가 된다는 것을 표현하고 두 번째 규칙은 비슷하게 수식 E의 값이 거짓일 때 S2만 실행한다는 것을 표현한다.

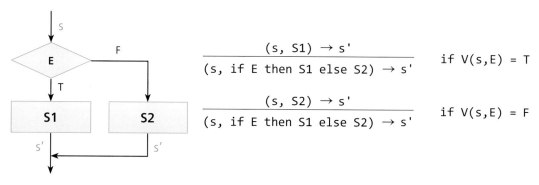

$$\frac{(s, S1) \rightarrow s'}{(s, \text{if } E \text{ then } S1 \text{ else } S2) \rightarrow s'} \quad \text{if } V(s,E) = T$$

$$\frac{(s, S2) \rightarrow s'}{(s, \text{if } E \text{ then } S1 \text{ else } S2) \rightarrow s'} \quad \text{if } V(s,E) = F$$

그림 5.8 if 문의 순서도

이 관계는 다음과 같이 `if` 문 실행 전 상태에서 실행 후 상태를 결정하는 함수 Eval으로 정의할 수 있다. 이 함수에서는 전 상태에서 수식 E의 값의 참(T)이면 S1를 실행하고 거짓(F)이면 S2를 실행하여 실행 후 상태를 결정한다.

```
C = if E then S1 else S2
Eval(s, C) = Eval(s, S1)        if V(s, E) = T
Eval(s, C) = Eval(s, S2)        if V(s, E) = F
```

예를 들어 [예제 2]의 프로그램을 생각해 보자. 이 예에서 `if` 문을 C라고 표시하자.

[예제 2]

```
0   let int x; int y; int max; in
1       x = 1;
2       y = 2;
3       if (x > y) then max =x;   // C
4       else max =y;
5   end;
```

이 프로그램을 실행하면서 각 지점에서의 상태는 다음과 같다.

```
s0 = { }
s1 = Eval(s0, int x; int y; int max) = { x ↦ 0, y ↦ 0, max ↦ 0 }
s2 = Eval(s1, x = 1) = {x ↦ 1, y ↦ 0, max ↦ 0 }
s3 = Eval(s2, y = 2) = {x ↦ 1, y ↦ 2, max ↦ 0 }
s5 = Eval(s3, C) = Eval(s3, max=y) = {x ↦ 1, y ↦ 2, max ↦ 2 }
        왜냐하면 V(s3, x > y) = F
```

while 문

while 문(while statement)은 어떤 일을 하는가? while 문은 수식의 값이 참인 동안 반복적으로 본체 문장 S를 실행하며 상태를 변화시킨다. 그림 5.9처럼 실행 전 상태 s에서 먼저 수식 E의 값을 계산하고 이 값이 참이면 S을 실행하고 변화된 상태 s'에서 다시 while 문을 실행하게 된다. 만약 E의 값이 거짓이면 바로 while 문 실행이 끝난다.

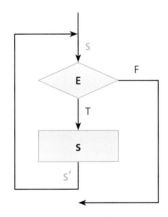

그림 5.9 while 문의 순서도

이를 다음과 같이 상태 전이 규칙으로 보다 정확히 표현할 수 있다. 첫 번째 규칙은 수식 E의 값이 거짓이면 while 문 실행이 바로 끝나는 것을 표현한다. while 문은 여러 번 반복해서 실행될 수 있으며 두 번째 규칙은 이를 재귀적으로 표현한 것이다. 두 번째 규칙은 실행 전 상태 s에서 수식 E의 값이 참이면 문장 S를 한 번 실행하고 변경된 상태 s'에서 다시 while 문을 실행하며 이 실행 후의 상태 s"이 결국 while 문 실행이 끝난 후의 상태라는 것을 표현한다.

$$(s, \text{while E do S}) \to s \qquad \text{if } V(s, E) = F$$

$$\frac{(s, S) \to s', \ (s', \text{while E do S}) \to s''}{(s, \text{while E do S}) \to s''} \qquad \text{if } V(s, E) = T$$

이 관계는 다음과 같이 while 문 실행 전 상태에서 실행 후 상태를 결정하는 함수 Eval로 정의할 수 있다. 이 함수에서는 전 상태에서 수식 E의 값이 참(T)이면 S를 한 번 실행하고 이 변경된 상태에서 다시 while 문을 실행하여 실행 후 상태를 결정한다. 수식 E의 값이 거짓(F)이면 실행 후 상태는 실행 전 상태와 같다.

```
L = while (E) S
Eval(s, L) = Eval(Eval(s, S), L)    if V(s, E) = T
Eval(s, L) = s                      if V(s, E) = F
```

예를 들어 지금까지 살펴본 문장의 상태 전이 규칙을 이용하여 다음 예제 프로그램의 상태 전이 과정을 살펴보자. 이 예에서 while 문을 L이라고 하고 while 문의 본체를 S라고 하자.

[예제 3]

```
0    let int x; int y; in
1        read x;
2        y = 1;
3        while (x != 1)  // L
4        {  // S
5            y = y*x;
6            x = x-1;
7        }
8    end;
```

이 프로그램의 시작 전 상태는 s0이며 0번 줄에서 변수 선언을 만나면 변수 x와 y는 유효한 변수가 된다. 1번 줄에서 read 문을 실행하면 변수 x에 입력된 값(예를 들어 3)이 대입되어 상태는 s2가 된다. 2번 줄에서 변수 y에 1을 대입하면 상태는 s3가 된다.

```
s0 = { }
s1 = Eval(s0, int x; int y) = {x ↦ 0, y ↦ 0}
s2 = Eval(s1, read x) = {x ↦ 3, y ↦ 0}
s3 = Eval(s2, y = 1) = {x ↦ 3, y ↦ 1}
```

이어서 3번 줄에서 while 문을 만나면 다음과 같이 while 문의 상태 변환 함수를 적용한다.

- 먼저 상태 s3에서 while 문의 조건을 계산하면 참이 되므로 while 문의 본체 문장이 한 번 실행되어 상태가 s4가 된다.

```
Eval(s3, L) = Eval(Eval(s3, S), L)        왜냐하면 V(s3, x != 1) = T
              s4 = Eval(s3, S) = {x ↦ 2, y ↦ 3}
```

- 변화된 상태 s4에서 다시 while 문의 상태 변환 함수를 적용한다. 상태 s4에서 while 문의 조건을 계산하면 참이 되므로 다시 한번 while 문의 본체 문장이 실행되어 상태가 s5가 된다.

```
Eval(s4, L) = Eval(Eval(s4, S), L)        왜냐하면 V(s4, x != 1) = T
              s5 = Eval(s4, S) = {x ↦ 1, y ↦ 6}
```

- 변화된 상태 s5에서 다시 while 문의 상태 변환 함수를 적용한다. 이 상태에서 조건을 계산하면 거짓이 된다. 이제 반복이 끝나고 끝난 후의 상태 s5가 while 문이 끝난 후의 상태가 된다.

```
s5 = Eval(s5, L) = {x ↦ 1, y ↦ 6}        왜냐하면 V(s5, x != 1) = F
```

결과적으로 while 문이 끝나면 변수 x의 값은 1이 되고 y의 값은 입력 값(이 예에서는 3)의 계승 6이 된다.

5.4 언어 S의 인터프리터 구현

표 5.2에 지금까지 학습한 내용을 정리하였다. 2장에서 논의한 주제는 구문법이었는데 이를 표현하는 논리가 문법이며 문법을 이용한 구문검사 혹은 유도를 구현한 프로그램이 파서였다. 이 장에서 논의한 주제는 의미론인데 이를 표현하는 논리가 상태 전이 규칙 혹은 상태 변환 함수이며 이에 따라 구현한 프로그램이 인터프리터이다.

표 5.2 구문법과 의미론

주제	논리	구현
구문법	문법	파서
의미론	상태 전이 규칙(상태 변환 함수)	인터프리터

이 절에서는 프로그래밍 언어 S의 인터프리터 구현에 대해서 논의한다. 이 인터프리터는 구현에 적합하도록 변형된 프로그래밍 언어 S의 문법을 기준으로 하여 구현할 것이다. [언어 S의 문법]은 [언어 S의 요약 문법]을 구현에 적합하도록 일부 변형하여 EBNF 형식으로 표현한 것이다. 주요 변경 사항은 모호성을 해결하기 위해 수식 문법을 변경하였으며 복합문을 명확히 구분하기 위해서 중괄호를 사용하였다.

[언어 S의 문법]

```
<program> → {<decl> | <stmt> | <function>}
<decl> → <type> id [= <expr>];
<stmt> → id = <expr>;
       | '{' <stmts> '}'
       | if ( <expr> ) then <stmt> [else <stmt>]
       | while ( <expr> ) <stmt>
       | read id;
       | print <expr>;
       | let <decls> in <stmts> end;
```

```
<stmts>  → {<stmt>}
<decls>  → {<decl>}
<type>  → int | bool | string
```

인터프리터

입력 프로그램의 AST를 순회(traverse) 하면서 수식의 값을 계산하고 문장의 의미에 따라 각 문장에 대한 해석(interpret)을 수행한다. 인터프리터 함수 Eval은 다음과 같은 함수로 구현된다.

```
Eval: (Statement, State) → State
```

각 문장에 대해서 그 의미를 결정하는 함수를 작성해 보자. 이 함수 Eval은 실행할 문장과 상태를 받아서 이 상태에서 문장을 실행하고 실행 후 상태를 결정해서 리턴한다.

print <expr>;

print 문을 실행하는 경우에는 현재 상태에서 print 문 내의 수식의 값을 계산하여 출력한다.

```
State Eval (Print p, State state) {
    System.out.println(V(p.expr, state));
    return state;
}
```

read id;

read 문을 실행하는 경우에는 변수 id의 타입에 따라 입력 값을 받아 그 값을 변수에 저장하고 그 후의 상태를 리턴한다. 예를 들어, 변수 id가 int 타입인 경우에는 표준 입력의 스캐너(sc)에서 정수 값을 읽어 변수에 저장한다.

```
State Eval (Read r, State state) {
    if (r.id.type == Type.INT) {
        int i = sc.nextInt();
        state.set(r.id, new Value(i));
    }
    if (r.id.type == Type.BOOL) {
```

```
        boolean b = sc.nextBoolean();
        state.set(r.id, new Value(b));
    }
    return state;
}
```

<stmts>

복합문을 실행하는 경우에는 실행 전 상태에서 복합문 내의 문장을 하나씩 순차적으로 실행하고 모두 실행한 후의 상태를 리턴한다.

```
State Eval (Stmts ss, State state) {
    for (Stmt stmt: ss.stmts) {
        state = Eval(stmt, state);
    }
    return state;
}
```

if (<expr>) then <stmt> else <stmt>

if 문을 실행하는 경우에는 실행 전 상태에서 조건(c.expr)을 계산하고 그 결과 값에 따라 then 혹은 else 브랜치를 실행한 후의 상태를 리턴한다.

```
State Eval (If c, State state) {
    if (V(c.expr, state).boolValue( ))
        return Eval(c.stmt1, state);
    else
        return Eval(c.stmt2, state);
}
```

while (<expr>) <stmt>

while 문을 실행하는 경우에는 실행 전 상태에서 조건(l.expr)을 계산하고 그 값이 참이면 while 문의 본체(l.stmt)를 한 번 실행하고 변경된 상태에서 다시 while 문을 실행한다. 본체 부분을 실행할 때마다 상태가 바뀌고 바뀐 상태에서 다시 while 문을 실행한다는 점을 유의하자. 조건이 거짓이면 실행 전 상태를 리턴한다.

```
State Eval (While l, State state) {
    if (V(l.expr, state).boolValue())
        return Eval(l, Eval(l.stmt, state));
    else
        return state;
}
```

while 문을 실행하는 경우에는 조건(l.expr)을 계산하고 그 값이 참이면 while 문의 본체 (l.stmt) 부분을 조건이 거짓이 될 때까지 반복해서 실행하므로 다음과 같이 while 루프를 이용하여 작성할 수도 있다. 반복 실행이 끝나면 그 후의 상태를 리턴한다.

```
State Eval (While l, State state) {
    while (V(l.expr, state).boolValue())
        state = Eval(l.stmt, state);
    return state;
}
```

요약

01 좌결합(left associative)은 왼쪽부터 우선 결합하는 규칙으로 왼쪽에서 오른쪽으로 수행된다.

02 우결합(right associative)은 오른쪽부터 우선 결합하는 규칙으로 오른쪽의 연산자부터 먼저 수행하는 것을 말한다.

03 구조적 프로그래밍(structured programming)의 기본 아이디어는 **goto** 문을 사용하지 않고 시작과 끝나는 지점이 일정한 구조적 구문(structured construct)을 사용하자는 것이다.

04 문장 S는 그림 5.7처럼 문장 실행 전 상태 s를 문장 실행 후 상태 s'으로 변경시킨다. 이를 상태 전이(state transition)라고 하며 다음과 같이 상태 전이 관계로 표시할 수 있다.

$(s, S) \rightarrow s'$

05 상태 전이 관계를 다음과 같이 문장의 실행 전 상태에서 실행 후 상태를 결정하는 상태 변환 함수(state transformation function) **Eval**으로 정의할 수 있으며 **Eval** 함수를 구현하여 인터프리터를 구현한다.

연습문제

01 구조적 프로그래밍에 대해 설명하시오.

구조적 프로그래밍을 위한 세 가지 제어구조에 대해 설명하시오.

02 while 문을 사용하여 다음의 do-while과 똑같은 일을 하도록 작성하시오.

```
do S while (E)
```

03 do-while 문을 사용하여 while 문과 똑같은 일을 하도록 작성하시오.

04 while 문을 사용하여 다음의 for 문과 똑같은 일을 하도록 작성하시오.

```
for (e1; e2; e3)
    S
```

05 for 문을 사용하여 while 문을 구현하시오.

06 do-while 문을 사용하여 for 문을 구현하시오.

07 if 문을 사용하여 다음의 switch 문과 똑같은 일을 하도록 작성하시오.

```
switch (E)  {
    case a : S; break;
    case b : S; break;
    case c : S; break;
}
```

08 다음 do-while 문장에 대한 Eval 함수를 작성하시오.

```
do <stmt> while (<expr>);
```

09 다음 repeat 문장에 대한 Eval 함수를 작성하시오.

```
repeat <stmt> until (<expr>);
```

10 다음 for 문장에 대한 Eval 함수를 작성하시오.

```
for (<type> id = <expr>; <expr>; id = <expr>) <stmt>
```

01 언어 S의 인터프리터 구현

(1) [언어 S의 문법]을 기초로 해서 언어 S의 인터프리터를 작성하시오.

(2) 언어 S의 인터프리터에 스트링 타입과 관련 기능을 추가하여 구현하시오.

- string 타입과 스트링 리터럴(strliteral) 등의 스트링과 관련된 기능을 추가한다.

- 스트링 입력 및 출력 기능 등을 추가한다.

02 언어 S의 확장

언어 S의 문장에 다음과 같이 do-while 문, for 문을 추가하고 이를 해석하는 인터프리터를 작성하시오.

```
<stmt> → ...
        | do <stmt> while (<expr>);
        | for (<type> id = <expr>; <expr>; id = <expr>) <stmt>
```

참고

01 구조적 구문을 이용한 구조적 프로그래밍에 대해서는 Böhm & Jacopini (1966)에 자세히 기술되어 있다. Goto 논쟁에 대해서는 Dijkstra (1968)과 Knuth (1974)를 참고하기 바란다.

02 표시 의미론은 Scott & Strachey (1971)에 의해서 프로그램의 의미를 수학적 함수로 정의하기 위해 제안되었다. 표시 의미론에 대해서는 Gordon (2012)에 보다 자세히 소개되어 있다. 의미론에 대한 일반적인 소개와 응용에 대해서는 Nielson & Nielson (1992), Gunter (1992), Winskel (1993) 등을 참고하기 바란다.

03 샘플 언어(Triangle과 Clite)의 인터프리터 구현에 대해서는 Watt & Brown (2000)와 Tucker & Noonan (2006)에 각각 기술되어 있다. 5.4절의 언어 S의 인터프리터 구현은 이들을 참고하여 설계되었다.

06

자료형

6.1

자료형 개요

자료형의 의미

프로그램에서 표현 혹은 저장하는 데이터에는 여러 종류가 있다. 이 데이터의 종류 혹은 유형을 **자료형**(data type)이라고 한다. 예를 들어 프로그램에서 19세와 같은 나이를 표현하는 데이터와 수학의 π 값 3.14를 표현하는 데이터는 그 종류가 다르다. 또한 'A'와 같은 문자도 표현할 수 있는데 이 역시 그 종류가 다르다.

자료형의 의미를 생각해 보자. 이를 위해 다음과 같은 간단한 변수 선언을 생각해 보자.

```
int x;
```

이 변수 선언에서 사용된 자료형 int는 어떤 의미를 가지고 있는가? int 타입은 이 타입의 변수가 가질 수 있는 값들의 집합을 의미한다고 생각할 수 있다. 따라서 자료형은 다음과 같이 값들의 집합 혹은 분류로 정의될 수 있으며 위 선언의 의미는 수학적으로는 x $\in$ Integer 형태로 표현할 수 있다.

[정의 1] 자료형

자료형은 값들의 집합이다(A data type is a set of values).

위 변수 선언을 가지고 자료형 int의 의미를 좀 더 생각해 보자. int 타입은 물론 앞의 정의처럼 값들의 집합을 의미한다. 따라서 int 타입의 변수 x에는 저장될 수 있는 값들(정수)이 결정된다. 뿐만 아니라 이 변수에 적용 가능한 연산들(덧셈, 뺄셈, 곱셈, 나눗셈 등)도 결정된다. 이런 의미에서 보면 자료형은 값들뿐만 아니라 그 값에 적용 가능한 연산들도 의미한다고 볼 수 있다. 따라서 자료형의 의미를 다음과 같이 재정의할 수 있다.

[정의 2] 자료형

자료형은 값들의 집합과 이 값들에 대한 연산들의 집합이다(A data type is a set of values and a set of operations on those values).

이번에는 자료형의 수학적 의미를 생각해 보자. 수학에서 대수(代數, algebra)는 (S, Op)이며 S는 값들의 집합이고 Op는 S 위에 정의된 연산들의 집합이다. 수학적 관점에서 보면 자료형은 프로그래밍 언어에서 사용하는 일종의 대수라고 할 수 있다.

기본 자료형

자료형(data type)은 값들(데이터)의 형(形) 또는 타입을 의미한다. **기본 자료형**(basic type)은 더 이상 쪼갤 수 없는 값들로 구성된 자료형을 말하며 빌트인(built-in) 기본 자료형과 사용자 정의(user defined) 기본 자료형으로 나눌 수 있다.

빌트인 기본 자료형은 프로그래밍 언어에 의해 사전 정의된 **기초 자료형**(primitive type)이라고 할 수 있다. 예를 들어 boolean, char, short, int, long, float, double 등이 대표적인 빌트인 기본 자료형이다.

사용자 정의 기본 자료형에 대해서 생각해 보자. 예를 들면 **열거형**(enumeration type)은 빌트인 자료형은 아니지만 사용자가 정의해서 사용할 수 있는 기본 자료형이다. 예를 들어 C/C++ 언어에서 다음과 같이 새로운 타입 Day를 정의하여 다른 자료형처럼 변수 선언 등에 사용할 수 있다.

```
enum Day {Monday, Tuesday, Wednesday, Thursday, Friday, Saturday, Sunday};
enum Day today = Monday;
```

비슷하게 Ada 언어에서도 다음 예와 같이 새로운 열거형을 정의할 수 있다.

```
type Day is (Monday, Tuesday, Wednesday, Thursday, Friday, Saturday, Sunday);
```

사용자가 정의할 수 있는 기본 자료형의 또 다른 예는 **부분범위형**(subrange type)이다. 부분범위형은 Ada, Pascal, Python과 같은 언어에서 제공되는데 예를 들어 다음과 같이 새로운 타입 Digit를 정의할 수 있다.

```
subtype Digit is Integer range 0 .. 9;
subtype Weekday is Day range Monday .. Friday;
```

그렇지만 C, C++, Java와 같은 언어에서는 사용자가 새로운 부분범위형을 정의할 수 없다. 만약 어떤 변수 digit가 0부터 9사이의 숫자를 가져야 한다면 다음과 같이 if 문을 사용해서 값의 범위를 검사할 수밖에 없다.

```
byte digit; // -128 .. 127
if (digit > 9 || digit < 0) throw new DigitException();
```

6.2

복합 타입

기본 타입으로부터 더 복잡한 타입을 구성할 수 있는데 이렇게 구성한 타입을 **복합 타입**(**composite type**)이라고 한다. 복합 타입을 구성하는 **타입 구성자**(**type constructor**)는 여러 가지가 있으며 대표적인 타입 구성자는 다음과 같다.

- 배열 타입(array type): 같은 타입의 여러 개의 연속된 변수들로 구성하는 자료형
- 리스트(list): 여러 개의 값들로 구성된 자료구조
- 레코드(record) 및 공용체(union) 타입: 서로 타입이 다를 수 있는 여러 개의 필드 변수들로 구성하는 자료형
- 포인터 타입(pointer type): 주소를 값으로 갖는 자료형

레코드(구조체) 타입

[핵심개념]

레코드(record)는 서로 다른 타입의 데이터를 한데 묶어 관리할 수 있게 해주는 자료구조로, 서로 타입이 다를 수 있는 여러 개의 필드 변수로 구성하는 자료형이다.

C 언어에서는 이를 **구조체**(struct)라고 하고 Pascal, Ada 언어에서는 레코드라고 한다. struct와 record는 새로운 타입을 구성하는 타입 구성자이다.

예를 들어 int, char, float와 같은 기본 타입으로부터 새로운 레코드 타입 Employee를 구성하여 정의한다.

```
[C 언어의 구조체 예]
struct Employee
{   int age;
    char name[10];
    float salary;
}
```

```
[Ada 언어의 구조체 예]
type Employee is record
        age: INTEGER;
        name: STRING(1..10)
        salary: FLOAT;
    end record;
```

위의 각 필드에 대해 값을 할당하는 방법은 구조체 멤버 접근 연산자인 점연산자(.)를 사용

하는 것이다. struct Employee 구조체 타입의 변수를 선언하고 이 연산자를 사용하여 각 필드에 값을 대입하고 사용할 수 있다.

```c
void main() {
    struct Employee person;
    strcpy(person.name, "kim");
    person.age = 25;
    person.salary = 30000.00;
    printf("person.name = %s\n", person.name);
    printf("person.age = %d\n", person.age);
    printf("person.salary = %f\n", person.salary);
}
```

C 언어에서는 typedef를 사용하여 다른 자료형에 새로운 이름을 정할 수 있다. 구조체에 대해서도 typedef를 사용해서 새로운 이름을 정할 수 있으며 이 이름이 자료형 이름으로 사용될 수 있다. 예를 들어 typedef를 사용하여 다음과 같이 정의하면 Employee는 사용자가 정의한 구조체 자료형의 이름이 된다. 이제 이 이름을 사용하면 struct 키워드는 필요 없다.

```c
typedef struct
{   int age;
    char name[10];
    float salary;
} Employee
```

공용체(union) 타입은 필드 변수를 선택적으로 사용한다는 면을 제외하면 구조체 타입과 거의 유사하므로 여기서는 생략한다.

배열 타입

[핵심개념]

배열(array)은 같은 타입의 연속된 변수들로 구성하는 자료형이다. 배열을 구성하는 변수 하나 하나를 배열 요소(element)라고 하며 배열 요소는 배열 이름과 순서를 나타내는 인덱스로 나타낸다.

C 언어에서 배열은 다음과 같이 선언할 수 있다.

```
자료형 배열이름[개수];
```

배열 선언의 예를 살펴보자. 이 선언에서는 배열 크기가 컴파일 시간에 정적으로 결정된다. 첫 번째 선언에서는 배열의 크기가 10으로 결정되고 두 번째 선언은 초기화 리스트에 의해 배열의 크기가 4로 결정된다. 잘 알려진 것처럼 배열의 인덱스는 0에서부터 시작된다.

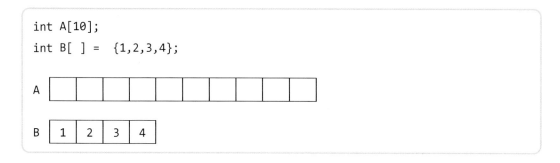

배열 A의 원소의 주소는 base가 배열의 시작주소라면 다음과 같이 계산할 수 있을 것이다.

```
    A[i]의 주소 = base + i*sizeof(int)
```

다음과 같이 행과 열로 이루어진 이차원 배열을 선언할 수 있다.

```
    자료형  배열이름[행의 수][열의 수];
```

예를 들어 다음과 같은 이차원 배열의 예를 살펴보자.

```
    int a[3][4];
```

이 배열은 개념적으로는 다음과 같은 3x4 행렬로 이해할 수 있다.

```
    a[0][0] a[0][1] a[0][2] a[0][3]
    a[1][0] a[1][1] a[1][2] a[1][3]
    a[2][0] a[2][1] a[2][2] a[2][3]
```

그러나 실제 배열은 1차원 메모리에 저장된다. 2차원 배열을 1차원 메모리에 배치하는 방식은 행 우선 방식과 열 우선 방식이 있다.

- 행 우선(row major order) : C, C++ 언어에서 사용됨.
- 열 우선(column major order) : Fortran 언어에서 사용됨.

행 우선 방식은 첫 번째 행부터 배치하고 이어서 두 번째 행을 배치하는 방식으로 배치한다. 위의 예를 행 우선 방식으로 배치하면 다음과 같다.

```
a[0][0] a[0][1] a[0][2] a[0][3] a[1][0] a[1][1]  ...  a[2][2] a[2][3]
```

열 우선 배치 방식은 첫 번째 열부터 배치하고 이어서 두 번째 열을 배치하는 방식으로 배치한다. 위의 예를 열 우선 방식으로 배치하면 다음과 같다.

```
a[0][0] a[1][0] a[2][0] a[0][1] a[1][1] a[2][1]  ...  a[1][3] a[2][3]
```

그렇다면 행 우선 방식으로 배치를 한다고 할 때 2차원 배열의 원소의 주소를 계산해 보자. 원소 a[i][j]의 주소는 한 행의 크기가 4이고 먼저 i 개의 행들을 배치하므로 다음과 같이 원소의 주소를 계산할 수 있다.

```
a[i][j]의 주소 = base + (i*4 + j)*sizeof(int)
```

만약 다음과 같이 m x n 배열로 선언한 경우에는 한 행의 크기가 n이므로 다음과 같이 원소의 주소를 계산할 수 있다.

```
int a[m][n];
a[i][j]의 주소 = base + (i*n + j)*sizeof(int)
```

Java 언어에서 배열을 선언하는 방법은 두 가지로 나눌 수 있다. 대괄호 []는 배열을 선언하는 기호로 사용되는데 자료형 뒤에 붙을 수도 있고 배열이름 뒤에 붙을 수도 있다.

```
자료형[] 배열이름;
자료형 배열이름[];
```

한 가지 주의할 점은 이렇게 배열 변수를 선언했다고 배열이 자동적으로 만들어지는 것이 아니라는 점이다. 이렇게 선언된 배열 변수는 단지 참조 변수일 뿐이다. Java에서는 배열도 객체이므로 다른 객체처럼 new 연산자를 이용하여 배열을 생성해야 한다. 예를 들어 다음과 같이 배열 변수를 선언하고 new 연산자를 이용하여 배열을 생성해야 한다.

```
int x[];
x = new int[10];

x ──→  ┌──┬──┬──┬──┬──┬──┬──┬──┬──┬──┐
       │  │  │  │  │  │  │  │  │  │  │
       └──┴──┴──┴──┴──┴──┴──┴──┴──┴──┘
```

Java 언어에서 배열은 C 언어에서와 달리 배열 크기가 실행 시간에 동적으로 결정되는 일종의 객체이다. 그렇지만 한번 배열의 크기가 결정되면 그 크기는 고정된다. 예를 들어 위와 같은 선언에서 x는 배열을 가리키는 참조 변수이며 x가 가리키는 배열의 크기는 실행 시간에 new 연산자에 의해 배열이 생성될 때 결정된다.

리스트

[핵심개념]

리스트(list)는 항목(item)들의 모음을 말한다. 리스트는 다수의 항목을 집합적으로 처리하는 데 매우 유용하다.

리스트는 파이썬의 대표적인 자료구조이며 [ ]를 이용하여 항목들을 정의한다. Python에서는 배열(array) 대신에 리스트를 사용한다.

[사례 1] Python의 리스트

예를 들어 Week라는 리스트에는 Monday, Tuesday, Wednesday 등의 항목이 포함될 수 있다. 인덱스는 0부터 시작한다.

```
>>> Week = ['Monday', 'Tuesday', 'Wednesday', 'Thursday', 'Friday']
>>> Week[0]
'Monday'
```

다른 예로 다음과 같이 소수(prime number)들의 모음을 리스트로 나타낼 수 있다.

```
>>> primes = [2, 3, 5, 7, 11, 13, 17]
```

리스트에서는 인덱스(index)를 이용하여 각 항목을 지정할 수 있다. 인덱스는 0부터 시작하며, [0]이 리스트의 첫 번째 항목이고 [2]가 세 번째 항목이 된다.

```
>>> primes[2]
5
```

리스트는 배열과 달리 원소가 같은 타입일 필요가 없다. 따라서 다음과 같이 다른 타입의 원소로 이루어진 리스트도 가능하며 리스트의 원소로 리스트도 가능하다.

```
>>> b =[1,'two',3,'four', ['a', 'b', 'c']]
>>> b[1]
'two'
>>> a[4]
['a', 'b', 'c']
```

부분 리스트

하나의 리스트를 인덱스를 사용하여 부분 리스트로 분리할 수 있다. 다음은 리스트의 인덱스가 start부터 end-1까지의 항목으로 이루어진 부분 리스트를 나타내며, start나 end를 생략하면 각각 처음 항목부터 또는 마지막 항목까지를 의미한다.

```
리스트[start : end]
```

다음 코드에서 months는 5개의 항목을 가지고 있는 리스트로 정의된다. 여기서 months[1 : 4]를 실행하면 부분 리스트 ['feb', 'mar', 'apr']이 반환된다. 여러 가지 부분 리스트의 예를 살펴보자.

```
>>> months = ['jan', 'feb', 'mar', 'apr', 'may']
>>> months[1 : 4]
['feb', 'mar', 'apr']
>>> months[1 : 2]
['feb']
>>> months[1 : 1]
[]
```

시작 인덱스나 끝 인덱스를 생략한 부분 리스트의 예를 살펴보자. 시작 인덱스와 끝 인덱스를 모두 생략하면 리스트의 처음부터 끝까지를 나타낸다.

```
>>> months[: 2]
['jan', 'feb']
>>> months[2 :]
['mar', 'apr', 'may']
>>> months[:]
['jan', 'feb', 'mar', 'apr', 'may']
```

리스트 항목 추가

기존의 리스트에 항목을 추가하기 위해서 append, extend 또는 insert 함수를 사용할 수 있다. append는 하나의 항목을 리스트의 오른쪽 끝에 삽입한다. extend는 리스트에 여러 개 항목을 추가하여 확장한다. insert는 항목이 삽입될 위치를 인덱스로 지정하여 새로운 항목을 삽입하고 다른 항목들이 오른쪽으로 이동된다.

```
>>> word=[]
>>> word.append('I')
>>> word.extend(['love', 'programming'])
>>> word
['I', 'love', 'programming']
>>> word.insert(2, 'python')
>>> word
['I', 'love', 'python', 'programming']
```

[사례 2] Java의 ArrayList

일반적인 배열은 배열의 크기가 한번 결정되면 그 크기가 고정된다. 반면 동적 배열 혹은 가변 배열은 배열의 크기가 동적으로 변하는 배열로 Java의 ArrayList가 대표적인 예이다. ArrayList는 다음 예에서처럼 임의의 타입의 객체를 저장할 수 있다.

```
ArrayList list = new ArrayList();
list.add("ONE");
list.add(2);
list.add(new Float(3.0));
System.out.println(list);      //[One, 2, 3.0]
```

그러나 ArrayList는 위와 같이 임의의 타입의 객체를 저장하기 때문에 저장된 객체를 가져오면 객체의 타입을 확인한 후에 처리해야 하는 경우가 많다. 이는 상당히 번거로운 일이고 객체를 사용하는데 있어서 예외가 발생하기 쉽다.

제네릭 클래스를 사용하면 ArrayList에 저장되는 객체의 타입을 미리 결정할 수 있다. 제네릭 클래스는 타입을 매개변수로 받을 수 있는 타입으로서 타입 매개변수를 화살괄호(<, >)로 감싸서 나타낸다. ArrayList는 실제로는 제네릭 클래스로 ArrayList<T> 형태로 선언되어 있으며, 해당 객체를 생성할 때 T의 타입을 지정하면 된다. 예를 들어, 다음과 같이 선언하면 String 객체를 저장하는 데만 사용할 수 있다. 보다 자세한 사항은 11.5절을 참조하기 바란다.

```
ArrayList<String> strList = new ArrayList<String>();
```

포인터 타입

[핵심개념]

포인터 타입(pointer type)은 메모리의 위치(주소)를 값으로 사용하는 자료형이다.

대표적으로 C 언어에서 제공하는 포인터 타입이 있다. C 언어에서는 메모리 위치(주소)도 하나의 값처럼 사용할 수 있으며 이를 포인터라고 한다.

C 언어의 포인터 변수 관련 구문을 살펴보자. 첫 번째 선언은 포인터 변수 p를 선언하는데 이 포인터 변수 p는 T 타입의 다른 변수의 주소를 저장하기 위한 변수이다. 두 번째 대입문은 포인터 변수에 포인터 값인 주소를 대입하며 저장된 주소는 포인터의 원래 의미대로 다른 메모리 위치를 가리킨다. 세 번째 대입문은 포인터가 참조하는 변수에 수식의 값을 저장하는 문장이다.

```
(1) T *p;       포인터 변수 선언
(2) p = E;      포인터 변수에 대입
(3) *p = E;     포인터가 참조하는 변수에 대입
```

포인터 관련된 연산들을 살펴보자. 첫 번째로 malloc(n)은 크기 n의 메모리를 할당하고 할당된 메모리의 주소를 반환한다. 두 번째로 &x는 어떤 변수 x의 주소를 나타낸다. 세 번째로 포인터 변수 p를 *p와 같이 사용하면 이는 포인터를 따라가서(보통 주소참조라고 함) 해당 포인터가 가리키는 변수에 접근하는 것을 의미한다.

> (1) `malloc(n)`   크기 n의 메모리 할당 및 시작 주소 반환
> (2) `&x`   변수 x의 포인터(주소)
> (3) `*p`   포인터 변수 p에 저장된 포인터 주소참조

예를 들어 다음과 같이 포인터를 사용하는 프로그램을 살펴보자.

[예제 1]

```
1    {  int *p = malloc(4);
2       int y = 10;
3       *p = y;
4       *p = *p / 2;
5       printf("%d: %d\n", p, *p);
6       p = &y;
7       printf("%d: %d\n", p, *p);
8    }
```

실행결과

```
27041808: 5
944757364: 10
```

이 프로그램에서 int *p 선언의 의미는 무엇인가? p는 포인터 변수로 `malloc`에 의해 할당된 메모리의 포인터(주소)를 저장하며 *p를 사용하여 이 포인터를 따라가면 그곳에 정수가 저장되어 있다는 것을 의미한다. 3번 줄은 포인터 변수 p가 가리키는 곳에 y의 값을 저장한다. 4번 줄은 포인터 변수 p가 가리키는 곳의 값을 2로 나누어 다시 그곳에 저장한다. 6번 줄은 포인터 변수 p에 y의 주소를 저장하며 이제 포인터 변수 p는 변수 y의 주소를 저장하므로 변수 y를 가리킨다. 실행결과를 살펴보면 포인터 변수가 저장하고 있는 주소와 해당 주소에 저장된 값을 출력한다.

재귀 타입

[핵심개념]

어떤 타입을 정의하는데 자신의 이름을 다시 사용할 수 있는데 이를 **재귀 타입**(recursive type)이라고 한다.

예를 들어 다음과 같이 포인터를 사용하여 재귀 타입을 정의할 수 있다. 이 구조체 타입은

두 개의 필드로 구성되고 두 번째 필드 next는 이 타입의 다른 구조체를 가리키는 포인터 이다. 이와 같은 재귀 타입을 사용하여 연결 리스트(linked list)를 만들 수 있다.

```
struct CharList
{  char data;
   struct CharList* next; /* C에서 적법 */
};
```

주의할 점은 다음과 같이 선언하면 안 된다는 점이다. 이 선언은 C에서 허용하지 않는데 이 렇게 선언하면 next 필드가 다시 구조체가 되기 때문에 이 선언이 끝나지 않기 때문이다.

```
struct CharList
{  char data;
   struct CharList next; /* C에서 위법 */
};
```

6.3

사례 연구

C 언어 자료형

C 언어의 자료형은 기본형과 파생형으로 구분할 수 있다. C 언어에서는 여러 종류의 데이터를 표현하기 위한 여러 가지 기본 자료형을 제공한다. 기본 자료형은 크게 **문자형**(char type), **정수형**(integral type), **실수형**(floating point type)으로 분류할 수 있다. 문자형은 'A', 'x'와 같은 영문자를 나타내기 위한 자료형이다. 정수형은 −10, 0, 55와 같은 정수 값을 나타내기 위한 자료형이다. 실수형은 3.14, 36.5와 같은 소수를 나타내기 위한 자료형이다.

C 언어는 원래 그림 6.1과 같이 정수와 실수를 위한 6개의 기본 자료형을 제공한다. 이들 기본 자료형을 다시 분류하면 3가지 종류의 정수형, 2가지 종류의 실수형, 문자형으로 분류할 수 있다. 문자형인 char는 내부적으로 정수로 표현되기 때문에 정수형의 하나로 분류할 수 있다. 정수형에는 char, short, int, long 등의 자료형이 있고 실수형으로는 float, double 등이 있다.

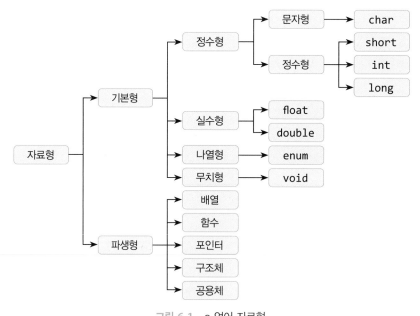

그림 6.1 C 언어 자료형

C 언어의 여러 정수형(short, int, long)들은 그 자료형의 값을 저장하는 데 필요한 기억

장소의 크기가 서로 다르며, 기억장소의 크기는 표현할 수 있는 값의 범위를 결정한다. 기본 자료형이 제공하는 수의 범위를 정리하면 표 6.1과 같다. C99 버전부터는 큰 정수를 위한 정수형으로 8바이트를 사용하는 long long 자료형도 추가되었다.

C 언어에서 실수는 **부동소수점 수**(floating point number) 형태로 표현하는데, 부동소수점 방식은 실수를 가수와 지수 형태로 나타낸다. 부동소수점 수로 표현하면 원래 실수의 소수점(point)이 이동하여 어느 위치에도 올 수 있으므로 떠다니는 소수점이라는 의미에서 부동소수점이라고 한다. C 언어에는 값을 저장하는 데 필요한 기억장소의 크기에 따라 3개의 실수형(float, double, long double)이 있다. ANSI C부터 큰 부동소수점 표현을 위한 long double 자료형이 추가되었다.

표 6.1 C 언어의 기본 자료형

자료형(data type)		할당되는 메모리 크기	표현 가능한 데이터의 범위
정수형	char	1바이트	$-128 \sim +127$
	short	2바이트	$-32768 \sim +32767$
	int	4바이트	$-2147483648 \sim +2147483647$
	long	4바이트	$-2147483648 \sim +2147483647$
실수형	float	4바이트	$3.4 \times 10^{-37} \sim 3.4 \times 10^{+38}$
	double	8바이트	$1.7 \times 10^{-307} \sim 1.7 \times 10^{+308}$
	long double	8바이트 혹은 그 이상	차이를 많이 보임

정수형, 실수형 외에 기본형으로는 **열거형**(enum), void 등이 있다. C 언어의 열거형에 대해서는 6.1절에서 기술하였으며 void는 함수에서 반환 값이 없음을 나타내는 데 사용된다.

기본형으로부터 파생되어 만들어진 파생형은 배열, 함수, 포인터, 구조체, 공용체 등이 있다. C 언어의 구조체, 배열, 포인터 등에 대해서는 6.2절에서 기술하였다.

Java 언어 자료형

Java에서 모든 데이터는 자료형을 갖는다. 자료형은 데이터에 가능한 연산, 데이터 표현을 위해 필요한 메모리 크기 등을 결정한다. Java 언어의 자료형은 그림 6.2와 같이 크게 기본 자료형과 참조 자료형으로 구분할 수 있다. 참조 자료형에 대해서는 11장과 12장에서 논한다.

Java 언어에서는 여러 종류의 데이터를 표현하기 위한 여러 가지 기본 자료형을 제공한다. 기본 자료형은 **논리형**(boolean type), **문자형**(char type), **정수형**(integral type), **실수형**(floating point type)으로 크게 분류할 수 있다.

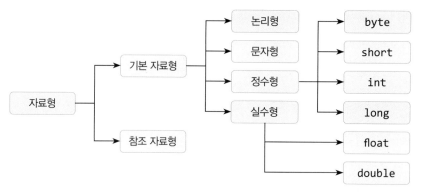

그림 6.2   Java 언어 자료형

이들을 다시 분류하면 그림 6.3과 같이 논리형, 문자형, 4가지 정수형, 2가지 실수형으로 분류할 수 있다. 논리형(boolean)은 참(true) 혹은 거짓(false)을 나타내기 위한 자료형이다. 문자형(char)은 'A', 'x', '창'과 같은 문자를 나타내기 위한 자료형이다. 정수형은 −10, 0, 55와 같은 정수 값을 나타내기 위한 자료형이다. 실수형은 3.14, 36.5와 같은 실수를 나타내기 위한 자료형이다.

논리(boolean) 값 true와 false는 참 혹은 거짓을 나타낸다. 예약어인 true와 false 만이 논리형의 유효한 값이다. 논리형 변수(boolean variable)는 두 가지 상태를 나타내는데 사용할 수 있다. 예를 들어 전구의 켜짐과 꺼짐, 과제의 제출과 미제출, 회원과 비회원 등을 표현하는데 사용될 수 있다. 다음 코드는 on이라는 논리형 변수를 선언하고 false로 초기화하였다.

```java
boolean on = false;
```

문자 집합은 특정 순서를 갖는 문자들로 이루어져 있고 각 문자는 유일한 수로 표현된다. Java에서의 char 변수는 유니코드 문자집합의 문자를 저장할 수 있다. 유니코드 문자집합은 한 문자당 16 비트를 사용하며 65,536개의 문자를 지원할 수 있다. 유니코드 문자집합은 국제적 문자집합으로 여러 나라의 언어에서 사용하는 기호와 문자를 포함하고 있다.

Java 언어에서 수를 나타내는 4가지 정수형과 2가지 실수형을 살펴보자. 수를 나타내는 여러 기본 자료형의 차이점은 데이터의 크기이다. 저장할 수 있는 데이터의 범위는 표 6.2와 같다.

기본 자료형은 아니지만 Java가 제공해주는 중요한 자료형으로 문자열을 나타내기 위한 String 자료형이 있다. String은 사실은 Java에서 미리 정의한 클래스 이름이지만 마치 기

표 6.2 Java 언어의 기본 자료형 크기

자료형	기억장소	최소값	최대값
byte	1 바이트	-128	127
short	2 바이트	-32768	32767
int	4 바이트	$-2{,}147{,}483{,}648$	$2{,}147{,}483{,}647$
long	8 바이트	약 -9×10^{18}	약 9×10^{18}
float	4 바이트	약 -3.4×10^{38}(유효숫자 7자리)	약 3.4×10^{38}(유효숫자 7자리)
double	8 바이트	약 -1.7×10^{308}(유효숫자 15자리)	약 1.7×10^{308}(유효숫자15자리)

본 자료형처럼 사용될 수 있다. Java에서는 유니코드를 사용하므로 한글, 영문, 중문을 비롯한 세계 여러 나라 언어의 문자열을 표현할 수 있다. 예를 들어 다음과 같은 문자열을 사용할 수 있다.

"Java", "대한민국", "大韓民國", "독도는 우리 땅", "5 stars", ...

다른 데이터를 참조할 수 있는 참조 자료형으로는 클래스, 인터페이스, 배열 등이 있다. 이들은 모두 일종의 복합형이라고 볼 수 있다. 이들에 대해서는 11, 12장에서 보다 자세히 논할 것이다.

6.4

형변환

자동 형변환

C/C++, Java와 같은 언어에서는 이항연산에서 두 피연산자의 자료형이 서로 다를 경우에는 표현 범위가 작은 쪽에서 큰 쪽으로 자동으로 자료형을 변환한 후 연산한다.

[핵심개념]

자동으로 형을 변환하는 것을 **묵시적 형변환**(implicit type conversion) 또는 **자동 형변환**(automatic type conversion)이라고 한다.

[핵심개념]

표현 범위가 더 넓은 쪽으로 변환하는 것을 **상향 변환**(promotion) 또는 **확장 변환**(widening conversion)이라고 하는데, Java에서 자동 형변환은 거의 대부분 확장 변환이다.

예를 들어, 다음 코드에서 정수형 상수 99의 값으로부터 자동으로 double형 상수 99.0이 생성되어 y에 저장된다.

```
double y = 99;
```

Java를 중심으로 수치 자료형에 대해 확장 변환 순서를 적으면 다음과 같다.

```
byte(1) < short(2) < int(4) < long(8)
float(4) < double(8)
```

위에서 각 자료형의 옆의 숫자는 각 자료형의 자료가 차지하는 바이트 수를 나타낸다. 가령, byte에서 short로의 변환은 안전하다. 왜냐하면 byte 값은 1 바이트에 저장되고 short 값은 2 바이트에 저장되기 때문에 어떠한 정보도 손실되지 않는다. 작은 정수형에서 큰 정수형으로, 작은 부동소수점형에서 큰 부동소수점형으로의 확장 변환은 그 수치 값을 정확히 보존한다.

확장 변환이 값의 크기에 관한 한 어떠한 정보도 손실하지 않지만, 부동소수점 값을 생성하는 확장 변환은 정확도를 손실할 수 있다. 예를 들어 int나 long을 float로, 혹은 long을 double로 변환시킬 때, 유효 숫자 중 일부가 소실될 수 있다. 이 경우에 생성되는 부동 소수점 값은 IEEE 754 부동 소수점 표준에 정의된 대로 가장 가까운 부동 소수점 값이 된다.

확장 변환의 반대되는 개념으로 축소 변환이 있는데, **축소 변환**(narrowing conversion)이란 표현 범위가 더 작은 자료형으로 변환하는 것을 말한다. 예컨대 int를 short로, double을 float로 형변환하는 것을 들 수 있다. 축소 변환이 꼭 필요한 경우의 대표적인 예로 대입 연산을 들 수 있는데, 대입 연산 시 발생되는 형변환을 특별히 **대입 변환**(assignment conversion)이라고 한다. 대입 변환의 경우에도 확장 변환인 경우에만 자동으로 수행되며 축소 변환인 경우에는 자동으로 수행되지 않는다.

다만 예외적으로 int 상수에 대해서만 자동으로 축소 변환이 수행될 수 있다. 구체적으로 말해서 int 상수를 byte나 short, char에 대입할 때 정보 손실이 일어나지 않는다면 자동으로 대입 변환을 수행한다. 대입 변환의 예를 살펴보자.

```
byte b = 123;       // 축소 변환
short s = 456;      // 축소 변환
int i = s;          // 확장 변환
byte b2 = 456;      // 오류: byte 범위 밖
short s2 = i;       // 오류
```

이 코드에서 변수 b, s, i는 각각 byte, short, int 형이다. 그러나 123, 456은 모두 int 상수다. 따라서 b에 123을 저장하거나 s에 456을 저장하려면 축소 변환을 수행해야 한다. 이때, 축소 변환은 int 상수에 대한 것이고 축소 변환에 의해 정보 손실이 없으므로 모두 자동으로 형변환된다. i에 s를 저장하면 자동으로 확장 변환이 수행된다.

그 이후에 나타난 대입 연산은 이 규정에 위배된다. 변수 b2는 byte 형이고 표현 범위는 −128에서 +127까지이다. 따라서 int 상수 456을 저장할 수 없으며 b2에 456을 저장하는 것은 오류가 된다. 그리고 short 변수 s2에 int 변수 i 값을 대입하는 것은 변수에 관한 축소 변환이므로 오류가 된다. 우변이 크기가 작은 int 상수인 경우에만 허용된다는 점을 유의하자.

형변환 연산자

묵시적 형변환은 자동으로 자료형을 변환하지만 축소 형변환에는 제한이 있다. 정보가 손실될 수 있기 때문이다. 그럼에도 불구하고 강제적으로 축소 형변환을 수행하려면 어떻게 해야 할까? 이때는 형변환 연산자를 이용하면 된다.

형변환 연산자는 **타입 캐스팅 연산자**(type casting operator)라고 하는데 간단히 **캐스트** (cast)라고도 한다.

Java의 캐스트는 괄호 안에 타입 이름이 명시된 형태로서, 수식에 의해 계산된 값을 명시된 자료형의 값으로 변환한다.

(자료형) 수식

정보 손실의 우려가 있는데도 불구하고 형변환을 하려면 형변환 연산자를 사용하면 된다. 그러나 정보 손실이 발생되는 것은 감수해야 한다. 타입 캐스팅 연산자 사용 예를 보면 다음과 같다.

```
byte   b2 = (byte) 456;      // 캐스팅: 정보 손실
short  s2 = (short) b2;       // 캐스팅: 정보 손실 없음
int    i2 = (int) 3.14;       // 캐스팅: 정보 손실
```

b2는 byte 타입 변수이고 456은 int 타입 상수지만 캐스트 (byte)로 인해 축소 변환이 가능하다. s2와 i2에 대한 대입 연산도 마찬가지로 각각 캐스트 (short)와 (int)를 이용하여 변환할 수 있다.

형변환 연산자를 이용하여 축소 변환을 수행할 때에는 정보 손실이 일어날 수 있다는 점에 주의해야 한다. 위 예에서 b2와 i2에 대입할 때 정보 손실이 발생한다. 정수형 값에서 정보 손실이 발생할 경우에는 하위 비트만 취한다. 정수 456은 이진수로 1 1100 1000인데 하위 8 비트만 취하면 1100 1000이 되고, 이는 2의 보수로 절댓값이 0011 1000인 음수이다. 따라서 b2에는 −56이 저장된다.

부동소수점형 상수를 정수형으로 축소 변환할 때에는 소수점 이하가 절사되는 방식으로 변환된다. 따라서 double 상수 3.14를 int 형으로 변환할 때 소수점 이하 0.14가 절사되어 3이 저장된다. 음수일 때도 마찬가지다. 따라서 −3.14를 int 형으로 변환하면 −3으로 변환된다.

6.5

타입과 언어의 분류

정적 타입 언어와 동적 타입 언어

프로그램에서 변수의 타입이 언제 결정되는지에 따라 정적 타입 언어와 동적 타입 언어로 구분할 수 있다.

[정의 3]

변수의 타입이 컴파일 시간에 결정되어 고정되는 언어를 **정적 타입 언어**(statically typed language)라고 한다.

정적 타입 언어는 변수의 타입이 컴파일 시간에 결정되어 고정되므로 보통 타입 검사도 컴파일 시간에 한다. Java, C, C++, FORTRAN, Pascal, Scala 등이 정적 타입 언어의 대표적인 예이다. 다음 Java 언어의 예에서 String 타입으로 선언된 변수 name은 한번 타입이 선언되면 그 타입이 고정되어 변할 수 없다. C 혹은 C++ 언어도 변수의 타입이 선언되면 그 변수의 타입은 고정되어 변할 수 없다.

```
String name;      // 변수는 선언된 타입을 갖는다.
name = "john";    // 값은 타입을 갖는다.
name = 34;        // 오류: 변수는 타입이 변경될 수 없다.
```

반면에 변수의 타입이 고정되지 않고 실행 중에 변하는 언어도 있다. 다음 JavaScript 언어의 예에서 변수 name은 선언된 타입이 없고 대입된 값에 따라 변수의 타입이 변경된다. 이러한 언어는 동적 타입 언어라고 한다. Perl, Python, Sheme, JavaScript 등이 대표적인 동적 타입 언어의 예이다.

```
var name;         // 변수는 선언된 타입이 없다.
name = "john";    // 값은 타입을 갖는다.
name = 34;        // 변수는 타입이 변경될 수 있다.
```

[정의 4]

변수의 타입이 저장되는 값에 따라 실행 중에 바뀔 수 있는 언어를 **동적 타입 언어**(dynam-ically typed language)라고 한다.

동적 타입 언어는 변수의 타입이 실행 중에 바뀔 수 있으므로 보통 타입 검사도 인터프리터에 의해서 실행 중에 이루어진다.

동적 타입 언어의 또 다른 사례로 Python 언어를 살펴보자. Python은 동적 타입 언어로 변수, 매개변수, 필드에 대한 타입 선언이 없으며 변수의 타입은 저장되는 값에 따라 실행 중에 바뀔 수 있다. Python에서 각 값은 타입을 나타내는 타입 태그를 갖는다. 예를 들어, 다음과 같이 변수의 타입이 실행 중에 대입되는 값에 따라 바뀔 수 있으며 그 타입을 type 연산자를 통해 확인할 수 있다.

```
>>> a = 3
>>> type(a)
<class 'int'>
>>> a = 3.0
>>> type(a)
<class 'float'>
>>> a = 'this is a string'
>>> type(a)
<class 'str'>
```

강한 타입과 약한 타입

프로그래밍 언어를 설계할 때 구문 사용 규칙을 정하는 것처럼 변수, 수식, 문장 등과 같은 프로그램 구성요소의 타입 사용에 대한 규칙도 정하게 된다. 이렇게 정하는 타입 사용 규칙을 보통 **타입 규칙**(typing rule)이라고 하는데, 언어가 정하는 타입 규칙의 엄격성에 따라 강한 타입 언어와 약한 타입 언어로 분류할 수 있다.

[정의 5]

엄격한 타입 규칙을 적용하여 (가능한 모든) 타입 오류를 찾아낼 수 있는 언어를 **강한 타입 언어**(strongly typed language)라고 한다.

예를 들어, Java, C#, Python 등은 강한 타입 언어의 대표적인 예이다. 강한 타입 언어일수록 자동 타입 변환을 하지 않고 엄격한 타입 규칙을 적용하여 타입 검사를 하므로 이 검사를 통과한 프로그램은 실행 중에 타입 오류가 발생하지 않을 것이다.

[정의 6]

느슨한 타입 규칙을 적용하여 타입 오류를 찾아내는 언어는 **약한 타입 언어**(weakly typed language)라고 한다.

예를 들어, C/C++, PHP, Perl, JavaScript 등은 약한 타입 언어의 예이다. 약한 타입 언어일수록 자동 타입 변환을 하고 타입 규칙이 엄격하지 않으므로 타입 규칙을 적용하여 타입 검사를 하더라도 이 검사를 통과한 프로그램이 실행 중에 타입 오류가 발생할 수 있다.

사례 연구

그림 6.3과 같이 프로그래밍 언어들을 한 축으로는 동적 타입과 정적 타입을 기준으로 다른 한 축으로는 강한 타입과 약한 타입을 중심으로 분류할 수 있다. 각각에 대표적인 예를 하나씩 살펴보자.

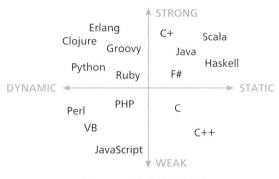

그림 6.3   타입과 언어의 분류

[사례 1] 강한 정적 타입 언어: Java

정적 타입 언어이면서 엄격한 타입 규칙을 적용하는 강한 타입 언어로는 Java, C#, Scala 등이 있다. 대표적인 예로 Java 언어를 살펴보자. 이 언어는 앞에서 살펴본 것처럼 정적 타입 언어이므로 변수의 타입이 컴파일 시간에 결정되어 변할 수 없으며 또한 강한 타입 언어로 엄격한 타입 규칙을 적용한다. 따라서 다음과 같이 값의 정밀도를 잃어버리는 대입문은 컴파일 시간에 타입 검사에 의해 오류가 발생한다. 정밀도를 잃지 않는 세 번째 대입문에서는 'A'의 코드값을 부동소수점으로 자동 변환하여 저장한다.

```
public class test
{
    public static void main() {
        int x=0;
```

```
        float y=3.14f;
        char z='A';
        x = y;      // 타입 오류
        z = x;      // 타입 오류
        y = z;      // 자동 형변환
    }
}

$ javac test.java
test.java:6: error: possible loss of precision
    x = y;
        ^
    required: int
    found:    float
test.java:7: error: possible loss of precision
    z = x;
        ^
    required: char
    found:    int
2 errors
```

[사례 2] 약한 정적 타입 언어: C

정적 타입 언어이면서 약한 타입 규칙을 적용하는 약한 타입 언어로는 C, C++ 등이 있다. 대표적인 예로 C 언어를 살펴보자. 이 언어는 앞에서 살펴본 것처럼 정적 타입 언어이므로 변수의 타입이 컴파일 시간에 결정되어 변할 수 없으나 약한 타입 언어로 엄격하지 않은 느슨한 타입 규칙을 적용한다. 따라서 다음과 같이 값의 정밀도를 잃어버리는 대입문도 컴파일 시간에 타입 검사를 통과하게 되고 실행될 수 있으며 실행결과를 보면 첫 번째 대입문은 소수점 이하 값을 잃어버리게 되고 두 번째 대입문은 'A'의 코드 값인 65를 부동소수점 값으로 변환하여 저장한다. 세 번째 대입문은 아마도 프로그래머의 실수에 의해 코드 값이 3인 의미 없는 문자를 나타내게 된다.

```
int main()
{   int x=0; float y=3.14; char z='A';
    x = y;              // (1)
    printf("%d\n", x);
    y = z;              // (2)
```

```
    printf("%f\n", y);
    z = x;             // (3)
    printf("%c\n", z);
}
$ gcc test.c
$ a.out
3
65.000000
```

[사례 3] 강한 동적 타입 언어: Python

동적 타입 언어 중에서도 엄격한 타입 규칙을 적용하는 강한 타입 언어가 있는데 Erlang, Python 등이 이러한 언어에 속한다. 예를 들어, Python 언어는 동적 타입 언어이면서도 강한 타입 언어이다. 이 언어는 앞에서 살펴본 것처럼 동적 타입 언어이므로 변수의 타입이 저장되는 값에 따라 실행 중에 바뀔 수 있다. 그렇지만 강한 타입 언어로 엄격한 타입 규칙을 적용한다. 예를 들어, 다음과 같이 문자열과 정수를 더하는 경우에 자동 타입 변환을 하지 않고 타입 오류가 발생한다.

```
>>> x = 1            # x bound to an integer
>>> y = "23"         # y bound to a string
>>> print(x+y)
Traceback (most recent call last):
    File "<pyshell#3>", line 1, in <module>
        print(x+y)
TypeError: unsupported operand type(s) for +: 'int' and 'str'
```

[사례 4] 약한 동적 타입 언어: JavaScript

동적 타입 언어 중에서도 약한 타입 규칙을 적용하는 약한 타입 언어가 있는데 PHP, Perl, Java Script 등이 이러한 언어에 속한다. 예를 들어, JavaScript 언어는 동적 타입 언어이면서 약한 타입 언어이므로 엄격하지 않은 타입 규칙을 적용한다. 따라서 다음과 같이 문자열과 정수를 더하는 경우에 타입 오류가 발생하지 않고 정수를 문자열로 자동 타입 변환하여 문자열 접합 연산(+)을 수행한다.

```
var x = 1;
var y = "23";
var z = x + y;  // 123
```

요약

01 자료형은 값들의 집합이다.

02 자료형은 값들의 집합과 이 값들에 대한 연산들의 집합이다.

03 레코드(record)는 서로 다른 타입의 데이터를 한 데 묶어 관리할 수 있게 해주는 자료구조로, 서로 타입이 다를 수 있는 여러 개의 필드 변수로 구성하는 자료형이다.

04 배열(array)은 같은 타입의 연속된 변수들로 구성하는 자료형이다. 배열을 구성하는 변수 하나 하나를 배열 요소(element)라고 하며 배열 요소는 배열 이름과 순서를 나타내는 인덱스로 나타낸다.

05 리스트(list)는 항목(item)들의 모음을 말한다. 리스트는 다수의 항목을 집합적으로 처리하는 데 매우 유용하다.

06 포인터 타입(pointer type)은 메모리의 위치(주소)를 값으로 사용하는 자료형이다.

07 어떤 타입을 정의하는데 자신의 이름을 다시 사용할 수 있는데 이를 재귀 타입(recursive type)이라고 한다.

08 자동으로 형을 변환하는 것을 묵시적 형변환(implicit type conversion) 또는 자동 형변환(automatic type conversion)이라고 한다.

09 표현 범위가 더 넓은 쪽으로 변환하는 것을 상향 변환(promotion) 또는 확장 변환(widening conversion)이라고 하는데, Java에서 자동 형변환은 거의 대부분 확장 변환이다.

10 형변환 연산자는 타입 캐스팅 연산자(type casting operator)라고 하는데 간단히 캐스트(cast)라고도 한다.

11 변수의 타입이 컴파일 시간에 결정되어 고정되는 언어를 정적 타입 언어(statically typed language)라고 한다.

12 변수의 타입이 저장되는 값에 따라 실행 중에 바뀔 수 있는 언어를 동적 타입 언어(dynamically typed language)라고 한다.

13 엄격한 타입 규칙을 적용하여 (모든) 타입 오류를 찾아낼 수 있는 언어를 강한 타입 언어(strongly typed language)라고 한다.

14 느슨한 타입 규칙을 적용하여 타입 오류를 찾아내는 언어는 약한 타입 언어(weakly typed language)라고 한다.

연습문제

01 정적 타입 언어와 동적 타입 언어에 대해서 설명하시오. 각각의 장단점에 대해서 논하시오.

02 다음 Python의 예를 실행하고 결과를 타입 관점에서 설명하시오.

```
>> def add(a,b):
     return a+b
>> add(5, 10)
>> add(5, 10.0)
>> add(5.0, 10.0)
>> add(5, "10")
>> add("hello", "world")
>> add([1,3,5], [7,9])
```

03 다음과 같이 선언된 2차원 배열을 열 우선 방식으로 메모리에 배치한다고 할 때 배열의 원소인 a[i][j]의 주소는 무엇인가? base를 이 배열의 시작주소라고 가정하자.

```
    int a[m][n];
```

04 강한 타입 언어와 약한 타입 언어에 대해서 설명하시오. 각각의 장단점에 대해서 논하시오.

05 포인터 타입과 참조 타입에 대해서 설명하시오. 그들의 차이점과 공통점은 무엇인가?

06 다음과 같이 언어 S에 배열 선언 및 사용 기능을 추가하고 이를 인터프리터에 구현하시오.

```
<decl>   → ... | <type> id[n];
<factor> → ... | id[expr]
<type>   → int | bool | string
```

07 레코드와 공용체 타입에 대해 비교하여 설명하시오.

01 구조적 타입에 대해서 Dahl 외 (1972)에서 체계적으로 정의하였다. 데이터 타입에 대한 기본적인 정의는 Parnas 외 (1976)에 기술되어 있다. 타입 및 자료 추상화에 대해 Cardelli & Wegner(1985)에 일반적으로 소개되어 있다. 다양한 종류의 타입에 대한 일반적인 소개는 Cleveland (1986)를 참고하기 바란다. 타입 구현과 관련된 다양한 주제에 대해서는 Aho 외 (1986)를 참고하기 바란다. 타입을 중심으로 한 프로그래밍 언어 교재로는 Mitchell (1996)과 Pierce (2002)를 참고하기 바란다.

PROGRAMMING LANGUAGES

타입 시스템

7.1

타입 오류와 타입 검사

타입 오류

문법에는 맞지만 제대로 실행될 수 없는 프로그램들이 많이 있다. 이러한 프로그램들은 프로그램의 겉모양은 문법에 맞지만 그 속내용은 들여다보면 무언가 잘못되어 제대로 실행될 수 없는 프로그램들이다. 프로그램의 속내용에는 여러 종류의 잘못이 있겠지만 여기에서 다룰 내용은 수식이나 문장 등이 타입에 맞지 않게 잘못 사용되는 것으로 이를 타입 오류(type error)라고 한다.

[정의 1]

타입 오류(type error)는 프로그램 실행 중에 수식, 문장, 함수 등의 프로그램 구성요소가 타입에 맞지 않게 잘못 사용되어 발생하는 오류이다.

예를 들면 다음 프로그램들은 타입이 잘못 사용된 것들이다. [예제 1]은 정수형 타입에 논리부정(!) 연산을 적용하고 있으므로 타입 오류이다.

[예제 1]

```
>> int x = 1;
>> x = ! x + 2;
```

[예제 2]와 같이 대화형 방식으로 사용할 때 1번 문장은 논리형에 정수 값을 대입하므로 타입 오류이다. 2번 문장은 정수형과 논리형을 더하고 있으므로 타입 오류이다.

[예제 2]

```
>> int x = 1;
>> bool y = true;
>> y = x;        (1)
>> x = x+y;      (2)
```

[예제 3]은 if 문의 else 부분에서 정수형과 논리형을 더하고 있으므로 실행 중에 타입 오

류가 발생할 수 있다. 그러나 이 프로그램은 만약 if 문의 조건이 항상 참이면 then 부분만 실행되어 타입 오류가 발생하지 않을 수도 있다. 따라서 이 프로그램은 실행 중에 반드시 타입 오류가 발생하는 것은 아니라는 점을 주의하자.

[예제 3]

```
let int x = 1, bool y = true; in
    if (...) then x = x + 1;
    else x = x + y;
end;
```

[예제 4]의 함수 정의에서 함수 f의 리턴 타입은 bool로 선언되었는데 본체에서 실제로 리턴하는 타입은 int 타입의 값(0 또는 1)으로 서로 일치하지 않으므로 타입 오류이다.

[예제 4]

```
fun bool f(int x)
    if (x>0) then return 1;
    else return 0;
```

[예제 5]는 대화형으로 함수를 정의해서 사용하고 있는데 함수 sq를 호출할 때 사용하는 인수와 함수의 선언된 매개변수의 타입이 일치하지 않으므로 타입 오류이다.

[예제 5]

```
>> bool y = true;
>> fun int sq(int x)
    return x*x;
>> print sq(y);
```

타입 오류가 발생할 수 있는 프로그램을 실행시키는 것은 프로그램의 안전한 실행이라는 측면에서 좋지 않다. 특히 안전에 민감한 안전 필수 소프트웨어(safety critical software)의 경우에는 프로그램 실행 중 오류는 매우 심각한 문제가 된다. 그렇다면 어떻게 해야 할까?

타입 검사의 필요성

실행 전에 프로그램을 미리 검사해서 실행 중에 발생 가능한 타입 오류를 모두 찾아낼 수 있다면 실행 중에 일어나는 타입 오류를 예방할 수 있을 것이다. 타입 검사는 이렇게 타입 오류를 미리 검사해서 타입 오류가 발생할 가능성이 있는 프로그램은 아예 실행시키지 않고 타입 안전한 프로그램만 실행시킴으로써 프로그램 실행의 안전성을 확보하는 기술이라고 할 수 있다.

[핵심개념]

타입 검사는 타입 정보를 이용하여 실행 중에 발생 가능한 타입 오류를 미리 검사하는 것이다.

미리 검사할 수 있는 오류에는 여러 종류가 있다. 가장 간단한 것이 이미 배운 구문 오류 (syntax error)이고 여기서 다루려고 하는 오류는 타입 오류이다. 여기서는 수식, 함수, 문장과 같은 프로그램 구성요소가 데이터 타입에 맞게 올바르게 사용되고 있는지 미리 검사하려고 하는데 이러한 검사를 **타입 검사(type checking)**라고 한다.

구문 검사(syntax analysis)

프로그램이 구문법(syntax grammar)에 맞는지 검사하는 1세대 기술로 1970년대에 활발히 연구 개발되었다. 이제는 모든 언어에 적용되고 있다.

타입 검사(type checking)

프로그램 구성요소가 데이터 타입에 맞게 올바르게 사용되고 있는지 검사하는 2세대 기술로 1990년대부터 활발히 연구 개발되었다. 주요 현대 프로그래밍 언어들은 안전한 타입 시스템 및 타입 검사를 갖추고 있다. 안전한 타입 시스템을 갖춘 대표적인 언어로는 ML, Haskell, Java 등이 있다.

타입 검사는 언어에 따라 엄격하게 할 수도 있고 관대하게 할 수도 있다. 프로그램 실행 전에 타입 검사를 엄격하게(strict) 하면 할수록 실행시간 타입 오류를 보다 확실하게 예방할 수 있을 것이다. 엄격한 타입 규칙을 적용하여 (가능한 모든) 타입 오류를 찾아 낼 수 있는 언어를 **강한 타입 언어**(strongly typed language)라고 한다. 예를 들어, Java, ML, C#, Python 등은 강한 타입 언어의 대표적인 예이다.

느슨한 타입 규칙을 적용하는 언어는 **약한 타입 언어**(weakly typed language)라고 한다. 예를 들어, C/C++, PHP, Perl, Java Script 등은 약한 타입 언어의 예이다. 약한 타입 언어에서는 타입 규칙이 엄격하지 않으므로 타입 규칙을 적용하여 타입 검사를 하더라도 이 검사를 통과한 프로그램이 실행 중에 타입 오류가 발생할 수 있다.

이제 지금까지 논의된 내용들을 정리해 보자. 작성한 모든 프로그램 중에 문법에 맞는 프로그램만 생각해 보자. 이중에 실행 중 타입 오류가 없는 프로그램들이 있을 것이다. 그러나 실행 중 타입 오류가 있는지 없는지는 실행하기 전에 정확히 알 수는 없다. 예를 들어 [예제 3]은 if 문의 조건에 따라 실행 중에 타입 오류가 발생할 수도 있고 그렇지 않을 수도 있으므로 실행 전에 이를 정확히 판별할 수는 없다. 그러나 이 프로그램은 실행 중 타입 오류가 발생할 가능성을 가지고 있다. 따라서 만약 엄격한 타입 검사를 한다면 이러한 프로그램은 타입 검사를 통과하지 못하도록 할 것이다. 이렇게 엄격하게 타입 검사를 하여 실행 중 타입 오류가 발생할 가능성을 원천적으로 차단할 수 있는 타입 시스템을 **안전한 타입 시스템**(sound type system)이라고 한다.

[핵심개념]

어떤 타입 시스템이 안전하다는 것은 이 타입 시스템의 타입 검사를 오류 없이 통과한 프로그램은 실행 중에 타입 오류를 일으키지 않을 것이 보장된다는 의미이다.

안전한 타입 시스템으로 타입 검사를 한다고 가정하면 타입 검사를 통과한 프로그램은 실행 중 타입 오류가 없음을 보장할 수 있다. 이들 사이의 집합 관계를 정리하면 다음과 같다.

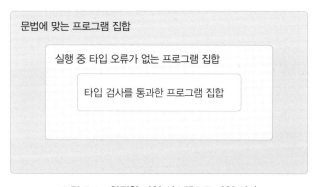

그림 7.1 안전한 타입 시스템으로 타입 검사

타입 검사의 종류

타입 검사의 기본 아이디어는 프로그램 내의 변수나 함수의 선언된 타입 정보를 이용해서 프로그램에서 변수, 수식, 문장 등과 같은 프로그램의 구성요소가 타입에 맞게 올바르게 사용되고 있는지 미리 검사하는 것이다. 이러한 검사를 실행 전에 하면 **정적 타입 검사**(static type checking)라고 한다.

[핵심개념]

정적 타입 검사는 프로그램 내에 선언된 변수나 함수의 타입 정보를 이용해서 프로그램의 구성요소(변수, 수식, 문장 등)가 타입에 맞게 올바르게 사용되고 있는지를 컴파일 시간에 검사하는 것이다.

정적 타입 검사를 통해 프로그램의 구성요소가 타입에 맞지 않게 잘못 사용되는 경우는 없는지 미리 검사하여 타입 오류가 발견되면 오류 메시지를 출력한다. 이러한 과정을 거쳐 프로그램을 실행하는 것은 앞서 강조한 것처럼 프로그램 안전성을 위해 매우 중요하다. 현대 프로그래밍 언어에서 정적 타입 검사는 매우 중요한 부분이며 정적 타입 검사를 하는 대표적인 언어로는 C, C++, Java, Pascal, ML, Haskell 등을 들 수 있다.

실행 시간에 타입 검사를 하는 동적 타입 언어도 있는데 컴파일을 하지 않고 인터프리터에 의해 수행하는 Lisp, Scheme, Perl, Python, JavaScript 등의 언어가 여기에 해당된다. 동적 타입 언어 중에서도 엄격한 타입 검사를 하는 엄격 타입 언어가 있는데 Erlang, Python 등이 이러한 언어에 속한다.

그렇다면 타입 오류는 어떻게 검사할 수 있을까?

7.2

타입 시스템 개요

타입 시스템

프로그래밍 언어를 설계할 때 구문의 사용 규칙을 정하는 것처럼 수식, 문장, 함수 등과 같은 프로그램 구성요소의 올바른 타입 사용 규칙을 정하게 된다. 이렇게 정의된 타입 사용 규칙들을 타입 규칙(typing rule)이라고 하고, 언어의 타입 규칙들로 이루어진 시스템을 그 언어의 타입 시스템이라고 한다.

[정의 2]

타입 규칙(typing rule)은 수식, 문장, 함수 등과 같은 프로그램 구성요소의 올바른 타입 사용 및 그 결과 타입을 정하는 규칙이다.

[정의 3]

프로그래밍 언어의 수식, 문장, 함수 등과 같은 프로그램 구성요소의 타입 규칙들로 구성된 시스템을 그 언어의 **타입 시스템(type system)**이라고 한다.

타입 검사는 이러한 타입 규칙을 이용해서 프로그램 구성요소가 타입이 올바르게 사용되고 있는지 검사하고 그 결과의 타입을 결정한다. 타입 규칙은 보통 다음과 같은 논리적 추론 규칙(logical inference rule) 형태로 기술할 수 있는데 그 의미는 "X와 Y가 성립하면 Z가 성립한다"이다.

"if X and Y then Z"

[타입 규칙 예 1]

간단한 예로 언어 S에서 E1 + E2 수식의 타입 규칙을 살펴보자. 이 언어에서는 이 수식의 더하기 연산은 E1과 E2 모두 int 타입이어야만 가능하고 그 결과 타입은 int일 것이다. 나머지 경우는 모두 타입 오류이다.

- 수식 E1 + E2의 이 타입 규칙을 다음과 같이 영어로 표현할 수 있다.

```
If an expr E1 has type int and an expr E2 has type int,
              then E1 + E2 has type int
```

- 이 타입 규칙을 p → q 형태의 논리적 문장으로 다음과 같이 표현할 수 있다.

$$(E1 \text{ has type int and } E2 \text{ has type int}) \rightarrow E1 + E2 \text{ has type int}$$

- 이 문장을 기호화된 타입 규칙으로 표현하면 다음과 같다. "x : t"는 "x has type t"이라는 것을 나타낸다.

$$(E1 : int \land E2 : int) \rightarrow E1 + E2 : int$$

- 이를 다음과 같은 형태의 추론 규칙으로 표현할 수 있다.

$$\frac{(E1 : int \land E2 : int)}{E1 + E2 : int}$$

타입 규칙의 일반적 형태는 다음과 같이 여러 개의 가정과 하나의 결론으로 구성된다.

$$p_1 \land \cdots \land p_n \rightarrow q$$
$$\|$$
$$\text{가정}_1 \land \cdots \land \text{가정}_n \rightarrow \text{결론}$$

이 타입 규칙을 보통 다음과 같이 나타낸다.

$$\frac{\text{가정}_1 \cdots \text{가정}_n}{\text{결론}}$$

예를 들어, 정수와 + 연산에 대한 타입 규칙은 다음과 같이 간단히 표현할 수 있다. ⊢ e:t 표현은 타입 규칙에 의해서 e가 t 타입임이 성립함 또는 증명 가능함을 의미한다. 1번 타입 규칙은 정수 n은 무조건 int 타입임을 나타낸다. 2번 타입 규칙은 E1이 int 타입임이 성립하고 E2가 int 타입임이 성립하면 E1 + E2는 타입이 올바르게 사용된 것이며 그 결과가 int 타입임을 나타낸다.

$$\vdash n : int \qquad (1)$$

$$\frac{\vdash E1:int \quad \vdash E2:int}{\vdash E1 + E2:int} \qquad (2)$$

이 타입 규칙을 이용하면 수식 2 + 5의 타입은 다음과 같이 간단히 결정할 수 있다. 즉 2가 int 타입임이 성립하고 5가 int 타입임이 성립하므로 2번 타입 규칙에 의해 2 + 5가 int 타입임이 성립한다. 이 과정은 다음과 같이 트리 형태로 보일 수 있다.

$$\vdash 2 + 5:int$$
$$/ \qquad \backslash$$
$$\vdash 2:int \quad \vdash 5:int$$

타입 환경

그런데 변수를 포함하는 수식 x + y의 타입은 어떻게 결정할 수 있을까 ? 당연히 변수 x와 y의 타입에 따라 다를 것이다! 따라서 이 수식의 타입을 결정하기 위해서는 유효한 변수들의 타입 정보를 유지하는 것이 필요하다.

[정의 4]

타입 검사를 위해서는 프로그램의 각 지점에서 유효한 변수 혹은 함수들의 타입 정보를 유지하는데 이를 **타입 환경**(type environment)이라고 한다. 타입 환경 Γ는 다음과 같이 변수 혹은 함수의 이름인 식별자 집합 Identifier에서 타입 집합 Type으로 가는 함수로 표현될 수 있다.

$$\Gamma: \text{Identifier} \;\rightarrow\; \text{Type}$$

예를 들어, 프로그램의 어느 지점에서 유효한 변수가 x, y이고 그들의 타입이 int이면 그 지점에서 타입 환경은 다음과 같이 표현할 수 있다.

$$\Gamma = \{ \; x \mapsto \text{int}, \; y \mapsto \text{int} \; \}$$

타입 환경을 상태(State)와 비교해 보자. 상태는 다음과 같이 변수의 값을 유지하는 반면에 타입 환경은 변수의 타입 정보을 유지한다.

$$s: \text{Identifier} \;\rightarrow\; \text{Value}$$

이제 어떤 변수의 타입을 결정할 때는 반드시 타입 환경과 함께 말해야 한다. 타입 환경 Γ에서 변수 x의 타입은 다음과 같은 규칙으로 표현할 수 있는데 이 규칙은 타입 환경 Γ에서 x의 타입이 t이면 x의 타입은 t라는 것을 나타낸다.

$$\frac{\Gamma(x) = t}{\Gamma \vdash x : t}$$

이제 타입 환경 Γ에서 수식 x + y의 타입은 어떻게 결정할까? 다음과 같이 타입 환경 Γ에서 x가 int이고 y도 int이면 식 x + y는 타입이 올바르게 사용된 것이며 결과는 int 타입이다.

$$\frac{\Gamma \vdash x : \text{int} \quad \Gamma \vdash y : \text{int}}{\Gamma \vdash x + y : \text{int}}$$

보다 일반적으로 이제 타입 환경 Γ에서 식 E1 + E2의 타입은 어떻게 결정할 수 있을까? 다음과 같이 타입 환경 Γ에서 E1이 int 타입이고 E2도 int 타입이면 식 E1 + E2는 타입이 올바르게 사용된 것이며 결과 값의 타입은 int이다.

$$\frac{\Gamma \vdash \text{E1:int} \quad \Gamma \vdash \text{E2:int}}{\Gamma \vdash \text{E1 + E2:int}}$$

타입 안전성

일반적으로 ⊢ E:t 표현은 타입 시스템에 의해서 E가 t 타입임이 성립함 또는 증명 가능함을 의미한다. 앞서 설명한 것처럼 언어를 설계할 때 그 언어의 수식이나 문장들의 타입 규칙을 설계하며 이들을 총칭하여 그 언어의 타입 시스템(type system)이라고 한다.

[핵심개념]

식 E에 의해 정의되는 어떤 언어의 타입 시스템은 다음 조건을 만족하면 **안전한 타입 시스템**(sound type system)이라고 한다(Wright & Felleisen (1994)).

- 타입 시스템에 의해 어떤 식의 타입이 t라고 결정했으면 식 E를 실제 실행하여 계산된 값이 반드시 t 타입의 값이어야 한다.
- 즉 ⊢ E:t이면 실제 실행에서 E의 계산된 값이 반드시 t 타입이어야 한다.

이 조건을 좀 더 정형화해서 나타내면 다음과 같다. 여기서 V(E) = v는 E의 계산된 값이 v임을 의미한다.

$$\text{If} \vdash \text{E:t and V(E)} = \text{v, then v:t}$$

이는 이 타입 시스템을 이용한 타입 검사에서 식 E가 타입 오류가 없으면 이 식은 실제 실행에서도 타입 오류가 없다는 것을 의미한다.

7.3

언어 S의 타입 시스템

이 절에서는 타입 시스템의 이론을 언어 S의 간단한 요약 문법을 중심으로 이론적으로 설명할 것이다. 이 요약 문법은 언어 S의 핵심 사항만을 포함하고 있는 간단한 언어로 지원하는 기본 타입은 int, bool, string 타입이다. 실수와 같은 다른 타입도 지원할 수 있으나 여기서는 언어를 간단히 하기 위해서 3개의 타입만 제공한다. 함수에 대한 타입 규칙은 8.4절에서 별도로 기술한다.

[언어 S의 요약 문법 1]

정수 리터럴   n ∈ **Int**(정수 집합)

변수 이름   id ∈ **Identifier**(식별자 집합)

스트링   str ∈ **String**(스트링 집합)

```
Command    C → D | S | F
Decl       D → T id[=E]
Stmt       S → id = E
             | S; S
             | if E then S [else S]
             | while (E) S
             | read id
             | print E
             | let D in S end
             | return E
Type       T → int | bool | string | void
Expr       E → n | id | true | false | str | f(E)
             | E + E | E - E | E * E | E / E | (E)
             | E == E | E != E | E < E | E > E | !E
```

이제 타입이 올바르게 사용되는지 검사하기 위한 언어 S의 타입 규칙을 설계해 보자. 여기서는 간단하면서도 엄격한 타입 규칙을 설계할 것이다. 이렇게 함으로써 타입 검사를 통과하기는 어려울 수 있지만 일단 오류 없이 타입 검사를 통과한 프로그램은 실행 중 타입 오류가 발생하지 않도록 할 것이다.

상수 및 변수의 타입 규칙

가장 간단한 상수를 위한 타입 규칙부터 살펴보자. 타입 환경 Γ에서 정수 상수 n의 타입은 int이고 true와 false의 타입의 bool이다. 스트링 리터럴 str의 타입은 string이다. 이런 상수들은 조건이나 타입 환경에 관계없이 그 타입을 결정할 수 있다.

$$\Gamma \vdash \text{n:int} \qquad \Gamma \vdash \text{str:string} \qquad \Gamma \vdash \text{true:bool} \qquad \Gamma \vdash \text{false:bool}$$

변수를 위한 타입 규칙을 살펴보자. 이 타입 규칙의 의미는 타입 환경 Γ에서 변수 id의 타입은 Γ에서 id의 타입이 t이면 t라는 것이다. 이 장에서 t는 int, bool 또는 string을 나타내는 타입 변수로 사용된다.

$$\frac{\Gamma(\text{id}) = \text{t}}{\Gamma \vdash \text{id:t}}$$

수식의 타입 규칙

각 수식(Expr)을 위한 타입 규칙부터 살펴보자.

산술 연산을 위한 타입 규칙

이 타입 규칙은 산술 수식 E1 + E2에 대한 타입 규칙으로 서로 더하는 두 식은 모두 int 타입이어야 함을 나타낸다.

$$\frac{\Gamma \vdash \text{E1:int} \quad \Gamma \vdash \text{E2:int}}{\Gamma \vdash \text{E1 + E2:int}}$$

다양한 이항 연산 중에서 예를 들어 산술 수식 E1 + E2에 대한 타입 규칙은 서로 더하는 두 식은 모두 int 타입이어야 함을 나타낸다[1]. 즉 이 규칙은 E1이 int 타입이고 E2가 int 타입이면 E1 + E2는 타입이 올바르게 사용된 것이며 결과 값은 int 타입이라는 것을 의미한다. 이 수식에서 이 외의 다른 사용 형태는 모두 타입 오류이다. 다른 사칙연산(−, *, /)들도

---

[1] 스트링 접합 연산을 스트링에 대한 * 연산으로 정의할 수 있으나 일단 여기서는 스트링에 대한 사칙연산은 허용하지 않는다. 스트링 접합 연산에 관해서는 실습문제를 참조하기 바란다.

이와 동일한 형태의 타입 규칙을 정의할 수 있다.

예를 들어, 타입 환경이 다음과 같을 때

$$\Gamma = \{ \ x \mapsto int, \ y \mapsto int \ \}$$

이 타입 환경 Γ에서 수식 x*x + y의 타입은 어떻게 결정할까 ? 그 결정 과정은 다음과 같이 트리 형태로 표현할 수 있다. 타입 환경 Γ에서 x가 int 타입이므로 E1 * E2 형태의 수식 x*x도 int 타입이며 또한 y도 int이므로 E1 + E2 형태의 수식 x*x + y는 위의 타입 규칙에 의해 타입이 올바르게 사용된 것이며 결과는 int 타입이다.

$$\Gamma \vdash x*x + y : int$$

$$\Gamma \vdash x*x : int \quad \Gamma \vdash y : int$$

$$\Gamma \vdash x : int \quad \Gamma \vdash x : int$$

관계 연산을 위한 타입 규칙

이 타입 규칙은 관계 수식 E1 == E2에 대한 타입 규칙으로 서로 비교하는 두 식 E1과 E2의 타입이 같아야 함을 나타낸다. 예를 들어, 비교 수식 E1 == E2에 대한 타입 규칙은 서로 비교하는 두 식은 같은 타입이어야 함을 나타낸다. 즉 이 규칙은 E1이 t 타입이고 E2가 t 타입이면 E1 == E2는 타입이 올바르게 사용된 것이며 결과 값은 bool 타입이라는 것을 의미한다. 다른 비교연산(!=, >, <)들도 이와 동일한 형태의 타입 규칙을 정의할 수 있다.

$$\frac{\Gamma \vdash E1:t \quad \Gamma \vdash E2:t}{\Gamma \vdash E1 \ == \ E2:bool}$$

예를 들어, 타입 환경이 다음과 같을 때

$$\Gamma = \{ \ x \mapsto int, \ y \mapsto int \ \}$$

이 타입 환경 Γ에서 식 x == y의 타입은 어떻게 결정할까? 그 결정 과정은 다음과 같이 타입 환경 Γ에서 x가 int이고 y도 int이므로 이 타입 규칙에 의해서 식 x == y는 타입이 올바르게 사용된 것이며 결과는 bool 타입이다.

$$\Gamma \vdash x == y: bool$$

$$\Gamma \vdash x: int \qquad \Gamma \vdash y: int$$

단항 연산은 논리부정('!') 연산자와 단항 마이너스('-') 연산자가 있다. 예를 들어, 논리부정을 사용하는 !E 수식을 위한 타입 규칙은 E가 bool 타입이어야 하고 결과도 bool 타입임을 나타낸다.

$$\frac{\Gamma \vdash E: bool}{\Gamma \vdash !E: bool}$$

각 문장(Stmt)마다 올바른 타입 사용 및 그 결과 타입을 정하는 타입 규칙을 정할 수 있다. 각 문장을 위한 타입 규칙을 문장별로 하나씩 살펴보자.

대입문의 타입 규칙

대입문 id = E를 위한 타입 규칙은 간단하다.

1. 대입문에서 왼쪽 변수와 오른쪽 식은 같은 타입이어야 한다.

다음 규칙은 대입문의 왼쪽 변수 id가 t 타입(int, bool 또는 string)이고 오른쪽 식 E가 t 타입이면 타입이 올바르게 사용된 것이며 결과 값의 타입이 void라는 것을 의미한다. 결과 타입이 void라는 것은 대입문은 실행 후에 결과 값은 없다는 것을 나타낸다.

$$\frac{\Gamma \vdash id: t \quad \Gamma \vdash E: t}{\Gamma \vdash id = E: void}$$

먼저 타입 사용이 올바르지 못한 예를 살펴보자. 이 예에서는 bool 타입으로 선언된 변수에 정수 값 1를 대입하고 있다. 따라서 타입 오류이다.

[예제 6]

```
let bool x; in
    x = 1;
end;
```

이번에는 타입 사용이 올바른 [예제 7]을 살펴보자. 이 프로그램의 대입문은 정수 타입 변수에 정수 타입의 값을 대입하므로 타입 사용이 올바르다.

[예제 7]

```
1    let int x=0; in
2        x=x+1;
3    end;
```

이에 대한 타입 검사 과정은 다음과 같다. 2 지점에서 타입 환경은 변수 x가 유효하므로 $\Gamma = \{x \mapsto \text{int}\}$이다. x = x + 1 문장의 경우에는 변수 x가 int 타입이고 수식 x + 1도 int 타입이므로 타입이 바르게 사용된 것이고 역시 결과는 void 타입이다. 대입문의 타입 규칙을 이용해서 다음과 같이 타입을 검사할 수 있다.

$$\{x \mapsto \text{int}\} \vdash \text{x=x+1:void}$$

$$\{x \mapsto \text{int}\} \vdash \text{x:int} \qquad \{x \mapsto \text{int}\} \vdash \text{x+1:int}$$

$$\{x \mapsto \text{int}\} \vdash \text{x:int} \qquad \{x \mapsto \text{int}\} \vdash \text{1:int}$$

let 문의 타입 규칙

다음 let 문은 변수 선언에서 초기화 값 0이 변수의 타입과 같으며, let 문 내의 대입문이 타입 오류가 없으므로 타입이 올바르게 사용된 것이다.

```
1  let int x=0; in
2      x=x+1;
3  end;
```

일반적으로 다음과 같은 let 문을 위한 타입 규칙을 생각해 보자.

```
let t id = E in S end
```

1. let 문 내의 변수 선언에서 초기화 수식은 변수의 타입과 같아야 한다.
2. let 문 내의 문장 S는 타입 오류가 없어야 한다.

이는 다음과 같은 타입 규칙으로 표현할 수 있는데 이 타입 규칙은 새로 선언된 변수의 초기화 수식 E가 변수 id의 타입과 같이 t 타입(int, bool 또는 string)이어야 하고, 새로 선언된 변수 id의 타입 정보를 추가한 새로운 타입 환경에서 문장 S의 타입을 검사함을 나타낸다.

$$\frac{\Gamma \vdash E:t \quad \Gamma[id \mapsto t] \vdash S:t'}{\Gamma \vdash \text{let } t \text{ id} = E \text{ in } S \text{ end}:t'}$$

이 타입 규칙을 이용한 타입 검사 과정을 살펴보면 다음과 같다.

1. 초기화 수식 E가 변수 id의 타입과 같은지 검사한다.

2. let 문이 시작되면 선언된 변수 id가 유효해짐으로 변수 id의 타입 정보를 타입 환경에 추가한다.

3. 이 새로운 타입 환경에서 실행문 S의 타입을 검사한다. 이 타입 검사를 통해 결정된 문장 S의 타입이 let 문의 타입이 된다.

[예제 7]에 대한 타입 검사 과정을 살펴보자.

- 시작 지점 1에서는 유효한 변수가 없으므로 타입 환경 $\Gamma = \{\}$이다. 이 타입 환경에서 int x = 0 문장의 상수 0은 변수 x의 선언과 같이 int 타입이므로 타입이 바르게 사용된 것이다.

- 2 지점에서는 변수 x가 유효해지므로 이 지점에서 타입 환경은 기존의 타입 환경에 x의 타입 정보를 추가하여 $\Gamma[x \mapsto int] = \{x \mapsto int\}$가 된다.

- 이제 x = x + 1 문장의 경우에는 변수 x가 int 타입이고 수식 x + 1도 int 타입이므로 타입이 올바르게 사용된 것이고 역시 결과는 void 타입이다. 대입문의 타입 규칙을 이용해서 다음과 같이 x = x + 1 문장의 타입을 검사할 수 있다.

```
    { } ⊢ let int x=0; in x=x+1; end:void

  { } ⊢ 0:int    {x ↦ int} ⊢ x=x+1:void

    {x ↦ int} ⊢ x:int      {x ↦ int} ⊢ x+1:int

        {x ↦ int} ⊢ x:int      {x ↦ int} ⊢ 1:int
```

리턴문의 타입 규칙

리턴문 return E을 위한 타입 규칙은 먼저 E의 타입을 검사해야 하고 이 타입이 반환 값의 타입이 된다. 리턴문은 임의의 t 타입(int, bool 혹은 string)의 값을 리턴할 수 있으므로 E의 타입은 임의의 t 타입이 가능하다.

$$\frac{\Gamma \vdash E:t}{\Gamma \vdash \text{return } E:t}$$

예를 들어, 다음 함수 정의에서 리턴문은 x*x가 int 타입이므로 int 타입이다. 이 타입 규칙을 이용하여 square 함수 내의 리턴문에 대한 타입 검사를 해 보자.

```
fun int square(int x)
    return x*x;
```

다음과 같이 매개변수 x가 유효한 타입 환경 $\Gamma = \{x \mapsto int\}$에서 x*x의 타입은 int이므로 이 return 문의 결과 타입은 int이다.

```
{x ↦ int} ⊢ return x*x:int
            │
    {x ↦ int} ⊢ x*x:int
```

함수에 대한 타입 검사에 대해서는 8.4절에서 자세히 기술한다.

if 문의 타입 규칙

먼저 if 문의 타입 사용이 올바르지 못한 예를 살펴보자. 만약 if 문이 다음과 같이 사용되면 조건에 따라 return 하는 결과 타입이 다를 수 있으며 조건이 참인 경우에는 bool 타입이 아닌 정수 값을 리턴하므로 타입 오류이다.

[예제 8]

```
fun bool f(int x)
    if (x > 0) then return 1;
    else return false;
```

이 프로그램은 다음과 같이 타입이 올바르게 사용되도록 수정할 수 있다. 이제 이 if 문은 조건이 참인 경우와 거짓인 경우 모두 bool 타입이므로 타입 규칙을 만족한다. 뿐만 아니라 이 타입이 함수의 선언된 리턴 타입과도 일치한다.

[예제 9]

```
1    fun bool f(int x)
2        if (x > 0) then return true;
3        else return false;
```

이 예로부터 다음과 같은 일반적인 if 문을 위한 타입 규칙을 생각해 보자.

```
if E then S1 else S2
```

1. 먼저 조건식 E는 bool 타입이어야 하고
2. then 부분 문장 S1과 else 부분 문장 S2가 같은 타입이어야 한다.

이 타입 규칙은 다음과 같이 표현할 수 있다. 여기서 타입 t는 int, bool, string 또는 void를 나타내는 타입 변수이다.

$$\frac{\Gamma \vdash E:bool \quad \Gamma \vdash S1:t \quad \Gamma \vdash S2:t}{\Gamma \vdash if\ E\ then\ S1\ else\ S2:t}$$

이 타입 규칙에 따라 [예제 8]과 같이 then 부분과 else 부분의 타입이 다른 if 문은 타입 오류로 판별할 수 있다.

이 타입 규칙을 이용하여 [예제 9]의 if 문의 타입 검사 과정을 살펴보자. 1 지점에서는 변수 x가 유효하므로 타입 환경은 Γ = {x ↦ int}이다. 이 타입 환경에서 먼저 조건식 (x>0)의 타입을 검사하면 이 조건식은 int 타입의 변수와 int 상수 0을 비교하므로 결과가 bool 타입이다. 따라서 이 타입 규칙의 첫 번째 조건은 만족한다. 다음으로 if 문의 then 부분 문장과 else 부분 문장은 모두 bool 타입 값을 리턴하므로 결과 값은 bool 타입이다.

Γ = {x ↦ int} ⊢ if .. then ... else ...: bool

Γ ⊢ (x>0):bool Γ ⊢ return true:bool Γ ⊢ return false:bool

Γ ⊢ x:int Γ ⊢ 0:int Γ ⊢ true:bool Γ ⊢ false:bool

또한 이 결과 값의 타입 bool은 함수 헤더에 선언된 리턴 타입과도 일치한다는 점을 주목하자. 이 함수 부분에 대해서는 다음 장에서 자세히 논하도록 하겠다.

타입이 올바르게 사용된 다른 예로 [예제 10] 프로그램의 if 문의 타입 규칙을 살펴보자. 이 if 문의 조건식은 int 타입의 변수와 상수 0을 비교하므로 결과가 bool 타입이며 then 부분과 else 부분 모두 bool 타입 변수 y에 bool 타입 값을 대입하므로 타입이 바르게 사용되었고 결과는 둘 다 void 타입이다. 결과적으로 이 if 문은 타입 규칙의 조건들을 모두 만족하고 결과 타입은 void이다.

[예제 10]

```
1    let int x; bool y; in
2        if (x>0) then y=true;
3        else y=false;
4    end;
```

이 타입 규칙을 이용한 이 if 문의 타입 검사 과정을 살펴보자. 2 지점에서는 변수 x와 y가 유효하므로 타입 환경은 Γ = {x $\mapsto$ int, y $\mapsto$ bool}이다. 먼저 조건식 (x>0)의 타입을 검사하면 이 조건식은 int 타입의 변수와 int 상수 0을 비교하므로 결과가 bool 타입이다. 따라서 이 타입 규칙의 첫 번째 조건은 만족한다. 다음으로 then 부분과 else 부분 모두 bool 타입 변수 y에 bool 타입 값을 대입하므로 타입이 바르게 사용되었고 결과는 void 타입이다.

$$\Gamma = \{x \mapsto int, y \mapsto bool\} \vdash if \dots : void$$

$$\Gamma \vdash (x>0):bool \qquad \Gamma \vdash y=true:void \qquad \Gamma \vdash y=false:void$$

$$\Gamma \vdash x:int \quad \Gamma \vdash 0:int \quad \Gamma \vdash y:bool \quad \Gamma \vdash true:bool \quad \Gamma \vdash y:bool \quad \Gamma \vdash false:bool$$

복합문의 타입 규칙

복합문에서 타입을 잘못 사용하는 예로 [예제 11]의 프로그램을 살펴보자. 첫 번째 문장이 먼저 리턴하면 두 번째 문장은 실행되지 않는 문장(unreachable statement)이 되기 때문에 이는 타입이 잘못 사용된 타입 오류로 볼 수 있다.

[예제 11]

```
1    fun int f(int x) {
2        if (x > 0) then return x;
```

```
3        else return -x;
4        x = x - 1;
5    }
```

그렇다면 어떻게 사용해야 할까? [예제 12]와 같이 사용하는 경우에는 첫 번째 대입문이 실행되고 두 번째 리턴문이 사용되므로 [예제 11]과 같은 문제는 없다.

[예제 12]

```
1    fun int f(int x) {
2        x = x - 1;
3        if (x > 0) then return x;
4        else return -x;
5    }
```

위의 예로부터 복합문에서는 return 문이 먼저 오고 그 다음에 다른 문장이 오면 안 된다는 것을 알 수 있다. S1;S2 형태의 복합문[2]에 대한 이 타입 규칙은 다음과 같이 정리할 수 있다.

1. 복합문의 첫 번째 문장 S1은 반드시 void 타입이어야 한다.
2. 복합문의 두 번째 문장 S2는 임의의 타입이 가능하며 이 타입이 복합문의 결과 타입이 된다.

언어 S에서 return 문을 제외한 모든 문장은 실행 후에 결과 값이 없고 따라서 void 타입이므로 이 타입 규칙은 다음과 같이 표현할 수 있다. 여기서 타입 t는 int, bool, string 또는 void를 나타내는 타입 변수이다.

$$\frac{\Gamma \vdash \text{S1}:\text{void} \quad \Gamma \vdash \text{S2}:\text{t}}{\Gamma \vdash \text{S1};\text{S2}:\text{t}}$$

[예제 11]에 이 규칙을 적용해 보면 첫 번째 if 문이 int 값을 리턴하는 리턴문이므로 이 규칙을 만족하지 못한다. [예제 12]에 이 규칙을 적용해 보면 첫 번째 문장은 void 타입이므로 이 규칙을 만족한다. 두 번째 문장인 if 문은 int 값을 리턴하므로 int 타입이며 이는 문제가 없으며 이 복합문의 타입도 int 타입이 된다.

---

[2] S1;S2는 여러 문장들의 리스트를 나타내며 숫자는 문장을 구분하기 위해 붙인 번호이다. 예를 들어 3개의 문장은 S;S => S;S;S 형태로 해석한다.

다음과 같은 간단한 프로그램은 두 문장 모두 void 타입이므로 간단하게 복합문의 타입 규칙을 만족한다.

[예제 13]

```
let int x; in
    x = 0;
    x = x + 1;
end;
```

while 문의 타입 규칙

while 문의 타입 사용이 올바르지 못한 예로 [예제 14] 프로그램을 살펴보자. 이 프로그램은 무엇이 잘못되었는가? 이 프로그램에서 함수 내의 while 문은 조건이 참일 때는 int 값을 리턴하지만 그렇지 않는 경우에는 아무것도 리턴하지 못하므로 타입이 잘못 사용된 타입 오류이다.

[예제 14]

```
fun int f(int x)
let
    int y = 1;
in
    while (x > 0) {
        y = y * x;
        x = x - 1;
        return y;
    }
end;
```

그렇다면 어떻게 사용해야 할까? [예제 15] 프로그램과 같이 while 문 내의 return 문은 while 문 밖에 위치해야 한다.

[예제 15]

```
fun int f(int x)
let
```

```
    int y = 1;
 in
    while (x > 0) {
        y = y * x;    (1)
        x = x - 1;    (2)
    }
    return y;
end;
```

이제 이 예로부터 다음과 같은 형태의 while 문을 위한 타입 규칙을 생각해 보자.

```
while (E) S
```

1. while 문의 조건식 E는 bool 타입이어야 한다.
2. while 문 내에서 return 하면 안 된다. 이렇게 하기 위해서 S는 반드시 void 타입이어야 한다.

이 타입 규칙은 다음과 같이 표현할 수 있다.

$$\frac{\Gamma \vdash E{:}bool \quad \Gamma \vdash S{:}void}{\Gamma \vdash while\ (E)\ S{:}void}$$

[예제 15]의 while 문에 이 타입 규칙을 적용하면 먼저 조건식은 bool 타입이며 while 문 내의 1번과 2번 문장이 모두 void 타입이므로 본체 타입은 void이다. 따라서 while 문의 타입 규칙을 만족한다. 이 while 문의 타입 검사 과정은 다음과 같다. 시작 지점에서는 변수 x와 y가 유효하므로 타입 환경은 $\Gamma = \{x \mapsto int, y \mapsto int\}$이다. 이 타입 환경에서 조건과 1번과 2번 문장의 타입 검사 과정은 다음과 같다.

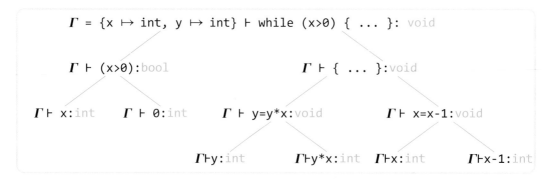

입출력 문의 타입 규칙

read 문을 위한 타입 규칙은 id는 임의의 t 타입(int, bool 또는 string)이 가능하고 read 문 실행 후에 결과 값은 없기 때문에 타입은 void 타입이다. 비슷하게 print 문에서 수식 E 는 임의의 t 타입이 가능하고 print 문 실행 후에 결과 값은 없기 때문에 결과는 void 타입 이다.

$$\frac{\Gamma \vdash \mathtt{id}{:}t}{\Gamma \vdash \mathtt{read}\ \ \mathtt{id}{:}void} \qquad\qquad \frac{\Gamma \vdash \mathtt{E}{:}t}{\Gamma \vdash \mathtt{print}\ \ \mathtt{E}{:}void}$$

다른 언어의 타입 시스템

ML과 Java 언어와 같은 현대 프로그래밍 언어들은 엄격하면서 안전한 타입 시스템을 갖추고 있다. 이러한 언어들은 컴파일 과정에서 엄격하게 타입 검사를 함으로써 실행시간에 타입으로 인한 오류를 미연에 예방한다. 이렇게 함으로써 프로그램의 안전성을 높일 수 있다. 특히 안전에 민감한 프로그램의 경우에는 이러한 타입 검사는 매우 유용하다.

이에 반해 C/C++ 언어는 느슨하면서 안전하지 않은 타입 시스템을 갖추고 있다. C/C++ 언어의 타입 시스템이 안전하지 않는 이유는 주로 타입 캐스트(cast)나 포인터 연산(pointer arithmetic)들 때문이다. 비슷하게 Pascal과 Ada와 같은 언어도 상당히 엄격한 타입 시스템을 갖추고 있으나 허상 포인터(dangling pointer) 등의 문제로 완전하게 안전하지는 않다.

7.4

타입 검사 구현

언어 S의 구문법과 시맨틱스

이 장에서 설명할 함수를 포함한 언어 S의 구문법을 EBNF 형식으로 작성하면 다음과 같다.

[언어 S의 문법]

```
<program> → {<decl> | <stmt> | <function>}
<decl> → <type> id [= <expr>];
<stmt> → id = <expr>;
      | '{' <stmts> '}'
      | if ( <expr> ) then <stmt> [else <stmt>]
      | while ( <expr> ) <stmt>
      | read id;
      | print <expr>;
      | let <decls> in <stmts> end;
<stmts> → {<stmt>}
<decls> → {<decl>}
<type> → int | bool | string
```

타입 환경의 구현

프로그램을 한 줄씩 읽으면서 프로그램의 각 지점에서 유효한 변수 혹은 함수들의 타입 정보인 타입 환경 Γ를 유지한다. 타입 환경 Γ는 다음과 같이 변수 혹은 함수의 이름인 식별자 집합 Identifier에서 타입 집합 Type으로 가는 함수로 표현될 수 있다.

$$\Gamma: \text{Identifier} \rightarrow \text{Type}$$

예를 들어, 다음 타입 환경에서 x는 int 타입의 변수 이름이고 f는 int 값을 받아서 bool 값을 리턴하는 함수 이름이다.

$$\Gamma = \{x \mapsto \text{int}, f \mapsto \text{int} \rightarrow \text{bool}\}$$

타입 환경(TypeEnv)은 식별자의 타입 정보를 저장하는 일종의 심볼 테이블로 다음과 같이 타입 엔트리(Entry)의 스택(Stack) 형태로 구현할 수 있다. 새로운 변수가 선언되거나 함수가 정의되면 해당 엔트리를 타입 환경에 추가한다.

```java
class Entry {
    Identifier id;
    Type type;
    Entry (Identifier id, Type t) {
        this.id = id;
        this.type = t;
    }
}

class TypeEnv extends Stack<Entry> {
    public TypeEnv() { }

    public TypeEnv(Identifier id, Type t) {
        push(id, t);
    }

    public TypeEnv push(Identifier id, Type t) {
        super.push(new Entry(id, t));
        return this;
    }

    // 식별자가 타입 환경에 포함되어 있는가?
    public boolean contains (Identifier v) { ... }

    // 타입 환경의 탑에서부터 식별자를 찾아 타입 가져오기
    public Type get(Identifier v) { ... }
}
```

명령어의 타입 검사

명령어는 변수 선언, 문장, 함수 정의 등이다. 이들 각각에 대한 타입 검사를 수행한다. 타입 검사는 다음과 같은 형태로 구현할 수 있다. 함수에 대한 타입 검사 구현은 8.5절에서 기술한다.

- 타입 환경은 Stack 형태로 유지한다.

- 입력 명령어의 AST를 순회하면서 해당 타입 규칙을 적용하여 검사한다.

- 타입 오류에 대해서 오류 메시지를 출력한다.

명령어인 변수 선언, 문장을 위한 타입 검사 구현에 대해서 차례대로 살펴보자.

가정 먼저 변수 선언에 대한 타입 검사(Check)를 살펴보자. 변수 선언(decl)은 초기화 수식 (decl.expr)이 없는 경우에는 바로 변수 이름(decl.id)과 선언된 타입 이름(decl.type) 을 타입 환경에 추가하면 된다. 초기화 수식이 있는 경우에는 초기화 수식(decl.expr)을 타입 검사(Check)하고 그 결과 타입이 변수의 타입(decl.type)과 같으면 변수 이름과 타입 이름을 타입 환경에 추가하고 그렇지 않으면 타입 오류이다.

```java
public static Type Check(Decl decl, TypeEnv te) {
    if (decl.expr != null)
    if (decl.type != Check(decl.expr, te))
        error(decl,"type error: mixed mode assignment to "+decl.id);
    te.push (decl.id, decl.type);
    return decl.type;
}
```

error 메소드는 다음과 같이 명령어의 타입을 오류로 설정하고 오류 메시지를 출력한다.

```java
static void error(Command c, String msg) {
    c.type = Type.ERROR;
    System.err.println(msg);
}
```

수식의 타입 검사

다음 문법에 의해 정의되는 언어 S의 수식에 대해서 타입을 검사한다.

[언어 S의 수식 문법]

```
<expr>  → <bexp> {& <bexp> | '|'<bexp>} | !<expr> | true | false
<bexp>  → <aexp> [<relop> <aexp>]
<relop> → ==  |  !=  |  <  |  >  |  <=  |  >=
```

```
<aexp>  → <term> {+ <term> | - <term>}
<term>  → <factor>  {* <factor> | / <factor>}
<factor> → [-] (number | id | '(' <aexp> ')') | strliteral
```

파서는 수식을 입력받아 파싱하고 그 수식을 나타내는 AST 노드를 리턴하는데, 수식(Expr)의 AST 노드는 3.2절에서 논한 것처럼 다음과 같이 식별자(변수 이름), 값, 이항 연산, 단항 연산으로 구분할 수 있다.

```
Expr = Identifier | Value | Binary | Unary
```

특히 연산을 포함한 수식(Expr)은 이항 연산(Binary Operation) 수식과 단항 연산(Unary Operation) 수식으로 구분하여 구현할 수 있다.

수식 Expr의 종류에 따라 해당 타입 규칙을 적용하여 타입을 검사하는 함수를 다음과 같이 작성할 수 있다. 수식의 종류는 상수 값(Value), 변수(Identifier), 이항연산 수식(Binary), 단항연산 수식(Unary), 함수 호출(Call) 등이 있다. 각각에 대한 타입 검사 구현을 살펴보자.

```
public static Type Check(Expr e, TypeEnv te) {
    if (e instanceof Value) {
        Value v = (Value) e;
        return v.type;
    }


    if (e instanceof Identifier) {
        Identifier id = (Identifier) e;
        if (!te.contains(id))
            error(id, "undeclared variable: " + id);
        else id.type = te.get(id);
        return id.type;
    }

    if (e instanceof Binary)
        return Check((Binary) e, te);

    if (e instanceof Unary)
```

```
        return Check((Unary) e, te);


    if (e instanceof Call)
        return Check((Call) e, te);
}
```

타입 환경 te에서 정수 상수 n의 타입은 int이고 true와 false의 타입은 bool이며 스트링 리터럴(strliteral)의 타입은 string이다. 따라서 상수에 대한 타입은 위의 코드에서 v.type처럼 상수의 종류에 따라 바로 결정할 수 있다.

타입 환경 te에서 변수 id의 타입은 위의 코드처럼 타입 환경에서 te.get(id)로 변수 id를 스택 탑에서부터 찾아서 그 타입을 결정하면 된다. 만약 타입 환경에 해당 변수가 없다면 이는 선언되지 않는 변수로 오류이다.

다양한 이항 연산 중에서 예를 들어 산술 수식 E1 + E2에서 서로 더하는 두 식은 모두 int 타입이어야 한다. E1이 int 타입이고 E2가 int 타입이면 E1 + E2는 타입이 올바르게 사용된 것이며 결과는 int 타입이다. 다른 사칙연산(-, *, /)들도 유사한 타입 규칙을 적용할 수 있다.

관계 연산자를 사용하는 비교 수식의 경우에는 예를 들어, E1 == E2에서 서로 비교하는 두 식은 같은 타입이어야 한다. 즉 E1이 t 타입(int, bool 또는 string)이고 E2가 t 타입이면 E1 == E2는 타입이 올바르게 사용된 것이며 결과는 bool 타입이다. 다른 비교연산(!=, >, <)들도 유사한 타입 규칙을 적용할 수 있다.

이러한 이항 연산을 위한 타입 검사는 다음과 같이 피연산자인 두 식(b.term1과 b.term2)의 타입을 먼저 검사(Check)하고 그 두 타입 t1과 t2를 비교함으로써 구현할 수 있다. 산술 연산의 경우에는 두 식이 모두 정수 타입(Type.INT)인지 검사한다. 비교 수식의 경우에는 두 식이 같은 타입인지 검사한다.

```
static Type Check(Binary b, TypeEnv te) {
    Type t1 = Check(b.expr1, te);
    Type t2 = Check(b.expr2, te);
    switch(b.op.val) {
    case "+": case "*": ...
        if (t1 == Type.INT && t2 == Type.INT)
```

```
                b.type = Type.INT;
            else
                error(b, "type error for " + b.op);
            break;
        case "<": case "<=": ...
            if (t1 == t2)
                b.type = Type.BOOL;
            else
                error(b, "type error for " + b.op);
            break;
        ...
        default:
            throw new IllegalArgumentException("undefined operator");
        }
        return b.type;
    }
```

단항 연산의 타입 검사

단항 연산은 논리부정('!') 연산자와 단항 마이너스('-') 연산자가 있다. 예를 들어, !E 수식을 위한 타입 규칙은 E가 bool 타입이어야 함을 나타낸다.

단항 연산을 위한 타입 검사는 다음과 같이 피연산자인 수식(u.expr)의 타입을 먼저 검사하고 단항 연산자의 종류('!' 혹은 '-')에 따라 피연산자의 타입이 부울 타입(Type.BOOL)인지 정수 타입(Type.INT)인지 확인함으로써 구현할 수 있다.

```
static Type Check(Unary u, TypeEnv te) {
    Type t1 = Check(u.expr, te);
    switch (u.op.val) {
    case "!":
        if (t1 == Type.BOOL)
            u.type = Type.BOOL;
        else error(u,  "! has non-bool operand");
        break;
    case "-":
        if (t1 == Type.INT)
            u.type = Type.INT;
        else error(u,  "Unary - has non-int operand");
```

```
            break;
        default:
            throw new IllegalArgumentException("undefined operator");
    }
    return u.type;
}
```

문장의 타입 검사

각 문장에 대해서 해당 문장의 타입 규칙을 적용하여 타입이 올바르게 사용되는지 검사하는 함수를 다음과 같이 작성할 수 있다.

```
public static Type Check(Stmt s, TypeEnv te) {
    if (s instanceof Assignment)
        return Check((Assignment) s, te);
    if (s instanceof Stmts)
        return Check((Stmts) s, te);
    if (s instanceof If)
        return Check((If) s, te);
    if (s instanceof While)
        return Check((While) s, te);
    if (s instanceof Let)
        return Check((Let) s, te);
    ...
}
```

대입문의 타입 검사

대입문의 왼쪽 변수와 오른쪽 식은 같은 타입이어야 한다. 즉 대입문 id = E의 왼쪽 변수 id의 타입과 오른쪽 식 E의 타입이 같은 타입이어야 하며 결과 타입은 void이다. 이 타입 규칙은 다음과 같이 대입문의 왼쪽 변수(a.id)의 타입과 오른쪽 수식(a.expr)의 타입을 비교하여 구현할 수 있다. 왼쪽 변수의 타입은 타입 환경에서 찾고(te.get(a.id)) 오른쪽 수식의 타입은 검사(Check)하여 결정한다.

```
static Type Check(Assignment a, TypeEnv te) {
    if (!te.contains(a.id)) {
```

```
        error(a, " undefined variable in assignment: " + a.id);
        return Type.ERROR;
    }
    Type t1 = te.get(a.id);            // 변수 타입 찾기
    Type t2 = Check(a.expr, te);       // 수식 타입 검사
    if (t1 == t2)
        a.type = Type.VOID;
    else
        error(a,  "mixed mode assignment to " + a.id);
    return a.type;
}
```

복합문의 타입 검사

복합문에서 앞의 문장은 반드시 void 타입이어야 한다. 이 규칙은 복합문 내에서 return 문이 먼저 오고 그 다음에 다른 문장이 오면 타입 오류라는 것을 의미한다. 이는 다음과 같이 순차적으로 복합문(Stmts) 내의 문장들(ss.stmts)의 타입을 순서대로 하나씩 검사(Check) 함으로써 구현할 수 있다. 마지막 문장을 제외한 다른 문장에서 리턴하면 타입 오류에 해당한다.

```
static Type Check(Stmts ss, TypeEnv te) {
    Type t = Type.VOID;
    for (int i=0; i < ss.stmts.size(); i++) {
        t = Check(ss.stmts.get(i), te);
        if (t != Type.VOID && i != ss.stmts.size()-1)
            error(ss, "return in Stmts");
    }
    if (ss.type != Type.ERROR) ss.type = t;
    return ss.type;
}
```

if 문의 타입 검사

if 문의 조건식은 bool 타입이어야 하고 then 부분 문장과 else 부분 문장이 같은 타입이어야 한다. 이는 다음과 같이 조건식이 부울 타입(Type.BOOL)인지 검사하고 then 문장(c.stmt1)과 else 문장(c.stmt2)의 타입을 검사(Check)하고 이 둘의 타입이 같은지 비교

하여 구현할 수 있다.

```
static Type Check(If c, TypeEnv te) {
    Type t  = Check(c.expr,te);
    Type t1 = Check(c.stmt1, te);
    Type t2 = Check(c.stmt2, te);
    if (t == Type.BOOL)
        if (t1 == t2)
            c.type = t1;
        else
            error(c, "non-equal type in two branches");
    else
        error(c, "non-bool test in condition");
    return c.type;
}
```

while 문의 타입 검사

while 문의 조건식은 bool 타입이어야 하고 반복문 내에서 return 할 수 없도록 본체는 반드시 void 타입이어야 한다. 다음과 같이 조건식이 부울 타입(Type.BOOL)인지 검사하고 반복문의 본체 문장(l.stmt)을 타입 검사(Check)하고 그 결과 타입이 Type.VOID인지 확인함으로써 구현할 수 있다.

```
static Type Check(While l, TypeEnv te) {
    Type t = Check(l.expr,te);
    Type t1 = Check(l.stmt, te);
    if (t == Type.BOOL)
        if (t1 == Type.VOID)
            l.type = t1;
        else
            error(l, "return in loop..");
    else
        error(l, "non-bool test in loop");
    return l.type;
}
```

read 문과 print 문의 타입 검사

read 문에서 id는 임의의 타입(int, bool 또는 string)이 가능하고 read 문 실행 후에 결과 값은 없기 때문에 결과 타입은 void이다. print 문에서 수식은 임의의 타입이 가능하고 print 문 실행 후에 결과 값은 없기 때문에 타입은 void 타입이다. 이는 다음과 같이 read 문의 경우에는 변수의 타입을 검사하고, print 문의 경우에는 수식의 타입을 검사하여 구현할 수 있다.

```
static Type Check(Read r, TypeEnv te) {
    Type t = Check(r.id, te);
    if (t == Type.INT || t == Type.BOOL || t==Type.STRING)
        r.type = Type.VOID;
    else
        error(r.type, " undefined variable in read: " + r.id);
    return r.type;
}

static Type Check(Print p, TypeEnv te) {
    Type t = Check(p.expr,te);
    if (t != Type.ERROR)
        p.type = Type.VOID;
    else
        error(p, "type error in expr: " + p.expr);
    return p.type;
}
```

let 문의 타입 검사

이 타입 규칙은 let 문을 위한 타입 규칙으로 새로 선언된 변수의 타입 정보를 추가한 새로운 타입 환경에서 let 문 내의 실행 문장 S의 타입을 검사한다. 이 타입 규칙에 따라 다음과 같이 타입을 검사한다.

1. let 문이 시작되면 선언된 변수 id가 유효해짐으로 변수 id의 타입 정보를 타입 환경에 추가한다.
2. 이 새로운 타입 환경에서 문장 S의 타입을 검사하고 결정한다.
3. 결정된 문장 S의 타입이 let 문의 타입이 된다.

이는 다음과 같이 구현할 수 있다. 먼저 선언된 변수들의 타입 정보를 타입 환경에 추가하고(addType) 이 새로운 타입 환경에서 let 문의 실행문들(l.stmts)의 타입을 검사한다(Check). 블록이 끝나면 선언된 변수의 타입 정보는 더 이상 유효하지 않으므로 제거한다(deleteType).

```
static Type Check(Let l, TypeEnv te) {
    addType(l.decls, te);
    l.type = Check(l.stmts, te);
    deleteType(l.decls, te);
    return l.type;
}
```

여기서 호출한 addType 함수는 선언된 변수들에 대한 타입 검사를 하고 그들의 타입 정보를 타입 환경에 추가한다.

```
public static TypeEnv addType(Decls ds, TypeEnv te) {
    if (ds == null)
    for (Decl d: ds)
        Check(d, te);
    return te;
}
```

요약

01 타입 오류(type error)는 프로그램 실행 중에 수식, 문장, 함수 등의 프로그램 구성요소가 타입에 맞지 않게 잘못 사용되어 발생하는 오류이다.

02 어떤 타입 시스템이 안전하다는 것은 이 타입 시스템의 타입 검사를 오류 없이 통과한 프로그램은 실행 중에 타입 오류를 일으키지 않을 것이 보장된다는 의미이다.

03 정적 타입 검사는 프로그램 내에 선언된 변수나 함수의 타입 정보를 이용해서 프로그램의 구성요소(변수, 수식, 문장 등)가 타입에 맞게 올바르게 사용되고 있는지 컴파일 시간에 검사하는 것이다.

04 타입 규칙(typing rule)은 수식, 문장, 함수 등과 같은 프로그램 구성요소의 올바른 타입 사용 및 그 결과 타입을 정하는 규칙이다.

05 타입 시스템(type system)은 프로그래밍 언어의 수식, 문장, 함수 등과 같은 프로그램 구성요소의 타입 규칙들로 구성된 시스템을 그 언어의 타입 시스템이라고 한다.

06 타입 검사를 위해서는 프로그램의 각 지점에서 유효한 변수 혹은 함수들의 타입 정보를 유지하는데 이를 타입 환경(type environment)이라고 한다.

07 식 E에 의해 정의되는 어떤 언어의 타입 시스템은 다음 조건을 만족하면 **안전한 타입 시스템**(sound type system)이라고 한다(Wright & Felleisen (1994)).

- 타입 시스템에 의해 어떤 식의 타입이 t라고 결정했으면 식 E를 실제 실행하여 계산된 값이 반드시 t 타입의 값이어야 한다.
- 즉 ⊢ E:t이면 실제 실행에서 E의 계산된 값이 반드시 t 타입이어야 한다.

연습문제

01 배열 선언과 배열 사용을 위한 타입 검사 규칙을 작성하고 설명하시오.

```
<decl>   → ... | <type> id[n];
<factor> → ... | id[expr]
<type>   → int | bool | string
```

02 다음과 같은 do-while 문과 for 문을 위한 타입 검사 규칙을 작성하고 설명하시오.

```
<stmt>  → ...
        | do <stmt> while (<expr>);
        | for (<type> id = <expr>; <expr>; id = <expr>) <stmt>
```

03 스트링 타입에 스트링 접합을 나타내는 + 연산을 허용하고 관련 타입 검사 규칙을 작성하고 설명하시오.

04 다음 함수 정의를 타입 검사하고 그 타입 검사 과정을 설명하시오.

```
fun int f(int x)
    x = x - 1;
    if (x > 0) then return x;
    else return -x;
}
```

05 단형(monomorphic) 타입 시스템과 다형(polymorphic) 타입 시스템에 대해서 조사하여 비교 설명하시오.

06 언어 S에 대해서 각 변수 선언과 변수 사용을 줄 번호와 함께 리스트하는 상호 참조 (cross-reference) 분석기를 구현하시오.

07 C 언어에서 조건식 e1 ? e2 : e3을 위한 타입 규칙을 작성하고 설명하시오.

간단한 타입 검사기 구현

01 read 문의 경우에는 id의 타입을 알 수 있어야 해당 타입의 값을 읽을 수 있으며 수식의
경우에는 타입이 바르게 사용되지 않는 수식은 값을 계산할 수 없다. 다음 수식과 문장을
위한 간단한 타입 검사기를 구현한다. 이를 위해서는 변수 선언을 만날 때마다 타입 환경
을 유지 관리해야 하고 let 문이 끝나면 선언된 지역 변수에 대한 타입 정보는 제거되어
야 한다. 수식 문법은 [언어 S의 수식 문법]을 기준으로 한다.

```
<command>  →  <decl>  |  <stmt>
<decl>  →  <type> id [= <expr>];
<stmt>  →  id = <expr>;
        |  read id;
        |  print <expr>;
        |  let <decls> in <stmts> end;      // 변수 선언
<decls>  →  {<decl>}
```

언어 S의 타입 검사기 구현

02 다음의 언어 S의 문법을 기반으로 해서 언어 S의 타입 검사기를 구현한다. 스트링 타입에
스트링 접합을 나타내는 + 연산을 허용하고 관련 타입 검사 기능을 추가하시오. 수식 문
법은 [언어 S의 수식 문법]을 기준으로 한다.

```
<command>  →  <decl>  |  <stmt>
<decl>  →  <type> id [= <expr>];
<stmt>  →  id = <expr>;
        |  '{' <stmts> '}'
        |  if (<expr>) then <stmt> [else <stmt>]
        |  while (<expr>) <stmt>
        |  read id;
        |  print <expr>;
        |  let <decls> in <stmts> end;      // 변수 선언

<decls>  →  {<decl>}
<stmts>  →  {<stmt>}
<type>  →  int | bool | string
```

확장된 문장에 대한 타입 검사기 구현

03 실습문제 7.2를 완성한 후에 다음과 같이 배열 및 루프 관련 기능을 추가하여 확장한 언어에 대한 타입 검사기를 구현하시오.

```
<decl>   → ... | <type> id[n];
<factor> → ... | id[expr]
<type>   → int | bool | string
<stmt>   → ...
           | do <stmt> while (<expr>);
           | for (<type> id = <expr>; <expr>; id = <expr>) <stmt>
```

참고

01 이 교재에서 제시한 언어 S의 타입 시스템은 매개변수 다형성을 지원하지 않는 간단한 단형(monomorphic) 타입 시스템이라고 할 수 있다. 다형성(polymorphism)을 지원하는 타입 시스템이 Hindley (1969)와 Milner (1978)에 의해서 제안되었다. 이를 Hindley-Milner 타입 시스템이라고 한다. 이 타입 시스템은 Milner (1984)가 제안한 ML 언어에 적용되었다. 타입 검사 구현에 대해서는 Aho 외 (1986)의 6장에 자세히 기술되어 있다.

02 자료 추상화와 다형성을 지원할 수 있는 타입 및 프로그래밍 언어에 대한 일반적인 소개는 Cardelli & Wegner (1985)를 참고하기 바란다. 타입을 중심으로 한 프로그래밍 언어 교재로는 Mitchell (1996)과 Pierce (2002)를 참고하기 바란다.

03 타입 시스템의 안전성에 대한 자세한 정의는 Wright & Felleisen (1994)를 참고하기 바란다.

PROGRAMMING LANGUAGES

함수

8.1 함수 정의

프로그램은 무슨 일을 하는가? 모든 프로그램은 입력을 받아 처리하여 결과를 출력한다. 프로그램이 하는 일은 여러 관점에서 볼 수 있는데 수학적으로 보면 함수라고 할 수 있다. 함수는 인자를 통해 입력을 받아 이를 처리하여 결과를 리턴한다. 프로그램도 결국 이러한 일을 한다. 이러한 관점에서 보면 프로그램은 함수 형태로 작성할 수 있다. 이러한 이유로 대부분의 프로그래밍 언어는 함수를 정의하고 이를 사용(호출)하는 기능을 제공한다.

함수는 리턴 값이 있으므로 식에 나타날 수 있고 필요에 따라 매개변수나 비지역 변수 값을 변경할 수도 있다. 리턴 값이 없는 함수가 가능할까? 이론적으로는 함수는 인자에 대해 리턴 값이 있어야 하지만 대부분의 프로그래밍 언어에서는 필요에 의해 리턴 값이 없는 함수를 제공한다. 리턴 값이 없는 함수를 특히 프로시저(procedure)라고 한다. 프로시저는 일련의 계산과정을 추상화한 개념으로 리턴 값은 없으며 대신 매개변수나 비지역 변수를 변경함으로써 계산 결과를 나타낸다. 이 책에서는 리턴 값이 있든지 없든지 함수라고 부를 것이다.

언어 S의 함수

언어 S에서 하나의 명령어로 변수를 선언한 것처럼 함수도 정의할 수 있다. 언어 S의 함수를 위한 구문법은 다음과 같으며 C/C++, Java 등과 같은 다른 언어와 비슷하다.

[언어 S의 함수 관련 문법]

```
<command>  →  <decl> | <stmt> | <function>
<stmt>  →  ...
        | id(<expr> {, <expr>});              // 함수 호출
        | return <expr>;                       // 리턴문

<function>  →  fun <type> id( <params> ) <stmt>   // 함수 정의
<params>  →  <type> id {,<type> id}
<type>  →  int | bool | string | void
<factor>  →  ...
            | id(<expr> {, <expr>})            // 함수 호출
```

함수를 사용하기 위해서는 먼저 함수를 정의해야 하고, 정의된 함수를 호출하고 함수로부터 리턴해야 한다. 각각에 대하여 살펴보자.

- 함수 정의는 새로운 함수를 정의하기 위한 것으로 fun으로 시작된다. **함수 정의**는 **헤더(header)**와 **본체(body)**로 이루어진다. 함수 헤더는 리턴 타입(return type), 함수 이름(id), **매개변수(parameters)**를 선언하며 이는 선언하는 함수에 대한 명세라고 할 수 있다. 리턴 타입이 int, bool 혹은 string이면 해당 타입의 값을 리턴하는 함수이며 void이면 리턴 값이 없는 함수 즉 프로시저이다. 함수의 본체는 함수가 실행할 문장(statement)을 정의한다.

- **함수 호출(function call)**은 함수 이름과 인자들로 구성된다. id(<expr> {, <expr>}) 형태의 함수 호출은 해당 함수를 호출하며 호출할 때 **인자(arguments)**인 수식의 값을 해당 매개변수에 전달한다. 함수 호출은 리턴 값이 없는 경우에는 하나의 문장(statement)으로 사용될 수 있으며, 리턴 값이 있는 경우에는 함수 호출의 결과는 하나의 값이므로 함수 호출은 하나의 인수(factor)가 될 수 있음을 주의하자.

- **리턴문(return statement)**은 수식 <expr>의 값을 계산하여 리턴한다.

값을 리턴하는 간단한 함수를 정의해 보자. 이 함수는 인자로 받은 두 값 중에 큰 값을 리턴한다. 이 함수를 C 언어로 작성된 함수와 비교해 보자.

[예제 1: 언어 S의 함수 정의]

```
fun int max (int x, int y)
    if (x > y) then return x;
    else return y;
```

[예제 1: C 언어의 함수 정의]

```
int max (int x, int y) {
    return x > y ? x: y;
}
```

이 함수를 호출해서 사용하는 예는 다음과 같다. 이 함수 호출은 인자로 받은 a, b 값 중에 큰 값을 리턴한다. 이 리턴 값을 출력한다.

[예제 2]

```
>> int a = 10;
>> int b = 20;
>> fun int max(int x, int y)        // 함수 정의
    if (x > y) then return x;
    else return y;
>> print max(a,b);                   // 함수 호출
```

이번에는 값을 리턴하지 않는 함수 정의의 예를 살펴보자. 이 함수는 인자로 받은 두 개의 정수를 상호교환(swap)하는 일을 하며 리턴 값이 없으므로 일종의 프로시저라고 할 수 있다. 이 함수를 C 언어로 작성된 함수와 비교해 보자.

[예제 3: 언어 S의 함수 정의]

```
fun void swap(int x, int y)
let int temp = x; in
    x = y;
    y = temp;
end;
```

[예제 3: C 언어의 함수 정의]

```
void swap(int x, int y)
{   int temp = x;
    x = y;
    y = temp;
}
```

이렇게 정의된 함수는 예를 들어 다음과 같이 호출할 수 있다. 이 호출의 의도는 a, b의 값을 상호교환하려는 것이다.

```
>> swap(a, b);
```

타입 없는 함수 정의

Lisp/Scheme, JavaScript, Python 등과 같은 언어에서는 변수의 타입을 선언하지 않고 바로 사용할 수 있다. 따라서 이러한 언어에서는 함수를 정의할 때도 타입을 선언하지 않는다. 예를 들어, Python에서 함수를 정의할 때 함수의 매개변수 타입이나 리턴 타입을 선언할 필요가 없다. def 키워드를 이용해서 새로운 함수를 정의할 수 있는데 먼저 def 키워드 다음에 정의할 함수의 이름과 매개변수(parameters)가 온다. 함수본체(function body)는 이 함수가 수행할 하나 이상의 문장들이다.

```
def 함수이름(매개변수):
    함수본체
```

다음과 같이 정의된 함수를 호출하여 실행할 수 있는데 함수를 호출할 때 전달하는 값을 인자(arguments)라고 한다.

```
함수이름(인자)
```

예를 들어, 가격과 할인율을 매개변수로 받아 할인 가격을 계산하는 함수를 정의해서 호출

헤 보자

[예제 4]

```
>>> def salePrice(price, percent):
      result = price * (1 - percent/100)
      return result
>>> salePrice(48000, 30)
33600.0
```

수학에서 함수는 반드시 결과 값을 반환하여야 한다. 그러나 Python에서는 함수가 반드시 결과 값을 반환해야만 하는 것은 아니다. 따라서 위의 함수를 다음과 같이 결과 값을 반환하는 대신에 할인 가격을 출력하도록 작성하는 것도 가능하다.

[예제 5]

```
>>> def salePrice(price, percent)
      result = price * (1 - percent/100)
      print("할인 가격:", result)
>>> salePrice(48000, 30)
할인 가격: 33600.0
```

사례 연구

각 프로그래밍 언어별로 함수와 관련하여 제공하는 기능을 알아보자.

C, C++, Java, S

오직 함수만 있고 프로시저는 리턴 타입이 void인 함수이다.

Pascal, Ada

프로시저와 함수를 구분한다. 프로시저 정의는 procedure로 시작하여 함수 정의는 function으로 시작한다.

Modula-2

함수와 프로시저를 모두 프로시저라고 부른다. 이 언어의 용어로 말하면 함수는 리턴 값이 있는 프로시저이다.

8.2

매개변수 전달

일반적으로 함수 호출에서 사용된 매개변수는 **실매개변수**(actual parameter) 혹은 **인자**(argument)라고도 한다. 다음과 같이 함수 호출에서 사용된 수식(expr)들이 인자이다.

```
id(<expr> {, <expr>});      // 함수 호출
```

예를 들어 다음과 같이 max 함수 호출에서 사용된 a, b는 실매개변수 혹은 인자이다.

```
c = max(a,b);
```

반면에 다음과 같이 함수 정의에서 사용된 매개변수는 **형식매개변수**(formal parameter)라고 한다.

```
<function> → fun <type> id( <params> ) <stmt>
<params> → <type> id {,<type> id}
```

예를 들어 [예제 1]의 max 함수 정의에서 사용된 매개변수 x와 y는 형식매개변수이다.

함수 호출이 일어나면 인자의 값을 매개변수에 전달하는 것처럼 인자와 매개변수를 서로 대응시키는 것이 필요한데 이러한 것을 **매개변수 전달**(parameter passing)이라고 한다. 지금까지 고안된 매개변수 전달 방법은 여러 가지가 있으며 언어마다 다른 매개변수 전달 방법을 채택하고 있다. 가장 대표적인 매개변수 전달 방법은 다음 4가지 전달 방법이다.

- 값 전달(pass by value)
- 참조 전달(pass by reference)
- 값-결과 전달(pass by value-result)
- 이름 전달(pass by name)

각 매개변수 전달 방법에 대해서 알아보자.

값 전달

값 전달(pass by value)은 가장 간단한 매개변수 전달 방법으로 거의 모든 언어가 기본적인 매개변수 전달 방법으로 제공한다.

[핵심개념]

값 전달(pass by value) 방법은 말 그대로 함수를 호출할 때 인자의 값을 계산하여 대응하는 매개변수에 전달하는 것이다.

값 전달에 의한 매개변수 전달 과정은 다음과 같다.

1. 수식(expression)인 인자 값들을 계산한다.
2. 계산된 값들을 대응되는 매개변수에 전달한다.
   매개변수는 전달된 값으로 초기화된다.
3. 함수 본체를 실행한다.

값 전달을 이용한 함수 호출 예를 살펴보자. 예를 들어 다음과 같이 [예제 1]에서 정의된 max 함수가 호출되면 호출에 사용된 인자를 먼저 계산한다.

```
>> int a = 2;
>> int b = 3;
>> print max(2*a, a+b);
```

계산된 값은 각각 4와 5가 될 것이다. 이 값이 max 함수의 매개변수에 전달되면 실제로는 다음과 같이 매개변수가 이 값으로 초기화되어 실행된다.

```
x = 4; // 값 전달
y = 5;
if x > y then
    return x;
else return y;
```

값 전달은 간단하면서 이해하기도 쉽기 때문에 많은 프로그래밍 언어에서 매개변수 전달 방법으로 사용하고 있다. 그러나 값 전달은 다음과 같은 제한이 있다. 예를 들어 값 전달 방법을 이용하여 다음과 같이 앞에서 정의된 swap 함수를 호출한다고 가정해 보자.

```
>> int a = 10;
>> int b = 20;
>> swap(a,b);
```

이 함수 호출 후에 변수 a, b 값은 어떻게 되어 있을까? 쉽게 생각하면 당연히 a, b 값은 교환되어 있을 것이라고 생각할 것이다. 그러나 실제로는 그림 8.1처럼 값 전달 방법에 따라 값을 전달하고 swap 함수를 실행하면 이 함수 내에서 매개변수 x, y의 값은 서로 교환되지만 함수 호출이 끝나면 변수 a, b 값은 그대로이다. 또한 함수 호출 후에는 x, y는 더 이상 유효한 변수가 아니므로 사용할 수도 없다. 결과적으로 값 전달을 이용해서는 swap 함수를 제대로 작성할 수 없다.

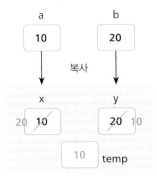

그림 8.1 값 전달

그렇다면 어떻게 하여야 할까?

참조 전달

참조 전달(pass by reference) 방법은 위에서 언급한 값 전달 방법의 문제점을 해결할 수 있다.

[핵심개념]

참조 전달은 함수를 호출할 때 인자의 값이 아니라 인자에 대한 참조(reference)를 전달하는 방법이다.

참조라는 용어는 주소 혹은 포인터와 비슷한 의미이지만 사용할 때마다 그 주소를 자동으로 따라가는 **자동 주소참조**(automatic dereferencing)가 이루어진다는 면에서 약간 다르다.

참조 전달 방법은 보다 구체적으로는 다음과 같이 동작한다.

- 함수 호출 시에 인자의 **위치(주소)**가 계산되어 매개변수에 전달된다. 따라서 인자는 할당된 기억장소가 있는 변수이어야 한다.
- 함수 내에서 매개변수를 사용하면 **자동 주소참조**가 이루어져 대응되는 인자를 접근하게 된다.
- 따라서 매개변수 값을 변경하면 자동적으로 대응되는 인자 값이 변경된다.

참조 전달을 이용하여 매개변수를 전달하면 인자와 대응되는 매개변수가 서로 **이명**(aliasing)이 된다. 즉 한 기억장소에 대한 두 개의 다른 이름이 생긴다.

참조 전달을 설명하기 위한 예로 C++ 언어로 작성된 swap 함수를 살펴보자. 이 함수의 헤더에 있는 & 표시는 매개변수 전달 방법으로 참조 전달을 사용하겠다는 의미이다. 따라서 매개변수 x, y는 참조 전달을 매개변수 전달 방법으로 사용한다.

[예제 6]

```
void swap(int& x, int& y)    // 헤더
{                            // 본체
    int t = x;
    x = y;
    y = t;
}
```

함수 호출할 때는 다음과 같이 호출하면 된다.

```
int a = 10;
int b = 20;
swap(a, b);
```

실제 호출 과정에서는 그림 8.2와 같이 변수 a와 b의 주소가 매개변수 x와 y에 전달되고 함수 내에서 이 변수 x와 y를 사용하면 자동 주소참조가 이루어져 변수 a와 b를 접근하게 된다. 따라서 함수 호출 후에는 변수 a와 b의 값이 서로 교환되어 있게 된다.

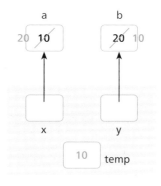

그림 8.2 참조 전달

C 언어에서 참조 전달 효과 내기

C 언어는 매개변수 전달 방법으로 값 전달 방법만 지원한다. 그렇다면 C 언어에서는 참조 전달과 같은 효과를 내려면 어떻게 하여야 할까? C 언어는 참조 전달 방법을 제공하지 않지만 일종의 주소 타입인 포인터를 제공하므로 포인터를 이용하여 프로그래머가 직접참조 전달의 효과를 내도록 프로그래밍 할 수 있다. 그 기본 아이디어는 다음과 같다.

- C 언어는 원칙적으로 값 전달만 제공하나 포인터 타입이 있다.
- 매개변수로 포인터 값(주소)을 명시적으로 전달받는다.
- 함수 내에서는 매개변수 앞에 * 연산자를 사용하여 전달된 포인터(주소)를 명시적으로 주소참조 한다.

위 아이디어를 바탕으로 다음과 같이 C 언어로 swap 함수를 작성할 수 있다.

[예제 7]

```
void swap(int *px, int *py)
{
    int t;
    t = *px;
    *px = *py;
    *py = t;
}
```

이 함수는 예를 들어 다음과 같이 사용할 수 있다. 함수를 호출할 때 인자로 변수 a, b의 주소 &a와 &b를 전달한다는 점을 주의하자.

```
int a = 10, b = 20;
swap(&a, &b);
```

C 언어에서는 참조 전달 방법을 제공하지 않기 때문에 위와 같은 아이디어를 이용하여 사실상 프로그래머가 참조 전달을 구현한다고 볼 수 있다.

참조 전달의 문제점

참조 전달의 문제점을 알아보기 위해 다음과 같은 C++로 작성된 예제 프로그램을 살펴보자.

[예제 8]

```
int a = 1;
void ack(int& x, int& y)
{
    x = 2;
    a = 3;
    y = 4;
}
```

이 함수를 다음과 같이 호출하면 어떻게 될까?

```
ack(a, a);
```

이 함수 호출 후에 변수 a의 값은 어떻게 될까? 1, 2, 3, 4 중에 하나일 것이다. 이 프로그램 코드만 보고 쉽게 생각하면 함수 내에서 변수 a에 3을 대입하였기 때문에 a의 값은 3처럼 보인다. 그러나 참조 전달을 중심으로 자세히 살펴보면 그렇지 않다는 것을 알 수 있다. 이 함수를 호출할 때 인수로 a를 두 개 전달하였다. 따라서 매개변수 x와 y는 각각 a를 가리키는 참조가 된다. 따라서 x와 y를 접근하여 수정할 때마다 실제로는 변수 a를 수정하게 된다. 따라서 이 함수를 수행하는 동안 변수 a 값은 2가 되고 3이 되고 최종적으로 4가 된다.

왜 이러한 현상이 일어났을까? 매개변수 x, y와 변수 a는 이름만 다르지 모두 한 기억장소를 가리키는 다른 이름, 즉 이명이기 때문이다. 우리는 보통 이름이 다르면 다른 것을 나타낸다고 생각한다. 그러나 이 경우에는 이름은 다른데 실제로는 모두 같은 것을 나타내고 있다. 이러한 이유 때문에 이명이 존재하면 프로그램의 의미를 쉽게 파악하기 힘들다.

정리하면 참조 전달로 인한 이명은 인자를 수정할 수 있게 하지만 다른 한편으로는 이와 같이 프로그램의 의미를 파악하기 어렵게 만드는 단점이 있다. 이러한 단점을 어떻게 해결할 수 있을까?

값-결과 전달

참조 전달의 효과를 내면서 이명의 문제점을 해결하기 위한 매개변수 전달 방법이 **값-결과 전달**(pass by value-result)이다.

[핵심개념]

값 결과 전달의 기본 아이디어는 함수를 호출할 때와 함수로부터 리턴할 때 다음과 같이 두 번 매개변수 전달을 하는 것이다. 첫 번째 전달이 값 전달(pass by value)이고 두 번째 전달이 결과 전달(pass by result)이다.

- 함수를 호출할 때: 값 전달
  인자 값을 매개변수에 전달(복사) 한다.
- 함수로부터 리턴할 때: 결과 전달
  매개변수 값을 인자에 역으로 전달(복사) 한다.

값 전달과 참조 전달 방법은 함수를 호출할 때 매개변수를 전달하면 그것으로 끝인 반면에 값-결과 전달은 함수를 호출할 때뿐만 아니라 함수로부터 리턴할 때 역으로 매개변수 값을 인자에 전달한다는 면에서 특이하다. 값 전달은 copy-in, 결과 전달은 copy-out이라고도 한다.

swap 예제 프로그램을 사용하여 값-결과 전달을 살펴보자. 이 함수를 호출하면 a와 b의 값이 각각 매개변수 x와 y에 전달된다(그림 8.3). 함수가 수행되는 동안에 매개변수 x와 y 값이 서로 교환되고 함수가 리턴할 때 자동으로 이 x와 y 값이 역으로 변수 a와 b에 전달된다 (그림 8.4). 따라서 함수 호출이 끝나면 결과적으로 a와 b 값이 서로 교환되어 있다.

[예제 9]

```
void swap(int x, int y)        // 헤더
{    // 본체
    int temp = x;
    x = y;
    y = temp;
}


int a = 10, b = 20;
swap(a, b);
```

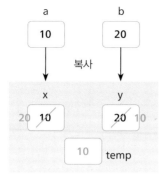

그림 8.3 값 전달 후에 swap 수행

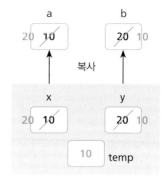

그림 8.4 결과 전달

그렇다면 값-결과 전달과 참조 전달은 항상 똑같은 결과를 낼 수 있을까? 다음 예제 프로그램을 살펴보자. 이 함수 p를 호출한 후에 a의 값은 어떻게 될까?

[연습문제 1]

다음과 같이 함수 p를 호출할 때 값 전달, 참조 전달, 값-결과 전달 방법을 사용했을 각 경우에 대해 호출 후의 a의 값은 무엇인가?

```
void p(int x, int y)
{
    x++;
    y++;
}

main()
{
    int a = 1;
    p(a,a);
}
```

이름 전달

이름 전달(pass by name)은 매우 독특한 매개변수 전달 방법이다. 지금까지 살펴본 매개변수 전달 방법은 함수를 호출할 때 값이든 참조든 무엇인가 전달하였다. 이에 반해 이름 전달은 함수를 호출할 때는 아무것도 전달하지 않는다.

[핵심개념]

이름 전달의 기본 아이디어는 지연 계산(delayed evaluation)이다. 인자는 대응되는 매개변수가 사용될 때까지 계산되지 않고 매개변수가 사용될 때 비로소 계산된다.

이름 전달은 다음 두 가지 방법으로 이해할 수 있다.

- 인자는 대응되는 매개변수가 사용될 때까지 계산되지 않고 매개변수가 사용될 때 비로소 계산된다.
- 매개변수를 인자 이름으로 대치하고 실행한다고 생각할 수 있다.

이름 전달의 독특함을 알아보기 위해 [예제 10]의 프로그램을 살펴보자. 함수 p를 호출한 후에 a[i] 값은 어떻게 될까? 참조 전달인 경우에는 매개변수 x는 배열 원소 a[1]을 참조하며 따라서 이 원소 값을 10 증가시킨다. 이름 전달인 경우에는 어떻게 될까? x = x + 10 문장에서 매개변수 x를 접근하면 그때 대응되는 인자 a[i]를 접근하여 계산한다. 이때 i의 값은 2가 되어 있다. 따라서 이 문장은 a[2] 값을 변경하게 된다.

[예제 10]

```
int i;
int a[10];
void p(int x)
{
    i = i + 1;
    x = x + 10;
}

main()
{
    i = 1;
    a[1] = 10;
    a[2] = 20;
    p(a[i]);
}
```

현대 프로그래밍 언어에서 이름 전달은 거의 사용되지 않고 있다. 그 이유 중 하나는 이름 전달을 사용해서는 다음과 같은 상호교환을 할 수 없기 때문이다.

```
swap(i, a[i]);
```

swap 함수의 매개변수 x와 y를 각각 i와 a[i]로 이름을 대치하여 작성해 보자.

```
int temp = i;
i = a[i];
a[i] = temp;
```

이 프로그램을 수행해 보면 세 번째 문장을 수행할 때 i 값은 이미 두 번째 문장에 의해서 이미 바뀌어 있기 때문에 원래의 의도대로 i 값과 a[i] 값을 상호교환 할 수 없다는 것을 알 수 있다.

사례 연구

Ada

매개변수 전달 방법으로 값 전달과 값-결과 전달을 제공한다. 값 전달을 하기 위해서는 다음과 같이 매개변수 앞에 in으로 선언하며 이러한 매개변수 전달을 copy-in이라고 한다. 값-결과 전달을 하기 위해서는 매개변수 앞에 in out으로 선언하며 이러한 매개변수 전달을 copy-in/copy-out 이라고 한다.

C

매개변수 전달 방법으로 값 전달만 제공한다. 자료형으로 제공하는 포인터를 이용하여 참조 전달의 효과를 낼 수 있다.

C++, Pascal, Modula-2

매개변수 전달 방법으로 값 전달과 참조 전달 방법을 제공한다. 참조 전달을 사용하려면 매개변수 앞에 C++의 경우에는 &로 표시하고 Pascal의 경우에는 var로 선언하면 된다.

Java

Java 언어도 매개변수 전달 방법으로 값 전달과 참조 전달 방법을 제공한다. 기초 타입(primitive type)은 값 전달되며 객체는 참조 전달된다. 사실 Java 언어는 참조 전달 방법을 제공한다기보다는 객체에 대한 변수(매개변수 포함)는 모두 참조 변수이므로 객체를 전달하면 자연스럽게 객체에 대한 참조가 전달되게 된다.

FORTRAN

매개변수 방법으로 참조 전달만을 제공한다.

8.3

함수와 바인딩

[예제 11]의 프로그램을 살펴보자. 명령어로 변수 y를 선언하고 함수 square를 정의하고 있다. 함수 square는 정수를 받아서 이를 제곱해서 리턴하도록 정의되었다. 실제 이 함수를 호출하면 5의 제곱인 25가 리턴되어 변수 y에 저장된다.

[예제 11]

```
>> int y;
>> fun int square(int x) return x * x;
>> y = square(5);
```

수식 혹은 문장 내에는 변수 이름뿐만 아니라 함수 이름도 나타날 수 있다. 따라서 수식 혹은 문장의 의미를 파악하기 위해서는 유효한 변수 이름 뿐만 아니라 유효한 함수 이름에 대한 정보도 필요한데 이를 **속성(attribute)** 또는 **바인딩 정보(binding information)**라고 한다.

변수의 속성은 변수의 타입, 유효범위, 값 혹은 위치 등이다. 함수의 속성은 선언된 함수의 타입, 함수의 유효범위, 함수의 코드 등이다. 컴파일러 혹은 인터프리터는 번역 혹은 해석을 위해서 변수뿐만 아니라 함수의 속성도 유지 관리해야 한다.

먼저 속성 중에 함수와 관련된 유효범위부터 살펴보자.

유효범위 규칙

선언된 이름(식별자)의 **유효범위(scope)**는 선언된 이름이 유효한(사용 가능한) 프로그램의 범위 혹은 영역을 의미한다. 변수 이름뿐만 아니라 함수 이름도 유효 범위가 있다. 유효 범위를 정하는 규칙은 언어에 따라 조금씩 다를 수 있으나 크게 두 가지 유효 범위 규칙이 있다.

[핵심개념] 정적 유효범위(static scope) 규칙

- 선언된 이름은 선언된 **블록 내에서만** 유효하다.
- 대부분 언어에서 표준 규칙으로 사용되고 있다.

● 선언된 이름은 선언된 **블록의 실행이 끝날 때까지** 유효하다.

● 실행 경로에 따라 유효범위가 달라질 수 있다.

[예제 12]의 프로그램을 사용하여 두 가지 유효범위 규칙을 살펴보자. 이 프로그램에서는 변수 x가 한 번은 전역 변수로 선언되었고(1번 줄) 한 번은 let 문 내에 지역 변수로 선언되었다(4번 줄). 함수 g 내의 3번 줄의 대입문은 어떤 x를 접근하여 그 값을 변경할까?

먼저 정적 유효범위 규칙을 생각해 보자. 정적 유효범위 규칙의 기본 아이디어는 선언된 이름은 선언된 블록 내에서만 유효하다는 것이다. 1번 줄에서 선언된 변수 x는 전역 변수로 프로그램 내 어디서나 유효하지만 4번 줄에서 선언된 변수 x는 지역 변수로 let 문 내에서만 유효하다. 따라서 3번 줄의 대입문은 전역 변수 x의 값을 25로 변경한다.

이번에는 동적 유효범위 규칙을 생각해 보자. 이 경우에는 4번 줄에서 선언된 변수 x가 이 블록의 실행이 끝날 때까지 유효하므로 g 함수를 호출해서 3번 줄을 실행할 때도 이 변수 x가 유효하다. 따라서 3번 줄의 대입문에서 x를 사용하면, 1번 줄에서 선언된 x도 유효하지만 보통 최중첩 우선 규칙에 따라 4번 줄에서 선언된 x를 접근하여 지역 변수 x의 값을 35로 변경한다. 이와 같이 어떤 유효범위 규칙을 사용하느냐에 따라 이름이 나타내는 대상이 달라질 수 있다.

[예제 12]

```
1    int x = 0;
2    fun void g(int y)
3        x = x + y * y;
4    let int x = 10; in
5        g(5);
6    end;
```

이 프로그램을 함수를 중심으로 [예제 13]과 같이 재작성할 수 있다. 이 프로그램에서는 변수 x가 한번은 전역 변수로 선언되었고 한번은 함수 f 내에 지역 변수로 선언되었다. 함수 g 내의 3번 줄의 대입문은 어떤 x를 접근하여 그 값을 변경할까? 만약 정적 유효범위 규칙을 적용한다면 이 대입문은 1번 줄에서 선언된 전역 변수 x의 값을 25로 변경할 것이다. 만약 동적 유효범위 규칙을 적용한다면 함수 f 내에서 선언된 변수 x가 함수 g를 호출했을 때도 여전히 유효하므로 이 대입문은 5번 줄에서 선언된 지역 변수 x의 값을 35로 변경할 것이다.

```
1    int x = 0;
2    fun void g(int y)
3        x = x + y * y;
4    fun void f(int z)
5        let int x = 10; in
6            g(z);
7        end;
8    f(5);
```

바인딩과 심볼 테이블

[정의 1]

일반적으로 **바인딩(binding)**은 이름을 어떤 속성과 연관(association) 짓는 것을 말하며, 보통 변수, 상수, 함수 등의 이름(식별자)을 속성과 연관 짓는 것을 말한다.

바인딩 사례를 몇 가지 살펴보면 다음과 같다.

- 이름 상수의 실제 상수 값을 정하는 것
- 변수 또는 함수의 유효범위 또는 타입을 정하는 것
- 변수가 메모리에 적재될 때 기억장소의 주소를 정하는 것
- 연산 기호(예를 들어 '*')가 나타내는 실제 연산('곱셈')을 정하는 것
- 함수 호출과 호출된 함수를 연관 짓는 것

이러한 바인딩은 바인딩이 이루어지는 시간에 따라 다음과 같이 크게 **정적 바인딩(static binding)**과 **동적 바인딩(dynamic binding)**으로 구분할 수 있다.[1]

[핵심개념] 정적 바인딩

컴파일 시에 한번 바인딩이 이루어지고 실행 동안 변하지 않고 유지된다. 정적 바인딩되는 속성은 정적 속성이라고 한다.

---

[1] 프로그래밍 언어에서 어떤 이름(예를 들어, Pascal의 maxint)은 그 속성 혹은 의미가 언어를 설계할 때 또는 구현할 때 결정될 수 있다. 이러한 경우에 바인딩 시간은 언어 설계 혹은 구현 시기라고 할 수 있다.

[핵심개념] 동적 바인딩

실행 중에 이루어지는 바인딩으로 실행 중간에도 속성이 변경될 수 있다. 동적 바인닝되는 속성은 동적 속성이라고 한다.

컴파일러 혹은 인터프리터는 보통 프로그램을 한 줄씩 읽으면서 번역 또는 해석한다. 이를 위해서 컴파일러나 인터프리터는 프로그램의 각 지점에서 유효한 식별자(변수 또는 함수 이름)에 대한 속성을 유지해야 한다. 변수 이름의 속성은 변수의 타입, 변수의 유효범위, 변수의 값 또는 위치 등을 포함한다. 또한 함수 이름의 속성은 함수의 타입, 함수의 유효범위, 함수의 코드 등을 포함한다. 이 속성을 기초로 하여 수식 혹은 문장의 의미를 파악하고 이들을 번역이나 해석할 수 있다. 이러한 이유로 컴파일러나 인터프리터는 프로그램 각 지점에서 유효한 이름들에 대한 속성 정보를 유지 관리한다.

속성 정보를 유지 관리할 때는 변수 이름뿐만 아니라 함수 이름의 속성 정보도 유지 관리해야 한다. 예를 들어, 다음과 같이 프로그램을 인터프리터 하는 경우에 새로운 함수가 정의되면 함수 이름 square에 대한 속성 정보를 새로 생성하여 유지해야 한다.

[예제 14]

```
>> int y;
>> fun int square(int x) return x * x;
>> y = square(5);
>> print y;
```

그렇다면 속성 정보는 어디에 유지 관리할까?

[핵심개념]

일반적으로 식별자에 대한 속성 정보는 **심볼 테이블**(symbol table)에 유지 관리한다. 즉 심볼 테이블은 유효한 속성 정보를 유지 관리하기 위한 자료구조라고 할 수 있다.

예를 들어, [예제 14]의 프로그램에 대한 심볼 테이블은 다음과 같을 것이다. 인터프리터의 경우에는 입력 프로그램을 해석해서 실행하기 위해 변수의 이름에 대해서는 그 변수의 타입, 유효범위, 값 또는 위치 등을 심볼 테이블에 유지 관리하고, 함수의 이름의 경우에는 함수의 타입, 유효범위, 코드 위치 등을 유지 관리한다. 보통 심볼 테이블은 식별자(심볼 이름)의 유효범위를 효과적으로 관리하기 위해서 스택 형태로 구현되는데 구현에 관한 자세한 사항은 9장에서 기술할 것이다.

식별자	타입	유효범위	값
y	int	전역	25
square	함수 int → int	전역	square의 AST
x	int	지역(square)	5

예를 들어, 7장에서 살펴본 타입 검사기는 컴파일러 혹은 인터프리터의 한 부분이라고 할 수 있는데, 이 경우에는 변수 또는 함수의 타입 정보를 유지하는 타입 환경을 심볼 테이블 형태로 유지 관리한다.

8.4 함수의 타입 검사

이제는 함수를 위한 타입 규칙을 설계할 것이다. 먼저 7.1절에서 살펴본 [예제 15]의 함수 정의의 타입 오류를 다시 생각해 보자. 이 함수는 int 값을 받아 bool 값을 리턴하는 함수로 헤더에 선언되어 있으나 실제로는 bool 값이 아니라 정수 값을 리턴하므로 타입 오류이다.

[예제 15]

```
fun bool f(int x)
    if (x > 0) then return 1;
    else return 0;
```

[예제 16]의 square 함수는 int 값을 받아서 int 값을 반환하는 함수로 헤더에 선언되어 있으며 실제로 함수 본체에서 int 값을 반환한다. 따라서 이 함수는 타입이 올바르게 정의된 함수이다.

[예제 16]

```
>> fun int square(int x) return x * x;
>> int y;
>> y = square(5);
```

따라서 이 square 함수의 타입은 다음과 같다.

$$square: int \rightarrow int$$

이제 이 함수를 예로 들어, 함수와 관련된 타입 규칙을 하나씩 살펴보자.

함수 정의의 타입 규칙

함수는 앞의 square 함수의 정의처럼 함수 헤더에 선언된 것처럼 정의되어야 한다. 이 예로부터 함수 정의를 위한 타입 규칙은 다음과 같이 정리할 수 있다.

1. 함수는 함수 헤더에 선언된 것처럼 정의되어야 한다.

함수 타입 규칙의 간단한 설명을 위해 일단 함수의 매개변수는 하나라고 가정한다. 실제 구현에서는 여러 개의 매개변수를 허용한다. 일반적으로 함수가 다음과 같이 정의되었다면 매개변수 id가 t1 타입(int, bool 또는 string)일 때 함수 본체 S는 헤더에 선언된 것처럼 t2 타입(int, bool, string, 또는 void)이어야 한다.

```
fun t2 f(t1 id) S
```

이는 다음과 같은 타입 규칙으로 표현할 수 있는데 이 타입 규칙은 매개변수 id가 t1 타입일 때 함수 본체 S가 헤더에 선언된 것처럼 t2 타입인지 검사한다.

$$\frac{\Gamma[\text{id} \mapsto \text{t1}] \vdash \text{S:t2}}{\Gamma \vdash \text{fun t2 f(t1 id) S:t1} \rightarrow \text{t2}}$$

이를 위해 매개변수로 선언된 id의 타입(t1) 정보를 타입 환경 Γ에 추가하여 이 환경에서 함수 본체 S가 t2 타입의 값을 반환하는지 검사한다. 이 검사를 통과하면 이 함수는 타입에 맞게 올바르게 정의된 것이며 이 정의된 함수의 타입은 t1 → t2가 된다.

예를 들어, square 함수 정의를 살펴보자. 이 함수는 헤더에 int 타입의 매개변수 x를 받아서 int 타입의 값을 리턴하도록 선언되어 있다. 실제로 이 함수의 본체는 x*x를 리턴하므로 선언된 것처럼 int 값을 리턴한다. 이 타입 규칙을 이용한 square 함수 정의에 대한 타입 검사 과정을 살펴보자. 이 함수 정의의 내부에서는 매개변수 x가 유효해지므로 타입 환경은 다음과 같이 되며 이 환경에서 return 문의 타입은 int가 된다.

```
    { } ⊢ fun int square(int x) return x * x: int→int
                          │
       {x ↦ int} ⊢ return x * x: int
                          │
        {x ↦ int} ⊢ x * x: int
```

함수 정의의 타입 오류

타입 오류를 포함한 [예제 15]의 함수 정의를 타입 검사하면 어떻게 될까? 이 함수의 타입은 int → bool로 헤더에 선언되어 있으나, 실제로 함수 본체인 if 문은 int 타입의 값(1 혹은 0)을 리턴한다. 따라서 이 함수 정의는 함수 헤더에 선언과 일치하지 않으므로 타입 오류이다. Γ = {x ↦ int}라고 할 때 이 타입 검사 과정은 다음 그림과 같이 표현할 수 있다. 이 그림에서 일부 간단한 타입 검사 과정은 생략하였다.

```
          { } ⊢ fun bool f(int x) if (x>0) ...: error
                         |
         Γ ⊢ if (x>0) then return 1; else return 0: int

   Γ ⊢ (x>0): bool        Γ ⊢ return 1:int        Γ ⊢ return 0: int
```

이 함수는 타입 오류가 없도록 다음과 같이 수정할 수 있다.

```
fun bool f(int x)
    if (x > 0) then return true;
    else return false;
```

이 함수의 타입은 int → bool로 헤더에 선언되어 있으며, 실제로 함수 본체인 if 문은 7.3절의 타입 검사 과정에서 살펴본 것처럼 매개변수 x가 int 타입일 때 bool 타입을 리턴한다. 따라서 이 함수 정의는 함수 헤더에 선언된 것과 일치하므로 타입 오류가 없다.

재귀 함수 정의의 타입 규칙

재귀 함수의 경우에는 함수 정의의 내부에서는 매개변수 id 뿐만 아니라 함수 이름 f도 유효해지므로 다음과 같이 이들에 대한 타입 정보를 타입 환경에 추가한 후에 함수 본체 S에 대한 타입을 검사해야 한다.

$$\frac{\Gamma[f \mapsto t1{\rightarrow}t2,\ id \mapsto t1] \vdash S:t2}{\Gamma \vdash \text{fun } t2\ f(t1\ id)\ S:t1{\rightarrow}t2}$$

예를 들어 재귀 함수인 fact 함수의 정의에 대해 타입 검사를 해 보자.

[예제 17]

```
fun int fact(int n)
    if (n==1) then return 1;
    else return n * fact(n-1);
```

타입 환경 Γ = { fact $\mapsto$ int → int, n $\mapsto$ int }라고 표시하면 이 함수에 대한 타입 검

사 과정은 다음과 같다. 재귀 호출인 fact(n-1)에 대한 결과 타입은 타입 환경 Γ에서 int 타입임을 확인할 수 있다. 이 부분에 대해서는 함수 호출에 대한 타입 검사에서 자세히 다룰 것이다. n * fact(n-1)은 int * int 형태이므로 int 타입이다. 따라서 이 함수는 선언된 것처럼 int 타입의 매개변수를 받아 어떠한 경우든지 int 타입을 리턴한다는 것을 확인할 수 있다. 이 그림에서 일부 간단한 타입 검사 과정은 생략하였다.

```
{ } ⊢ fun int fact(int n) if (n==1) ... : int→int

        Γ ⊢ if (n==1) then return 1; else return n * fact(n-1): int

Γ ⊢ (n==1): bool     Γ ⊢ return 1: int    Γ ⊢ return n * fact(n-1): int

                                        Γ ⊢ n:int      Γ ⊢ fact(n-1):int
```

함수 호출의 타입 규칙

[예제 16]에서 함수 호출 square(5)에 대해서 살펴보자. 이 함수 호출에서 인수 5는 이 함수의 매개변수 x의 타입과 같으므로 호출에 아무 문제가 없으며, 이 호출의 결과 값의 타입은 함수가 선언된 것처럼 이 함수의 반환 타입인 int 타입이 될 것이다.

이 예로부터 함수 호출을 위한 타입 규칙을 다음과 같이 정리할 수 있다.

1. 호출된 함수가 유효한 함수 이름이어야 한다.
2. 함수 호출에서 인자는 선언된 함수의 매개변수 타입과 같아야 한다.
3. 함수 호출의 결과 값의 타입은 함수의 리턴 타입이 된다.

이 타입 규칙은 다음과 같이 표현할 수 있는데 이 타입 규칙은 함수 이름 f가 타입 환경에 있는 유효한 함수 이름인지 먼저 검사하고, 그 타입 정보(t → t')를 이용하여 함수 호출에서 사용되는 인자가 t 타입으로 대응되는 매개변수와 같은 타입인지 검사하며, 이 조건이 만족되면 함수 호출의 결과는 t' 타입이 된다.

$$\frac{\Gamma(f) \ = \ t{\to}t' \qquad \Gamma{\vdash}E{:}t}{\Gamma{\vdash}f(E){:}t'}$$

예를 들어, 함수 호출 square(5)는 인수 5의 타입이 이 함수가 선언된 것처럼 매개변수 타입(int)과 일치하므로 결과는 함수 선언처럼 int 타입이 될 것이다. 이 함수 호출에 대한 타입 검사 과정을 살펴보자. 이 함수를 호출하는 지점에서는 그 전에 square 함수의 정의를 타입 검사했기 때문에 square 함수의 타입 정보 int ↦ int기 디입 환경에 포함되어 있을 것이다.

$$\Gamma = \{\text{square} \mapsto \text{int}\rightarrow\text{int}\}$$

이 타입 정보를 이용하여 함수 호출의 인자 값 5는 int로 선언된 함수의 매개변수 타입과 일치하며 따라서 함수 호출의 결과는 선언된 리턴 타입 int라는 것을 결정할 수 있다.

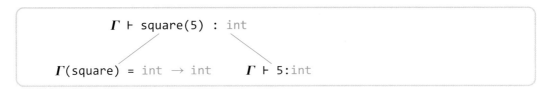

재귀 함수 호출에 대해 살펴보자. [예제 17]의 재귀 함수 fact에 대한 타입 검사 과정에서 다음 그림과 같이 재귀 호출 fact(n-1)이 있었다. 타입 환경 $\Gamma = \{\text{fact} \mapsto \text{int} \rightarrow \text{int},$ n $\mapsto$ int$\}$에서 이 호출의 인자 n-1은 int 타입이고 대응되는 fact의 매개변수 타입과 일치하므로 호출의 결과는 fact의 리턴 타입인 int 타입이 된다.

$$\Gamma \vdash \text{fact(n-1)}:\text{int}$$
$$\Gamma \vdash \text{n-1}: \text{int}$$

8.5

함수 구현

파싱과 AST

함수 정의

[언어 S의 함수 관련 문법]을 살펴보자. 함수 정의는 하나의 명령어(command) 형태로 선언될 수 있다. 언어 S의 함수 정의는 다음과 같다.

```
<function> → fun <type> id( <params> ) <stmt>
<params> → <type> id {,<type> id}
```

이 함수 정의에 대한 파싱은 다음과 같이 function( ) 함수로 구현할 수 있으며 이 함수는 파싱한 함수 정의에 대한 AST(Function)를 리턴한다. params() 함수는 매개변수 선언들을 파싱하고 그 선언들(Decls)을 리턴한다.

```java
private Function function () {
    match(Token.FUN);
    Type t = type();
    String str = match(Token.ID);
    funId = str;
    Function f = new Function(str, t);
    match(Token.LPAREN);
    f.params = params();
    match(Token.RPAREN);
    Stmt s = stmt();
    f.stmt = s;
    return f;
}

private Decls params() { ... }
```

함수는 리턴 타입, 함수 이름, 매개변수 선언, 실행 문장으로 구성되므로 함수의 AST는 다음과 같이 정의할 수 있다.

```
Function= Type type; Identifier id; Decls params; Stmt stmt;
                Function
              /   |    |    \
          Type   Id  Decls  Stmt
```

이 AST는 다음과 같이 클래스 Function으로 구현할 수 있다.

```
class Function extends Command {
    Identifier id;
    Decls params;
    Stmt stmt;

    Function (String s, Type t) {
        id = new Identifier(s);
        type = t;
        params = null;
        stmt = null;
    }
}
```

함수 호출

함수 호출의 구문법은 다음과 같으며 구문법에 따라 다음과 같이 파싱할 수 있다.

```
id(<expr> {, <expr>});   // 함수 호출

private Call call(Identifier id) {
    match(Token.LPAREN);
    Call c = new Call(id, arguments());
    match(Token.RPAREN);
    match(Token.SEMICOLON);
    return c;
}
```

함수 호출의 AST는 다음과 같이 표현할 수 있으며 이를 간단히 하나의 클래스로 구현할 수 있다.

```
Call = Identifier id; Exprs args;

            Call

     Id            Exprs

class Call extends Expr {
    Identifier id;
    Exprs args;
    ...
}
```

리턴문

리턴문의 구문법은 다음과 같으며 리턴문에 대한 파싱은 다음과 같이 간단하게 구현할 수 있다. 여기서 `funId`는 리턴문을 포함하는 함수 정의를 파싱할 때 저장해둔 함수 이름이다.

```
return <expr>;              // 리턴문

private Return returnStatement() {
    match(Token.RETURN);
    Expr e = expr();
    match(Token.SEMICOLON);
    return new Return(funId, e);
}
```

리턴문의 AST는 다음과 같이 함수 이름과 수식으로 표현할 수 있으며 간단하게 하나의 클래스로 구현할 수 있다.

```
Return = Identifier id; Expr expr;

            Return

      Id            Expr
```

```
class Return extends Statement {
    ...
}
```

함수의 타입 검사

함수와 관련된 타입 규칙을 하나씩 구현해 보자.

리턴문의 타입 검사

리턴문에서 반환할 값을 나타내는 수식의 타입은 임의의 타입(int, bool 혹은 string)이 가능하다. 이는 다음과 같이 리턴할 수식(r.expr)의 타입을 검사(Check)함으로써 간단히 구현할 수 있다.

```
static Type Check(Return r, TypeEnv te) {
    Type t = Check(r.expr, te);
    if (t != Type.ERROR)
        r.type = t;
    else error(r, "type error in expr: " + r.expr);
    return r.type;
}
```

함수 정의의 타입 검사

함수 정의에 대한 타입 검사는 함수 본체 S가 함수 헤더에 선언된 것처럼 리턴하는지 검사한다. 즉 함수 헤더에 선언된 것처럼 매개변수 id가 t1 타입일 때 함수 본체 S가 t2 타입이면 이 함수는 선언된 것처럼 t1 타입의 매개변수를 받아 t2 타입의 값을 반환한다. 따라서 이 함수의 타입은 선언된 것처럼 t1 → t2가 된다.

$$\frac{\Gamma[\text{f} \mapsto \text{t1}\rightarrow\text{t2},\ \text{id} \mapsto \text{t1}]\vdash \text{S:t2}}{\Gamma\vdash \text{fun t2 f(t1 id) S:t1}\rightarrow\text{t2}}$$

함수에 대한 타입 검사 구현은 먼저 함수의 선언된 타입(ProtoType) 및 매개변수들(f.params)의 타입을 타입 환경에 추가한다(2~4번 줄). 이후 5번 줄에서 함수의 본체(f.stmt)의 타입을 검사(Check)하고 6번 줄에서 이 타입이 선언된 리턴 타입과 일치하는지 확인한다. 그리고 8~10번 줄에서 매개변수와 함수의 타입 정보를 제거한다(te.pop()).

마지막으로 정의된 함수에 대한 확인된 새로운 타입 정보(ProtoType)를 타입 환경에 추가한다.

```
01   public static Type Check(Function f, TypeEnv te) {
02       te.push(f.id, new ProtoType(f.type, f.params));
03       for (Decl d: f.params)
04           te.push (d.id, d.type);
05       Type t = Check(f.stmt, te);        // 함수 본체 타입 검사
06       if (t != f.type)                   // 리턴 타입과 비교
07           error(f, "incorrect return type");
08       for (Decl d: f.params)
09           te.pop();
10       te.pop();                          // 함수 타입 제거
11       // 타입 검사된 새로운 함수 타입 추가
12       te.push(f.id, new ProtoType(f.type, f.params));
13   }
```

함수 호출의 타입 검사

함수 호출의 타입 규칙은 함수 이름 f가 타입 환경에 있는 유효한 함수 이름인지 먼저 검사하고 그 타입 정보(t → t')를 이용하여 함수 호출에서 사용되는 인자의 타입과 대응되는 매개변수 타입이 같은지 검사하며 이 조건이 만족되면 함수 호출의 결과는 함수의 리턴 타입인 t' 타입이 된다.

$$\frac{\Gamma(f) = t \rightarrow t' \quad \Gamma \vdash E{:}t}{\Gamma \vdash f(E){:}t'}$$

이는 다음과 같이 구현할 수 있다. 먼저 2~4번 줄에서 호출된 함수의 이름(c.fid)을 이용하여 타입 환경에서 해당 함수가 정의되어 있는지 확인하고 7번 줄에서 함수의 타입 정보를 가져온다(te.get(c.fid)). 그리고 12번 줄에서 인자들(c.args)의 타입을 하나씩 검사(Check)하고 13~14번 줄에서 해당 함수의 대응되는 매개변수 타입과 일치한지 확인한다. 일치하면 이 함수 호출의 결과 타입은 해당 함수의 리턴 타입(p.result)이 된다(8, 19번 줄).

```
01   static Type Check(Call c, TypeEnv te) {
02       if (te.contains(c.fid)) {
03           error(c, "undefined function: " + c.fid);
```

```
04          return c.type;
05      }
06      Exprs args = c.args;
07      ProtoType p = (ProtoType)te.get(c.fid);
08      c.type = p.result;
09      if (args.size() == p.params.size()) {
10          for (int i=0; i<args.size(); i++) { // 인수와 매개변수 비교
11              Expr e = (Expr) args.get(i);
12              Type t1 = Check(e, te);
13              Type t2 = ((Decl) p.params.get(i)).type;
14              if (t1 != t2)
15                  error(c, "argument type does not match parameter");
16          }
17      } else
18          error(c, "do not match numbers of arguments and params");
19      return c.type;
20  }
```

요약

01 정적 유효범위(static scope) 규칙

- 선언된 이름은 선언된 블록 내에서만 유효하다. 대부분 언어에서 표준 규칙으로 사용되고 있다.

02 동적 유효범위(dynamic scope) 규칙

- 선언된 이름은 선언된 블록의 실행이 끝날 때까지 유효하다. 실행 경로에 따라 유효범위가 달라질 수 있다.

03 일반적으로 바인딩(binding)은 이름을 어떤 속성과 연관(association) 짓는 것을 말하며, 보통 변수, 상수, 함수 등의 이름(식별자)을 속성과 연관 짓는 것을 말한다.

04 정적 바인딩(static binding)

- 컴파일 시에 한번 바인딩이 이루어지고 실행 동안 변하지 않고 유지된다. 정적 바인딩되는 속성은 정적 속성이라고 한다.

05 동적 바인딩(dynamic binding)

- 실행 중에 이루어지는 바인딩으로 실행 중간에도 속성 변경될 수 있다. 동적 바인딩되는 속성은 동적 속성이라고 한다.

06 일반적으로 식별자에 대한 속성 정보는 심볼 테이블(symbol table)에 유지 관리한다. 즉 심볼 테이블은 유효한 속성 정보를 유지 관리하기 위한 자료 구조라고 할 수 있다.

07 값 전달 방법은 말 그대로 함수를 호출할 때 인자의 값을 계산하여 대응하는 매개변수에 전달하는 것이다.

08 참조 전달은 함수를 호출할 때 인자의 값이 아니라 인자에 대한 참조(reference)를 전달하는 방법이다.

09 값-결과 전달의 기본 아이디어는 함수를 호출할 때와 함수로부터 리턴할 때 다음과 같이 두 번 매개변수 전달을 하는 것이다. 첫 번째 전달이 값 진달(pass by value)이고 두 번째 전달이 결과 전달(pass by result)이다.

10 이름 전달의 기본 아이디어는 지연 계산(delayed evaluation)이다. 인자는 대응되는 매개변수가 사용될 때까지 계산되지 않고 매개변수가 사용될 때 비로소 계산된다.

01 다음과 같이 함수 p를 호출할 때 값 전달, 참조 전달, 값-결과 전달, 이름 전달 방법을 사용했을 각 경우에 대해 호출 후의 a의 값은 무엇인가?

```
int a = 1;
void p(int x, int y)
{
    x++;
    y++;
}

main()
{
    p(a,a);
}
```

02 매개변수 전달 방법으로 값 전달, 참조 전달, 값-결과 전달, 이름 전달 방법을 사용할 때 이 프로그램의 출력은 각각 무엇인가?

```
int i = 1;
int a[3] = {1, 2, 3};

void swap(int x, int y)
{   int t = x;
    x = y;
    y = t;
}

main()
{
    swap(i, a[i]);
    printf("%d %d %d %d\n", i, a[0], a[1], a[2]);
}
```

03 정적 유효범위 법칙과 동적 유효범위 법칙을 사용했을 때 다음 프로그램의 실행결과를 설명하시오.

```
int x = 0;
fun void g(int y)
    x = x + y * y;
fun void f(int z)
    let int x = 10; in
        g(z);
        print x;
    end;
f(5);
print x;
```

04 함수, 프로시저, 메소드, 멤버 함수 등의 용어에 대해 비교 설명하시오.

05 형식 매개변수, 실 매개변수, 인자, 지역 변수 등의 용어에 대해 비교 설명하시오.

06 4가지 매개변수 전달 방법과 이 방법을 지원하는 언어에 대하여 설명하시오.

07 다음 용어에 대하여 예를 들어 설명하시오.

(1) 바인딩

(2) 정적 속성과 동적 속성

(3) 정적 바인딩과 동적 바인딩

08 C 언어와 Java 언어에서 다음 속성에 대한 바인딩 시간은 언제인가? 답을 설명하시오.

(1) char의 의미

(2) 배열의 크기

(3) 지역 변수의 메모리 위치

(4) 이름 상수의 값

(5) 함수의 시작 위치

함수 파싱과 AST 구현

01 [언어 S의 함수 관련 문법]을 참고하여 다음과 같은 함수 관련 기능을 위한 파서와 AST 를 구현하시오.

- 함수 정의
- 함수 호출
- 리턴문

[언어 S의 함수 관련 문법]

```
<command>  →  <decl> | <stmt> | <function>
<stmt>  →  …
        | return <expr>;              // 리턴문
        | id(<expr> {, <expr>});      // 함수 호출

<function>  →  fun <type> id( <params> ) <stmt>
<params>  →  <type> id {,<type> id}
<type>  →  int | bool | string | void
<factor>  →  ...
        | id(<expr> {, <expr>})       // 함수 호출
```

함수의 타입 검사기 구현

02 실습문제 8.1의 파서를 완성한 후에 이 문법을 기준으로 해서 함수의 타입을 검사하는 타입 검사기를 구현하시오. 이를 위해서는 다음 각각에 대한 타입 검사를 구현해야 한다.

(1) 함수 정의
(2) 함수 호출
(3) 리턴문

let 문 내에서 함수 정의

03 [언어 S의 함수 관련 문법]을 다음과 같이 함수를 let 문 내에서 정의할 수 있도록 확장할 수 있다. 이와 관련된 기능을 위한 파서와 AST를 구현하시오.

```
<stmt>      →  ...
            | let <decls>
                   <functions>
              in <block>
<functions> → {<function>}
```

PROGRAMMING LANGUAGES

함수 구현

9.1 함수 호출 구현 원리

언어 S의 구문법

언어 S의 함수 관련 문법은 다음과 같다. 함수를 사용하기 위해서는 먼저 함수를 정의해야 한다. 함수 정의는 키워드 fun으로 시작하고 리턴 타입(<type>), 함수 이름(id), 매개변수 리스트(<params>), 실행할 문장(<stmt>)으로 구성된다. 함수 호출은 함수 이름과 인자(<expr>)들로 구성된다. 함수 호출은 값을 리턴하지 않는 경우에는 하나의 문장이 될 수 있으며, 값을 리턴하는 함수 호출은 수식 내에서 하나의 인수(<factor>)로 사용될 수 있다. 리턴문은 함수 내에서 값을 리턴하는 데 사용된다. 이 문법에서 id는 각각 함수 이름과 변수 이름을 나타내는 식별자이다.

[언어 S의 함수 관련 문법]

```
<command> → <decl> | <stmt> | <function>
<stmt> →   ...
      | id(<expr> {, <expr>});              // 함수 호출
      | return <expr>;                      // 리턴문

<function> →  fun <type> id(<params>) <stmt> // 함수 정의
<params> → <type> id {,<type> id}
<type> →  int | bool | string | void
<factor> →  ...
      | id(<expr> {, <expr>})               // 함수 호출
```

이 함수를 호출해서 사용하는 예는 다음과 같다. 이 함수 호출은 인자로 받은 a, b 값 중에 큰 값을 리턴한다. 그리고 이 리턴 값을 출력한다.

[예제 1]

```
>> int a = 10;
>> int b = 20;
```

```
>> fun int max(int x, int y)        // 함수 정의
    if (x > y) then return x;
    else return y;
>> print max(a,b);                   // 함수 호출
```

함수 호출 구현 원리

함수 호출을 구현하기 위해서는 무엇이 필요할까? [예제 1]의 프로그램을 중심으로 생각해보자. max 함수를 호출하려면 가장 먼저 인자 a와 b의 값을 매개변수 x와 y에 전달하는 메커니즘이 필요하다. 또한 매개변수를 포함하여 지역 변수를 위한 기억장소가 할당되어야 한다. 뿐만 아니라 이 함수 호출이 끝나면 반환해야 할 주소 즉 반환 주소를 미리 저장해두어야 한다. 그리고 나서 비로소 max 함수의 시작 부분으로 제어를 이전하여 실행하게 된다.

[핵심개념]
함수 호출을 위해 필요한 자료구조 및 해야 할 일들을 요약 정리하면 다음과 같다.

- 매개변수 전달 메커니즘
- 지역 변수를 위한 기억장소 할당
- 호출자로 반환할 때 필요한 반환 주소 저장
- 피호출자(callee) 시작 부분으로 제어 이전(goto)

함수 호출로부터 반환하기 위해서는 무엇이 필요할까? 예를 들어 max 함수 호출이 끝나면 지역 변수, 매개변수 등은 더 이상 필요 없다. 따라서 이들을 위한 기억장소도 더 이상 필요 없으므로 할당된 기억장소를 해제해야 한다. 또한 함수는 호출이 끝나면 결과 값을 반환하는데 이 반환 값을 어딘가에 저장하고 저장된 반환 주소를 이용하여 호출자로 돌아와야 한다.

[핵심개념]
함수 반환을 위해 필요한 사항들을 요약 정리하면 다음과 같다.

- 지역 변수, 매개변수 등을 위한 기억공간 해제
- 반환 값 저장
- 호출자로의 반환

또한 함수 호출에서는 다음과 같이 재귀 호출이 될 수 있다는 점을 고려해야 한다. 재귀 호출

은 몇 번 호출될 지 미리 알 수 없으며 실제 실행할 때마다 입력 값에 따라 다를 수 있다. 따라서 위에서 설명한 함수 호출을 구현하기 위해 필요한 자료구조들은 미리 구성할 수 없으며 함수가 호출될 때마다 호출을 구현하기 위한 자료구조를 구성해야 한다. 예를 들어 다음 함수에서 매개변수와 매개변수 전달을 생각해 보자. 이 함수 fact는 재귀 호출되므로 함수가 호출될 때마다 매개변수 n을 위한 기억공간을 만들고 여기에 인자 값을 전달하여야 한다.

[예제 2]

```
>> fun int fact(int n)
    if (n == 1) then
        return 1;
    else
        return n * fact(n-1);
>> print fact(3);
```

실행시간 스택

주로 함수 호출을 구현하기 위해서 사용되는 기억공간으로 **실행시간 스택**(runtime stack)이 사용된다.

[핵심개념]

실행시간 스택에는 함수 호출에 필요한 지역 변수, 매개변수, 반환 값, 반환주소 등을 위한 기억공간이 할당된다.

이제 실행시간 스택을 이용한 함수 호출 구현에 대해 자세히 알아보자. 함수 호출을 구현하기 위해서는 스택-기반 실행 환경이라고 할 수 있는 실행시간 스택을 주로 사용한다. 왜 함수 호출을 구현하기 위해 스택을 사용해야 할까? 그 이유는 앞에서 설명한 것처럼 함수 호출이 일어날 때마다 함수 호출을 구현하기 위한 자료구조가 만들어져야 하고 함수 호출이 끝나면 그 자료구조가 더 이상 필요 없기 때문이다.

예를 들어 함수 A에서 B를 호출하고 B에서 다시 C를 호출하는 상황을 생각해 보자. B 호출을 구현하기 위해 필요한 자료구조를 만들 것이고 다시 C 호출을 구현하기 위해 필요한 자료구조를 만들 것이다. C 호출이 끝나서 반환하면 C 호출을 위한 자료구조는 더 이상 필요 없게 되고 B 호출이 끝나서 반환하면 B 호출을 위한 자료구조는 더 이상 필요 없게 된다.

이러한 자료구조는 LIFO(Last In First Out) 방식으로 운영되기 때문에 그림 9.1과 같이 스택을 이용하여 자연스럽게 구현될 수 있다. 뿐만 아니라 스택을 이용하면 앞서 설명한 재귀

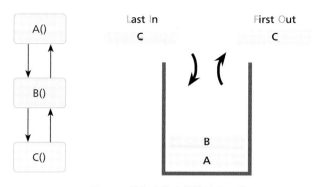

그림 9.1 함수 호출과 실행시간 스택

호출도 자연스럽게 구현할 수 있다. 함수 A가 자기 자신을 재귀 호출한다고 생각해 보자. 첫 번째 호출이 끝나기 전에 두 번째 호출을 하게 되며 두 번째 호출은 끝나기 전에 세 번째 호출을 하게 된다. 끝날 때는 세 번째 호출이 두 번째 호출보다 먼저 끝나고 두 번째 호출이 첫 번째 호출보다 먼저 끝나게 되므로 호출을 구현하기 위해 필요한 자료구조를 그림 9.2와 같이 스택을 이용하여 자연스럽게 구현할 수 있다.

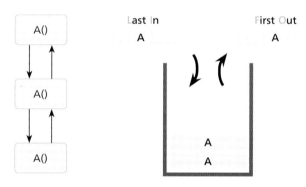

그림 9.2 재귀 함수 호출과 실행시간 스택

활성 레코드

함수 호출을 구현하기 위한 자료구조는 **활성 레코드**(activation record) 혹은 **스택 프레임** (stack frame)이라고 한다.

[핵심개념]

실행시간 스택을 이용한 함수 호출 구현을 간단히 정리하면 다음과 같다.

- 함수 호출될 때마다 새로운 프레임(호출에 필요한 정보 포함)을 스택에 생성한다.
- 함수가 끝날(반환될) 때마다 호출할 때 만든 프레임을 제거한다.

함수 호출을 구현하기 위한 자료구조인 활성 레코드(프레임)는 함수 호출 및 반환에 필요한 정보를 저장하기 위한 자료 구조로 앞서 설명한 함수 호출을 구현하기 위한 지역 변수, 매개변수, 반환 주소, 반환 값 등을 위한 기억공간이 모두 들어가 있다. 뿐만 아니라 호출자의 활성 레코드(스택에서 피호출자의 활성 레코드 바로 아래에 위치하는 활성 레코드임)를 가리키는 **제어 링크**(control link)를 위한 공간도 들어가 있다. 그림 9.3은 스택 내에 있는 하나의 활성 레코드, 즉 프레임의 모양을 보여준다. FP(Frame Pointer)는 가장 최근에 호출된 그래서 스택 가장 위에 있는 프레임을 가리키고 있다.

그림 9.3 활성 레코드 모양

예를 들어 [예제 3]의 함수 호출을 구현하기 위한 활성 레코드를 살펴보자. 그림 9.4의 이 프레임에는 매개변수 x와 y, 반환 주소, 제어 링크, 반환 값(RV:max()로 표시함)을 위한 기억공간이 모두 들어가 있으며 인자 3과 5가 매개변수 x와 y에 전달된 것을 볼 수 있다.

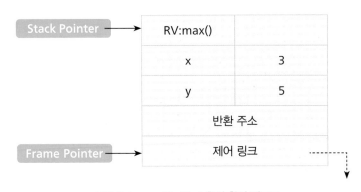

그림 9.4 max(3,5) 호출의 활성 레코드

[예제 3]

```
>> fun int max(int x, int y)
    if (x > y) then
        return x;
    else
        return y;
>> print max(3,5);
```

이번에는 재귀 함수 fact에 대한 호출을 생각해 보자. 이 함수를 fact(3)으로 처음 호출하면 그림 9.5와 같은 형태의 활성 레코드가 생성된다. 형식 매개변수 n이 실 매개변수 값 3으로 초기화된 것을 볼 수 있다. 그리고 이 호출은 fact(2) 형태로 다시 자신을 호출할 것이다.

```
>> fun int fact(int n)
    if (n == 1) then
        return 1;
    else return n * fact(n-1);
>> print fact(3);
```

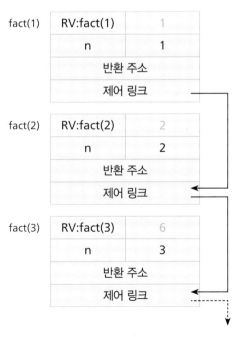

그림 9.5 fact(3) 호출의 활성 레코드

구체적인 예로 fact(3) 형태로 호출하였을 때 스택에 만들어지는 프레임들을 살펴보자. 그림 9.5를 살펴보자.

- fact(3) 호출은 끝나기 전에 fact(2)를 호출한다. 따라서 fact(3)를 위한 프레임 위에 fact(2)를 위한 프레임이 만들어진다.

- 또한 fact(2)는 끝나기 전에 fact(1)을 호출하므로 fact(2)를 위한 프레임 위에 fact(1)를 위한 프레임이 만들어진다.

- 이제 fact(1) 호출이 끝나면 그 반환 값이 fact(1)를 위한 프레임 내의 RV:fact(1) 기억장소에 저장되고 그 프레임은 제거된다.

- 이제 이 반환 값을 가지고 계산하여 fact(2) 호출이 끝나면 그 반환 값이 fact(2)를 위한 프레임 내의 RV:fact(2) 기억장소에 저장되고 그 프레임은 제거된다.

- 비슷하게 이 반환 값을 가지고 계산하여 fact(3) 호출이 끝나면 그 반환 값이 fact(3)를 위한 프레임 내의 RV:fact(3) 기억장소에 저장되고 그 프레임은 제거된다.

9.2 인터프리터에서 함수 구현

언어 S의 인터프리터에서 함수 구현

언어 S의 인터프리터에서 함수를 구현해 보자. 인터프리터에서 함수를 구현하기 위해서 상태(State)를 실행시간 스택 형태로 유지 관리한다. 이 인터프리터는 함수 정의를 먼저 만나고 나중에 함수 호출을 만날 것이다. 이 인터프리터는 함수 정의를 만나면 그 함수의 실행 코드를 AST 형태로 기억할 것이다. 왜냐하면 나중에 함수 호출을 만났을 때 이 함수를 실행해야하기 때문이다.

[핵심개념]

함수 호출을 인터프리터로 구현하기 위한 기본 아이디어를 그림 9.6을 참고로 하여 정리하면 다음과 같다.

● 상태(State) 스택을 실행시간 스택으로 사용한다.

● 함수 정의를 만나면 (함수 이름, 함수의 AST)를 push 한다.

● 함수 호출을 만나면 호출을 위한 새로운 스택 프레임을 구성한다.

● 함수 반환을 만나면 스택 프레임을 제거한다.

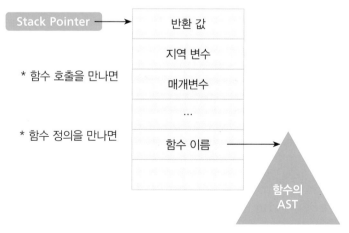

그림 9.6 함수 호출의 구현

이 인터프리터는 함수 정의, 함수 호출, 함수 반환에 대해서 다음과 같이 동작한다.

함수 정의

1. 그 함수의 실행 코드를 기억하기 위해서 실행시간 스택에 함수 이름과 함수의 AST를 push 한다.

함수 호출

1. 스택에서 호출된 함수의 실행코드(AST)를 찾는다.
2. 스택에 프레임을 구성하고 인자 값을 계산해서 매개변수에 전달한다.
3. 호출된 함수의 본체를 실행한다.
4. 함수가 반환되면 스택 탑에 반환 값이 저장되어 있다.
5. 함수 호출이 끝난 후 프레임을 제거한다.

함수 반환

1. 반환할 수식의 값을 계산하고 이 값을 스택 탑에 저장한다.

함수 정의 구현

함수 정의를 만나면 함수 이름과 그 함수의 AST를 스택에 저장한다. 이를 위한 코드는 다음과 같다.

```
State Eval(Command p, State state) {
    ...
    if (p instanceof Function) {
        Function f = (Function) p;
        state.push(f.id, new Value(f));
        return state;
    }
}
```

앞에서 살펴본 것처럼 함수 정의도 하나의 값처럼 사용되어 상태 스택에 저장될 수 있다. 따라서 4.5절에서 설명한 Value 클래스도 함수 정의를 하나의 값으로 포함하도록 다음과 같이 확장되어야 한다. 뿐만 아니라 값으로 저장된 함수 정의를 추출하는 메소드 funValue 도 제공한다.

```
class Value extends Expr {
    // Value = int value | ...  | function value
    protected boolean undef = true;
    Object value;
    Value(Type t) {
        type = t;
    }

    Value(Object v) {
        ... // 이미 구현된 부분
        if (v instanceof Function) type = Type.FUN;
        value = v; undef = false;
    }

    Function funValue ( ) {
        if (value instanceof Function)
            return (Function) value;
        else return null;
    }
    ...
}
```

함수 호출 구현

함수 호출은 반환 값이 있는 경우에는 일종의 수식이므로 다음과 같이 수식의 값을 계산하는 V()에서 호출된다.

```
Value V(Expr e, State state) {
    ... // 이미 구현된 부분
    if (e instanceof Call)
        return V((Call)e, state);
}
```

함수 호출은 반환 값이 없는 경우에는 일종의 문장이므로 다음과 같이 문장을 실행하는 Eval()에서 호출된다.

```
State Eval(Stmt s, State state) {
        ... // 이미 구현된 부분
    if (s instanceof Call) return Eval((Call)s, state);
}
```

함수 호출을 구현하기 위해서는 프레임 구성, 매개변수 전달, 호출된 함수의 본체 실행, 함수 반환 과정 등을 거치게 된다. 각 과정에서 해야 할 자세한 내용은 다음과 같다.

함수 호출 id(<expr> {, <expr>})

1. 스택에 저장된 함수의 AST를 가져온다.
2. 스택에 프레임을 구성하고 인자 값을 계산해서 매개변수에 전달한다.
3. 호출된 함수의 본체를 실행한다.
4. 함수가 반환되면 스택 탑에 반환 값이 저장되며 이를 제거한다.
5. 프레임을 제거한다.

```
Value V(Call c, State state) {
    Value v = state.get(c.fid);
    Function f = v.funValue();          // 호출된 함수의 AST 가져온다.
    State s = newFrame(state, c, f);    // 호출된 함수의 프레임을 스택에 추가
    s = Eval(f.stmt, s);                // 호출된 함수의 본체를 실행
    Value v = s.pop().val;              // 반환 값 제거
    s = deleteFrame(s, c, f);           // 스택에서 프레임 제거
    return v;                           // 반환 값 리턴
}
```

반환 값이 없는 함수 호출을 구현하는 Eval() 함수는 반환 값을 제외하고는 위와 같을 것이다. 따라서 이점을 고려하여 비슷하게 구현할 수 있다.

```
State Eval (Call c, State state) {
    // 반환 값이 없는 함수 구현

}
```

인터프리터는 컴파일러와 다르게 스택 프레임을 반환 주소나 제어링크 없이 매개변수, 지역 변수, 반환 값 등으로 간단하게 구성할 수 있다. 위의 함수 호출 구현에서 보는 것처럼 인터프리터는 AST 형태의 코드를 가지고 있으므로 호출된 함수의 본체(f.stmt)를 직접 수행(Eval)할 수 있으므로 반환 주소를 저장하지 않고도 구현할 수 있다. 비슷하게 제어링크가 없어도 함수의 코드를 보고 매개변수나 지역 변수 개수만큼 해당 기억공간을 제거할 수 있다.

프레임 구성과 매개변수 전달

1. 인자 값들을 계산한다.

2. 매개변수들을 위한 기억공간 할당한다.

3. 인자 값들을 매개변수에 복사한다.

```
State newFrame (State state, Call c, Function f) {
    Value val[] = new Value[f.params.size()];
    int i = 0
    // 인자 값을 계산하여 그 값을  val[]에 저장한다.
    for (Expr e: c.args)
        val[i++] = V(e,state);

    // 현재 상태에 매개변수 기억공간 할당(allocate 사용)
    // 인자의 값을 매개변수에 전달
    // 상태 반환
}

State deleteFrame (State state, Call c, Function f) {
    // 상태로부터 매개변수를 위한 기억공간 제거(free 사용)
    // 상태 반환
}
```

함수 반환 return <expr>

수식의 값을 계산하고 이 값을 스택 탑에 저장한다.

```
State Eval (Return r, State state) {
    // 수식의 값을 계산하고 그 값을 상태 스택에 추가
    // 상태 반환
}
```

유효범위 규칙 구현

8장에서 유효범위 규칙을 설명하기 위해 사용한 [예제 4]의 프로그램을 다시 살펴보자. 이 프로그램에서는 변수 x가 한 번은 전역 변수로 선언되었고 한 번은 함수 f 내에 지역 변수로 선언되었다. 함수 g 내의 3번 줄의 대입문은 어떤 x를 접근하여 그 값을 변경할까? 만약 정적 유효범위 규칙을 적용한다면 이 대입문은 1번 줄에서 선언된 전역 변수 x의 값을 변경할 것이다. 만약 동적 유효범위 규칙을 적용한다면 함수 f 내에서 선언된 변수 x가 함수 g를 호출했을 때도 여전히 유효하므로 이 대입문은 5번 줄에서 선언된 지역 변수 x의 값을 변경할 것이다.

[예제 4]

```
1    int x = 0;
2    fun void g(int y)
3        x = x + y * y;
4    fun void f(int z)
5        let int x = 10; in
6            g(z);
7        end;
8    f(5);
```

지금까지 구현한 언어 S의 인터프리터에서는 이러한 경우에 어떻게 동작할까? 이 프로그램에서 함수 f를 호출하고 이어서 g를 호출했을 때 상태 스택의 모양은 그림 9.7과 같을 것이다.

함수 g의 프레임	y	5
함수 f의 프레임	x	10
	z	5
전역 변수 영역	x	0

그림 9.7 함수 g가 호출됐을 때 상태 스택

이 인터프리터에서는 변수를 만나면 스택의 탑에서부터 해당 변수를 찾아서 접근한다. 따라서 이러한 경우에는 지역 변수 x를 먼저 찾게 되어 접근할 것이다. 즉 자연스럽게 동적 유효범위 규칙이 적용되도록 구현된다.

그렇다면 언어 S에 정적 유효범위 규칙을 적용하려면 어떻게 구현하여야 할까? 언어 S에는 지역 변수와 전역 변수가 존재한다는 점에서 착안하여 다음과 같이 구현할 수 있다.

1. 접근할 변수를 찾을 때는 먼저 최상위 스택 프레임에서 찾는다. 여기서 찾으면 이는 지역 변수이다.

2. 여기서 찾지 못하면 이는 지역 변수가 아니고 전역 변수이므로 전역 변수 영역에서 찾아야 한다.

3. 이를 위해서는 스택 내에 지역 변수가 저장되는 최상위 스택 프레임과 전역 변수가 저장되는 전역 변수 영역을 구분할 수 있어야 한다.

최상위 스택 프레임과 전역 변수 영역을 구분하기 위해서는 프레임과 프레임 사이를 구분하는 특별한 엔트리를 삽입하거나, 최상위 스택 프레임이나 전역 변수 영역 등을 가리키는 포인터들을 사용하는 것도 방법이다. 이렇게 하여 지역 변수 영역에서 해당 변수를 찾을 수 없으면 전역 변수 영역에서 찾도록 하면 될 것이다.

언어 S의 인터프리터에서 이러한 아이디어를 기반으로 한 정적 유효범위 규칙의 구현에 대해서는 실습문제 9.2를 참조하기 바란다. 또한 컴파일러에서 일반적인 블록 구조 언어를 위한 정적 유효범위 규칙의 구현에 대해서는 9.3절을 참고하기 바란다.

9.3

컴파일러에서 함수 구현

메모리 영역

컴파일러를 이용한 함수 호출을 구현하기 위해서는 먼저 컴퓨터의 메모리 사용에 대한 이해가 필요하다. 프로그램이 실행되기 위해 필요한 메모리는 그림 9.8과 같이 크게 네 부분으로 구성된다.

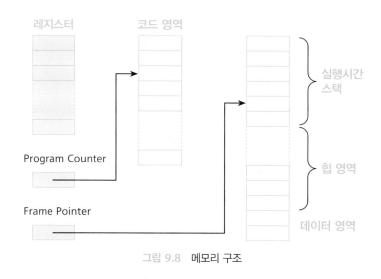

그림 9.8 메모리 구조

코드(텍스트) 영역(code segment)

프로그램을 구성하는 기계어 코드를 저장하기 위한 공간이다.

실행시간 스택(Runtime Stack)

함수 호출에 필요한 지역 변수, 매개변수, 반환주소, 임시 변수 등을 위한 기억공간으로 사용된다. 주로 함수 호출을 구현하기 위해서 사용되는 기억공간으로 실행시간 스택(runtime stack)이라고 한다.

데이터 영역(Data segment)

정적 변수(static variable)와 전역 변수(global variable)들을 위한 기억공간으로 사용된다.

이 영역은 보통 초기화된 변수와 초기화되지 않은 변수들을 저장하기 위한 기억공간으로 각각 나뉘어 관리된다. 초기화된 변수와 초기화되지 않은 변수의 예를 들면 다음과 같다.

```
int maxcount = 99;     // 초기화된 변수(initialized)
long sum[1000];        // 초기화되지 않은 변수(uninitialized)
```

힙 영역(Heap)

동적 메모리 할당을 위한 기억공간으로 사용된다. C 언어에서 `malloc()`, `Pascal`과 Java 언어에서 `new()` 등에서 요청한 기억공간이 할당되는 곳이다.

CPU 내의 여러 개의 레지스터들이 있는데 PC(Program Counter)는 다음 실행할 명령어의 위치(주소)를 가리킨다. FP(Frame Pointer)는 함수 호출을 구현하기 위한 실행시간 스택 내의 기억공간을 가리키는데 이러한 기억공간을 활성 레코드 혹은 스택 프레임이라고 한다.

컴파일러는 이러한 메모리 모델을 가정하고 컴파일하여 기계어 코드를 생성한다. 특히 함수 호출을 구현하기 위해서는 앞에서 설명한 실행시간 스택을 사용하는 코드를 생성한다. 즉 함수 호출을 구현하기 위해 매개변수 전달, 지역 변수를 위한 기억장소 할당, 반환 주소 저장 등을 위한 코드를 생성하고 호출되는 함수로 제어를 이전하도록 코드를 생성한다.

앞에서 살펴본 것처럼 인터프리터를 사용하여 함수 호출을 구현할 때도 기본적인 아이디어는 같다. 다만 인터프리터는 기계어 코드를 생성하는 것이 아니므로 인터프리터 내에서 프로그램을 해석하여 실행하며 함수 호출도 인터프리터 내에서 구현한다. 보통 인터프리터는 실행시간 스택과 비슷한 역할을 할 수 있는 자료구조를 인터프리터 내에 구성하여 이를 이용하여 함수 호출을 구현한다.

비지역 변수와 정적 유효범위 규칙 구현

앞에서 살펴본 활성 레코드 내에는 **제어 링크**(control link)가 있다. 제어 링크는 함수의 호출 관계를 나타내는 링크로 호출자의 활성 레코드(바로 전 활성레코드)에 대한 포인터를 저장한다. 제어 링크는 동적인 호출 관계를 나타내므로 **동적 링크(dynamic link)**라고도 한다. 이 링크는 함수가 호출되어 활성 레코드가 만들어질 때 호출자의 활성 레코드를 가리키도록 설정되고, 호출이 끝나고 활성 레코드가 삭제될 때에는 이 링크를 이용하여 호출자의 활성 레코드의 시작 위치를 파악하여 FP가 이를 가리키도록 한다.

블록의 중첩 및 **비지역 변수(nonlocal variable)**에 대해서 살펴보자. 먼저 함수의 중첩을 일반적으로 표현하기 위해서 **let** 문 내에서 변수 선언뿐만 아니라 함수 정의도 할 수 있도록 다음과 같이 언어 S를 확장할 수 있다. 함수의 본체에도 let 문이 올 수 있으므로 그 내부에 다시 함수를 중첩하여 정의하는 것도 가능하다.

```
<stmt> → ...
        | let <decls>
              <functions>      // 함수 정의
          in <stmts>
          end;
<functions> → {<function>}
```

[예제 5]의 프로그램을 살펴보자. 이 프로그램에는 변수 x가 두 번 선언되어 있다. 한 번은 외부 블록에 비지역 변수로 한 번은 함수 f 내의 지역 변수로 선언되어 있다. 함수 f에서 함수 g를 호출하고 함수 g 내에서 변수 x를 사용하고 있다. 이 x가 의미하는 변수는 유효범위 규칙에 따라 다르다는 것을 8장에서 설명하였다. 요약하면 정적 유효범위 규칙을 사용하는 경우에는 이 변수 x는 비지역 변수를 의미한다. 반면 동적 유효범위 규칙을 사용하는 경우에는 함수 g를 호출한 함수 f가 아직 끝나지 않았으므로 함수 f에서 선언한 지역 변수 x가 여전히 함수 g 내에서 유효하다. 따라서 함수 g에서 사용한 x는 함수 f에서 선언된 지역 변수 x를 의미한다.

[예제 5]

```
let int x=1;
    fun void g(int z)
        x = x + z;
    fun void f(int y)
        let int x = 10; in
            g(y);
        end;
in
    f(3);
end;
```

함수 호출에서 **정적 유효범위** 규칙을 구현하기 위해서 그림 9.9와 같이 또 하나의 링크를 사용할 수 있는데 이를 **접근 링크**(access link)라고 한다.

[핵심개념]

접근 링크는 정적 유효범위 규칙을 사용하는 경우에 비지역 변수(nonlocal variable)를 접근하는 데 사용되며 **정적 링크**(static link)라고도 한다.

정적 유효 범위를 파악하기 위해서는 프로그램 내에 정의된 함수와 이 함수를 정의한 바깥 블록(혹은 함수) 사이의 포함 관계를 파악해야 한다. 왜냐하면 바깥 블록(혹은 함수)에서 선언된 변수를 함수 내에서 비지역 변수로 사용할 수 있기 때문이다. 호출된 함수를 위한 활성 레코드 내의 접근 링크는 호출된 함수가 정의된 바깥 블록(혹은 함수)의 활성 레코드를 가리키는 포인터를 갖으며 이 포인터를 이용하여 비지역 변수를 접근할 수 있다.

그림 9.9　접근 링크

[예제 5]의 프로그램에 대해서는 그림 9.10과 같이 함수가 호출되면 제어 링크뿐만 아니라 접근 링크가 설정되어야 한다. 함수 **g**가 호출되어 **g**를 위한 활성 레코드를 생성할 때 접근

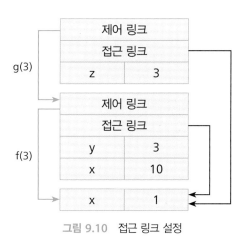

그림 9.10　접근 링크 설정

링크가 f의 접근 링크가 가리키는 곳을 가리키도록 설정한다. 이는 함수 f와 함수 g가 같은 중첩 수준에서 선언되었으므로 g를 선언한 바깥 블록과 f를 선언한 바깥 블록이 같기 때문이다.

그렇다면 함수 g가 호출된 이러한 상황에서 어떻게 비지역 변수 x를 접근할 수 있을까? 이 상황에서 제어 링크를 따라가서 변수 x를 접근한다면 이는 자연스럽게 동적 유효범위 규칙을 구현하는 결과가 된다. 따라서 정적 유효범위 규칙에 따라 비지역 변수를 접근하려면 접근 링크를 사용해야 한다. 이 링크는 호출된 함수를 선언한 바깥 블록 혹은 바깥 함수를 가리킨다. 이 경우에는 접근 링크를 한 번만 따라가면 그곳에 접근하고자 하는 비지역 변수가 있다.

그렇다면 일반적으로 접근 링크를 이용하여 어떻게 비지역 변수를 접근할 수 있을까? 비지역 변수를 찾아 접근하기 위해서는 경우에 따라서는 여러 번 접근 링크를 따라가야 하며 이를 **접근 체인**(access chaining)이라고 한다. 접근 링크를 한번 따라갈 때마다 함수가 선언된 바깥 블록 혹은 바깥 함수의 활성 레코드로 가게 된다. 이렇게 해서 해당 활성 레코드를 찾고 이 레코드 내에 있는 비지역 변수를 접근하면 된다.

그렇다면 일반적으로 이 접근 링크는 몇 번 따라가야 할까? 이 횟수는 프로그램의 코드를 보고 정확히 계산할 수 있다. 접근 링크를 한번 따라갈 때마다 함수가 선언된 바깥 블록 혹은 바깥 함수의 활성 레코드로 가기 때문에 어떤 변수 x를 사용하는 함수의 중첩 레벨과 그 변수 x를 선언한 블록 혹은 함수의 중첩 레벨의 차이만큼 따라 가면 그 활성 레코드 내에 비지역 변수 x의 기억장소가 있을 것이다. 이에 대한 보다 자세한 내용은 Aho 외 (1986)의 7.4절을 참고하기 바란다.

요약

01 함수 호출을 위해 필요한 자료구조 및 해야 할 일들을 요약 정리하면 다음과 같다.

- 매개변수 전달 메커니즘
- 지역 변수를 위한 기억장소 할당
- 호출자로의 반환할 때 필요한 반환 주소 저장
- 피호출자(callee) 시작 부분으로 제어 이전(goto)

02 함수 반환을 위해 필요한 사항들을 요약 정리하면 다음과 같다.

- 지역 변수, 매개변수 등을 위한 기억공간 해제
- 반환 값 저장
- 호출자로의 반환

03 실행시간 스택에는 함수 호출에 필요한 지역 변수, 매개변수, 반환 값, 반환주소 등을 위한 기억공간이 할당된다.

04 실행시간 스택을 이용한 함수 호출 구현을 간단히 정리하면 다음과 같다.

- 함수 호출될 때마다 새로운 프레임(호출에 필요한 정보 포함)을 스택에 생성한다.
- 함수가 끝날(반환될) 때마다 호출할 때 만든 프레임을 제거한다.

05 함수 호출을 인터프리터로 구현하기 위한 기본 아이디어를 그림 9.6을 참고로 하여 정리하면 다음과 같다.

- 상태(State) 스택을 실행시간 스택으로 사용한다.
- 함수 정의를 만나면 (함수 이름, 함수의 AST)를 push 한다.
- 함수 호출을 만나면 호출을 위한 새로운 스택 프레임을 구성한다.
- 함수 반환을 만나면 스택 프레임을 제거한다.

06 접근 링크는 정적 유효범위 규칙을 사용하는 경우에 비지역 변수(nonlocal variable)를 접근하는데 사용되며 정적 링크(static link)라고도 한다.

01 함수 구현을 위한 실행시간 스택과 활성 레코드에 대해 설명하시오.

02 제어 링크와 접근 링크에 대해서 설명하시오.

접근 링크를 이용한 비지역 변수 접근에 대해서 설명하시오.

03 비지역 변수의 접근을 위해 접근 링크 대신 디스플레이를 사용할 수 있다.

디스플레이에 대해 조사하여 설명하시오.

04 다음 C 프로그램에 대해 답하시오.

(1) (1)과 (2) 지점에서 함수 호출 후에 프레임 스택을 그리시오.

(2) 이 프로그램의 출력 결과는 무엇인가?

(3) 함수 p()가 호출되었을 때 변수 x와 y를 접근하는 방법을 설명하시오.

```c
int x = 0;
void p( ) {
    int y = 3;
    printf("%d\n", y);
    printf("%d\n", x);
}

void r() {
    x = 2;
    p();
}

void q() {
    int  x = 1;
    r();            (1)
    p();            (2)
}
```

```
int main() {
    q();
    return 0;
}
```

05 main으로부터 함수 f()까지 호출되었을 때 프레임 스택을 그리시오.

```
int c, d;
void f() {
    int a, b;
}

void g() {
    int b, c;
    f( );
}

main() {
    g( );
}
```

실습문제

함수 구현

01 다음의 함수 관련 문법을 기준으로 하여 인터프리터에 함수 관련 기능들을 구현하시오.

```
<command> → <decl> | <stmt> | <function>
<stmt> →   ...
           | id(<expr> {, <expr>});            // 함수 호출
           | return <expr>;                    // 리턴문
<function> →  fun <type> id(<params>) <stmt>   // 함수 정의
<params> → <type> id {,<type> id}
<type> →  int | bool | string | void
<factor> →  ...  | id(<expr> {, <expr>})       // 함수 호출
```

함수를 구현하기 위해서 다음 사항들을 고려해야 한다.

- 함수 정의
  (1) 그 함수의 실행 코드를 기억하기 위해서 상태 스택에 함수 이름과 함수의 AST를 push 한다.

- 함수 호출
  (1) 스택에서 함수의 실행 코드(AST)를 찾는다.
  (2) 스택에 프레임을 구성하고 매개변수 값을 계산해서 전달하고
  (3) 호출된 함수의 본체를 실행한다.
  (4) 함수가 반환되면 스택 탑에 반환 값이 저장되며 이를 제거한다.
  (5) 함수 호출이 끝난 후 프레임을 제거한다.

- 함수 반환
  (1) 수식의 값을 계산하고 이 값을 스택 탑에 저장한다.

정적 유효범위 규칙 구현

02 실습문제 1의 언어 S의 인터프리터에서는 변수를 만나면 상태 스택의 탑에서부터 해당 변수를 찾아서 접근한다. 따라서 자연스럽게 동적 유효범위 규칙이 적용되도록 구현된다.

이 인터프리터에 정적 유효범위 규칙을 구현하시오. 기본적인 아이디어는 다음과 같다.

(1) 접근할 변수를 찾을 때는 먼저 스택 탑에 있는 스택 프레임에서 찾는다. 여기서 찾으면 이는 지역 변수이다.

(2) 여기서 찾지 못하면 이는 지역 변수가 아니고 전역 변수이므로 전역 변수 영역에서 찾아야 한다.

(3) 이를 위해서는 상태 스택 내에 지역 변수가 저장되는 스택 프레임과 전역 변수가 저장되는 전역 변수 영역을 구분할 수 있어야 한다.

매개변수 전달 방법으로 참조 전달 구현

03 실습문제 1의 언어 S의 인터프리터에서는 함수 호출 시 매개변수 전달 방법으로 값전달을 사용하였다. 이 언어를 일부 확장하여 참조전달을 구현하시오. 이를 위해서는 매개변수를 선언할 때 참조전달을 표시할 수 있는 구문의 확장이 필요하다.

let 문 내에서 함수 정의

04 언어 S의 함수 관련 문법을 다음과 같이 let 문 내에서 함수를 정의할 수 있도록 확장할 수 있다. 함수 정의 및 호출 등과 같은 이와 관련된 기능을 위한 인터프리터를 구현하시오.

```
<stmt> → ...
      | let <decls>
            <functions>
          in <stmts>
<functions> → {<function>}
```

참고

01 함수 실행을 위한 실행 환경에 대해서는 Aho 외 (1986)에 상세히 기술되어 있다. 샘플 언어(Mini-Triangle과 Clite)의 함수 구현에 대해서는 Watt & Brown (2000)와 Tucker & Noonan (2006)에 각각 기술되어 있다. 함수 구현 원리에 대해서는 일반적인 소개는 Watt (1990), Mitchell (2003), Louden & Lambert (2012), Sebesta (2012) 등의 교재를 참고하기 바란다.

02 정적 유효범위 규칙을 사용하는 언어에서 접근 링크를 이용한 비지역 변수 접근에 대해서는 Aho 외 (1986)를 참고하기 바란다.

예외 처리

10.1

예외 및 예외 처리

예외(Exception)란 무엇인가? 예외란 심각하지 않은 오류 혹은 비정상적 상황이라고 할 수 있다. 프로그램에서 예외가 발생하면 이를 처리하고 계속 수행할 수 있도록 해야 한다. 보통 발생된 예외를 처리하지 못하면 프로그램은 종료하게 된다. 따라서 예외에 대한 적절한 처리는 프로그램의 안전한 실행을 위해 매우 중요하다. 특히 최근에는 소프트웨어가 광범위하게 사용되고 있으며 항공 시스템, 원전 시스템, 교통, 금융 등과 같이 안전이 중요한 분야에서 많이 사용되고 있으며 이러한 분야에서 프로그램의 안전한 실행은 더욱 중요해지고 있다.

따라서 Java, C++, ML, Python과 같은 현대 프로그래밍 언어들은 프로그램의 안전성을 지원하기 위해 예외 처리를 위한 기능들을 제공한다. 예외 처리를 위해서는 다음과 같은 기능들이 필요하다.

예외 정의

프로그래머가 새로운 예외를 정의할 수 있는 기능

예외 발생(raise or throw exception)

예외를 발생시킬 수 있는 문장

예외 처리(exception handling)

발생된 예외를 처리하기 위한 문장

예외 처리 모델

예외가 발생되고 그 예외를 처리한 후의 실행 흐름은 어떻게 될까? 다음과 같은 코드를 중심으로 예외 처리 후의 실행 흐름을 살펴보자.

```
try {
    raise E; (1)      // 예외 발생
    (2)
} catch (E) {
    (3)               // 예외 처리
}
(4)
```

(1) 지점에서 예외가 발생하고 이를 처리하는 경우에는 다음에 어느 부분을 실행해야 할까? 이 문제에 대해서는 다음과 같은 두 가지 처리 모델이 존재한다.

[핵심개념] 재개 모델(resumption model)

예외가 발생하면 예외 처리 후 예외를 발생시킨 코드로 재개하여 계속 실행한다.

즉 (1) 지점에서 예외가 발생했을 때 (1) → (3) → (2) 순으로 계속 실행된다. 이 모델은 PL/I에서 채택되어 사용되었다.

[핵심개념] 종료 모델(termination model)

예외가 발생하면 예외 처리 후 예외를 발생시킨 코드로 재개하지 않고 try 문을 끝내고 다음 문장을 실행한다.

즉 (1) 지점에서 예외가 발생했을 때 (1) → (3) → (4) 순으로 실행된다. 이 모델은 Ada, C++, Python, Java 등에서 채택되어 사용되고 있다. 언어 S에서도 이 모델을 기반으로 하여 예외 처리 기능을 제공할 것이다.

어떤 모델을 사용하든지 (1) 지점에서 예외가 발생하였으나 이를 처리하지 못하는 경우는 (4) 부분을 실행한다.

언어 S의 예외

본 교재에서 정의한 언어 S에 다음과 같이 간단한 예외 관련 기능들을 추가해 보자. 언어 S의 예외 처리는 종료 모델을 기초로 할 것이다.

```
<command> → ... | exc id;              // 예외 정의
<stmt> →  ...
      | raise id;                       // 예외 발생
      | try <stmt> catch(id) <stmt>     // 예외 처리
```

- 첫 번째 exc로 시작하는 선언은 새로운 예외 이름을 정의하는 기능으로 마치 전역 변수를 선언하는 것처럼 새로운 예외 이름을 선언한다. 이렇게 선언된 예외는 어떤 특정한 예외 상황을 나타내는 이름이라고 생각할 수 있다.
- 두 번째 raise 문은 어떤 특정한 예외 상황에서 해당 예외를 발생시키는 문장이다. 발생된 예외를 처리하지 못하면 프로그램은 종료된다.
- 세 번째 try-catch 문은 첫 번째 문장 실행 중에 발생된 예외가 catch에서 처리될 수 있는 예외 즉 발생된 예외 이름과 처리할 예외 이름이 같으면 두 번째 문장을 실행하여

처리한다. 발생된 예외를 처리하지 못하면 프로그램은 종료된다. 첫 번째 문장 실행 중에 예외가 발생하지 않으면 try-catch 다음에 오는 문장을 실행한다.

- 함수 내에서 발생한 예외는 함수 내에서 처리되어야 하며 그렇지 않으면 프로그램은 종료된다. 함수 사이의 예외 전파에 대해서는 10.2절과 10.3절에서 논한다.

여기서 도입한 예외 관련 기능을 이용하여 계승 예제 프로그램을 다시 작성해 보자. 첫 번째 예제 프로그램은 음수 입력이 들어왔을 때 이를 나타내는 InvalidInput 예외를 발생시키는 프로그램으로 예외가 발생했을 때 이를 처리하는 문장은 없다.

[예제 1]

```
exc InvalidInput;
let
    int x=0; int y=1;
in
    read x;
    if (x < 0) then
        raise InvalidInput;
    else
        while (x != 0) {
            y = y * x;
            x = x - 1;
        }
    print y;
end;
```

두 번째 예제 프로그램은 음수 입력이 들어왔을 때 해당 예외를 발생시키는 프로그램으로 발생된 예외를 처리하는 문장을 갖추고 있어 발생된 예외를 처리할 수 있다.

[예제 2]

```
exc InvalidInput;
let
    int x=0; int y=1;
in
    read x;
    try {
```

```
        if (x < 0) then
            raise InvalidInput;
        else
            while (x != 0) {
                y = y * x;
                x = x - 1;
            }
        print y;
    } catch (InvalidInput) print "invalid input";
end;
```

어떤 문장 S_1을 실행할 때 발생할 수 있는 예외의 종류에 따라 다르게 처리하려면 여러 개의 catch 절을 사용할 수 있도록 언어 S를 확장할 수 있다. 예를 들어 다음과 같이 catch 절이 두 개인 경우를 살펴보자. 문장 S_1을 실행할 때 E1 예외가 발생하면 S_2에 의해서 처리되고 E2 예외가 발생하면 S_3에 의해서 처리된다.

```
try
    S₁
catch (E1) S₂
catch (E2) S₃
```

catch 절이 두 개 있는 위 문장은 사실 다음과 같이 try 문을 중첩하여 작성할 수 있으며 이것에 대한 일종의 설탕 구문(syntactic sugar)이라고 할 수 있다. try 블록 내에는 어떤 문장이든 올 수 있기 때문에 try 블록 내에 다시 try-catch 문이 나오는 형태로 중첩될 수 있다는 점을 상기하자.

```
try
    try
        S₁
    catch (E1) S₂
catch (E2) S₃
```

10.2

Python 예외

예외 처리

예외란 코드를 실행하는 중에 발생한 비정상적인 상황 또는 오류를 뜻한다. Python 언어에서는 다양한 예외 관련 기능을 제공한다. 간단한 예외 발생의 예부터 살펴보자.

여기서는 10을 0으로 나누기 때문에 다음과 같이 `ZeroDivisionError` 예외가 발생한다. 이런 상황을 예외라고 한다.

```
>>> x = 0
>>> print(10/x)
Traceback (most recent call last) :
    File "<pyshell#2>", line 1, in <module>
        print(10/x)
ZeroDivisionError: division by zero
```

발생한 예외를 처리하려면 다음과 같이 `try` 절에 실행할 코드를 작성하고 `except` 절에 예외가 발생했을 때 처리하는 코드를 작성한다. 이렇게 하여 `try` 실행 중에 발생하는 어떠한 예외도 처리할 수 있다.

```
try:
    실행 코드
except:
    예외 처리 코드
```

이제 숫자 10을 0으로 나누었을 때 발생하는 예외를 처리해 보자. 10을 0으로 나누면 `ZeroDivisionError` 예외가 발생하고 `except` 절에서 이 예외를 처리하고 '예외가 발생했습니다.'를 출력한다. 특히 예외가 발생하면 해당 줄에서 코드 실행을 중단하고 바로 `except` 절로 가서 코드를 실행한다. 따라서 `y = 10 / x` 문장을 비롯하여 그 아래 줄에 있는 `print(y)` 문장도 실행되지 않는다.

```python
try:
    x = int(input('나눌 숫자를 입력하세요: '))
    y = 10 / x
    print(y)
except:     # 예외가 발생했을 때 실행됨
    print('예외가 발생했습니다.')
```

실행결과

나눌 숫자를 입력하세요: 0
예외가 발생했습니다.

특정 예외 처리

앞에서와 같이 except 절을 사용하여 예외를 처리하는 경우에는 어떤 예외든 처리할 수 있으나 각 예외에 맞는 적절한 처리를 하기 어렵다. 다음과 같이 except에 예외 이름을 지정하면 해당 예외만을 처리할 수 있으며 그 예외에 맞는 적절한 처리를 할 수 있다. 또한 try 절에서 발생할 수 있는 여러 종류의 예외를 처리하기 위해서는 여러 개의 except 절을 사용할 수 있다. else 절과 finally 절은 옵션이다. else 절은 try 절에서 예외가 발생하지 않은 경우 실행되며 finally 절은 try 절에서 예외 발생 여부와 관계없이 마지막으로 실행된다.

```
try:
    실행 코드
except 예외이름:
    예외 처리 코드
...
except 예외이름:
    예외 처리 코드
[else:
    예외가 발생하지 않은 경우 실행할 코드]
[finally:
    예외 발생 여부와 관계없이 실행할 코드]
```

예를 들어 이 코드에서는 0을 입력하는 경우에 ZeroDivisionError가 발생하므로 이를 처리하기 위해 except ZeroDivisionError 형태로 처리할 예외를 지정한다.

[예제 4]

```
try:
    x = int(input('나눌 숫자를 입력하세요: '))
    print(10 / x)
except ZeroDivisionError:        # 숫자를 0으로 나눌 때 실행됨
    print('숫자를 0으로 나눌 수 없습니다.')
```

실행결과를 보면 0을 입력하면 10 / 0이 되므로 except ZeroDivisionError의 처리 코드가 실행된다는 것을 확인할 수 있다.

실행결과

```
나눌 숫자를 입력하세요: 0
숫자를 0으로 나눌 수 없습니다.
```

그렇다면 발생된 예외에 대한 처리 코드가 없는 경우에는 어떻게 될까? 이런 경우에는 예외가 처리되지 않고 try 문을 빠져나오게 되는데 이 경우에는 try 문을 사용하지 않은 경우처럼 처리되지 않은 예외로 인해 실행시간 오류가 발생하고, 오류 메시지가 출력된 후 프로그램 실행이 중단된다. 예를 들어 다음과 같이 정수가 아닌 값을 입력하게 되면 ValueError 예외가 발생하게 되고 해당 처리기가 없으므로 다음과 같이 프로그램 실행이 중단된다.

실행결과

```
나눌 숫자를 입력하세요: 10.0
Traceback (most recent call last):
    File "<pyshell#15>", line 2, in <module>
        x = int(input('나눌 숫자를 입력하세요: '))
ValueError: invalid literal for int() with base 10: '10.0'
```

try 문 중첩

try 문에서 처리되지 않고 빠져나온 예외는 그 바깥쪽에 try 문이 있는 경우에는 바깥쪽

try 문으로도 처리할 수 있다. 예를 들어 다음과 같이 바깥쪽에 try 문을 정수가 아닌 입력을 처리하기 위한 try 문을 추가할 수 있다. 실행결과에서 정수가 아닌 값이 입력되므로 except ValueError의 처리 코드가 실행된다.

[예제 5]

```
try:
    try:
        x = int(input('나눌 숫자를 입력하세요: '))
        print(10 / x)
    except ZeroDivisionError:      # 숫자를 0으로 나눌 때 실행됨
        print('숫자를 0으로 나눌 수 없습니다.')
except ValueError:                 # 적합하지 않은 값을 int 함수에 전달할 때
    print('입력한 값은 정수가 아닙니다.')
```

실행결과

```
나눌 숫자를 입력하세요: 10.0
입력한 값은 정수가 아닙니다.
```

사실 이 프로그램은 다음과 같이 except 절을 두 개 사용하여 재작성할 수 있다. 이 코드에서는 두 종류의 예외가 발생할 수 있는데 하나는 정수가 아닌 값을 입력하는 경우이고 다른하나는 0을 입력하는 경우이다. 이 두 경우는 except를 사용하여 각각 ZeroDivisionError와 ValueError로 지정한다. 이 코드는 어떤 예외가 발생하든 해당 예외의 처리 코드가 실행된다.

[예제 6]

```
try:
    x = int(input('나눌 숫자를 입력하세요: '))
    print(10 / x)
except ZeroDivisionError:   # 숫자를 0으로 나눌 때 실행됨
    print('숫자를 0으로 나눌 수 없습니다.')
except ValueError:          # 적합하지 않은 값을 int 함수에 전달할 때
    print('입력한 값은 정수가 아닙니다.')
```

예외의 오류 메시지

특히 try 문의 except 절에서 다음과 같이 as 뒤에 변수를 지정하면 이 변수에 발생한 예외의 오류 메시지를 받아올 수 있다.

```
except 예외이름 [as 변수] :
    예외 처리 코드
```

예를 들어 다음과 같이 except에 as e를 추가해서 오류 메시지를 받아 이를 출력하여 각 예외에 대한 오류 메시지를 확인할 수 있다.

[예제 7]

```
try:
    x = int(input('나눌 숫자를 입력하세요: '))
    print(10 / x)
except ZeroDivisionError as e:              # 변수 e에 오류 메시지를 받음
    print('숫자를 0으로 나눌 수 없습니다: ', e)    # e에 저장된 메시지 출력
except ValueError as e:
    print('입력 값은 정수가 아닙니다: ', e)
```

실행결과

```
나눌 숫자를 입력하세요: 0
숫자를 0으로 나눌 수 없습니다: division by zero
```

실행결과

```
나눌 숫자를 입력하세요: 10.0
입력 값은 정수가 아닙니다: invalid literal for int() with base 10:'10.0'
```

finally 절

finally 절은 try 문의 마지막에 옵션으로 올 수 있다. finally 절은 예외의 발생 및 처리 여부와 관계없이 try 문이 끝날 때 마지막으로 실행된다. 즉 finally 절은 예외가 발생하지 않은 경우에도 실행되고 예외가 발생되는 경우에도 처리 여부와 관계없이 모두 실행된다.

예를 들어 [예제 8]의 프로그램은 정수 두 개를 입력받아서 하나는 리스트의 인덱스로 사용하고, 하나는 나누는 값으로 사용한다. 그리고 except 절을 세 개 사용하고 각각 ZeroDivisionError, IndexError, ValueError를 지정한다. 그리고 마지막으로 finally 절에서 try 문이 끝났다는 메시지를 출력한다. 이 메시지는 어떤 경우에도 출력된다.

[예제 8]

```
y = [10, 20, 30]
try:
    index = int(input('인덱스를 입력하세요: '))
    x = int(input('나눌 숫자를 입력하세요: '))
    print(y[index] / x)
except ZeroDivisionError as e:
    print('숫자를 0으로 나눌 수 없습니다: ', e)
except IndexError as e:
    print('잘못된 인덱스입니다: ', e)
except ValueError as e:
    print('입력한 값은 정수가 아닙니다: ', e)
finally:                          # 어떤 경우든 마지막으로 실행된다.
    print('try 문의 끝입니다.')
```

y = [10, 20, 30]은 요소가 3개인 리스트로 인덱스는 0부터 2까지이다. 따라서 첫 번째 실행결과의 경우에는 20 / 2이 되므로 10이 출력된다. 두 번째 실행결과의 경우에는 인덱스 3이 리스트의 범위를 벗어나게 되며 이때는 except IndexError의 처리 코드가 실행된다. 두 경우 모두 finally 절에서 try 문이 끝났다는 메시지를 출력한다.

실행결과

```
인덱스를 입력하세요: 1
나눌 숫자를 입력하세요: 2
10
try 문의 끝입니다.
```

실행결과

```
인덱스를 입력하세요: 3
나눌 숫자를 입력하세요: 5
잘못된 인덱스입니다: list index out of range
try 문의 끝입니다.
```

예외 전파

예외가 코드 블록 안에서 발생하는 경우 발생된 예외는 가장 가까이 있는 **try** 문이 처리할 때까지 코드 블록을 차례대로 빠져나간다. 이와 비슷하게 호출된 함수 내에서 발생된 예외는 그 함수 내에서 처리되지 않으면 호출자 함수에 전파된다.

[핵심개념]

호출된 함수 내에서 발생된 예외는 그 함수 내에서 처리되지 않으면 호출의 역순으로 처리될 때까지 호출자 함수에게 전파되는데 이를 **예외 전파**(exception propagation)라고 한다.

이 특징을 이용하면 호출된 함수 내에서 발생된 예외를 호출자 함수에서 처리할 수 있다.

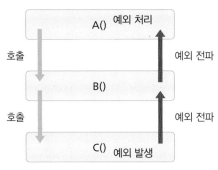

그림 10.1 함수 호출과 예외 전파

[예제 9]의 프로그램을 실행시켜 보자. 이 프로그램은 그림 10.1과 같이 A( ) → B( ) → C( ) 순으로 함수가 호출된다. 실행결과를 보면 이 함수 호출 과정(호출 스택 트레이스)과 C( )에서 발생된 예외를 확인할 수 있다.

[예제 9]

```
def C(x):
    return 8 / x        # x가 0인 경우 오류 발생
def B(y):
    return C(y - 1)     # y가 1인 경우 오류 발생
def A( ):
    print(B(int(input())))
A( )
```

실행결과

```
1
Traceback (most recent call last):
```

```
     File "<pyshell#6>", line 1, in <module>
        A()
     File "<pyshell#5>", line 2, in c
        print(B(int(input())))
     File "<pyshell#3>", line 2, in b
        return C(y - 1)
     File "<pyshell#1>", line 2, in a
        return 8 / x
ZeroDivisionError: division by zero
```

이 프로그램을 발생된 예외를 처리하도록 [예제 10]과 같이 재작성해 보자. 이 코드는 A() 함수에서 0으로 나누는 오류를 처리한다. C()에서 예외가 발생하더라도 그림 10.1과 같이 그 예외가 호출의 역순을 따라 전파되어 결국 A() 함수에서 처리된다.

[예제 10]

```
def C(x):
    return 8 / x      # x가 0인 경우 오류 발생
def B(y):
    return C(y - 1)   # y가 1인 경우 오류 발생
def A():
    try:
        print(B(int(input())))
    except ZeroDivisionError:
        print('0으로는 나눌 수 없습니다.')
A ()
```

실행결과

```
1
0으로는 나눌 수 없습니다.
```

예외 계층 구조

Python에서 예외는 클래스 상속으로 구현되며 그림 10.2와 같은 계층 구조로 이루어진다. 보통 새로운 예외를 만들 때는 Exception을 상속받아서 구현한다.

최상위 예외 클래스인 BaseException이나 그에 준하는 Exception 등을 except 절에 지정하면 발생하는 모든 예외를 처리할 수 있다. 예를 들어 다음과 같이 코드를 작성하면 try

절에서 발생하는 모든 예외를 처리할 수 있다. 이는 예외이름을 명시하지 않은 except 절과 같은 효과를 낸다.

```
try                      try
...                      ...
except BaseException:    except:
```

Exception 클래스의 하위 클래스로 정의된 모든 예외를 처리하기 위해서는 except 절을 다음과 같이 작성하면 된다.

```
try
...
except Exception:
```

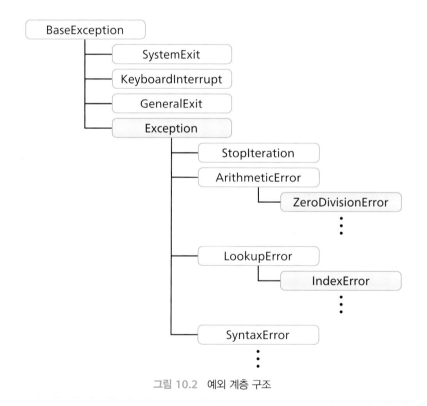

그림 10.2 예외 계층 구조

하지만 이런 식으로 모든 예외를 똑같이 처리해버리는 것은 좋은 프로그래밍 습관이 아니다. 가능하면, 예외의 종류마다 처리하는 방법이 다르므로 그에 따라 적절히 처리하는 것이 좋다.

예외 발생과 예외 정의

프로그램에서 예외적인 상황을 만나게 되면 일부로 예외를 발생시킬 수 있다. Python은 raise 명령어를 사용해 다음과 같이 예외를 발생시킬 수 있다. 이 경우에 예외 이름은 이미 정의된 내장된 예외이름도 가능하고 사용자가 정의한 예외이름도 가능하다.

```
raise 예외이름    또는
raise 예외이름(메시지)
```

예를 들어 다음과 같이 어떤 예외든 발생시킬 수 있다.

```
>>> raise ZeroDivisionError('0으로 나눌 수 없음')
Traceback (most recent call last):
    File "<stdin>", line 1, in <module>
ZeroDivisionError: 0으로 나눌 수 없음
```

프로그래머는 프로그램 수행 중에 특수한 예외적인 상황에 맞게 적절한 예외 처리를 하기 위해서는 이에 맞는 새로운 예외를 정의해서 사용하면 된다. 직접 예외를 정의해 보자. 다음과 같이 내장 클래스인 Exception 클래스를 상속하여 음수 입력을 나타내는 새로운 예외 NegativeInputException을 정의할 수 있다.

```
class NegativeInputException(Exception):
    pass
```

[예제 11]의 다음 함수는 점수를 입력받아 합계를 계산하여 출력한다. 입력된 점수가 음수이면 유효하지 않은 점수이므로 예외를 발생시키고 그때까지 입력된 점수의 합을 반환한다.

[예제 11]

```
def input_total( ):
    try:
        total = 0
        while True:
            score = int(input( ))
            if score < 0:
```

```
                raise NegativeInputException
        total = total + score
    except NegativeInputException as e:
        print(e)
        return total
```

```
input_total()
10
20
30
-1

60
```

하지만 프로그램을 실행해 보면 print(e)로 오류 메시지가 출력되지 않는 것을 확인할 수 있다. 오류 메시지를 출력하려면 두 가지 방법이 있다. 첫 번째 방법은 다음과 같이 메시지와 함께 예외를 생성하여 예외를 발생시키는 것이다.

```
raise NegativeInputException("음수 입력입니다.")
```

두 번째 방법은 예외 클래스에 다음과 같은 __str__ 메소드를 구현하는 것이다. __str__ 메소드는 print(e)처럼 스트링을 출력할 때 자동으로 호출되는 메소드이다.

```
class NegativeInputException(Exception):
    def __str__(self):
        return "음수 입력입니다."
```

프로그램을 다시 실행해 보면 "음수 입력입니다."라는 오류메시지가 출력되는 것을 확인할 수 있다.

10.3

Java 예외

예외 선언

언어 S에서는 새로운 예외를 단지 이름으로만 정의하였다. 이에 반해 Java에서 새로운 예외를 클래스로 선언하여 정의할 수 있다. 새로운 예외를 정의하는 클래스는 Exception 클래스나 그 서브클래스로부터 상속받아 정의해야 하며 다른 클래스처럼 생성자, 멤버 필드, 메소드 등을 가질 수 있다. 따라서 예외를 나타내는 객체는 다른 일반 객체처럼 사용될 수 있다. 즉 객체처럼 클래스를 이용하여 정의되고 일반 객체처럼 사용될 수 있다. 한 가지 차이점은 예외 객체는 throw되어 예외를 발생시킬 수 있다는 점이다.

Java 언어에서 예외 클래스들 사이에는 그림 10.3과 같은 클래스 계층구조가 성립한다. Java 클래스 계층구조의 최상위에는 Object 클래스가 있으며 이 클래스는 모든 객체가 가져야 하는 공통적인 특성을 정의하고 있다. 그 하위 클래스인 Throwable 클래스는 예외나

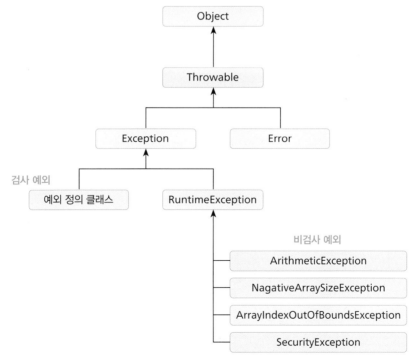

그림 10.3 Java 예외 클래스 계층구조

오류 같은 throw 될 수 있는 객체를 정의하는 클래스이다. Exception은 Throwable 하위 클래스이며 모든 예외 클래스의 조상이 된다. 따라서 예외를 정의하는 모든 클래스는 이 Exception 클래스를 직간접적으로 상속받는다.

예를 들어 다음과 같은 이미 정의되어 있는 실행시간 예외들도 모두 이 Exception 클래스를 상속받아 정의되어 있다.

ArithmeticException

0으로 나누는 경우에 발생하는 예외로 RuntimeException으로부터 상속받은 예외 클래스

ArrayIndexOutOfBoundsException

배열의 크기보다 큰 원소를 접근하려고 할 때 발생하는 예외

NegativeArraySizeException

배열의 크기가 음수로 된 경우에 발생하는 예외

NullPointerException

생성되지 않은 객체를 이용해서 객체의 멤버를 접근하는 경우에 발생하는 예외

또한 새로운 예외를 클래스로 정의하려면 이 Exception 클래스를 상속받아 정의하여야 한다. 예를 들어 다음과 같이 음수 입력을 나타내는 새로운 예외를 정의하는 클래스를 선언할 수 있다.

```java
public class NegativeInputException extends Exception {
    private String reason="Negative input";
    NegativeInputException( ) {
        System.out.println(reason + "is received")
    }
}
```

예외 발생 및 처리

Java에서는 다음과 같이 throw 문을 이용해서 예외를 발생시킨다.

```
throw 예외객체;
```

예외를 발생시키는 throw 문은 메소드 헤더에 처리되지 않은 예외를 선언하는 throws와는

다르다는 점을 유의하기 바란다. throws를 이용한 선언에 대해서는 10.3절에서 자세히 설명할 것이다.

발생된 예외를 처리하지 않는 경우 프로그램은 메시지를 내고 종료한다. 이 메시지는 **호출 스택 트레이스**(call stack trace)를 포함하고 main 메소드로부터 예외가 발생할 때까지의 메소드 호출과정을 보여준다.

발생된 예외는 다음과 같은 try-catch 문을 이용하여 처리할 수 있다. 여기서 E1부터 En은 처리할 예외의 이름이다.

```
try  {
    실행 코드
}
catch (E1 x)  { 예외 처리 코드 }
...
catch (En x)  { 예외 처리 코드 }
[finally { 예외 처리와 관계없이 실행할 코드 }]
```

보통 예외가 발생할 수 있는 실행 문장들을 try 블록에 작성한다. 이 블록을 실행할 때 예외가 발생하면 다음과 같이 처리된다.

- 발생된 예외를 순차적으로 catch 절과 매치하여 매치되는 catch 절로 제어가 넘어가서 해당 catch 절이 실행되어 발생된 예외를 처리한다.
- 매치되는 catch 절이 없으면 이 문장에서 예외가 발생하였으나 처리되지 않은 것이다.
- 만약 try 블록에서 예외가 발생하지 않으면 이 문장 다음에 오는 문장이 실행된다.

try-catch 문에는 옵션으로 finally 절을 사용할 수 있는데 이 절은 try 블록에서 예외 발생 및 처리 여부와 관계없이 실행된다. 즉 try 블록에서 예외가 발생한 경우에는 해당 catch 절을 실행한 후에 finally 절이 실행되고 try 블록에서 예외가 발생하지 않은 경우에도 바로 이어서 finally 절이 실행된다.

예외 발생 및 처리를 위한 [예제 12]의 프로그램을 살펴보자. 이 프로그램은 0부터 100점 사이의 점수를 입력받아 이 점수들의 총합을 출력하는 프로그램이다. 이 프로그램은 범위 내의 점수를 입력받으면 총합에 더하고 범위를 초과하는 입력에 대해서는 다시 입력하도록 한다. 음수 값을 입력받으면 NegativeInputException 예외가 발생하고 이를 입력끝으로 간주하여 점수의 총합을 출력한다.

```
class Grade {
    int newGrade, total;
    void totalGrade( )  {
        Scanner scan = new Scanner (System.in);
        try {
            while (true)  {
                System.out.println("Please input a grade");
                newGrade = scan.nextInt( );
                if (newGrade < 0)
                    throw new NegativeInputException( );
                if (newGrade <= 100)
                    total = total + newGrade;
                else System.out.println("Out of range input !");
            }
        } catch(NegativeInputException x) {
                System.out.println(x);
                System.out.println("Total:" + total);
        }
    }
}
```

다음과 같이 [예제 13]의 프로그램을 실행했을 때 실행결과를 살펴보자. 범위 밖의 점수를 입력했을 때는 다시 입력하도록 하고, 음수 값을 입력했을 때는 해당 예외가 발생하고 점수의 총합을 출력하는 것을 확인할 수 있다.

[예제 13]

```
public static void main(String[] args) {
    Grade grade = new Grade();
    grade.totalGrade();
}
```

실행결과

```
Please input a grade
```

```
85
Please input a grade
90
Please input a grade
75
Please input a grade
800
Out of range input !
Please input a grade
80
Please input a grade
-1
Negative input is received
NegativeInputException
Total: 330
```

예외 전파

발생된 예외가 처리되지 않으면 어떻게 될까? 어떤 메소드 내에서 발생된 예외가 처리되지 않으면 바로 프로그램이 종료되는 것은 아니다. 일단 메소드 내에서 예외가 발생되어 해당 메소드 내에서 처리되지 않으면 그 메소드의 호출자 메소드에 전파된다. 전파된 예외는 호출자 메소드에서 처리될 수 있고 호출자에서도 처리되지 않으면 호출자의 호출자 메소드에 전파된다. 이렇게 발생된 예외가 호출의 역순으로 처리될 때까지 호출자에게 전파되는 것을 **예외 전파**(exception propagation)라고 한다.

그림 10.4와 같이 A() → B() → C() 순으로 메소드가 호출되어 C() 메소드에서 예외가 발생한다면 예외 전파는 C() → B() → A() 순으로 이루어진다. 예를 들어 전파된 예외를

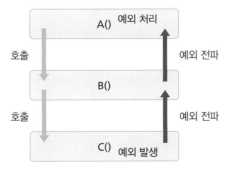

그림 10.4 함수 호출과 예외 전파

A() 메소드에서 처리할 수 있다. 만약 이렇게 호출의 역순으로 전파되어도 발생된 예외가 처리되지 않으면 결국 main() 메소드까지 전파될 것이다. main() 메소드에서도 처리되지 않으면 프로그램은 종료된다.

이 특징을 이용하면 호출된 메소드 내에서 발생된 예외를 호출자 메소드에서 처리할 수 있다. [예제 14] 프로그램을 살펴보자. input() 메소드에서 나이를 입력 받는데 만약 입력이 음수이면 예외가 발생한다. 발생된 예외는 이 메소드 내에서 처리되지 않으므로 호출자 메소드인 via() 메소드로 전파된다. 이 예외는 via() 메소드에서도 처리되지 않으므로 그 호출자 메소드인 main() 메소드로 전파되고 여기서 try-catch 문에 의해 처리된다.

[예제 14]

```
// 발생된 예외의 전파과정을 보인다.
Public class Propagate
{
    void input() throws NegativeInputException {
        int age;
        scanner scan = New Scanner(System.in);
        System.out.println("input 메소드 시작");
        age = scan.nextInt();
        if(age < 0)
            throw  new NegativeInputException();
        System.out.println("input 메소드 끝");
    }

    void via() throws NegativeInputException {
        System.out.println("via 메소드 시작");
        input();
        System.out.println("via 메소드 끝");
    }

    public static void main(String[] args) {
        Propagate p = new Propagate();
        System.out.println("main 메소드 시작");
        try {
            p.via();
        } catch (NegativeInputException m) {
```

```
            System.out.println(m);
        }
        System.out.println("main 메소드 끝");
    }
}
```

10.4 예외 검사 및 예외 선언

예외 검사의 필요성

Java 프로그램 내에 예외가 발생할 수 있는 코드가 있으면 이를 처리할 수 있는 try-catch 처리문이 있어야 한다. 만약 발생한 예외를 처리할 수 있는 try-catch 문이 없다면 실제 실행에서 예외가 발생하면 이를 처리하지 못하고 프로그램은 갑자기 종료될 것이다. 이를 미리 예방하기 위해서는 어떻게 하여야 할까?

예를 들어 [예제 15]의 메소드는 음수가 입력되면 NegativeInputException이 발생하지만 이를 처리할 수 있는 try-catch 문이 없다. 따라서 이 메소드는 이러한 경우에 갑자기 종료될 것이다.

[예제 15]

```java
void input() {
    int age;
    Scanner scan = new Scanner(System.in);
    System.out.println("input 메소드 시작");
    age = scan.nextInt( );
    if (age < 0)
        throw new NegativeInputException( );
    System.out.println("input 메소드 끝");
}
```

Java 언어에서 이를 예방하기 위해 채택하고 있는 방법은 컴파일러가 이를 미리 검사하는 것인데 이러한 검사를 **예외 검사**(exception checking)라고 한다. Java 컴파일러는 예외가 발생될 수 있는 곳에 이를 처리할 수 있는 try-catch 문이 있는지 미리 검사하고 해당하는 try-catch 문이 없으면 컴파일 오류 메시지를 낸다. 이렇게 함으로써 발생 가능한 예외에 대한 try-catch 문이 없는 프로그램이 실행되는 것을 원천적으로 예방할 수 있다.

예를 들어 [예제 15]의 프로그램을 컴파일하면 input() 메소드 내에서 발생될 수 있는 예외를 그 메소드 내에서 처리할 수 없으므로 다음과 같은 오류 메시지가 발생할 것이다. 이 오류 메시지는 그 뜻을 해석해 보면 NegativeInputException은 잡아서 처리하거나 발생한다고 선언해야 한다는 의미인데 선언해야 한다는 것은 무슨 뜻일까?

```
NegativeInputException must be caught or declared to be thrown.
```

처리되지 않은 예외의 선언

예외 검사와 관련해서 한 가지 주의해야 할 점은 발생된 예외를 꼭 그 메소드 내에서 처리해야 하는 것은 아니라는 점이다. 앞에서 살펴본 것처럼 발생된 예외가 그 메소드 내에서 처리되지 않으면 호출자에게 전파되어 호출자가 처리하는 것도 가능하다. 따라서 예외 검사를 할 때 예외가 발생된 메소드 내에 try-catch 처리문이 없다고 반드시 오류가 되는 것은 아니다.

그렇다면 이를 어떻게 해결할 수 있을까? Java 언어에서는 발생된 예외를 의도적으로 예외가 발생된 메소드 내에서 처리하지 않는 경우에는 이를 throws를 이용하여 메소드 헤더에 선언해야 한다. 다음 선언은 이 메소드 내에서 E1 예외가 발생할 수 있지만 이 메소드 내에는 이를 처리하는 try-catch 문은 없다고 선언한 것이다.

```
메소드이름() throws E1
{
    ...
}
```

이 메소드 내에서 여러 종류의 예외(예를 들면 E1, E2, E3)가 발생 가능하고 이를 처리하는 try-catch 문이 없다면 이를 다음과 같이 선언할 수 있다.

```
메소드이름() throws E1, E2, E3
{
    ...
}
```

예를 들어, [예제 16]의 프로그램과 같이 예외가 발생될 수 있는 input() 메소드의 헤더 부분에 이 메소드 내에서 처리될 수 없는 예외인 NegativeInputException을 선언하면 된다. 또한 input() 메소드에서 발생된 예외는 이 메소드 내에서 처리되지 않으므로 호출자 메소드인 via() 메소드로 전파될 것이다. 이 전파된 예외는 호출자인 via() 메소드에서도 처리될 수 없으므로 via() 메소드의 헤더에도 선언해야 한다. 이 예외는 최종적으로 그 호출자 메소드인 main() 메소드로 전파될 것이며 여기서 try-catch 문에 의해 처리될 수 있을 것이다. 이와 같이 이 프로그램은 발생된 예외를 처리하지 않은 경우에는 메소드 헤더에 선언하였으므로 컴파일러의 예외 검사도 통과할 수 있다.

[예제 16]

```java
public class Propagate2
{
    void input() throws NegativeInputException {
        int age;
        Scanner scan = new Scanner(System.in);
        System.out.println("input 메소드 시작");
        age = scan.nextInt( );
        if (age < 0)
            throw new NegativeInputException( );
        System.out.println("input 메소드 끝");
    }

    void via() throws NegativeInputException  {
        System.out.println("via 메소드 시작");
        input();
        System.out.println("via 메소드 끝");
    }

    public static void main(String[] args)  {
        Propagate2 p = new Propagate2();
        System.out.println("main 메소드 시작");
        try {
            p.via();
        } catch (NegativeInputException m) {
            System.out.println(m);
        }
        System.out.println("main 메소드 끝");
    }
}
```

예외 검사

Java 컴파일러는 프로그램 내에서 발생한 예외가 처리될 수 있는지 컴파일 시간에 미리 검사하는데 이를 **예외 검사(exception checking)**라고 한다.

[핵심개념]

Java 컴파일러는 예외 검사를 통해 어떤 메소드 내에서 발생 가능한 예외가 해당 메소드 내에서 처리될 수 있는지 아니면 메소드 헤더에 선언되었는지 검사한다.

이 예외 검사 과정을 정리하면 다음과 같다.

1. 메소드 내에서 발생 가능한 예외가 해당 메소드 내에서 try-catch 문에 의해서 처리될 수 있는지 검사한다.

2. 처리될 수 없으면 메소드 헤더에 throws 절에 선언되어 있는지 검사한다.

둘 중에 하나라도 가능하면 오류가 아니다. 그러나 둘 다 아니면 즉 발생 가능한 예외에 대해서 해당 메소드 내에 처리문도 없고 메소드 헤더에 선언도 되어 있지 않으면 이는 오류라고 할 수 있다. 이 경우에 Java 컴파일러는 다음과 같은 오류 메시지를 낸다.

```
OOOException must be caught or declared to be thrown.
```

[예제 16] 프로그램의 예외 검사 과정을 살펴보자.

- input 메소드는 그 내부에서 발생 가능한 NegativeInputException 예외를 처리할 수 없으나

- 이를 throws 절을 이용하여 메소드 헤더에 선언하였다. 따라서 이 메소드는 예외 검사 오류가 아니다.

그렇지만 여기서 발생한 예외를 처리하기 위한 try-catch 처리문은 호출 체인을 따라 어딘가에 존재해야 하는데 Java 컴파일러는 이것을 다음과 같이 검사한다.

- 이 메소드의 호출자인 via 메소드를 예외 검사할 때 이 메소드가 input 메소드를 호출한다는 것과 호출된 input 메소드에서 NegativeInputException이 발생 가능하다는 것을 throws 선언을 보고 파악한다.

- 이 정보를 바탕으로 via 메소드 내에 이를 처리할 수 있는 try-catch 문이 있는지 검사한다.

• 이 경우에는 없으므로 다시 이 예외가 throws 절을 이용하여 via 메소드 헤더에 선언되어 있는지 확인한다. 선언되어 있으므로 예외 검사 오류는 아니다.

또한 main 메소드의 경우에도 똑같은 방식으로 검사한다. 즉 main에서 호출하는 via 메소드에서 NegativeInputException이 발생 가능하다는 것을 throws 선언을 보고 파악한다. 그리고 via 메소드에서 발생할 수 있는 이 예외는 main 메소드 내에 이를 처리할 수 있는 try-catch 문이 있으므로 예외 검사를 통과할 수 있다. 결과적으로 이 프로그램은 예외 검사를 통과할 것이다.

정리하면 Java 예외 검사는 다음과 같이 이루어진다.

1. 메소드 내에서 발생 가능한 예외에 대해 이를 처리할 수 있는 try-catch 문이 있는지 검사한다. 없으면 그 예외가 throws 절을 이용하여 메소드 헤더에 선언되어 있는지 검사한다.

2. 메소드 내에서 다른 메소드를 호출하는 경우에는 피호출자 메소드 헤더에 throws 절으로 선언된 예외 정보를 참조하여 이 예외를 처리할 수 있는 try-catch 문이 있는지 검사하고 없으면 호출자 메소드 헤더에 이 예외가 선언되어 있는지 검사한다.

검사 예외와 비검사 예외

그런데 예외 검사에 관한 한 가지 문제는 모든 예외에 대해서 이렇게 미리 예외 검사를 할 수 있는가 하는 점이다. 예를 들어 실행시간 예외(RuntimeException)들은 어디서 발생할지 미리 알기도 힘들고 또한 발생 가능한 곳이 너무 많아서 이러한 예외에 대해서 모두 검사하는 것도 어렵다. 뿐만 아니라 이러한 모든 가능한 예외에 대해서 이를 처리하는 try-catch 문을 요구하는 것도 프로그래머에게 큰 부담이 된다. 이러한 이유로 Java 컴파일러는 실행시간 예외에 대해서는 예외 검사를 하지 않고 그 처리를 프로그래머에게 위임한다. 이러한 이유로 Java 언어는 예외 검사 여부에 따라 예외를 **검사 예외**(checked exception)와 **비검사 예외**(unchecked exception)로 분류한다.

[핵심개념] 검사 예외

예외가 발생할 경우에 이를 처리할 수 있는 처리문이 있는지 컴파일러가 미리 검사하는 예외로 RuntimeException 예외를 제외한 예외는 모두 검사 예외이다. 메소드 내에서 처리되지 않는 예외는 메소드 헤더 부분에 throws를 이용하여 선언되어야 한다.

[핵심개념] 비검사 예외

RuntimeException로부터 상속받는 표준 런타임 예외들로 컴파일러가 예외 검사를 하지 않는다. 대신 프로그래머가 알아서 필요에 따라 이러한 예외들을 처리하도록 프로그램을 작성해야 한다.

Java의 예외 클래스 계층구조에서 검사 예외와 비검사 예외는 그림 10.5와 같이 구분할 수 있다.

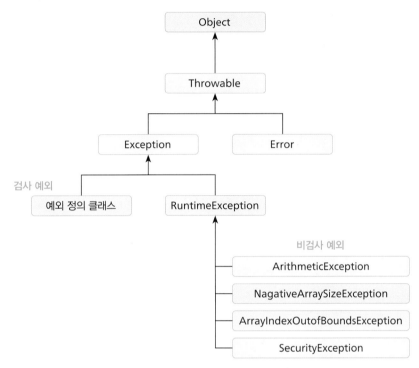

그림 10.5 Java의 검사 예외와 비검사 예외

01 재개 모델(resumption model)

- 예외가 발생하면 예외 처리 후 예외를 발생시킨 코드로 재개하여 계속 실행한다.

02 종료 모델(termination model)

- 예외가 발생하면 예외 처리 후 예외를 발생시킨 코드로 재개하지 않고 try 문을 끝내고 다음 문장을 실행한다.

03 호출된 함수 내에서 발생된 예외는 그 함수 내에서 처리되지 않으면 호출의 역순으로 처리될 때까지 호출자 함수에게 전파되는데 이를 예외 전파(exception propagation)라고 한다.

04 Java 컴파일러는 예외 검사를 통해 어떤 메소드 내에서 발생 가능한 예외가 해당 메소드 내에서 처리될 수 있는지 아니면 메소드 헤더에 선언되었는지 검사한다.

05 검사 예외

- 예외가 발생할 경우에 이를 처리할 수 있는 처리문이 있는지 컴파일러가 미리 검사하는 예외로 RuntimeException 예외를 제외한 예외는 모두 검사 예외이다. 메소드 내에서 처리되지 않는 예외는 메소드 헤더 부분에 throws를 이용하여 선언되어야 한다.

06 비검사 예외

- RuntimeException로부터 상속받는 표준 런타임 예외들로 컴파일러가 예외 검사를 하지 않는다. 대신 프로그래머가 알아서 필요에 따라 이러한 예외들을 처리하도록 프로그램을 작성해야 한다.

01 예외 처리 방법으로 재개 모델과 종료 모델에 대해서 설명하시오.

02 Java, C++ 및 Python 언어의 예외 전파 과정에 대해 설명하시오.

03 Java 언어에서 예외 검사를 하는 이유는 무엇인가? 예외 검사 과정에 대해 설명하시오.

04 Java 언어의 검사 예외와 비검사 예외에 대해서 설명하시오. 비검사 예외를 컴파일 시간에 예외 검사하지 않는 이유는 무엇인가?

05 다음 프로그램의 실행결과는 무엇인가 (0으로 나눗셈을 할 때 ArithmeticException이 발생함)

```java
public class Propagate1 {
    static void divide (int adjustment) {
        int current = 1;
        System.out.println("1");
        current = current / adjustment;
        System.out.println("2");
    }
    static void via() {
        System.out.println("3");
        divide (0);
        System.out.println("4");
    }
    public static void main() {
        System.out.println("5");
        try {
            via();
        } catch (ArithmeticException m) {
            System.out.println("6");
        }
        System.out.println("7");
    }
}
```

06 [예제 12]는 수가 아닌 잘못된 입력이 들어오면 InputMismatchException이 발생되어 종료된다. 이러한 경우에 적절한 오류 메시지를 출력하고 입력을 다시 받도록 수정하시오.

실습문제

01 10.1절에서 살펴본 예외 관련 기능을 인터프리터에 추가하여 구현하시오.

```
<command> → ... | exc id;        // 예외 정의
<stmt> →  …
         | raise id;                        // 예외 발생
         | try <stmt> catch(id) <stmt>   // 예외 처리
```

02 실습문제 1에서 구현한 인터프리터를 함수 내에서 처리되지 않는 예외는 호출자에 전파
되어 호출자에서 처리될 수 있도록 확장하여 구현하시오.

참고

01 구조적인 예외 처리 기능은 Goodenough (1975a)와 Goodenough (1975b)에 의해 제안되었으며 이후 예외 처리 기능은 PL/I, Ada, C++, Java, ML, Python 등의 많은 현대 프로그래밍 언어에서 채택되었다. Ada 예외 처리 기능은 Cohen (1996)에 기술되어 있다. 두 가지 예외 처리 모델인 재개 모델과 종료 모델에 대해서는 Stroustrup (1994)의 16.6절 "Exception Handling: Resumption vs. Termination"에 자세히 기술되어 있다. C++ 예외 처리는 Stroustrup (1997)에 기술되어 있다. ML의 예외 처리는 Milner 외 (1990), Milner 외 (1997) 및 Ullman (1998)을 참고하기 바란다.

02 Java의 예외 처리에 대해서는 Gosling & Steele (1996) 및 Arnold & Gosling (1997)에 기술되어 있다. Java의 예외 검사에 대해서는 Gosling & Steele (1996)의 10장에 기술되어 있다. Java의 프로시저 사이의 예외 검사에 대해서는 Robillard & Murphy (1999)와 Chang 외 (2001)을 참고하기 바란다. 테이블을 사용하는 C++ 예외 구현에서는 대해서는 Lajoie (1994)에 기술되어 있다.

11

객체와 클래스

11.1

객체지향 언어

객체지향 언어의 역사

객체지향 언어의 시작은 노르웨이 컴퓨팅센터에서 개발한 Simula-67이다. 이 언어는 그 이름이 의미하는 것처럼 실세계에 있는 객체들을 표현하고 이들 사이의 상호작용을 시뮬레이션하기 위한 언어로 개발되었다. 이 언어가 채택한 가장 중요한 개념은 객체와 클래스로 이후의 모든 객체지향 언어의 기초가 되었다고 할 수 있다. 하지만 Simula-67의 발표 이후 10여 년간 객체지향 언어는 전혀 주목을 받지 못하였다.

객체지향 언어로서의 실질적 원조는 제록스 파크(PARC)에서 Alan Kay 팀에 의해 개발된 Smalltalk라고 할 수 있다. 이 언어 역시 아이디어는 Simula-67에서 얻어왔지만 순수한 객체지향 언어로 설계되었다. 이 언어는 Smalltalk-80부터 공개되어 퍼지기 시작했으며 이후 많은 객체지향 언어에 영향을 주었으며, 매킨토시의 GUI 인터페이스에도 영향을 주었다. 최초로 GUI를 제공하는 언어였으며 이는 마우스가 Smalltalk와 함께 제록스 파크(PARC)에서 개발되었던 것과도 연관이 있다.

이후 객체지향 언어는 1990년대에 많은 발전이 있었다. 이들은 기본적으로 Smalltalk의 큰 틀을 따르지만 그들이 가지고 있었던 문제들을 해결해 나가는 과정으로 발전하였다. 그 중 AT&T의 벨연구소에서 Stroustrup에 의해 개발된 C++는 많은 사용자를 확보하고 있는 객체지향 언어다. 초기의 C++는 C에 클래스 개념만 도입된 것에 지나지 않았으나, 상속, 가상 함수, 추상 클래스, 예외 처리 등과 같은 다양한 기능이 추가되면서 점차 향상되었다. C++는 C를 기반으로 하기 때문에 많은 프로그래머들의 인기를 받고 있지만 그로 인하여 객체지향성을 제대로 반영하지 못하고 있다는 비난을 받기도 한다.

1990년대 중반 이후로 각광받고 있는 객체지향 언어는 Java로 선마이크로시스템즈의 James Gosling에 의하여 고안된 언어이다. 자바 언어의 장점은 언어의 단순성과 플랫폼 독립성이다. 특히 언어의 단순성 입장에서 객체지향 패러다임에 충실하게 고안되었기 때문에 C++보다 오용의 소지가 적다. 이 언어는 현재 웹 애플리케이션과 모바일 앱 개발 등의 분야에서 가장 많이 사용되고 있다.

Brad Cox 등이 개발한 Objective-C는 C++와 마찬가지로 C와 객체지향 언어를 혼합한 언어이다. Objective-C는 C++보다는 Smalltalk에 좀 더 가깝게 정의된 언어이다. 현재, 이 언어는 애플의 매킨토시의 운영체제인 OS X과 아이폰의 운영체제인 iOS에서 주로 사용되고 있으며 Swift 언어로 발전되었다.

C#는 마이크로소프트에서 개발한 객체지향 프로그래밍 언어로, 닷넷 프레임워크의 한 부분으로 만들었다. C#은 그 문법적인 특성이 Java와 상당히 유사하지만 Java와 달리 불안전 코드(unsafe code)와 같은 기술을 통하여 플랫폼 간 상호 운용성에 상당히 많은 노력을 기울이고 있다. C#의 기본 자료형은 닷넷의 객체 모델을 따르고 있고, 클래스, 인터페이스, 예외와 같이 객체지향 언어로서 가져야 할 모든 요소들이 포함되어 있다.

또한 최근에 다양한 분야에서 많이 사용되고 있는 Python 언어는 1991년 Guido van Rossum이 개발한 고급 프로그래밍 언어로, 플랫폼에 독립적이며 동적 타이핑을 지원하는 대화형 인터프리터 언어이면서 객체지향 개념을 포함한 다중 패러다임 언어이다.

객체지향 언어의 주요 개념

객체지향 언어의 주요 개념에 대해 몇 개의 질문을 중심으로 알아보자.

객체지향 프로그래밍은 왜 시작되었을까?

객체지향 언어의 관점에서 프로그램이란 실세계에 있는 객체들을 표현하고 이들 사이의 상호작용을 시뮬레이션하기 위한 것이다. 실제로 우리가 사용하는 많은 소프트웨어, 예를 들어, 온라인 쇼핑이나 수강 신청 등을 위한 소프트웨어들은 실세계에 존재하는 객체들을 프로그램 상에 표현하고 이들 사이에 일어나는 일들을 프로그램 상에서 시뮬레이션 한다. 이러한 배경에서 탄생한 객체지향 프로그래밍(Object-Oriented Programming, OOP)은 프로그램을 여러 개의 독립된 단위, 즉 "객체"들의 모음으로 파악하고 각각의 객체는 메시지를 주고받고, 데이터를 처리할 수 있는 개체이다.

실세계의 객체를 프로그램 상에 어떻게 표현할 수 있을까?

객체지향 언어에서 객체는 실세계의 사물 혹은 물체를 나타내는 데 사용된다. 예를 들어 학생, 은행계좌, 자동차, 신용카드 등은 모두 객체이다. 어떤 객체든 객체를 표현하려면 먼저 그 객체에 대한 데이터가 필요할 것이다. 이들 데이터는 객체의 속성 또는 현재 상태를 나타낸다. 또한 어떤 객체든 그 객체가 취할 수 있는 행동들이 있으므로 이를 표현해야 한다.

[핵심개념]

객체는 그 객체의 **속성**(attribute)과 그 객체의 **행동**(behavior)으로 이루어진다. 속성은 객체의 상태 혹은 데이터를 나타내며 행동은 그 객체가 할 수 있는 연산 혹은 동작을 나타낸다.

- **속성**: 객체의 데이터 혹은 상태를 나타내는 속성

- **행동**: 객체가 취할 수 있는 연산 혹은 동작

예를 들어 은행 계좌를 생각해 보자. 계좌는 어떻게 표현할 수 있을까? 계좌를 표현하기 위한 속성으로는 소유자명, 계좌번호, 잔액 등이 있으며, 계좌에 대해 취할 수 있는 행동은 입금, 출금, 잔액조회 등이 있다.

이 객체의 속성은 객체가 어떤 행동을 함으로써 변경될 수 있으며 또한 객체의 속성에 따라서 행동에 영향을 줄 수도 있다. 계좌의 경우에는 입금하게 되면 객체의 속성인 잔액이 변경될 것이다. 또한 현재 잔액에 따라 출금에 영향을 줄 수 있다.

객체를 어떻게 정의할 수 있을까?

프로그램 상에 객체를 표현하려면 어떻게 하여야 할까? 먼저 객체의 속성과 행동을 정의하여야 하는데 이렇게 객체를 정의한 것을 클래스라고 한다. 클래스는 객체에 대한 설계도라고 할 수 있으며 객체지향 언어에서 일종의 사용자 정의 자료형(user defined data type)이다. 클래스는 객체에 대한 설계도이므로 결국 객체의 속성과 행동을 나타내야 하는데 객체의 속성은 필드 변수로 나타내고 행동은 메소드로 나타낸다.

- **속성**: 필드 변수
- **행동**: 메소드

예를 들어 은행 계좌 객체를 정의하는 클래스는 그림 11.1과 같이 속성을 나타내는 필드 변수 name, balance와 행동을 나타내는 메소드 deposit, withdraw, getBalance 등으로 정의할 수 있다.

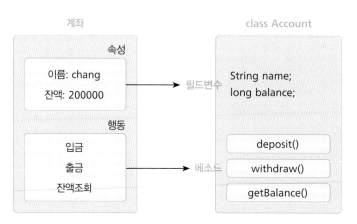

그림 11.1 계좌를 정의하는 클래스

클래스와 객체 사이의 관계를 생각해 보자. 클래스는 객체에 대한 설계도 역할을 하며 클래스로부터 객체들을 생성해낼 수 있다. 하나의 자동차 설계도로 여러 대의 자동차를 만드는 것처럼 한 클래스로부터 원하는 수만큼의 객체들을 생성할 수 있다. 이와 같이 클래스로부터 객체들을 생성해내는 것을 **실체화**(instantiation)라고 하며 객체는 클래스의 하나의 **실체** 혹은 **인스턴스**(instance)라고 한다. 예를 들어 Account 클래스로부터 여러 개의 계좌 객체들을 생성할 수 있다. 인스턴스라는 말은 특정 객체가 어떤 클래스의 객체인지를 관계 위주로 설명할 때 주로 사용된다.

11.2

Java 클래스

클래스 정의

예를 들어, 프로그램 내에서 은행계좌 객체를 생성하기 위해서는 먼저 계좌의 속성과 행동을 나타내는 Account 클래스를 정의해야 한다. [예제 1]의 Account 클래스에는 계좌의 소유자명과 잔액을 나타내는 필드 변수로 name과 balance가 선언되었으며 계좌에 대한 행동을 나타내는 메소드로 getBalance, deposit, withdraw 등이 정의되었다. Account 클래스를 보다 현실적으로 정의하려면 계좌번호, 비밀번호 등을 포함해야 하나 여기서는 간단한 정의를 위해서 이름과 잔액으로만 정의하였다.

[예제 1]

```java
/* 계좌를 나타내는 클래스를 정의한다. */
class Account
{
    private String name;
    private long balance;

    Account(String name) {
        this.name = name;
        balance = 0;
    }

    public long getBalance() {
        return balance;
    }

    public long deposit(long amount) {
        balance += amount;
        return balance;
    }
```

```
    public long withdraw(long amount) {
        if (amount <= balance)
            balance -= amount;
        else System.err.println("잔액 부족");
        return balance;
    }
}
```

이 예제 프로그램을 중심으로 클래스 선언에 대해서 알아보도록 하자. 하나의 클래스 정의는 **클래스 헤더**(class header)와 **클래스 본체**(class body)로 구성된다. 클래스 헤더에는 정의하고자 하는 클래스 이름을 표기한다. 클래스 본체 내에서는 객체의 속성을 나타내기 위한 필드 변수들(field variables)을 선언하고, 행동을 정의하는 메소드들(methods)을 정의한다. 그림 11.2는 Account 클래스의 구조를 보여주고 있다.

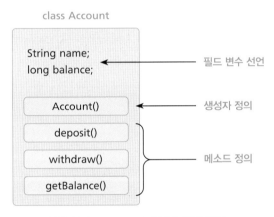

그림 11.2 Account 클래스 본체 구조

[예제 1]의 Account 클래스는 필드 변수로 name과 balance가 선언되어 있는데 클래스 내에 선언된 이 변수들은 **실체 변수**(instance variable)라고 하는데 실체 변수는 각 객체(실체)마다 변수를 위한 메모리가 할당된다.

[핵심개념]

클래스 내에 선언된 실체 변수는 각 객체(실체)마다 변수를 위한 메모리가 할당된다.

이 클래스의 getBalance 메소드는 잔액을 알려준다. deposit 메소드는 입금 후 잔액을 리턴한다. withdraw 메소드는 출금하고 남은 잔액을 리턴하는데 잔액이 부족할 때는 "잔액 부족"이라는 메시지를 출력한다.

생성자(constructor)는 클래스와 같은 이름을 갖는 특수한 메소드로 new 연산자에 의해 객체가 생성될 때 자동으로 실행된다. 생성자는 주로 객체를 초기화하는 데 사용된다. 생성자는 리턴 값이 없으므로 리턴 타입이 없으며 생성자에 리턴 타입을 사용하면 컴파일 오류이다. Account 클래스의 생성자는 이름을 매개변수로 받으며 잔액은 0으로 초기화한다.

```java
public Account(String name) {
    this.name = name;
    balance = 0;
}
```

필요하면 이름뿐만 아니라 초기화할 잔액을 매개변수로 받아 다음과 같이 초기화하는 것도 가능하다.

```java
public Account(String name, long amount) {
    this.name = name;
    balance = amount;
}
```

클래스를 정의할 때 생성자를 꼭 선언해야 하는 것은 아니며 필요에 따라 중복 정의를 이용해 여러 개 선언할 수도 있다. 생성자를 선언하지 않으면 각 클래스는 Java가 기본으로 제공하는 매개변수가 없는 디폴트 생성자를 갖게 된다.

객체 생성

클래스를 사용하여 원하는 수만큼의 객체를 생성할 수 있다. Java에서는 new 연산자를 이용하여 클래스로부터 객체를 생성할 수 있다. 보통 객체를 생성하기에 앞서 생성된 객체를 가리키기 위해 다음과 같이 변수를 선언하는데 이 변수는 **객체 참조 변수**(object reference variable)로 객체를 가리키기 위한 변수이다.

```
클래스이름   변수;
```

예를 들어, 다음과 같이 Account 객체를 참조할 수 있는 변수 acc1을 선언할 수 있다. 그러나 한 가지 주의해야 할 점은 객체 참조 변수를 선언해도 객체가 생성된 것은 아니라는 점이다.

```
Account acc1;
```

Java에서 객체를 생성하기 위해서는 반드시 new 연산자를 사용해야 한다. new 연산자는 해당 클래스의 객체를 하나 생성하고 그 객체에 대한 참조 주소를 리턴한다. 다음 코드는 해당 클래스의 객체를 생성하고 이 객체를 객체 참조 변수가 참조하도록 한다.

```
변수 = new 클래스이름( );
```

생성자의 매개변수가 있는 경우에는 new 연산자를 이용하여 객체를 생성할 때 다음과 같이 생성자를 위한 인자를 명시할 수 있다.

```
변수 = new 클래스이름(인자);
```

new 연산자를 사용할 때마다 클래스의 객체가 하나씩 생성된다. 따라서 하나의 클래스로부터 여러 개의 객체를 생성할 수 있다. 예를 들어, 그림 11.3과 같이 new 연산자를 세 번 사용하면 하나의 Account 클래스로부터 세 개의 Account 객체가 생성된다. 한 클래스로부터 생성되는 각 객체는 실체 변수들을 위한 기억공간을 각각 별도로 갖는다. 따라서 Account 객체가 생성될 때마다 실체 변수 name, balance를 위한 기억공간이 별도로 할당된다.

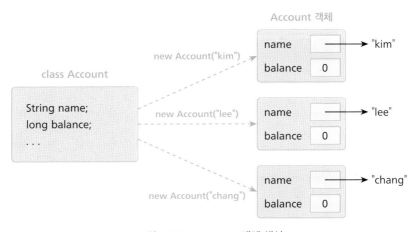

그림 11.3 **Account** 객체 생성

예를 들어, 다음과 같이 Account 객체를 생성할 수 있으며 객체가 생성될 때 자동적으로 생성자가 호출되어 사용자의 이름과 잔액을 초기화한다.

```
Account acc1 = new Account("kim");
```

그림 11.3에서 첫 번째 Account 객체가 생성된 후의 상태를 살펴보자. 객체 참조 변수 acc1
은 이 그림의 첫 번째 Account 객체를 가리키며 이 객체는 실체 변수 name과 balance를
위한 기억공간을 갖고 있다.

Java 프로그램은 하나 이상의 클래스들로 구성된다. Java 애플리케이션의 경우 main 메소
드를 포함하는 클래스가 프로그램의 시작 클래스로 main 메소드부터 프로그램 실행이 시
작된다. [예제 2]는 Account 클래스를 테스트하는 AccountTest 클래스이다. 이 클래스의
main 메소드 내에서 new 연산자를 이용하여 Account 객체를 하나 생성하고 이를 acc1 변
수가 가리킨다. 이후에 acc1.deposit 메소드를 이용하여 200000원을 입금한 후의 잔액을
출력한다. 이어서 두 개의 Account 객체를 생성하고 이를 각각 변수 acc2와 acc3가 가리
키도록 한다. acc3에는 500000원을 입금한 후 잔액을 출력한다.

[예제 2]

```
/* Account 클래스의 사용을 테스트한다. */
public class AccountTest
{
    public static void main(String[] args) {
        Account acc1 = new Account("kim");
        System.out.println(acc1.getBalance());
        System.out.println(acc1.deposit(200000));
        Account acc2 = new Account("lee");
        System.out.println(acc2.getBalance());
        Account acc3 = new Account("chang");
        System.out.println(acc3.deposit(500000));
    }
}
```

실행결과

```
0
200000
0
500000
```

11.3

캡슐화

추상 자료형(abstract data type)은 자료형의 자료 표현과 자료형의 연산을 한데 묶어 캡슐화한 것으로 접근 제어를 통해서 자료형의 정보를 은닉할 수 있다.

[핵심개념]

추상 자료형은 데이터(자료구조)와 관련된 연산(프로시저)들을 한데 묶어 캡슐화하여 정의한 자료형이다.

클래스도 추상 자료형의 발전된 형태라고 할 수 있으며 객체지향 언어에서는 일반적으로 추상 자료형을 클래스, 추상 자료형의 인스턴스를 객체, 추상 자료형에서 정의된 연산을 메소드(함수)라고 한다.

그렇다면 클래스의 멤버인 필드 변수나 메소드에 대한 캡슐화는 왜 필요할까? C 프로그램의 전역 변수를 예를 들어 생각해 보자. 전역 변수는 프로그램의 어느 함수에서나 사용할 수 있다. 따라서 이 전역 변수에 대한 선언이 수정되면 이 변수를 사용한 모든 함수들도 수정되어야 할 것이다. 프로그램 크기가 작은 경우에는 이는 별 문제가 되지 않을 수도 있으나 크기가 매우 큰 프로그램의 경우에는 이 전역 변수를 사용한 함수들이 프로그램 전체에 걸쳐 여러 곳에 흩어져 있을 수 있고 이런 경우 해당 함수들을 모두 찾아서 일관되게 수정하는 것은 상당히 번거롭고 오류를 범하기 쉬운 일이 될 것이다.

이 문제의 근본 원인을 생각해 보면 데이터와 관련된 메소드(함수)들이 서로 떨어져서 흩어져 있기 때문이다. 따라서 이 문제를 해결하는 방법은 데이터를 선언할 때 관련된 메소드들을 한 곳에 모아 선언하고 이 관련 메소드들만 데이터를 사용하게 하는 것이다.

[핵심개념]

데이터와 관련된 메소드들을 함께 선언하고 이 메소드들만 데이터를 사용하게 하는 것을 **캡슐화**(encapsulation)라고 한다.

캡슐화는 마치 데이터와 관련 메소드들을 그림 11.4와 같이 캡슐에 넣는 것처럼 생각할 수 있다.

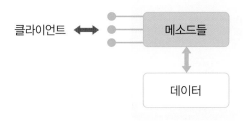

그림 11.4 **캡슐화 원리**

객체 역시 캡슐화 개념에 기초하고 있으며 객체는 자기 내부에서 관리되어야 한다. 즉 객체의 상태를 나타내는 데이터나 필드 변수는 그 객체의 메소드에 의해서만 접근되고 변경되어야 한다. 다른 객체가 직접 접근하여 상태를 바꾸는 것을 불가능하거나 어렵게 해야 한다. 그렇지 않으면 전역 변수처럼 사용되게 되어 앞에서 설명한 문제점들이 발생할 수 있다.

객체를 내부에서 보면 클래스가 정의하는 데이터(필드 변수 혹은 상수)와 메소드들의 세부사항들이 보일 것이다. 객체를 외부에서 보면 내부의 세부사항들은 보이지 않고 객체가 제공하는 서비스 즉 프로그램의 다른 부분과의 소통하는 방법들만 보일 것이다. 객체는 외부에서 보면 서비스를 제공하는 캡슐화된 개체(encapsulated entity)라고 할 수 있으며 서비스를 제공하는 메소드들은 그 객체의 창구(interface) 역할을 한다고 볼 수 있다. 캡슐화된 객체는 마치 블랙박스처럼 내부의 일은 다른 객체들로부터 감추어져 있다. 캡슐화된 객체를 사용하는 클라이언트 객체는 그림 11.4와 같이 실제 데이터를 관리하는 객체의 서비스 메소드를 호출하여 객체와 소통한다.

[핵심개념]

Java 언어는 캡슐화를 지원하기 위한 3가지 접근 제어자(access modifier)를 제공한다.

- **public**: 공용 접근 제어자
- **protected**: 보호 접근 제어자
- **private**: 전용 접근 제어자

이들 접근 제어자는 데이터나 메소드의 가시성을 구체적으로 결정한다. public으로 선언된 멤버 필드와 메소드는 프로그램 내의 어느 곳에서나 접근이 가능하다. private로 선언된 멤버 필드와 메소드는 클래스 내부에서만 접근 가능하다.

접근 제어자를 이용하여 적절하게 캡슐화 할 수 있다. 앞에서 살펴본 Account 클래스를 다시 살펴보자. 계좌 소유자의 이름(name)와 잔액(balance) 정보는 매우 중요하고 민감한 정보로 관리되어야 한다. 따라서 이러한 정보는 다른 클래스에서 임으로 접근하지 못하도록 해야 한나. Accounl 클레스에서는 계좌 소유자의 이름(name)과 잔액(balance) 정보를 private로 선언함으로써 다른 클래스에서 직접 접근하거나 수정할 수 없도록 하였다.

```
private String name;
private long balance;
```

이 전용 변수들을 접근하거나 수정하려면 반드시 public으로 선언된 다음 메소드들을 사용하도록 하였다. 예를 들어 public으로 선언된 deposit나 withdraw 메소드를 호출하여 private로 선언된 전용 변수 balance 값을 수정할 수 있다. 그림 11.5는 public으로 선언된 Account 클래스의 서비스 메소드들을 보여주고 있다.

```
public long deposit(long amount)
public long withdraw(long amount)
public long getBalance( )
```

그림 11.5 public으로 선언된 Account 클래스의 메소드

11.4 정적 변수 및 정적 메소드

앞에서 살펴본 것처럼 실체 변수는 객체마다 별도의 기억공간을 갖는다. 따라서 클래스로부터 실체 즉 객체를 생성하면 각 실체 변수들은 독립적으로 별도의 기억공간에 값을 유지한다. 따라서 한 클래스의 여러 객체들은 실체 변수를 공유해서 사용할 수 없다. 예를 들어 생성된 Account 객체의 개수를 위한 멤버 변수를 생각해 보자. 이 변수 counter를 실체 변수로 선언하면 각 객체가 이를 위한 별도의 기억공간을 갖게 된다. 따라서 다음 코드 예와 같이 객체가 생성될 때마다 이 변수 값을 증가하여도 값은 언제나 1이 된다.

```
/* Account 객체의 개수를 위해 실체 변수 counter 사용 */
class Account
{
    int counter = 0;

    public Account() {
        counter++;
    }
    ...
}
```

그렇다면 이와 같이 한 클래스의 모든 실체(객체)들이 어떤 값을 공유하여 사용하려면 어떻게 하여야 할까? 이러한 경우에 static 변수가 필요하다. 즉 클래스를 설계할 때 모든 실체(객체)가 공유해서 사용하는 멤버 변수가 필요하면 이러한 변수들은 static으로 선언해야 한다.

[핵심개념]

static 변수는 객체가 아니라 클래스 내에 변수를 위한 기억공간이 생성되므로 **정적 변수**(static variable) 혹은 **클래스 변수**(class variable)라고 한다.

[핵심개념]

메소드 또한 static으로 선언할 수 있는데 이러한 메소드를 **정적 메소드**(static method) 혹은 **클래스 메소드**(class method)라고 한다.

정적 메소드는 객체를 생성하지 않고도 클래스 이름을 이용하여 호출하는 것이 가능하며 이 때문에 실체 변수는 사용할 수 없다. 메소드 중에 실체 변수를 전혀 사용하지 않는 메소드가 있다면 이런 메소드는 static으로 선언할 수 있을 것이다.

class Account

int counter 2

그림 11.6 정적 변수

예를 들어 변수 counter를 [예제 3]과 같이 static 변수로 선언해 보자. 이렇게 하면 Account 객체가 생성될 때마다 그림 11.6과 같이 클래스 Account 내의 정적 변수 counter가 1씩 증가되어 [예제 3]과 같이 두 개의 Account 객체가 생성되면 자연스럽게 총 Account 객체의 수를 유지하게 된다. 또한 이 변수의 값은 모든 객체가 공유하게 되며 이 예제 프로그램처럼 필요하면 접근하여 생성된 Account 객체의 개수를 확인할 수 있다. getCounter 메소드는 실체 변수를 전혀 사용하지 않고 정적 변수만 사용하고 있으므로 static으로 선언하였다. 이 메소드를 실행하면 생성된 Account 객체의 개수를 출력한다.

[예제 3]

```
/* Account 객체의 개수를 위해 정적 변수 counter 사용 */
class Account
{
    static int counter = 0;

    public Account() {
        counter++;
    }

    public static int getCounter() {
        return counter;
    }

    public static void main(String[] args) {
        Account acc1 = new Account();
        Account acc2 = new Account();
```

```
        System.out.println(Account.counter);
        System.out.println(Account.getCounter());
    }
}
```

또한 main 메소드도 static으로 선언하는 대표적인 정적 메소드이다. main 메소드를 포함한 클래스는 보통 따로 객체를 생성하지 않고 Java 인터프리터에 의해서 호출됨으로써 프로그램이 시작된다. 따라서 main 메소드는 정적 메소드로 선언한다.

11.5

제네릭

제네릭 클래스

제네릭 프로그래밍(generic programming)은 타입 매개변수를 이용하여 여러 타입에 적용될 수 있는 포괄적인 코드를 작성하고, 실제로 사용할 때 필요에 따라 이 코드를 구체적인 타입을 적용하여 사용하는 프로그래밍 기법이다.

Java에서는 클래스를 정의할 때 타입을 매개변수로 받아 여러 타입에 적용될 수 있는 포괄적인 클래스를 정의할 수 있는데 이를 **제네릭 클래스**(generic class)라고 한다.

[핵심개념]

타입을 매개변수로 받아 여러 타입에 적용될 수 있도록 포괄적으로 정의된 클래스를 제네릭 클래스라고 한다.

이와 같이 제네릭 클래스로 작성할 수 있는 기능은 타입 매개변수에 따라 여러 타입에 적용되어 사용될 수 있기 때문에 **매개변수 다형성**(parametric polymorphism)이라고 한다.

[핵심개념]

함수나 클래스를 정의할 때 타입 매개변수에 따라 여러 타입에 적용될 수 있도록 포괄적으로 정의하는 것을 매개변수 다형성이라고 한다.

제네릭을 이용하여 프로그램을 작성하는 제네릭 프로그래밍은 Java의 경우 Java 1.5부터 추가되었으며 주로 Java Collection에서 많이 사용된다. 제네릭을 사용하지 않으면 프로그래머가 컬렉션에 원소를 저장할 때와 검색 또는 제거할 때마다 원소의 클래스를 직접 검사해야 한다.

[예제 4]의 프로그램을 살펴보자. 변수 `myList`에는 `Drawable` 객체, 즉 사각형, 원 등을 저장할 수 있다. 뿐만 아니라 `ArrayList`는 임의의 타입의 객체를 저장할 수 있으므로, `Object`의 모든 하위 클래스의 객체 즉 모든 객체를 저장할 수 있다. 따라서 이 예에서는 `for` 루프 내에서 `i.next()`를 사용하여 저장된 객체를 가져오면 타입 변환을 통해 `Drawable` 객체인지 확인한다. 이 예제처럼 `myList`가 `Drawable` 타입의 객체가 아닌 `Integer`와 같은 다른 객체를 포함하면, 이 타입 변환은 실패하고 예외가 발생할 것이다.

```java
import java.util.ArrayList;
import java.util.Iterator;
class Drawable { void paint(){} }
class Circle extends Drawable { }
class Rectangle extends Drawable { }

public class Collection1 {
    public static void main(String args[]) {
        ArrayList myList = new ArrayList();
        myList.add(new Circle());
        myList.add(new Rectangle());
        myList.add(new Integer(1));

        for (Iterator i = myList.iterator(); i.hasNext(); ) {
            Drawable obj = (Drawable) i.next();
            obj.paint();
        }
    }
}
```

제네릭 클래스를 사용하면 컬렉션에 저장되는 객체의 타입을 미리 결정할 수 있다. 제네릭 클래스는 타입을 매개변수로 받을 수 있는 클래스로 타입 매개변수를 화살괄호(<, >)로 감싸서 나타낸다.

ArrayList는 실제로는 제네릭 클래스로 ArrayList<T> 형태로 정의되어 있으며, 해당 객체를 생성할 때 T의 타입을 지정하면 된다. 예를 들어, [예제 5]의 프로그램의 세 번째 줄에서 제네릭을 사용하여 컬렉션에 저장되는 객체의 타입을 Drawable 객체로 미리 한정할 수 있다. 그러면 myList에 Drawable이 아닌 객체를 추가하는 시도는 모두 컴파일 오류를 발생한다. 따라서 myList에서 값을 검색할 때도 명시적인 타입 변환은 더 이상 필요 없다.

[예제 5]

```java
public class Collection2 {
    public static void main(String args[]) {
        ArrayList<Drawable> myList = new ArrayList<Drawable>();
```

```
        myList.add(new Circle());
        myList.add(new Rectangle());
        // myList.add(new Integer(1));   오류

        for (Drawable obj: myList)
            obj.paint();
    }
}
```

제네릭 클래스로 선언된 ArrayList는 기능은 똑같지만, 리스트에 저장하는 내용물은 다르게 사용할 수 있다. 예를 들어, 다음과 같이 선언하여 String 객체를 저장하는 데 사용할 수 있다.

```
ArrayList<String> strList = new ArrayList<String>();
```

다음과 같이 선언할 수도 있는데 이처럼 객체를 생성할 때 원소 타입을 명시하지 않아도 좌변의 변수 타입을 통해 우변의 원소 타입을 자동으로 유추한다.

```
ArrayList<String> strList = new ArrayList<>();
```

제네릭 클래스 정의

사용자가 타입 매개변수를 이용하여 여러 타입에 포괄적으로 적용할 수 있는 새로운 제네릭 클래스를 다음과 같이 정의할 수 있다. 여기서 T는 타입 매개변수를 나타내는 제네릭 변수로 타입이 아직 정해져 있지 않다.

```
public class 클래스명<T> { ... }
```

클래스를 설계할 때 타입 매개변수를 사용하여 정의하고, 실제로 클래스를 사용할 때 구체적인 타입을 지정하면 컴파일러가 클래스를 재구성해준다. 예를 들어, [예제 6]의 프로그램은 타입 매개변수를 이용하여 T 타입의 객체를 저장하는 Box 클래스를 정의한다. T는 타입 매개변수를 나타내는 제네릭 변수이다.

```
public class Box<T> {
    private T t;
    public void set(T t) { this.t = t;}
    public T get() { return t; }
}
```

예를 들어 다음과 같이 Box<T>의 T대신 String을 사용하면

```
Box<String> box = new Box<String>();
```

다음과 같이 타입 매개변수 T가 컴파일 시간에 모두 String으로 대치된다. 따라서 메소드 set(T t)는 set(String t)가 되고, 메소드 get()은 String 타입을 리턴한다.

```
public class Box<String> {
    private String t;
    public String get() { return t; }
    public void set(String t) { this.t = t }
}
```

만약 이 클래스를 다음과 같이 사용하면 타입 매개변수 T가 모두 Integer로 대치될 것이다.

```
Box<Integer> box = new Box<Integer>();
```

다음과 같이 필요에 따라 Box<String> 객체와 Box<Integer> 객체를 생성하여 사용할 수 있다.

```
public static void main(String[] args) {
    Box<String> box1 = new Box<String>();
    Box<Integer> box2 = new Box<Integer>();
    box1.set("test");
    box2.set(100);
    System.out.println(box1.get() + box2.get());
}
```

제네릭 클래스는 실제 사용 시 구체적인 클래스를 지정해 줌으로써 컴파일러가 클래스를 재구성했을 때, 강한 타입 검사를 하게 되므로 사전에 오류를 방지할 수 있다. 예를 들어, 클래스 사용 시 타입 매개변수에 String 타입을 설정했는데 다음과 같이 정수 타입이 들어올 경우 컴파일 오류가 발생한다.

```
box1.set(1024);
```

제네릭 메소드

클래스나 인터페이스가 타입 매개변수를 받을 수 있는 것과 마찬가지로 메소드도 타입 매개변수를 사용하여 여러 타입에 적용될 수 있도록 포괄적으로 정의할 수 있다.

[핵심개념]

타입 매개변수를 이용하여 여러 타입에 적용하여 사용할 수 있도록 포괄적으로 정의한 메소드를 **제네릭 메소드**(generic method)라고 한다.

제네릭 메소드의 타입 매개변수 T도 마찬가지로 화살괄호 내에 <T> 형태로 표현한다. 타입 매개변수를 표기하는 위치는 통상 리턴 타입 바로 앞이다.

```
public <T> 리턴타입 메소드명(매개변수) {
    ...
}
```

다음 제네릭 메소드 boxing()은 매개변수로 받은 T 타입의 아이템을 Box<T> 객체에 세팅하여 이를 리턴한다.

```
public class TestBox {
    public static <T> Box<T> boxing(T t) {
        Box<T> box =  new Box<T>();
        box.set(t);
        return box;
    }
}
```

만약 이 메소드를 다음과 같이 호출하면

```
Box<String> box = TestBox.<String>boxing("string");
```

이 메소드는 다음과 같이 타입 매개변수 T가 **String**으로 대치된 다음 메소드를 호출할 것이다.

```
public static Box<String> boxing(String t) {
    Box<String> box =  new Box<String>();
    box.set(t);
    return box;
}
```

이 제네릭 메소드의 사용 예제를 살펴보자. 이 [예제 7]에서는 이 제네릭 메소드를 두 번 호출하여 Box<String>와 Box<Integer>를 각각 생성하여 사용한다.

[예제 7]

```
public class TestBox {
    public static <T> Box<T> boxing(T t) {
        Box<T> box =  new Box<T>();
        box.set(t);
        return box;
    }

    public static void main(String[] args) {
        Box<String> box1 = TestBox.<String>boxing("test ");
        Box<Integer> box2 = TestBox.<Integer>boxing(100);
        System.out.println(box1.get() + box2.get());
    }
}
```

실행결과

```
test 100
```

11.6

Python 클래스

클래스 정의

Python 언어에서는 다음과 같이 class 키워드를 사용하여 새로운 클래스를 작성한다. 클래스 헤더에는 정의하고자 하는 클래스 이름을 표기한다. 하나의 클래스는 객체의 행동을 정의하는 여러 개의 메소드 정의들로 구성된다.

```
class 클래스명:
    def __init__(self, 매개변수):
        ...

    def 메소드명(self, 매개변수):
        ...
```

__init__ 메소드는 **생성자(constructor)**라고 하는 특수한 메소드로 객체가 생성된 후 자동으로 호출된다. 생성자는 주로 객체를 초기화하는 데 사용되며 리턴 값이 없다. 구체적으로 객체의 속성을 나타내기 위한 실체 변수들(instance variable)을 초기화한다.

Python에서는 변수를 선언하지 않고 사용한다. 따라서 객체의 실체 변수도 별도로 선언하지 않고 사용한다. Account 클래스를 Python으로 다시 작성하면 [예제 8]과 같다. self는 Java의 this처럼 자신 객체를 나타내며 "self.변수이름"은 객체의 실체 변수를 나타낸다.

[예제 8]

```
class Account:
    def __init__(self, name):
        self.name = name
        self.balance = 0
        def getBalance(self):
        return self.balance
```

```
    def deposit(self, amount):
        self.balance += amount
        return self.balance

    def withdraw(self, amount):
        if amount <= self.balance:
            self.balance -=  amount
        else:
            print("잔액 부족")
        return self.balance
```

객체 생성 및 사용

Python에서는 새로운 객체를 생성하기 위해 Java 언어와 다르게 new 키워드가 필요 없다.
다음과 같이 이 클래스로부터 Account 객체를 생성해 보자.

```
>>> my = Account('kim')
```

객체가 생성되면 자동으로 __init__ 메소드가 호출된다. __init__ 메소드는 자기 객체를
나타내는 self를 받으며 다른 인자를 받아 객체의 내부에서 사용할 실체 변수들인 name과
balance를 초기화한다.

이제 이 객체에 deposit 함수를 호출하여 금액를 추가한 후 getBalance 함수를 호출하여
이를 확인한다. 또한 필드를 직접 접근하여 이름과 금액을 확인할 수 있다.

```
>>> my.deposit(1000)
>>> my.getBalance()
1000
>>> my.name
'kim'
>>> my.balance
1000
```

객체 변수와 클래스 변수

Python 클래스 내에 두 가지의 변수가 존재한다. 하나는 객체 변수이고 다른 하나는 클래스

변수이다.

객체 변수(object variable)는 각 객체마다 이 변수를 위한 기억공간이 별도로 존재하는 필드 변수로 Java의 **실체 변수**(instance variable)에 해당한다.

앞의 예에서 사용된 필드 변수들은 모두 객체 변수로 각 객체마다 이 변수들을 위한 기억공간이 별도로 존재한다.

클래스 변수(class variable)는 클래스에 하나 존재하여 그 클래스의 모든 객체가 공유하는 변수로 Java의 **정적 변수**(static variable)에 해당한다.

Python에서 클래스 변수는 클래스 내에 멤버 변수 형태로 먼저 선언하고 Java에서처럼 클래스 이름을 이용하여 접근할 수 있다.

[예제 9]의 프로그램에서 counter는 클래스 변수로 이 클래스로부터 생성된 객체의 개수를 세는 데 사용된다. 이 클래스의 객체가 생성될 때마다 __init__ 메소드에서 1씩 증가시키고 객체가 소멸될 때마다 실행되는 __del__ 메소드에서 1씩 감소시킨다. getCounter 메소드는 이 개수를 리턴한다.

[예제 9]

```python
class Account:
    counter = 0
    def __init__(self, myname):
        self.name = myname
        self.balance = 0
        Account.counter += 1

    def __del__(self):
        Account.counter -= 1

    def getCounter(self):
        return Account.counter

...
```

다음과 같이 두 개의 객체를 생성한 후에 getCounter 메소드를 호출하여 Account.counter

에 저장된 객체의 개수를 확인할 수 있다. 또한 `Account.counter`을 직접 접근하여 이를 확인할 수도 있다.

```
>>> kim = Account('kim')
>>> lee = Account('lee')
>>> kim.getCounter()
2
>>> Account.counter
2
```

접근 제어

Python은 기본적으로 Java나 C++ 언어에 있는 접근 제어자(`public`, `private`, `protected`)가 별도로 없고 작명법으로 접근제어를 한다.

public	private	protected
언더바로 시작하지 않는 이름	두 개의 언더바 __로 시작하는 이름	한 개의 언더바 _로 시작하는 이름

접근 제어를 이용하여 적절하게 캡슐화할 수 있다. 예를 들어 Account 클래스의 계좌 소유자의 이름(name)과 잔액(balance) 정보는 매우 중요하고 민감한 정보들이다. 따라서 이러한 정보는 다른 클래스에서 임의로 접근하지 못하도록 해야 한다. [예제 10]과 같이 필드 변수 이름을 __name이나 __balance로 변경하면 이 이름은 클래스 내부에서만 사용될 수 있는 전용(private) 변수가 된다.

이 전용 변수들을 외부에서 접근하거나 수정하려면 반드시 보호(protected) 또는 공용(public) 메소드들을 사용해야 한다. 예를 들어 공용 메소드인 deposit, withdraw, getBalance 메소드를 호출하여 전용 변수 balance 값을 접근하거나 수정할 수 있다. 다음과 같이 테스트해 보면 해당 변수는 외부에서 접근할 수 없음을 알 수 있다(정확히는 해당 변수가 없는 것처럼 오류 메시지가 나온다). 또한 이 변수를 deposit, getBalance와 같은 공용 메소드를 사용하여 접근할 수 있다.

[예제 10]

```
class Account:
    def __init__(self, name):
        self.__name = name
```

```
        self.__balance = 0

    def getBalance(self):
        return self.__balance

    def deposit(self, amount):
        self.__balance += amount
        return self.__balance
    ...

>>> my = Account('kim')
>>> my.__balance
Traceback (most recent call last):
File "<stdin>", line 1, in <module>
AttributeError: 'Account' object has no attribute '__balance'
>>> my.deposit(300000)
>>> my.getBalance()
300000
```

11.7

C++ 클래스

C++ 클래스

C++ 언어는 그 이름이 암시하는 것처럼 C 언어를 확장하여 만든 언어이다. 특히 C 언어의 구조체(struct)를 클래스(class)로 확장하였다. C 언어의 구조체는 필드 변수들을 모아놓은 타입이다. C++의 클래스는 C의 구조체를 필드 변수뿐만 아니라 관련 함수들을 포함하도록 확장한 것이다. 필드 변수는 **데이터 멤버**(data member)라고 하고 관련 함수는 **멤버 함수** (member function)라고 한다. 클래스는 일종의 사용자 정의 자료형으로 변수를 선언하고 객체를 생성하는 데 사용된다.

예를 들어 [예제 11]과 같이 Account 클래스를 정의할 수 있다. name, balance 등이 클래스 내에 선언된 변수들로 데이터 멤버이다. deposit(), withdraw(), getBalance() 등이 클래스 내에 선언된 함수들로 멤버 함수이다.

[예제 11]

```cpp
#include <iostream>
#include <string>
using namespace std;

class Account {
private:
    string name;
    long balance;

public:
    Account(string name) {
        this->name = name;
        balance = 0;
    }

    long getBalance() {
        return balance;
```

```
    }

    long deposit(long amount) {
        balance += amount;
        return balance;
    }

    long withdraw(long amount) {
        if (amount <= balance)
            balance -= amount;
        else cout << "잔액 부족" << endl;
        return balance;
    }
};
```

객체는 클래스의 실체(instance)인데 C++에서 객체를 만드는 방법은 두 가지가 있다. 첫 번째는 클래스 타입으로 변수를 선언하는 것이고 두 번째는 new 연산자를 이용하여 객체를 생성하는 것이다. 예를 들어 다음과 같이 선언하면 acc1는 Account의 객체를 나타내는 변수가 된다.

```
Account acc1;
```

이렇게 Account 객체를 생성하여 사용하는 main 함수를 작성해 보자. 이 함수에서는 Account 객체를 하나 생성하여 입금 및 출금 후에 잔액을 출력한다.

```
int main(void) {
    Account acc1("kim");
    acc1.deposit(500000);
    cout << acc1.getBalance() << endl;
    acc1.withdraw(100000);
    cout << acc1.getBalance() << endl;
}
```

실행결과
_____

500000
400000

C++에서 **생성자**(constructor)는 Account( )처럼 클래스와 같은 이름을 갖는 특별한 멤버 함수로 객체가 생성될 때 자동 실행되며 주로 객체를 초기화하는 데 사용된다. **소멸자**(destructor)는 ~Account( )처럼 클래스 이름 앞에 ~가 붙는 특별한 멤버 함수로 객체가 제거될 때 자동 실행되며 주로 객체를 제거할 때 뒷처리를 하는 데 사용된다.

C++에서 동적 객체 생성

C++에서 객체를 생성하는 두 번째 방법은 new 연산자를 이용해 객체를 동적으로 생성하는 것이다. 또한 delete 연산자를 이용하여 생성된 객체를 명시적으로 제거할 수 있다.

- new T: T 타입의 객체를 생성하고 새로 생성된 객체에 대한 포인터를 반환한다.
- delete p: p가 가리키는 객체를 제거한다.

예를 들어 다음과 같이 Account 객체를 가리키는 포인터 변수를 선언하고 객체를 생성할 수 있다. 이 포인터 변수 p가 새로 생성된 객체를 가리킨다.

```
Account  *p = new Account( );
```

이후에 다음과 같이 포인터 변수 p가 가리키는 객체에 대해 다음 두 가지 방법으로 함수를 호출할 수 있다.

```
(*p).deposit()
p->deposit()
```

이렇게 Account 객체를 생성하여 사용하는 main 함수를 작성해 보자. 이 함수에서는 Account 객체를 하나 생성하여 입금 및 출금 후에 잔액을 출력한다.

```
int main(void) {
    Account *p = new Account("chang");
    p->deposit(400000);
    cout << p->getBalance() << endl;
    p->withdraw(200000);
    cout << p->getBalance() << endl;
}
```

```
400000
200000
```

C++ 템플릿

11.5 절에서 살펴본 것처럼 **제네릭 프로그래밍**(generic programming)은 타입 매개변수를 이용하여 여러 타입에 적용될 수 있는 포괄적인 코드를 작성하고, 실제로 사용할 때 필요에 따라 이 코드에 구체적인 타입을 적용하여 사용하는 프로그래밍 기법이다. C++에서도 이처럼 타입 매개변수(type parameter)를 받아 여러 타입에 적용될 수 있도록 포괄적으로 클래스나 함수를 정의할 수 있다.

[핵심개념]

템플릿(template)은 C++ 프로그래밍 언어의 제네릭 프로그래밍 기능으로, 함수나 클래스를 Java의 제네릭처럼 포괄적으로 동작할 수 있도록 작성하게 해준다.

따라서 템플릿을 사용하여 포괄적으로 작성한 함수나 클래스는 개별적으로 다시 작성하지 않고도 여러 자료형에 대해서 사용할 수 있다. 템플릿은 프로그래머들에게 유용한데, 특히 다중 상속이나 중복정의와 결합할 때 그러하다. C++ 표준 라이브러리는 템플릿의 프레임워크 안에서 많은 유용한 함수들을 제공한다.

템플릿 함수는 다음과 같이 타입 매개변수를 사용하여 여러 타입에 포괄적으로 적용될 수 있도록 작성할 수 있다.

```
template <typename 변수이름>
함수 정의;
```

예를 들어, [예제 12]와 같이 템플릿의 타입 매개변수 T를 이용하여 여러 자료형을 템플릿 인자로 받아 적용 가능하도록 sum 함수를 포괄적으로 작성할 수 있다.

[예제 12]

```
template <typename T>
T sum(T a, T b) {
    return a+b;
}
```

이 함수를 실제 호출할 때 다음과 같이 여러 자료형(int, long, float, double, class ...)을 템플릿 인자로 사용하면 템플릿 함수의 타입 매개변수 T는 모두 해당 인자로 대치되어 적용된다고 생각할 수 있다.

```
sum<int>(1,2);
sum<string>("hello", "world");
```

뿐만 아니라 클래스 템플릿은 클래스를 타입 매개변수를 사용하여 여러 타입에 포괄적으로 적용될 수 있도록 작성할 수 있다.

```
template <typename 변수이름>
class 클래스이름 {
    // 클래스 정의
}
```

클래스 템플릿은 주로 컨테이너의 용도로 많이 쓰인다. 예를 들어, 다음과 같이 다양한 자료형의 데이터를 저장하는 간단한 데이터 저장소를 템플릿을 이용하여 작성할 수 있다.

[예제 13]
```
template <typename T>
class Box {
private:
    T data;
public:
    Box(T d) {data = d;}
    void set(T d) { data = d;}
    T get() { return data;}
};
```

이 클래스를 실제로 사용할 때는 다음과 같이 템플릿 인자로 자료형을 주어 해당 자료형의 데이터 저장소로 사용할 수 있다.

```
Box<int> a(10);
Box<string> b("hello");
```

요약

01 객체는 그 객체의 특성을 나타내는 속성(attribute)과 그 객체의 행동(behavior)으로 이루어진다. 속성은 객체의 상태 혹은 데이터를 나타내며 행동은 그 객체가 할 수 있는 연산 혹은 동작을 의미한다.

02 클래스 내에 선언된 실체 변수는 각 객체(실체)마다 변수를 위한 메모리가 할당된다.

03 추상 자료형은 데이터(자료구조)와 관련된 연산(프러시저)들을 한데 묶어 캡슐화하여 정의한 자료형이다.

04 데이터와 관련된 메소드들을 함께 선언하고 이 메소드들만 데이터를 사용하게 하는 것을 캡슐화(encapsulation)라고 한다.

05 static 변수는 객체가 아니라 클래스 내에 변수를 위한 기억공간이 생성되므로 정적 변수(static variable) 혹은 클래스 변수(class variable)라고 한다.

06 메소드 또한 static으로 선언할 수 있는데 이러한 메소드를 정적 메소드(static method) 혹은 클래스 메소드(class method)라고 한다.

07 타입을 매개변수로 받아 여러 타입에 적용될 수 있도록 포괄적으로 정의된 클래스를 제네릭 클래스라고 한다.

08 함수나 클래스를 정의할 때 타입 매개변수에 따라 여러 타입에 적용될 수 있도록 포괄적으로 정의하는 것을 매개변수 다형성이라고 한다.

09 타입 매개변수를 이용하여 여러 타입에 적용하여 사용할 수 있도록 포괄적으로 정의한 메소드를 제네릭 메소드(generic method)라고 한다.

10 객체 변수(object variable)는 각 객체마다 이 변수를 위한 기억공간이 별도로 존재하는

필드 변수로 Java의 실체 변수(instance variable)에 해당한다.

11 클래스 변수(class variable)는 클래스에 하나 존재하여 그 클래스의 모든 객체가 공유하는 변수로 Java의 정적 변수(static variable)에 해당한다.

12 템플릿(template)은 C++ 프로그래밍 언어의 제네릭 프로그래밍 기능으로, 함수나 클래스를 Java의 제네릭처럼 포괄적으로 동작할 수 있도록 작성하게 해준다.

연습문제

01 Java, Python, C++에서의 객체 생성 방법에 대해서 비교하여 설명하시오.

02 매개변수 다형성에 대해서 설명하시오. 또한 Java의 제네릭과 C++의 템플리트에 대해서 비교하여 설명하시오.

03 실체 변수와 클래스 변수의 차이점은 무엇인가? 클래스 변수가 필요한 예와 이유에 대해서 설명하시오.

04 Python, Java 언어에서 실체 변수와 클래스 변수에 대해서 설명하시오.

05 Java의 정적 메소드에 대해서 동적 메소드와 비교하여 설명하시오. 정적 메소드가 필요한 예를 들어 설명하시오.

06 Java, C++, Python의 생성자에 대해서 설명하시오. 생성자의 중복정의가 필요한 예를 들어 설명하시오.

07 다형적인 swap 함수를 C++와 Java로 작성하시오.

08 타입 매개변수 T를 이용하여 T 타입의 배열과 T 타입의 원소를 매개변수로 받아 배열에서 해당 원소를 찾아 그 인덱스를 리턴하는 다형적인 메소드(함수)를 Java 또는 C++로 작성하시오.

09 타입 매개변수 T를 이용하여 T 타입의 스택을 제네릭 클래스 형태로 Java 언어로 작성하시오.

참고

01 자료 추상화와 객체의 관계에 대해서는 Cardelli & Wegner (1985)에 일반적으로 기술되어 있다. 객체에 대한 이론적인 정리에 대해서는 Abadi & Cardelli (1996)에 기술되어 있다. 객체지향 언어의 탄생에 대해서는 Simula 언어를 중심으로 Dahl (2004)에 자세히 기술되어 있다. Smalltalk 언어의 초창기 설계와 발전에 대해서는 Kay (1993)에 자세히 기술되어 있다.

02 객체들 사이의 상호작용을 중심으로 한 객체지향 프로그래밍에 대해서는 Lewis & Loftus (2008)의 1장에 기술되어 있다. 객체지향 언어에 대한 개념적인 소개는 Mitchell (2002)의 10장을 참고하기 바란다. C++ 언어의 설계 및 진화에 대해서는 Stroustrup (1994)에 기술되어 있으며, Stroustrup (1997)에 C++ 언어에 대해 전체적으로 소개되어 있다. Java 언어에 대해서는 Arnold & Gosling (1997)과 Gosling 외 (1996)에 전체적으로 소개되어 있다. Python 언어에 표준적인 참고문헌으로 van Rossum (1995)를 참고하기 바란다. C#의 최신 버전에 대해서는 ECMA-334 (2017)을 참고하기 바란다.

CHAPTER

12

상속

12.1

상속

상속의 기본 개념

객체지향 프로그래밍(OOP: Object Oriented Programing)의 핵심 3요소는 캡슐화, 상속, 다형성이라고 할 수 있다. 객체지향 언어에서 캡슐화는 11장에서 논의한 것처럼 객체와 클래스에 의해 구현된다. 상속은 객체지향 언어의 또 하나의 핵심 기능으로 상속에 대해서 몇 가지 핵심적인 질문을 중심으로 살펴보자.

상속이란 무엇인가? 새로운 클래스를 정의할 때 상속을 사용할 수 있는데 기존 클래스를 상속받아 새로운 클래스를 정의할 수 있다. 기존 클래스는 **부모 클래스**(parent class)라고 하고 상속을 받아 새로 정의된 클래스는 **자식 클래스**(child class)라고 한다. 자식 클래스가 부모 클래스의 기능을 받아쓰는 것이라고 이해하면 쉽다. 이럴 땐 자식 클래스는 부모 클래스의 기능을 받았으므로 부모의 역할도 할 수 있게 된다.

그림 12.1　부모 클래스를 확장한 자식 클래스

[핵심개념]

상속을 이용해 자식 클래스를 새로 정의하면 자식 클래스는 부모 클래스의 필드 변수와 메소드들을 상속받아 갖게 되며 필요에 따라 새로운 필드 변수나 메소드들을 추가할 수 있다.

보다 쉽게 말하면 자식 클래스는 그림 12.1과 같이 부모 클래스를 확장한(extend) 클래스라고 할 수 있다. 부모 클래스는 **슈퍼클래스**(superclass)라고도 하고 자식 클래스는 **서브클래스**(subclass)라고도 한다.

기존 클래스를 상속받아 새로운 클래스를 정의하고자 할 때 아무 클래스나 상속받아 정의할 수는 없을 것이다. 그렇다면 어떤 클래스를 상속받을 수 있을까?

부모 클래스와 이를 상속받아 정의하려는 자식 클래스 사이에는 반드시 is-a 관계가 성립해야 한다.

is-a 관계(relationship)는 영어의 "Dog is an animal"과 같은 문장에서 사용되는 것과 같은 관계로 "A is a B" 문장은 "A는 B이다" 혹은 "A는 B 중의 하나이다" 정도의 의미이다.

A와 B 사이에 is-a 관계가 성립하면 B가 보다 일반적인 것을 나타내는 반면에 A는 B 중의 하나로 보다 구체적인 것이라고 할 수 있다. 따라서 A는 B의 일반적인 특성을 모두 포함하며 추가적으로 A만의 속성을 갖게 되므로 B 클래스를 상속받아 확장하여 A 클래스를 정의할 수 있다.

상속의 예

상속의 예를 생각해 보자. 사람과 학생, 학생과 대학생, 직원과 관리자, 동물과 고양이, 도형과 삼각형 등이 is-a 관계가 성립하는 상속의 예라고 할 수 있다. 예를 들어 직원(Employee)이 보다 일반적인 것이고 관리자(Manager)는 직원 중의 하나로 보다 구체적인 것이다. 이 경우에 관리자는 직원의 일반적인 속성을 모두 포함하고 추가적으로 관리자만의 속성을 갖고 있다. 따라서 그림 12.2와 같이 Employee 클래스를 상속받아(확장해서) Manager 클래스를 정의할 수 있다.

그림 12.2　Employee 클래스와 이를 확장한 Manager 클래스

이렇게 is-a 관계가 성립할 때 부모 클래스를 상속받아 자식 클래스를 정의하므로 자식 클래스는 부모 클래스보다 구체적인 버전("The child is a more specific version of the parent")이라고 볼 수 있다. 부모 클래스와 자식 클래스 사이의 상속 관계는 UML 클래스 다이어그램으로 표시하는데 그림 12.3과 같이 자식 클래스로부터 부모 클래스로 화살표로 표시한다.

그림 12.3 상속 관계

그렇다면 상속은 왜 사용해야 할까? 예를 들어 상속을 사용하지 않고도 Employee 클래스와 Manager 클래스를 따로 정의할 수도 있을 것이다. 그런데도 상속을 사용하는 것은 무언가 이점이 있기 때문일 것이다. 상속을 사용하면 기존의 클래스를 확장해서 새로운 클래스를 정의하는데 이는 기존의 클래스인 소프트웨어를 재사용하는 것으로 이를 **소프트웨어 재사용**(software reuse)이라고 한다. 이렇게 기존 소프트웨어를 재사용함으로써 기존 소프트웨어에 들인 모든 노력을 허비하지 않고 재사용할 수 있다.

12.2

Java 상속

Java 상속

Java에서 기존 클래스를 상속받아 새로운 클래스를 정의하기 위해서는 다음과 같이 예약어 extends를 사용하는데 이 예약어는 B 클래스는 기존의 A 클래스를 확장하여 새로 정의한다는 의미를 담고 있다.

```
class B extends A
{
    ...
}
```

[핵심개념]

Java 언어는 하나의 부모 클래스만 상속받을 수 있는 **단일 상속**(single inheritance)만을 지원한다.

두 개 이상의 부모 클래스로부터 상속받는 것은 **다중 상속**(multiple inheritance)이라고 하는데 이렇게 다중 상속을 하게 되면 상속된 멤버의 이름 충돌로 인해 복잡한 문제가 발생한다. 따라서 Java 언어에서는 다중 상속은 제공하지 않는다. 다중 상속에 대해서는 12.5절과 12.6절을 참조하기 바란다.

예를 들어, 관리자를 나타내는 Manager도 일종의 직원 즉 Employee이므로 is-a 관계가 성립한다. 따라서 Manager 클래스는 다음과 같이 Employee 클래스를 확장(extends)하여 정의할 수 있다.

```
class Manager extends Employee
{
    // 클래스 내용
}
```

Employee 클래스와 이를 상속받아 정의한 Manager 클래스를 실제로 구현해 보자. Employee 클래스가 나타내는 직원은 월급여를 받고 Manager가 나타내는 관리자는 월급여에 실적에 따라 보너스를 받는다고 가정하자. Employee 클래스는 이름(name)과 월급여(salary)를 나타내는 필드 변수와 pay 메소드로 구성된다. Manager 클래스는 Employee 클래스의 필드와 메소드를 상속받고 여기에 bonus 필드 변수와 getBonus 메소드를 추가하고 pay 메소드는 다음과 같이 월급여에 보너스를 더하여 계산하도록 재정의하였다. 재정의에 대해서는 다음 절에서 자세히 설명할 것이다.

[예제 1]

```
class Employee {
    private String name;
    private long salary;
    Employee(String name, long salary) {
        this.name = name;
        this.salary = salary;
    }

    public long pay() {
        return salary;
    }
}

class Manager extends Employee {
    private long bonus;
    Manager(String name, long salary, long bonus) {
        super(name, salary);
        this.bonus = bonus;
    }

    public long pay() {      // 보너스를 더하여 급여를 계산한다.
        return super.pay() + bonus;
    }

    public long getBonus() {
        return bonus;
    }
}
```

super는 슈퍼클래스 즉 부모 클래스를 지칭하는 참조이다. super 참조를 이용하여 다음과 같이 슈퍼클래스의 생성자나 메소드를 호출할 수 있으며 필요에 따라 슈퍼클래스의 멤버 필드를 접근할 수도 있다.

표 12.1 super 참조

super 사용	설명
super.()	슈퍼클래스의 생성자를 호출한다.
super.메소드이름()	슈퍼클래스 내의 해당 메소드를 호출한다.
super.필드이름	슈퍼클래스 내의 해당 필드를 나타낸다.

예를 들어 Manager 클래스의 생성자에서 super() 호출을 사용하고 있는데, super()는 서브클래스의 생성자에서 슈퍼클래스의 생성자를 호출할 때 사용되며 서브클래스 생성자의 맨 처음 부분에 위치해야 한다. 또한 Manager 클래스의 pay 메소드에서는 super.pay() 메소드 호출을 사용하여 슈퍼 클래스의 pay 메소드를 호출하여 급여를 가져온 후 여기에 보너스를 더한 급여를 계산한다.

메소드 재정의

자식 클래스는 부모 클래스로부터 상속받은 메소드를 그대로 사용할 수 있는 것도 있지만 자식 클래스의 상황이나 필요에 따라 이를 다시 정의해서 사용하는 것도 가능하다.

[핵심개념]
자식 클래스는 부모로부터 상속받은 메소드를 자신이 원하는 대로 재정의할 수 있는데 이를 **메소드 재정의**(method overriding)라고 한다.

예를 들어, Manager 클래스의 pay 메소드는 보너스를 포함한 급여를 반환해야하기 때문에 일반적인 Employee 클래스의 pay 메소드와는 다를 것이다. 따라서 Manager 클래스는 상속받은 pay 메소드를 그대로 사용하지 않고 이를 재정의하였다. 재정의된 메소드는 부모로부터 상속받은 메소드와 이름과 서명이 같아야 한다. 메소드의 **서명**(signature)은 그 메소드의 매개변수 이름, 개수, 순서, 타입 등을 종합하여 이르는 말이다.

그림 12.4 메소드 재정의

재정의된 메소드 실행에 대해 [예제 2] 프로그램을 살펴보자. 1번 문장의 `emp.pay()`는 Employee 클래스의 pay 메소드를 호출한다. 3번 문장의 `manager.pay()`는 Manager 클래스에서 재정의된 pay 메소드를 호출한다. 1~3번 문장의 출력은 다음과 같다.

[예제 2]

```
public class EmployeeMain
{
    public static void main(String args[])  {
        Employee emp = new Employee("kim", 400);
        System.out.println(emp.pay());                    (1)

        Manager manager = new Manager("lee", 500, 200);
        System.out.println(manager.getBonus());           (2)
        System.out.println(manager.pay());                (3)

        if (...) emp = manager;                           (4)
        System.out.println(emp.pay());                    (5)
    }
}
```

실행결과

```
400
200
700
```

다형성과 동적 바인딩

다형성(多形性, polymorphism)이란 무슨 뜻일까? 다형성은 많은 형태를 의미한다. 객체지향 개념에서 다형성이란 '여러 가지 형태를 가질 수 있는 능력'을 의미한다. 다형성은 상속과 재정의와 깊은 관계가 있다.

Java에서 다형성의 예를 살펴보자. 먼저 객체 참조 변수가 **다형 참조**(polymorphic reference)가 가능하다.

[핵심개념]

어떤 클래스 타입으로 선언된 참조 변수는 선언된 클래스의 객체뿐만 아니라 그 클래스의 자손 클래스의 객체도 참조할 수 있다.

따라서 [예제 2]의 4번 문장처럼 emp 변수가 Employee 객체뿐만 아니라 Manager 객체도 참조할 수 있다.

메소드 호출에서도 다형성이 가능한데 즉 다형 참조를 통해 재정의된 메소드를 호출하는 경우에 호출되는 메소드는 참조한 객체에 따라 다를 수 있다. 예를 들어 [예제 2]의 1번 문장의 emp.pay() 메소드 호출의 경우에는 emp 참조 변수가 Employee 객체를 참조하고 있으므로 당연히 Employee 클래스의 pay 메소드가 호출될 것이다.

[예제 2]의 5번 문장의 emp.pay() 호출은 emp 참조 변수가 if 문의 조건에 따라 다른 객체를 참조하게 되는데 이 조건이 참일지 거짓일지는 실제 실행하기 전에는 알 수 없다. 따라서 실제 실행할 때 이 변수가 어떤 클래스의 객체를 참조하느냐에 따라 다음과 같이 호출될 메소드가 결정된다.

- emp 참조 변수가 Employee 객체를 참조하는 경우에는 Employee의 pay 메소드를 호출하게 된다.
- emp 참조 변수가 Manager 객체를 참조하는 경우에는 그림 12.5와 같이 Manager의 pay 메소드를 호출하게 된다.

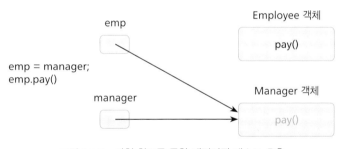

그림 12.5 다형 참조를 통한 재정의된 메소드 호출

[핵심개념]

Java에서 참조 변수를 사용하여 재정의된 메소드를 호출할 때 호출될 메소드는 참조 변수의 선언된 타입이 아니라 실행 중에 참조 변수가 가리키는 객체의 타입에 따라 결정된다.

일반적으로 **바인딩**(binding)이란 이름이 가리키는 대상을 결정하는 것을 의미한다. 이름이 가리키는 대상을 컴파일 시간에 결정하면 **정적 바인딩**(static binding)이라고 하고 실행 시간에 결정하면 **동적 바인딩**(dynamic binding)이라고 한다. 예를 들어, 위의 예와 같이 메소드를 호출할 때 호출될 메소드를 결정하는 것도 일종의 바인딩인데 Java 언어는 이 경우에 동적 바인딩을 한다. 동적 바인딩은 실행시간 바인딩(runtime binding), 늦은 바인딩(late binding)이라고도 한다.

타입 캐스팅

다음과 같이 Employee 타입의 객체를 받는 메소드 m을 생각해 보자. 이 메소드의 매개변수 a는 Employee 객체 또는 Manager 객체를 받아 참조할 수 있다. 이 매개변수가 Manager 객체를 참조하는 경우에는(instanceof 연산자를 이용하여 확인할 수 있음) 캐스팅 연산자를 이용하여 Manager 타입으로 타입 변환할 수 있다. 그리고 Manager 클래스에서 정의된 getBonus 같은 메소드를 호출할 수 있다.

```java
void m(Employee a) {
    Manager b;
    if (a instanceof Manager)
        b = (Manager) a;
    b.getBonus();
}
```

이와 같이 캐스팅 연산자를 이용하면 명시적으로 클래스 타입을 지정하여 객체의 타입을 변환할 수 있다. 이렇게 하면 객체 참조가 가리키는 객체의 타입이 명시된 클래스 타입으로 변환된다.

```
(클래스명) 객체참조
```

그러나 캐스팅 연산자를 이용한 타입 변환은 매우 제한적으로만 할 수 있다는 점을 주의해야 한다. 즉 객체 참조가 가리키는 실제 객체가 변환하려는 클래스 타입인 경우에만 가능하다. 따라서 다음과 같은 경우에는 타입 변환을 할 수 없다. 예를 들어, Employee 타입의 참조 변수 a가 Employee 객체를 참조하고 있는데 이를 Manager 타입으로 변환할 수 없다. 일반적으로 Employee라고 해서 모두 Manager인 것은 아니기 때문이다.

```java
Employee a = new Employee();
Manager b = (Manager) a;   // 오류
```

12.3

상속과 접근 제어

상속과 접근성

접근 제어자(access modifier)는 캡슐화를 위해 클래스의 멤버의 접근성(즉 보이는 범위)을 조정하기 위한 것이다.

[핵심개념]

전용(private)은 클래스 멤버를 클래스 내부에서만 접근할 수 있도록 하는 것으로 private 로 선언된 멤버는 선언된 클래스 내에서만 접근 가능하고 다른 클래스에서는 직접 접근할 수 없다.

보통 필드 변수들은 보안을 위해 전용으로 선언하여 선언된 클래스 내에서만 접근할 수 있도록 한다.

[핵심개념]

전용과 반대로 **공용**(public)은 클래스 멤버를 프로그램 내의 어느 클래스에서나 접근할 수 있도록 하는 것으로 public으로 선언된 멤버는 자식 클래스뿐만 아니라 프로그램 내 어느 클래스에서나 접근 가능하다.

보통 서비스 메소드들을 공용으로 선언하여 프로그램 내 어디서나 사용할 수 있도록 한다.

부모 클래스에서 private로 선언된 멤버는 상속받은 자식 클래스에서 직접 접근할 수 없다. 이는 private 멤버는 선언된 클래스 내에서만 접근할 수 있기 때문이다. 예를 들어 Employee 클래스의 salary 필드 변수를 생각해 보자. 이 변수는 private로 선언되었으므로 Employee 클래스 내에서만 접근할 수 있다. Employee 클래스의 자식 클래스인 Manager 클래스에서는 이 변수를 직접 접근할 수 없다. 그렇다면 이렇게 상속된 멤버는 어떻게 사용할 수 있을까? 이러한 멤버는 직접 접근할 수는 없지만 이 멤버를 접근하는 메소드가 함께 상속되었을 것이고 이 메소드를 이용하면 간접적으로 접근할 수 있다.

예를 들어 Manager 클래스의 pay 메소드는 부모 클래스로부터 상속받은 salary 필드변수를 직접 접근할 수 없으나 다음과 같이 super.pay() 메소드를 호출하여 Employee 클래스로부터 상속된 private 필드 변수 salary를 간접적으로 접근할 수 있다.

```
public int pay() {
    return super.pay() + bonus;
}
```

접근제어

상속을 고려한 제3의 접근성으로 공용 접근성보다는 더 캡슐화하고 전용보다는 덜 캡슐화된 보호(protected) 접근성을 사용할 수 있다. protected로 선언된 멤버는 정의된 클래스뿐만 아니라 이 클래스의 자손 클래스 내에서도 직접 접근할 수 있다.

보호 접근성은 왜 필요할까? 어떤 클래스에 나와 내 자손 클래스들에서만 사용할 수 있는 멤버를 선언하려고 한다고 가정해 보자. 만약 이들을 공용(public)으로 선언하면 프로그램 내의 아무 클래스나 사용할 수 있게 될 것이다. 그렇다고 전용(private)으로 선언하면 자손 클래스 내에서 사용할 수 없게 될 것이다. 따라서 이러한 상황을 위해서는 제3의 접근성이 필요한데 이것이 **보호**(protected) 접근성이다.

[핵심개념]

protected로 선언된 멤버 필드와 메소드는 클래스가 선언된 패키지 내 또는 이 클래스의 자손(descendent) 클래스에서 접근 가능하다.

예를 들어, Employee 클래스의 salary 필드 변수는 private로 선언되었으므로 Employee 클래스 내에서만 접근할 수 있고 Employee 클래스의 자식 클래스인 Manager 클래스에서는 이 변수를 직접 접근할 수 없다. Manager 클래스에서 이 필드 변수를 직접 접근하기 위해서 Employee 클래스 내에서 이 필드 변수를 protected로 선언할 수 있다. 이 경우에 Employee 클래스의 자식 클래스인 Manager 클래스는 이 필드변수를 상속받으며 다음과 같이 직접 사용할 수 있다.

```
public int pay() {
    return salary + bonus;
}
```

Java 언어에서 부모 클래스를 상속받아 자식 클래스를 정의할 때 상속된 멤버의 접근성은 표 12.2와 같다. 부모 클래스에서 public으로 선언된 멤버는 상속받은 자식 클래스에서도 public이고 부모 클래스에서 protected로 선언된 멤버는 상속받은 자식 클래스에서도 protected이다. 부모 클래스에서 private로 선언된 멤버는 상속받은 자식 클래스에서 직접 접근할 수 없다.

표 12.2 Java에서 상속된 멤버의 접근성

부모클래스	public	protected	private
자식클래스	public	protected	접근불가

일반적으로 protected로 선언된 멤버는 자식 클래스에 상속되어 사용할 수 있을 뿐만 아니라 자식 클래스에서도 protected이므로 계속해서 자손 클래스에서도 사용 가능하다. 뿐만 아니라 Java에서는 protected로 선언된 멤버는 자손 클래스가 아니더라도 같은 패키지 내에 있는 클래스에서는 사용 가능하다.

또한 필요하면 접근 제어자를 사용하지 않을 수도 있는데 접근 제어자를 사용하지 않으면 같은 패키지 내에서는 자유롭게 접근할 수 있으나, 패키지 외부에서는 접근할 수 없다. 이를 package 접근성이라고 한다. Java의 접근 제어자를 정리하면 표 12.3과 같다.

표 12.3 Java 접근 제어자

접근 제어자	설명
public	public 멤버는 클래 선언된스의 내외 어느 곳에서나 접근 가능.
private	private 멤버는 선언된 클래스 내부에서만 접근 가능.
사용안함	접근 제어자를 사용하지 않은 멤버는 package 접근성을 갖으며 같은 패키지 내의 클래스에서 접근 가능.
protected	protected 멤버는 같은 패키지 내에 있는 클래스 또는 선언된 클래스로부터 상속받은 자손 클래스들은 모두 접근 가능함.

12.4

추상 클래스

추상 클래스의 필요성

객체지향의 중요한 개념인 객체, 클래스, 상속에 대해서 모두 살펴보았다. 상속은 객체지향 설계에서 매우 중요한 부분이다. 적절하게 설계된 상속 관계는 소프트웨어의 품격, 유지성, 재사용에 크게 기여할 수 있다. 이런 면에서 시간을 투자해서 좋은 소프트웨어 설계를 하면 장기적으로 득이 된다. 클래스를 설계하면 상속 관계에 따라 클래스 사이에 **클래스 계층구조**(class hierarchy)가 생성된다. 한 부모의 자식 클래스가 다른 클래스의 부모 클래스가 되어 계층적 구조가 형성된다. 클래스 계층구조에서 같은 부모를 갖는 자식 클래스들은 형제 클래스(siblings)라고 한다.

클래스 계층구조에서 상층부에 있는 클래스일수록 일반적이고 추상적인 개념을 나타내고 하층부에 있는 클래스일수록 보다 구체적인 것을 나타낸다. 따라서 상층부에 있는 클래스를 정의할 때는 클래스를 구체적으로 완전히 구현하는 것이 어려울 수도 있는데 이러한 클래스는 추상 클래스 형태로 정의할 수 있다.

[핵심개념]

추상 클래스(abstract class)는 일반적이고 포괄적인 개념을 표현하기 위한 클래스로 아직 덜 구현된 클래스라고 할 수 있으며, 보통 클래스 계층구조에서 포괄적인 공통 개념을 계층구조 상층부에 위치시키는 데 사용된다.

예를 들어, 사람, 동물, 포유류, 근로자, 도형 등은 포괄적인 개념이다. 추상 클래스는 보통 하나 이상의 추상 메소드를 포함하는데 추상 메소드는 선언만 있고 구현되지 않은 메소드이다. 보통 추상 클래스는 완전히 구현된 메소드와 선언만 되고 아직 구현되지 않은 추상 메소드를 포함한다. 추상 클래스는 덜 구현된 클래스이므로 추상 클래스의 객체를 생성할 수 없다는 점을 주의하자.

예를 들어 직장에서 일하는 근로자를 총칭해서 나타내는 Worker 클래스를 생각해 보자. 이 클래스는 근로자를 일반적으로 나타내며 예를 들어 급여를 제공하는 방식 등은 근로자의 종류에 따라 다르기 때문에 완전히 구현하기는 힘들 수 있다. 이 클래스를 상속받아 근로자의 종류에 따라 구체적인 클래스를 정의할 수 있다. 예를 들어 근로자를 두 종류로 나누어

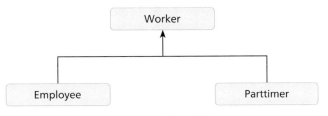

그림 12.6   클래스 계층구조

직원인 Employee 클래스와 시간제 파트타이머인 Parttimer 클래스 형태로 정의할 수 있다. 이들 사이의 상속 관계는 그림 12.6과 같은 클래스 계층구조를 형성한다. 필요하면 직원의 종류에 따라 Employee 클래스를 상속받아 세분화하는 것도 가능하다.

추상 클래스 정의

추상 클래스나 추상 메소드를 선언할 때는 다음과 같이 클래스나 메소드 앞에 abstract 지시자를 사용한다.

```
abstract class 클래스이름 {
    abstract 리턴타입 메소드이름(매개변수선언);

    ...
}
```

예를 들어 [예제 3]의 Worker 클래스의 경우에 급여를 지급하는 메소드인 pay 메소드는 직원의 종류에 따라 다르므로 Worker 클래스에서 pay 메소드를 구체적으로 구현할 수 없다. 따라서 이 메소드는 추상 메소드 형태로 선언하고 이 클래스는 추상 클래스로 정의하였다. pay() 메소드는 헤더 선언만 있고 이를 구현하는 본체는 없다는 점을 유의하자.

[예제 3]

```
// 근로자를 추상 클래스로 정의한다.
abstract class Worker {
    protected String name;
    abstract public long pay();

    Worker(String name) {
        this.name = name;
    }
}
```

이렇게 덜 구현된 추상 클래스의 추상 메소드는 누가 어떻게 구현할까? 자식 클래스가 부모 클래스의 추상 메소드를 상속받아 이를 재정의하여 구현하면 된다. 만약 자식 클래스에서 구현하지 않으면 자식 클래스도 여전히 추상 클래스가 되며 자식 클래스의 자식 클래스가 구현할 수 있다.

예를 들어 [예제 4]와 같이 추상 클래스 Worker의 자식 클래스로 직원을 나타내는 Employee 클래스를 구현해 보자. 특히 급여를 계산하는 pay 메소드를 살펴보자. 직원은 정해진 월급여 salary를 받는다. 따라서 pay 메소드는 salary를 리턴하도록 구현하였다. 시간제 파트타이머를 나타내는 Parttimer 클래스의 pay 메소드는 시간 단위로 급여를 계산하기 때문에 일한 시간 곱하기 시급으로 급여를 계산하도록 구현하였다.

[예제 4]

```java
class Employee extends Worker { // 직원을 정의하는 클래스
    private long salary;
    Employee(String name, long salary) {
        super(name);
        this.salary = salary;
    }

    public long pay() {
        return salary;
    }
}

class Parttimer extends Worker { // 시간제 근로자를 정의하는 클래스
    private int hours;
    private int rate;

    Parttimer(String name, int rate) {
        super(name);
        this.rate = rate;
        this.hours = 0;
    }

    public int addHours(int hours) {
        this.hours += hours;
```

```
        return this.hours;
    }

    public long pay() {
        return hours * rate;
    }
}

public class MainWorker {   // 직원과 시간제를 생성하여 사용
    public static void main(String args[])  {
        Employee emp = new Employee("홍길동", 2000000);
        System.out.println(emp.name + " 급여: " + emp.pay());
        Parttimer part = new Parttimer("김철수", 10000);
        System.out.println("일한 시간: " + part.addHours(30));
        System.out.println(part.name + " 급여: " + part.pay());
    }
}
```

앞서 정의한 보너스를 받은 관리자를 나타내는 Manager 클래스는 Employee 클래스를 상속받아 정의하였으므로 이들 클래스의 계층구조는 그림 12.7과 같은 형태가 될 것이다.

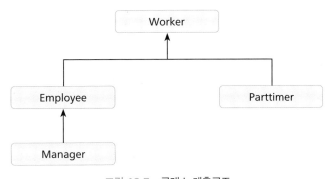

그림 12.7 클래스 계층구조

12.5

C++ 상속

공용 상속과 전용 상속

C++ 언어는 두 가지 상속을 제공한다. 첫 번째 상속은 **공용 상속**(public inheritance)으로 다음과 같이 public으로 표시한다. 이 상속은 Java 언어에서 제공하는 상속과 같다.

```
class 자식클래스: public 부모클래스
{
    <멤버 선언>
}
```

[예제 1]의 Java 프로그램을 C++ 언어로 재작성해 보자. [예제 5]와 같이 부모 클래스 Employee를 상속받아 자식 클래스 Manager를 정의할 수 있다. Manager 클래스에는 상속받은 필드 변수 name, salary와 새로 추가된 필드 변수 bonus가 있다. 멤버 함수도 상속받아 재정의된 함수 pay와 새로 추가된 함수 getBonus가 있다. Manager 클래스의 생성자는 새로 작성하며 부모 클래스 Employee의 생성자를 호출한다.

[예제 5]

```cpp
#include <iostream>
#include <string>
using namespace std;

class Employee {
private:
    string name;
    long salary;

public:
    virtual long pay() { return salary;}
    Employee(string name, long salary) {
```

```
            this->name = name;
            this->salary = salary;
        }
    };

class Manager: public Employee { // Employee 상속한 Manager 클래스
private:
    long bonus;      // 추가된 데이터 멤버

public:
    Manager(string name, long salary, long bonus):Employee(name,salary) {
        this->bonus = bonus;
    }

    long pay() {     // 재정의된 멤버 함수
        return Employee::pay() + bonus;
    }

    long getBonus() { return bonus; } // 추가된 멤버 함수
};
```

공용 상속을 통해 상속받은 후에 상속받은 멤버들의 자식 클래스에서 접근성은 Java에서처럼 표 12.4와 같다.

표 12.4 공용 상속된 멤버의 접근성

부모클래스	public	protected	private
자식클래스	public	protected	접근불가

두 번째 상속은 **전용 상속**(private inheritance)으로 다음과 같이 private로 표시한다.

```
class 자식클래스: private 부모클래스
{
    <멤버 선언>
}
```

전용 상속이 공용 상속과 다른 점은 상속된 멤버는 표 12.5와 같이 자식 클래스에서 전용

(private)이 된다는 점이다. 이 상속은 상속된 멤버들을 전용으로 만듦으로써 상속된 멤버들을 더 이상 자손 클래스들이 접근하지 못하도록 하기 위함이다.

표 12.5 전용 상속된 멤버의 접근성

부모클래스	public	protected	private
자식클래스	private	private	접근불가

가상 함수

[핵심개념]

C++ 언어에서는 자식 클래스에서 재정의될 수 있는 함수를 **가상 함수**(virtual function)라고 한다.

Java 언어에서는 final로 선언하지 않으면 모든 메소드는 재정의될 수 있으므로 이 용어로 말하면 모두 가상 함수라고 할 수 있다. C++에서 가상 함수를 정의하려면 함수 앞에 virtual로 선언하여야 한다. C++ 언어에서는 객체에 대해 함수를 호출할 때 가상 함수의 경우에는 객체의 타입에 따라 호출될 함수가 동적으로 바인딩되어 결정된다. 그러나 가상 함수가 아닌 경우에는 참조 변수의 선언된 타입에 따라 호출될 함수가 컴파일 시간에 정적으로 바인딩되어 결정된다.

[예제 5]를 중심으로 살펴보자. Employee 클래스에서 pay()는 가상함수로 선언하고 자식 클래스 Manager에서 재정의하였다. [예제 6]의 main 함수에서 emp->pay( ) 호출을 하면 첫 번째 경우에는 emp가 Employee 클래스의 객체를 가리키고 있으므로 Employee 클래스 내에서 정의된 함수 pay()를 호출한다. 그러나 두 번째 경우에는 emp가 Manager 클래스의 객체를 가리키고 있으므로 Manager 클래스 내에서 재정의된 함수 pay()를 호출한다.

[예제 6]

```
int main(void) {
    Employee *emp = new Employee("kim", 2000000);
    cout << emp->pay() << endl;
    Manager *man = new Manager("lee", 3000000, 1000000);
    emp = man;
    cout << emp->pay() << endl;
}
```

```
2000000
4000000
```

만약 pay() 함수를 가상함수로 선언하지 않았다면 어떻게 될까? 이 경우에는 자식 클래스 Manager에서 선언된 pay()는 재정의된 함수가 아니고 단지 새로 추가된 함수이다. 따라서 main 함수에서 emp->pay() 호출을 하면 pay() 함수는 가상함수가 아니기 때문에 호출될 함수가 컴파일 시간에 결정되는데 변수 emp가 Employee 클래스 타입이므로 두 경우 모두 Employee 클래스에서 정의된 함수 pay()가 호출된다.

C++ 언어에서는 함수 선언만 있고 본체 구현이 없는 함수를 **순수 가상 함수**(pure virtual function)라고 한다. 물론 이러한 함수는 자식클래스에서 재정의 된다. Java 용어로 말하면 추상 메소드(abstract method)에 해당한다.

다중 상속

Java의 경우에는 하나의 부모 클래스만 상속할 수 있는 단일 상속만을 지원하는데 반하여 C++에서는 다중 상속을 지원한다.

[핵심개념]

C++에서는 여러 개의 클래스를 상속받는 **다중 상속**(multiple inheritance)도 가능하다.

다중 상속도 단일 상속과 마찬가지 형식으로 표현할 수 있는데 괄호 안의 기본 클래스를 하나가 아닌 여러 개를 콤마(,)로 나누어 열거해 주면 된다.

```
class 자식클래스: 부모클래스1, ..., 부모클래스N {
    ...
}
```

다음과 같이 두 개의 부모인 B 클래스와 C 클래스를 상속받아 자식 클래스 D를 정의할 수 있다.

```
class D: public B, public C { ... }
```

다중 상속이 필요한 예를 들어보자. 예를 들어, 여대생 클래스는 여자 클래스와 대학생 클래스를 상속받아 정의할 수 있을 것이다. 두 번째 예로 학생이면서 근로자인 알바 클래스를 정의하려면 어떻게 해야 할까? 알바 클래스는 학생 클래스와 근로자 클래스를 상속받으면 자연스럽게 정의할 수 있을 것이다.

그러나 다중 상속은 상속된 멤버의 충돌 문제가 발생할 수 있다. 예를 들어 B 클래스와 C 클래스에 같은 이름의 멤버가 존재하면 이를 상속받은 D 클래스 내에는 같은 이름의 멤버가 두 개 상속되며 이를 이름으로 구별하기 어렵게 된다. 뿐만 아니라 A 클래스가 B 클래스와 C 클래스의 부모 클래스라면 그림 12.8과 같은 다중 상속의 **죽음의 다이아몬드**(death of diamond) 문제가 생긴다. 즉 D 클래스에는 A 클래스에서 B 클래스를 통해 상속된 멤버와 C 클래스를 통해 상속된 멤버가 충돌하게 된다.

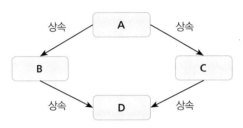

그림 12.8 　다중 상속의 다이아몬드 문제

예를 들어 학생이면서 근로자인 알바 학생을 다중 상속을 이용해서 [예제 7]과 같이 정의할 수 있다. Arbeit 클래스는 Student 클래스와 Worker 클래스를 상속받으므로 study 함수와 work 함수를 사용할 수 있다.

[예제 7]

```
class Person {
    void sleep() { printf("잠을 잡니다.\n"); }
}

class Student: public Person {
    void study() { printf("공부합니다.\n"); }
}

class Worker: public Person {
    void work() { printf("일합니다.\n"); }
}
```

```
class Arbeit: public Student, public Worker {   # 다중 상속
    void myjob() {
        printf("나는 알바 학생입니다: \n");
        study();
        work();
    }
}
```

다음과 같이 myjob 함수를 호출하면 실행결과는 다음과 같다.

```
Arbeit a;
a.myjob();
```

실행결과

나는 알바 학생입니다:
공부합니다.
일합니다.

만약 myjob 함수 내에서 sleep 함수를 호출하면 어떻게 될까? 사실 Arbeit 클래스는 Student 클래스와 Worker 클래스를 통해서 두 개의 sleep 함수를 상속받게 된다. 따라서 sleep 함수를 호출하면 컴파일 과정에서 다음과 같은 컴파일시간 오류 메시지를 받게 된다.

```
request for method 'sleep' is ambiguous
```

그렇다면 어떻게 하여야 할까? C++에서는 Student::sleep() 혹은 Worker::sleep()와 같이 sleep 함수가 어디에서 상속되어 온 것인지 명시하여 호출할 수 있다. 이 연산자를 **유효범위 해결 연산자**(scope resolution operator)라고 한다.

12.6 Python 상속

Python에서는 다음과 같이 기존 클래스(부모 클래스)를 상속받아 새로운 클래스(자식 클래스)를 정의할 수 있다.

```
class 자식클래스(부모클래스):
```

예를 들어 관리자를 나타내는 Manager도 일종의 Employee이므로 is-a 관계가 성립한다. 따라서 Manager 클래스는 [예제 8]과 같이 Employee 클래스를 상속하여 정의할 수 있다. Manager 클래스는 Employee 클래스의 필드를 상속받고 여기에 getBonus 메소드를 추가하고 pay 메소드는 재정의하였다. Manager 클래스는 상속받은 pay 메소드는 재정의하였으므로 재정의한 pay 메소드만 포함한다.

[예제 8]

```
>>> class Employee:                     # 일반 직원(Employee)을 정의한다.
        def __init__(self, name, salary):
            self.name = name;
            self.salary = salary;
        def pay(self):
            return self.salary

>>> class Manager(Employee):            # 관리자(Manager)를 정의한다.
        def __init__(self, name, salary, bonus):
            Employee.__init__(self, name, salary)
            self.bonus = bonus

        def pay(self):                  # 보너스를 추가하여 급여를 계산한다.
            return self.salary + self.bonus

        def getBonus():
            return self.bonus
```

다음과 같이 이 클래스의 객체를 생성하여 사용할 수 있다. 첫 번째 e.pay()는 e가 Employee 객체를 가리키고 있으므로 Employee 클래스의 pay 메소드를 호출한다. 두 번째 e.pay()는 e가 Manager 객체를 가리키고 있으므로 Manager 클래스에서 재정의된 pay 메소드를 호출한다.

```
>>> e = Employee('kim', 300)
>>> e.pay()
300
>>> e = Manager('lee', 300, 100)
>>> e.pay()
400
```

다중 상속

Java의 경우에는 하나의 부모 클래스만 상속할 수 있는 단일 상속만을 지원하는데 반하여 Python에서는 다중 상속을 지원한다.

[핵심개념]

Python에서는 단일 상속 외에 여러 개의 클래스를 상속받는 다중 상속(muiltiple inheritance)도 가능하다.

다중 상속도 단일 상속과 마찬가지 형식으로 표현할 수 있는데 다음과 같이 괄호 안의 부모 클래스들을 여러 개의 콤마(,)로 나누어 열거해 주면 된다.

```
class 자식클래스(부모클래스1, ..., 부모클래스N):
```

예를 들어, 학생이면서 근로자인 알바 학생을 다중 상속을 이용해서 [예제 9]와 같이 정의할 수 있다. Arbeit 클래스는 Student와 Worker 클래스를 다중 상속하며, Student와 Worker 클래스에 모두 play 메소드가 정의되었으며 이 두 메소드는 모두 Arbeit 클래스에 상속된다는 점을 유의하자.

[예제 9]

```
>>> class Person:
    def sleep(self):
        print('잠을 잡니다.')
```

```
>>> class Student(Person):
        def study(self):
            print('공부합니다.')
        def play(self):
            print('친구와 놉니다.')

>>> class Worker(Person):
        def work(self):
            print('일합니다.')
        def play(self):
            print('술을 마십니다.')

>>> class Arbeit(Student, Worker):     # 다중 상속
        def myjob(self):
            print('나는 알바 학생입니다:')
            self.sleep()
            self.play()
            self.study()
            self.work()

>>> a = Arbeit()
>>> a.myjob()
나는 알바 학생입니다:
잠을 잡니다.
친구와 놉니다.
공부합니다.
일합니다.
```

그렇다면 Python의 다중 상속에서는 충돌 문제를 어떻게 해결할까? 많은 프로그래밍 언어들이 다중 상속에서 충돌 문제나 다이아몬드 상속에 대한 나름대로 해결책을 제시하고 있는데 Python에서는 **메소드 탐색 순서**(Method Resolution Order, MRO)에 따라 호출될 메소드를 결정한다.

Python은 class A(B, C) 형태의 다중 상속을 하는 경우에 이름 충돌이 일어나면 부모 클래스 목록 중 왼쪽에서 오른쪽 순서로 메소드를 찾는다. 즉 B 클래스와 C 클래스 내의 같은 이

름의 멤버를 A 클래스에서 상속받아 사용하는 경우에 B 클래스의 멤버를 우선한다. 따라서 위의 예의 Arbeit 클래스 내에서 play 메소드를 호출하면 Student의 play 메소드가 호출된다.

만약 상속 관계가 복잡하면 MRO를 살펴보는 것이 편리한데 메소드 탐색 순서는 다음과 같이 클래스에 메소드 mro를 사용하여 확인할 수 있다.

```
클래스이름.mro()

>>> Arbeit.mro()
[<class '__main__.Arbeit'>, <class '__main__.Student'>, <class '__main__.
Worker'>, <class '__main__.Person'>, <class 'object'>]
```

MRO에 따르면 Arbeit의 메소드 호출 순서는 자기 자신 Student, Worker, Person 순이다. 예를 들어 myjob 메소드 내에서 sleep 메소드를 호출하면 이 순서에 따라 찾아서 Person 클래스에서 정의된 sleep 메소드를 호출한다.

12.**7**

구현

객체지향 언어의 구현에 대해서 생각해 보자. 객체는 어떻게 구현할 수 있을까? 객체가 생성되면 구조체(레코드)처럼 메모리가 할당되는데 구체적으로는 객체 내의 각 실체 변수에 대해 메모리가 할당된다. 그렇다면 메소드 호출은 어떻게 구현할까? 메소드 호출의 핵심 아이디어는 **가상 메소드 테이블**(Virtual method table)을 이용하는 것이다.

[핵심개념]

메소드 호출을 구현하기 위해 각 클래스마다 가상 메소드 테이블을 하나씩 만드는데 클래스의 모든 가상 메소드는 테이블 내에 하나의 엔트리를 갖는다. 각 엔트리의 내용은 해당 메소드 코드의 시작주소를 가리킨다.

서브클래스는 수퍼클래스의 메소드 테이블을 상속받는다. 메소드가 재정의되면, 해당 메소드 테이블 엔트리를 갱신하고 메소드를 추가하면 해당 엔트리를 추가한다. 예를 들어 다음과 같은 Java의 클래스 A와 B를 생각해 보자. 클래스 A에는 두 개의 메소드가 있으므로 클래스 A의 메소드 테이블은 두 개의 엔트리를 갖고 각 엔트리는 해당 메소드의 시작을 가리킨다. 클래스 B는 bar 메소드는 상속받고 foo 메소드는 재정의하고 boo 메소드는 추가하여 총 3개의 메소드를 갖는다. 따라서 메소드 테이블에 3개의 엔트리가 있고 각각 해당 메소드의 시작을 가리킨다.

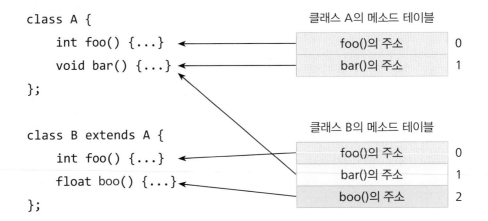

그림 12.9 메소드 테이블

각 클래스마다 가상 메소드 테이블을 만들고 그 클래스의 객체는 이 테이블에 대한 포인터를 갖는다. 예를 들어 new A()에 의해 만들어진 객체는 A 클래스의 메소드 테이블을 가리키고 new B()에 의해 만들어진 객체는 B 클래스의 객체를 가리킨다.

```
A   a = new A();
a.foo();              (1)
    ...
a = new B();
a.foo();              (2)
a.bar();              (3)
```

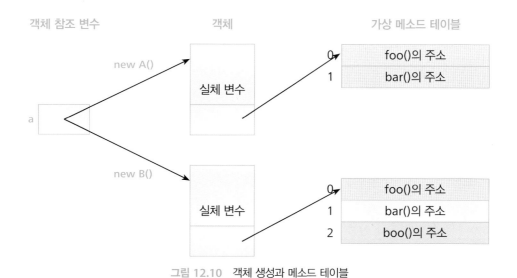

그림 12.10 객체 생성과 메소드 테이블

메소드 호출은 어떻게 구현할 수 있을까? 어떤 객체에 대해 메소드를 호출하면 해당 객체의 메소드 테이블 포인터를 따라가서 해당 메소드 엔트리의 메소드 주소로 점프하면 된다. 이렇게 함으로써 객체에 따라 호출될 메소드가 결정되는 동적 바인딩도 구현할 수 있다.

예를 들어, 1번의 a.foo() 메소드 호출은 a가 가리키는 A 객체의 메소드 테이블에서 foo() 메소드의 주소를 따라가서 클래스 A에서 정의된 foo() 메소드를 호출한다. 2번의 a.foo() 메소드 호출은 a가 새롭게 가리키는 B 객체의 메소드 테이블에서 foo() 메소드의 주소를 따라가서 클래스 B에서 재정의된 foo() 메소드를 호출한다. 3번의 a.bar() 메소드 호출은 a가 가리키는 B 객체의 메소드 테이블에서 bar() 메소드의 주소를 따라가서 클래스 B에서 정의된 bar() 메소드를 호출한다.

01 상속을 이용해 자식 클래스를 새로 정의하면 자식 클래스는 부모 클래스의 필드 변수와 메소드들을 상속받아 갖게 되며 필요에 따라 새로운 필드 변수나 메소드들을 추가할 수 있다.

02 부모 클래스와 이를 상속받아 정의하려는 자식 클래스 사이에는 반드시 is-a 관계가 성립해야 한다.

03 Java 언어는 하나의 부모 클래스만 상속받을 수 있는 단일 상속(single inheritance)만을 지원한다.

04 자식 클래스는 부모로부터 상속받은 메소드를 자신이 원하는 대로 재정의할 수 있는데 이를 메소드 재정의(method overriding)라고 한다.

05 어떤 클래스 타입으로 선언된 참조 변수는 선언된 클래스의 객체뿐만 아니라 그 클래스의 자손 클래스의 객체도 참조할 수 있다.

06 Java에서 참조 변수를 사용하여 메소드를 호출할 때 호출될 메소드는 참조 변수의 선언된 타입이 아니라 실행 중에 참조 변수가 가리키는 객체의 타입에 따라 결정된다.

07 protected로 선언된 멤버 필드와 메소드는 클래스가 선언된 패키지 내 또는 이 클래스의 자손(descendent) 클래스에서 접근 가능하다.

08 추상 클래스(abstract class)는 일반적이고 포괄적인 개념을 표현하기 위한 클래스로 아직 덜 구현된 클래스라고 할 수 있으며, 보통 클래스 계층구조에서 포괄적인 공통 개념을 계층구조 상층부에 위치시키는 데 사용된다.

09 C++ 언어에서는 자식클래스에서 재정의될 수 있는 함수를 가상 함수(virtual function)라고 한다.

10 C++에서는 여러 개의 클래스를 상속받는 다중 상속(multiple inheritance)도 가능하다.

11 Python에서는 단일 상속 외에 여러 개의 클래스를 상속받는 다중 상속(multiple inheritance)도 가능하다.

12 메소드 호출을 구현하기 위해 각 클래스마다 가상 메소드 테이블을 하나씩 만드는데 클래스의 모든 가상 메소드는 테이블 내에 하나의 엔트리를 갖는다. 각 엔트리의 내용은 해당 메소드 코드의 시작주소를 가리킨다.

01 중복정의(overloading)와 재정의(overriding)에 대해서 비교하여 설명하시오.

02 다음 괄호 안에 알맞은 용어를 채우시오.

중복정의는 한 클래스 내에 같은 이름의 메소드들을 여러 개 정의하는 것으로 메소드의 (   )은 같지만 (   )은 서로 달라야 한다. 재정의는 (   )과 관련된 기능으로 부모 클래스로부터 상속받은 메소드를 자식 클래스가 다시 정의하는 것으로 서로 (   )과 (   )이 같아야 한다.

03 만약 부모로부터 상속받은 메소드를 재정의하려고 시도했으나 서로 서명이 다르면 어떻게 될까? 예를 들어 [예제 1]의 프로그램에서 다음과 같이 pay 메소드들 재정의하려고 시도하면 어떻게 될까?

```
class Manager extends Employee {
    public int pay(int x) {
      ...
    }
}
```

04 다음 프로그램의 실행결과를 설명하시오.

```
class A {
public:
    virtual char f() { return 'A'; }
    char g() { return 'B'; }
}

class B: public A {      // B derived from A
public:
    char f() { return 'C'; }
    char g() { return 'D'; }
}
```

```
main() {
    A *a = new A( );
    cout << a->f( );        // A::f()
    cout << a->g( );        // A::g()
    B *b = new B( );
    a = b;
    cout << a->f( );        // B::f()
    cout << a->g( );        // A::g()
}
```

05 연습문제 4번의 클래스에 대해서 다음과 같이 실행했을 때 실행결과를 설명하시오.

```
main()
{
    A a;
    B b;
    cout << a.f();
    cout << a.g();
    a = b;
    cout << a.f();
    cout << a.g();
}
```

06 [예제 5]의 클래스에 대해서 다음과 같이 실행했을 때 결과를 설명하시오.

```
int main(void) {
    Employee emp("kim", 100);
    cout << emp.pay() << endl;
    Manager man("lee", 200, 100);
    emp = man;
    cout << emp.pay() << endl;
    cout << emp.getBonus() << endl;
}
```

07 Java의 `Object` 클래스에 `equals`와 `toString` 메소드가 정의되어 있는 이유를 설명하시오. 새로운 클래스를 정의할 때 이를 재정의 하는 이유를 설명하시오.

08 객체지향 언어에서 메소드의 동적 바인딩에 대해서 Java, C++, Python의 예를 들어 설명하시오.

09 객체지향 언어에서 메소드의 정적 바인딩에 대해서 Java, C++의 예를 들어 설명하시오.

10 C++의 virtual 키워드에 대해서 설명하시오. C++에서 순수 가상 함수란 무엇인가?

참고

01 객체에 대한 이론적인 정리에 대해서는 Abadi & Cardelli (1996)에 자세히 기술되어 있다. 객체지향 언어의 탄생에 대해서는 Simula 언어를 중심으로 Dahl (2004)에 자세히 기술되어 있다. Smalltalk 언어의 초창기 설계와 발전에 대해서는 Kay (1993)에 자세히 기술되어 있다. 상속을 이용한 재사용 클래스 설계에 대해서는 Johnson (1988)에 기술되어 있으며 객체지향 언어에 대한 개념적인 소개는 Mitchell (2002)의 10장을 참고하기 바란다.

02 C++ 언어의 설계 및 진화에 대해서는 Stroustrup (1994)에 기술되어 있으며, Stroustrup (1997)에 C++ 언어에 대해 전체적으로 소개되어 있다. Java 언어에 대해서는 Arnold & Gosling (1997)과 Gosling 외 (1996)에 전체적으로 소개되어 있다. Java와 자바 가상 기계(JVM)에 대해서는 Stärk 외 (19898)에 자세히 기술되어 있다. Python 언어에 표준적인 참고문헌으로 van Rossum (1995)를 참고하기 바란다. C#의 최신 버전에 대해서는 ECMA-334 (2017)을 참고하기 바란다.

PROGRAMMING LANGUAGES

함수형 언어
(고급 주제)

13.1

함수형 언어의 소개

함수형 프로그래밍 언어는 프로그래밍을 보는 관점이 전통적인 명령형 프로그래밍 언어와 상당히 다르다. 함수형 프로그래밍은 명령형 프로그래밍에 비하여 몇 가지 뚜렷한 장점을 가져서, 전통적으로 인공지능, 빅데이터 처리 등의 분야에서 많이 사용되었다. 대표적인 함수형 언어의 예로는 Scheme, ML, Haskell 등이 있다.

함수형 프로그래밍 언어의 장점은 다음과 같이 정리될 수 있다.

1. 언어가 기계 모델과 무관하게 정의된다.
2. 프로그램을 함수로 보는 일관된 관점을 제공한다.
3. 수학을 기반으로 프로그램의 의미를 명확하게 정의할 수 있다.
4. 함수를 데이터로 취급하는 고차 함수(higher-order function)를 제공한다.

전통적으로 함수형 언어의 주요한 단점은 실행의 비효율성이었다. 이들 언어는 동적인 성질을 가졌기 때문에, 전통적으로 컴파일되지 않고 해석(interpret)되었다. 그러나 최근에 함수형 언어를 위한 컴파일러 기술이 발전하면서, 일반적 프로그래밍을 위해서도 많은 주목을 받게 되었으며, 시맨틱스의 단순성과 설계의 직교성 등 때문에 컴퓨터과학을 가르치는 적절한 수단으로 이용되고 있다. 이제는 함수 구조가 거의 대부분의 프로그래밍 언어에 차츰 포함되게 되었고, 함수형 프로그래밍 기법은 일반적인 프로그래밍에서도 널리 사용되게 되었다.

이 장에서는 함수의 개념을 다시 살펴보고, 프로그램이 어떻게 함수로 보여질 수 있는지를 알아본다. 함수형 언어의 바탕이 되는 수학적 모델인 람다 계산(lambda calculus)을 간단히 소개한다. 또한 이를 바탕으로 한 함수형 언어인 Scheme과 ML을 중심으로 함수형 프로그래밍에 대해 소개한다.

프로그램이란 특정한 계산의 표현이다. 만약 계산의 자세한 사항(즉, 어떻게(how) 계산되는가)을 무시하고 계산되는 결과(즉, 무엇을(what) 계산하는가)에 초점을 맞춘다면, 프로그램이란 단순히 입력으로부터 출력을 계산하는 '블랙박스'라고 볼 수 있으며 이러한 관점에서 프로그램이 하는 일은 수학적 함수로 표현할 수 있을 것이다.

함수형 언어는 수학적 함수를 기반으로 하는 언어로 프로그램이 하는 일을 수학적 함수의 계산으로 취급한다. 함수형 언어에서 프로그램은 매개변수로 입력을 받아 처리한 후에 반환값을 출력하는 하나의 함수이다.

프로그래밍 언어에서 함수 정의와 함수 적용은 구별하여야 한다.

[핵심개념]

함수 정의(function definition)는 함수가 형식 매개변수(formal parameter)를 이용하여 계산하는 방법을 정의하는 선언이다.

예를 들어 다음과 같은 간단한 함수 정의를 살펴보자. 첫 번째 함수는 매개변수로 받은 정수의 제곱을 계산하는 언어 S로 작성된 함수이고, 두 번째 함수는 매개변수로 받은 정수의 계승을 계산하는 ML 언어로 작성된 함수이다.

예제 1(S)

```
fun int f(int n)  return n*n;
```

예제 2(ML)

```
fun fact(n : int) : int =
    if n == 1 then 1
    else n * fact(n-1);
```

[핵심개념]

함수 적용(function application)은 선언된 함수를 인자(argument)를 사용하여 호출하는 것이다.

예를 들어 다음과 같이 함수를 적용 즉 호출할 수 있다. 이렇게 함수를 호출하면 함수는 그 결과 값을 계산하여 반환한다. 이를 반환 값(return value)이라고 한다.

```
f(5);
fact(5);
```

함수형 프로그래밍 언어의 특징을 정리하면 다음과 같다.

1. 모든 프로그램은 함수이다. 그리고 입력값(매개변수)과 출력값(결과)은 분명히 구별된다.

2. 변수나 대입문이 없으며 변수는 매개변수로 대치되었다.

3. 루프가 없으며 루프는 순환 호출로 대치되었다.

4. 함수는 일등급 값으로 인자로 사용될 수 있고 반환값으로도 사용될 수 있다.

13.2

람다 계산

람다 계산

람다 계산(lambda calculus)은 Alonzo Church에 의해 함수에 의한 계산을 표현하는 수학적 기본 이론으로 고안되었다. 이것은 컴퓨터에 의한 계산을 표현하는 튜링 기계와 유사하며 그 표현력에 있어서도 동등하다. 사실 람다 계산은 (순수) 함수형 프로그래밍 언어를 위한 기본 이론 또는 모델로 사용될 수 있고, 마찬가지로 튜링기계는 절차형 프로그래밍 언어를 위한 이론적인 기본 모델로 사용될 수 있다.

[핵심개념]

람다 계산법에서 **람다식(lambda expression)**은 익명 함수(anonymous function)를 표현하기 위한 식이다.

람다식은 일등급 값(first class value)으로 매개변수로 전달될 수 있으며 반환 값으로도 사용될 수 있다. 람다식 E는 다음과 같이 정의된다.

```
E → c          # 상수
  | x          # 변수
  | λx.E        # 익명함수 정의
  | E1 E2       # 함수 적용
```

이 문법에서 상수는 정수 리터널과 같은 숫자이거나 '+'와 같은 미리 정의된 함수이다. 변수는 x, y, z와 같은 변수 이름들이다. 세 번째 규칙은 매개변수 x를 갖는 익명함수를 정의하는 **람다 추상화(lambda abstraction)**이다. 네 번째 규칙은 앞에서 설명한 함수 적용을 표현하며 E1은 함수, E2는 인자를 나타내는 람다식이다.

람다식으로 간단한 익명 함수를 몇 개 표현해 보자. 첫 번째는 매개변수로 받은 값에 1를 더하여 이를 리턴하는 익명 함수를 나타내며, 두 번째는 매개변수로 받은 값의 제곱을 계산하여 이를 리턴하는 익명 함수를 나타낸다.

```
λx.(x+1)
λx.(x*x)
```

이제 람다식으로 정의된 익명 함수를 구체적인 값에 적용해 보자. 첫 번째 익명함수를 2에 적용하면 3를 계산하고, 두 번째 익명함수를 3에 적용하면 9를 계산한다.

```
(λx.(x+1)) 2 => 2+1 = 3
(λx.(x*x)) 3 => 3*3 = 9
```

여기서 사용된 람다식 계산의 기본적인 계산 규칙은 **베타-축약**(β-reduction)이다.

[정의 1]

베타-축약은 함수 적용을 적절한 치환 연산 결과로 대신하는 변환으로 다음과 같이 e_1 내에 있는 매개변수 x를 e_2 로 대치한 후 e_1를 계산한다. 이는 다음과 같이 표현한다.

```
(λx.e₁) e₂  =>   e₁[e₂/x]
```

언어 S에서 배웠던 let 문도 다음과 같이 람다식으로 표현할 수 있다.

```
let x = e₁ in e₂   ==   (λx.e₂) e₁
```

람다식(λx.E)에서 변수 x는 람다에 바인딩(binding)되었다고 말한다. 이 바인딩의 유효범위(scope)는 식 E이다. 바인딩되지 않는 변수를 자유 변수(free variable)라고 한다. 자유변수는 보통 람다에 의한 어떤 바인딩의 영역 바깥의 변수이다. 예를 들어, 다음의 식에서

```
λx.(x+y)
```

x는 바인딩 되었고 y는 자유 변수이다. 만약 다음과 같이 적용하면 x는 3으로 대치되지만, y의 값은 결정되지 않는다.

```
(λx.(x+y)) 3 =>   3+y
```

여기서 변수 y는 마치 함수에서의 비지역 변수와 유사하다. 이것의 값은 외부 환경에서 정해져야 한다. 자유 변수들은 다른 람다식에 의해 바인딩될 수 있다. 예를 들어, 다음과 같은 람다식에서는 y 역시 바깥 람다 추상화에 의해서 바인딩 된다.

```
λy.λx.(x+y)
```

이제 이 함수를 다음과 같이 적용하면 외부 람다식에서부터 대치가 일어나서 계산이 진행된다. 즉 먼저 y가 3으로 대치되고 x가 2로 대치되어 계산된다.

```
(λy.λx.(x+y)) 3 2 => λx.(x+3) 2 => 3 + 2 = 5
```

일반적으로 람다식에서는 어떤 변수는 바인딩 되고 다른 것은 자유 변수일 수 있다. 다음의 식에서 z는 바인딩 변수이고 x와 y는 자유 변수이다.

```
λz.(x + 2*y + z)
```

그리고 이 익명함수를 5에 적용하면 결과는 다음과 같다.

```
(λz.(x + 2*y + z)) 5 => x + 2*y + 5
```

고차 함수

함수형 언어에서 함수는 일등급 값으로 함수를 인자로 받을 수 있고 반환 값으로 리턴할 수도 있다.

[정의 2]

고차 함수(higher-order function)는 함수를 인자로 전달받거나 함수를 결과로 리턴하는 함수를 말한다.

함수를 인자로 받는 고차 함수의 예를 들어 보자.

[예제 1]

다음 함수는 함수를 인자로 받아 이를 5에 적용하는 함수이다.

```
λf.(f 5)
```

이 함수를 람다식 익명함수 λx.x+2에 적용하면 이 함수는 f를 인자로 받은 익명함수 λx.x+2로 대치하며 이어서 이 함수를 5에 적용하므로 그 결과는 7이 된다.

```
(λf.(f 5)) (λx.x+2) => (λx.x+2) 5 => 5 + 2 = 7
```

[예제 2]

다음 함수는 주어진 함수 f에 대해서 f∘f를 리턴하는 함수이다.

```
λf.λx.f(f x)
```

이 함수를 람다식 익명함수 (λy.y+1)에 적용하면 f를 모두 이 익명함수로 대치하고 계산한다. 그 이후에는 이 익명함수를 x에 적용하므로 y를 x로 대치하여 x+1이 된다. 다시 이 익명함수를 x+1에 적용하므로 y를 x+1로 대치하여 (x+1)+1 즉 x+2가 된다. 결과적으로 λx.x+2가 된다. 결과적으로 이 함수는 매개변수에 1을 더하는 익명 함수를 받아서 이를 연속해서 두 번 적용하여 매개변수에 2를 더하는 익명 함수를 리턴한 것이다.

```
(λf.λx.f (f x)) (λy.y+1)
=> λx.(λy.y+1) ((λy.y+1)  x)
=> λx.(λy.y+1) (x+1)
=> λx.(x+1)+1 = λx.x+2
```

고차 함수를 이용하여 다음과 같은 일반적인 함수 정의와 호출을 표현할 수도 있다.

```
function f(x)
    return x+2
end;
f(5);
```

예를 들어 위의 함수 정의와 호출은 다음과 같이 람다식으로 표현할 수 있다.

```
(λf.(f 5)) (λx.x+2)
```

13.3 Scheme

1950년대 말과 1960년대 초에 걸쳐 MIT의 John McCarthy가 이끄는 팀에 의해 현대 함수형 언어의 많은 기능을 포함하는 첫 언어가 개발되었다. Church의 람다 계산(lambda calculus)과 같은 수학적 아이디어를 기초로 한 이 언어는 리스트(list)를 기본 자료구조로 사용하기 때문에 LISP(LISt Processor)라고 불리어졌다. 엄밀하게 말하면 이런 기능들은 그 자체로는 함수형 프로그래밍의 모습은 아니지만 LISP의 막대한 영향 때문에 함수형 언어와 밀접한 연관이 있다. 이러한 기능에는 다음의 것들이 포함된다.

1. 리스트라는 하나의 일반적인 자료구조를 사용하여 프로그램과 데이터를 표현한다.

2. 언어 자신을 이용하여 제작된 해석기에 의해서 그 언어를 정의한다. 이를 메타순환 해석기(metacircular interpreter)라 부른다.

3. 메모리에 관한 모든 관리가 실행시간에 이루어진다.

LISP 언어는 하나의 표준이 개발되지 않았고 많은 다른 형태의 LISP 시스템이 만들어졌다. 이후에 LISP는 1980년대 초 위원회에서 개발된 Commom LISP와 1970년대 말 MIT에서 개발된 Scheme이 일반적으로 많이 사용되고 있다. 이제 LISP의 후손인 Scheme에 대하여 알아보자.

식과 전위 표기법

Scheme의 모든 프로그램과 데이터는 식이고, 식은 원자(atom)와 리스트(list)의 두 종류가 있다. 원자는 명령형 언어에서의 상수나 식별자와 비슷하고, 숫자, 스트링, 식별자 등을 포함한다. 리스트는 공백으로 분리되고 괄호로 싸여진 식의 나열이다. Scheme의 리스트 형태의 식은 다음과 같이 EBNF 형식으로 표현할 수 있다.

```
<expr>  →  <atom> | <list>
<atom>  →  number | string | id
<list>  →  '(' {<expr>} ')'
```

Scheme에서 모든 식은 연산자가 앞에 나오는 **전위 표기법**(prefix notation) 형태로 표현한다.

예를 들어 산술식을 다음과 같이 표현한다. 여기서 '+' 나 '*'는 덧셈과 곱셈 함수를 나타내는 이름이다.

```
> (+ 1 3)
Value: 4
> (* (+ 2 4) (- 6 2))
Value: 24
```

Scheme 인터프리터는 이러한 리스트 형태의 식에 대해 읽기-평가-쓰기(read-evaluate-write) 형태로 동작하여 그 결과 값을 출력한다.

함수 정의

define은 함수를 정의한다. 먼저 다음과 같이 간단한 제곱 함수를 정의해서 이를 값 5에 적용해 보자.

```
> (define (square x) (* x x))      // 함수 정의
> (square 5)                       // 함수 적용
Value: 25
```

define은 값을 정의하는 데에도 사용할 수 있다. 예를 들어 다음과 같이 pi 값을 정의할 수 있다. 이를 이용하면 원의 면적을 계산하는 함수 circlearea를 정의할 수 있다. 이 함수를 값 5에 적용하여 그 결과를 확인할 수 있다.

```
> (define pi 3.14159265)           // 값 정의
> (define (circlearea r)           // 함수 정의
        (* pi (square r)))
> (circlearea 5)                   // 함수 적용
Value: 78.53981625
```

람다식을 이용하여 익명함수를 표현할 수 있다. 예를 들어 다음과 같이 람다식을 이용하여

매개변수 x를 제곱하는 익명함수를 표현할 수 있다.

```
(lambda (x) (* x x))
```

다음과 같이 이 함수를 값 5에 직접 적용할 수 있다.

```
> ((lambda (x) (* x x)) 5)
25
```

필요하면 다음과 같이 익명 함수에 이름을 정할 수 있다.

```
(define square (lambda (x) (* x x)))
```

물론 이 함수는 다음과 같이 람다식을 사용하지 않고 다음과 같이 정의하는 것도 가능하다.

```
(define (square x) (* x x))
```

let 식

let 식은 언어 S의 let 문과 비슷한 역할을 하며 그 형식은 다음과 같다. let 식에서는 이름과 식에 의해 표현된 값을 연관 즉 바인딩 시키는 역할을 한다. 이 바인딩 하에서 let의 본체 식이 계산된다. 이 바인딩은 let 식이 끝날 때까지 유효하다.

```
(let (  (이름1 식1)
         ...
         (이름n 식n) )
    식
)
```

예를 들어 다음과 같이 사용할 수 있다.

```
> (let ((x 7) (y 10))
      (+ x y))
Value: 17
```

술어 함수와 if 식

참과 거짓 즉 부울 값을 반환하는 함수를 술어 함수라고 한다. Scheme에서 참과 거짓은 다음과 같이 표시된다.

> 참: #t   거짓: #f

Scheme에서 부울 값을 반환하는 술어 함수의 예를 들면 다음과 같다.

```
=, <, >, >=, <=         // 비교 연산
even?                   // 짝수 검사
odd?                    // 홀수 검사
zero?                   // 0인지 검사
eq?                     // 동등 검사
```

예를 들어 다음과 같이 술어 함수를 사용할 수 있다.

```
> (define x 11)
> (> x 11)
#f
> (odd? x)
#t
```

if 식의 형식은 다음과 같다. 이 식은 조건이 참이면 식1를 계산하고 조건이 거짓이면 식2를 계산한다. 조건으로는 술어함수가 많이 사용된다.

```
(if 조건 식1 식2)
```

예를 들어 다음과 같이 if 식을 사용할 수 있다.

```
> (if (> 3 2) 'yes 'no)
Value: yes
```

다음과 같이 if 식을 이용하여 x 값에 따라 pass와 fail를 결정하면 test 함수를 정의할 수 있다.

```
> (define (test x)
    (if (>= x 70)
        (display "pass")
        (display "fail")))
> (test 75)
pass
```

재귀 함수

[핵심개념]

재귀 함수(recursive function)는 하나의 함수에서 자신을 다시 호출하는 방식으로 주어진 문제를 해결하도록 정의된 함수이다. 함수에서 자신을 다시 호출하는 것을 **재귀 호출**(recursive call)이라고 한다.

일반적으로 루프문과 변수를 이용하는 반복적 알고리즘은 재귀 함수로 표현할 수 있고 그 역도 성립한다. 이에 기초하여 등장한 언어가 바로 함수형 언어이며, 함수형 언어는 모든 프로그램(즉, 알고리즘)을 함수로 표현할 수 있다는 것에 착안하여 만들어진 언어이다.

예를 들어, n의 계승을 계산하는 함수를 다음과 같이 재귀 함수로 정의할 수 있다.

```
fact(1) = 1
fact(n) = n * fact(n-1)
```

이 함수는 다음과 같이 구현할 수 있는데 매개변수 n의 값이 1이면 결과 값이 1이 되고 그렇지 않은 경우에는 n과 재귀적으로 호출한 n-1 계승 값을 곱해서 계산한다.

```
> (define (fact n)
        (if (= n 1)
        1
        (* n (fact (- n 1)))
  ))
> (fact 4)
Value: 24
```

실제 이 함수의 계산 과정은 다음과 같다.

```
(fact 4)
=> 4 * (fact 3)
=> 4 * (3 * (fact 2))
=> 4 * (3 * (2 * (fact 1)))
=> 4 * (3 * (2 * (1 * 1)))
...
=> 24
```

리스트

리스트의 원소는 원자뿐만 아니라 다른 리스트가 될 수도 있다. 리스트 자료구조를 예를 들면 다음과 같다.

```
'(a b c)
'((a b) c d)
'(1 3 5)
'("hello" "world" "!")
```

car 함수는 리스트의 첫 번째 원소를 반환한다. 예를 들면 다음과 같다.

```
(car '(a b c))          => a
(car '((a b) c d))      => (a b)
(car 'a)                => 오류(a 는 리스트가 아님)
(car '())               => 오류
```

cdr 함수는 리스트에서 car가 제거된 나머지 리스트를 반환한다. 예를 들면 다음과 같다.

```
(cdr '(a b c))          => (b c)
(cdr '((a b) c d))      => (c d)
(cdr 'a)                => 오류
(cdr '(a))              => ()
```

리스트 구성

cons는 리스트를 구성하는 함수로 첫 번째 원소와 나머지 리스트를 인자로 받아 이들을 이용하여 새로운 리스트를 구성하여 리턴한다. 예를 들면 다음과 같다.

```
(cons 'a '())          => (a)
(cons 'a '(b c))       => (a b c)
(cons '() '(a b))      => (() a b)
(cons '(a b) '(c d))   => ((a b) c d)
```

append 함수는 두 개의 리스트를 접합하여(concatenate) 새로운 리스트를 구성하는 함수이다. 예를 들면 다음과 같다.

```
(append '(a b) '(c d))         =>  (a b c d)
(append '(1 2 3) '(4 5 6))     =>  (1 2 3 4 5 6)
(append '((a b) c) '(d (e f))) =>  ((a b) c d (e f))
```

append 함수는 다음과 같이 재귀 함수로 정의할 수 있다.

1. 매개변수로 받은 list1이 빈 리스트이면 list2를 리턴한다.
2. 그렇지 않으면 매개변수로 받은 list1의 첫 번째 원소(car list1)와
   list1의 나머지 리스트(cdr list1)와 list2를 재귀적으로 append한 결과를
   사용하여 새로운 리스트를 구성하여(cons) 리턴한다.

```
(define (append list1 list2)
    (if (null? list1)
    list2
    (cons (car list1) (append (cdr list1) list2))
))
```

고차 함수

Scheme과 같은 함수형 언어에서는 함수가 일등급 값이므로 함수의 인자로 함수를 받아 이를 적용할 수 있다. 이렇게 함수를 인자로 받아 적용하는 함수를 **고차함수**(higher-order function)라고 한다.

예를 들어 mapcar 함수는 고차함수로 주어진 함수를 주어진 리스트의 각 원소에 적용하여 이 적용 결과의 리스트를 반환한다. 이 함수는 다음과 같이 재귀적으로 정의할 수 있다.

```
(define (mapcar fun list)
    (if (null? list)
    '()
    (cons (fun (car list)) (mapcar fun (cdr list)))
))
```

1. 리스트 인자가 빈 리스트이면 빈 리스트를 반환한다.
2. 그렇지 않으면 첫 번째 원소(car list)에 대해 인자로 받은 함수 fun를 적용한다.

   mapcar 함수를 fun과 나머지 리스트(cdr list)에 대해 재귀적으로 적용한다.

   fun (car list)의 값을 첫 번째 원소로 (mapcar fun (cdr list)) 결과를 나머지 리스트로 하여 새로운 리스트를 구성하여 리턴한다.

mapcar를 square 함수와 리스트에 적용하면 다음과 같이 리스트의 각 원소에 square 함수를 적용한 결과를 받을 수 있다.

```
> (mapcar square '(3 4 2 6))
Value: (9 16 5 36)
```

뿐만 아니라 mapcar를 람다식으로 표현된 3승 함수와 리스트에 적용하면 다음과 같이 리스트의 각 원소에 3승 함수를 적용한 결과를 받을 수 있다.

```
> (mapcar (lambda(n) (* n n n)) '(3 4 2 6))
Value: (27 64 8 216)
```

13.4

ML

ML 언어 소개

ML은 함수형 프로그래밍 언어이면서 프로그래밍 언어 분야의 핵심 연구 성과들을 잘 반영하면서도 실용적인 범용 언어로 Robin Milner에 의해 개발되었다. 특히, 안전한 타입 시스템을 갖추고 있어 프로그램을 실행하는 중에 나올 수 있는 타입 오류를 실행하기 전에 미리 모두 찾아준다. ML은 Haskell과 같은 순수한 함수형 언어와 같이 함수가 자유롭게 사용될 수 있으면서도, 메모리 상태를 변화시키는 함수를 허용한다. 이 때문에 함수형 언어이면서 순수하지 않은 함수형 언어로 분류한다.

ML은 Scheme과 마찬가지로 정적 유효범위 규칙을 적용하는 함수형 프로그래밍 언어이지만 여러 면에서 Scheme과는 다르다. ML은 Pascal에 유사한 구문을 사용하는데 변수나 함수의 타입을 선언할 수 있고, 타입을 선언하지 않더라도 Hindley Minor 타입 추론 시스템을 사용하여 자동으로 타입을 추론할 수 있다. 즉 모든 변수와 식의 타입은 선언하지 않더라도 타입 추론에 의해 컴파일 시간에 결정될 수 있다. 이것이 본질적으로 리스트를 기본으로 사용하는 Scheme과는 다르다. ML은 또한 엄격하고 안전한 타입 규칙을 적용하여 모든 가능한 타입 오류를 찾아 낼 수 있는 강한 타입 언어이다. ML은 또한 예외 처리와 추상 자료형을 구현하는 모듈 장치를 포함한다.

그 외에 ML의 주요 특징은 다음과 같다.

- 함수의 **다형성**(polymorphism)을 지원하여 타입과 상관없이 실행할 수 있는 함수를 포괄적으로 정의할 수 있다.
- **대수적 자료형**(algebraic data type)을 지원하여 상위에서 자료구조를 표현할 수 있다.
- 값들의 패턴 매칭을 통해 간편하게 조건문을 만들 수 있다.
- 간단하고 강력한 예외 시스템으로 프로그램의 실행흐름을 편리하게 기획할 수 있다.
- 메모리 재활용(garbage collection)을 통해서 자동으로 메모리를 관리한다.

ML 프로그래밍 시스템의 종류로는 SML(Standard ML)과 OCaml 등이 가장 널리 알려진 것이며, 최근에 ML 기반의 F# 등의 언어가 새로 개발되었다. ML의 기본 아이디어는 C#,

Java, Haskell 등 많은 언어에 영향을 미쳤다.

ML은 주로 프로그래밍 언어의 해석기(interpreter)나 번역기(compiler), 프로그램 분석기 등을 개발하고 다루는 데 사용하지만, ML은 본래 범용 프로그래밍 언어로 생물정보학, 금융, 클라이언트-서버 프로그램 등의 범용 개발에도 사용된다. ML에 대한 자세한 정의는 Milner 외 (1990, 1997)를 참고하기 바란다.

식

ML에서 이름은 다음 형태의 선언문으로 식(expression)의 값에 바인딩된다.

```
val 이름 = 식;
```

예를 들면, 다음과 같이 값에 이름을 줄 수 있다.

```
val pi = 3.14158;
```

사실 ML에서 변수는 존재하지 않는다. 위와 같이 한 번 선언하면 그 값은 변할 수 없다. 같은 이름으로 새롭게 선언은 할 수 있으나, 변경은 불가능하다.

let 식은 Scheme의 let 식처럼 이름을 값에 바인딩한다. val은 일반적으로 let 식에서 많이 사용되고, 일반적인 형식은 다음과 같다.

```
let val 이름 = 식1 in 식2 end;
```

예를 들면, 다음과 같이 원의 면적을 계산하는 함수를 let 식를 사용하여 정의할 수 있다.

```
fun circlearea(radius) =
let val pi = 3.14159
in
    pi * radius * radius
end;
```

자료구조

ML은 리스트와 리스트 연산을 갖는다. 하지만 외형은 Scheme의 외형과 같지 않다. 또한 ML은 열거형 타입, 배열, 레코드인 튜플(tuple) 등을 제공한다.

ML에서 리스트는 대괄호를 사용하고 원소는 쉼표로 구분한다. 예를 들어, 정수 1, 3, 5의 리스트는 다음과 같이 표현한다.

```
> [1,3,5];
val it = [1,3,5] : int list
```

ML은 엄격 타입 언어이므로 리스트의 원소는 모두 같은 타입이어야 한다. 예를 들어 다음과 같은 리스트는 오류이다.

```
> [1,3,5.0];
```

ML에서 다른 타입의 데이터를 모으려면 리스트를 사용할 수 없다. 따라서 다른 타입의 데이터를 사용하려면 다음과 같이 튜플(tuple)을 사용해야 한다.

```
> (1,3,5.0);
val it = (1,3,5.0) : int * int * real
```

:: 연산자는 Scheme의 cons에 해당하는데, 첫 번째 원소와 나머지 리스트로 새로운 리스트를 구성한다.

```
> 1::[3,5];
val it = [1,3,5] : int list
```

ML에서 모든 리스트는 :: 연산자의 연속적인 적용에 의해 구성된다고 볼 수 있다.

```
> 1::3::5::[];
val it = [1,3,5] : int list
```

ML에서 Scheme의 car와 cdr에 해당하는 연산자가 hd와 tl이다.

```
> hd [1,3,5];
val it = 1 : int
> tl [1,3,5];
val it = [3,5] : int list
```

제어 구조

ML의 선택 제어 흐름 구조는 다음 형식을 갖는 조건식이다.

```
if E then 식1 else 식2
```

조건을 나타내는 E의 값은 논리형이어야 하며 두 식의 값은 같은 타입이어야 한다. E의 값에 따라 두 개의 식 중 단지 하나만 평가된다. 예를 들어, if 식을 사용하여 다음과 같은 함수를 정의할 수 있다.

```
fun positive(n : int) : bool =
    if n > 0 then true
    else false;
```

함수 정의

ML에서 함수 선언은 다음과 같다.

```
fun 함수이름 (매개변수) = 식;
```

예를 들면, 다음과 같이 선언할 수 있다. 매개변수의 타입과 리턴 타입을 명시할 수 있고 그중 생략해도 타입 추론에 의해서 함수의 타입을 결정한다.

```
fun square (x : int) : int = x * x;
fun square (x : int) = x * x;
fun square (x) : int = x * x;
```

타입을 명시하지 않은 다음 함수 정의를 살펴보자. ML은 매개변수와 리턴 타입을 함수 정의에 나타나는 * 연산자를 통해 결정할 수 있다. 이 연산자는 산술 연산자이므로 매개변수와 리턴 타입은 수 타입일텐데 ML은 기본 수 타입은 int이므로 다음과 같이 매개변수와 리턴 타입을 int로 추론한다.

```
> fun square(x) = x * x ;
val square = fn : int -> int
```

따라서 다음과 같이 사용할 수 있다.

```
> square(3);
val it = 9 : int
```

그러나 다음과 같이 사용하면 오류이다.

```
> square(3.0);
Error: operator and operand do not agree [tycon mismatch]
operator domain: int
operand:         real
in expression:
    square 3.0
```

만약 실수 인자를 받는 square 함수가 필요하면 다음 중 하나와 같이 작성해야 한다. 매개변수의 타입과 리턴 타입을 명시할 수 있고 그 중 하나만 명시해도 타입 추론에 의해서 함수의 타입을 결정한다.

```
fun square (x : real) : real = x * x;
fun square (x : real) = x * x;
fun square (x) : real = x * x;
```

ML은 함수의 중복정의(overloading)를 허용하지 않으므로 이렇게 정수와 실수를 위한 square를 두 번 정의하더라도 square가 다형 함수로 정의된 것은 아니라는 점을 주의해야 한다. 단지 마지막으로 정의된 것만 유효하다.

또한 람다식을 이용하여 익명함수를 표현할 수 있다. 예를 들어 다음과 같이 fn으로 표시하는 람다식을 이용하여 매개변수 x를 제곱하는 익명함수를 표현할 수 있다.

```
> fn(x) => x * x;  혹은  fn x => x * x;
val it = fn: int -> int
```

다음과 같이 이 함수를 값 5에 직접 적용할 수 있다.

```
> (fn(x) => x * x) 5;
25
```

필요하면 다음과 같이 익명 함수에 이름을 정할 수 있다.

```
> val square = fn(x) => x * x;
```

물론 이 함수는 다음과 같이 람다식을 사용하지 않고 앞에서처럼 정의하는 것도 가능하다.

```
> fun square(x) = x * x;
```

재귀 함수

재귀 함수(recursive function)는 하나의 함수에서 자신을 다시 호출하는 방식으로 주어진 문제를 해결하도록 정의된 함수이다. 함수에서 자신을 다시 호출하는 것을 **재귀 호출**(recursive call)이라고 한다. 재귀 함수의 예로 계승을 계산하는 코드는 ML로 다음과 같이 표현할 수 있다.

```
fun fact(n : int) : int =
    if n = 1 then 1
    else n * fact(n - 1);
```

함수를 정의할 때 다음과 같이 패턴 매칭을 이용하여 간결하게 정의할 수 있다.

```
fun id(<pattern1>) = <expr1>
  | id(<pattern2>) = <expr2>
    ...
  | id(<patternN>) = <exprN>
```

fact 함수는 패턴 매칭을 이용하면 다음과 같이 작성할 수 있다.

```
fun fact(1 : int) : int = 1
  | fact(n : int) : int = n * fact(n - 1)
```

이 코드는 계승을 기반 경우(base case)가 하나 있는 재귀 함수로 정의한 것이다. 이 함수의 첫 번째 줄은 정수 값 1의 계승은 1이며 리턴 타입이 정수라는 것을 표현한다. 두 번째 줄은 이 함수는 정수를 받아서 정수를 리턴하는 함수로 리턴 값은 n * fact(n - 1)으로 계산한다는 것을 표현한다.

ML은 코드로부터 자동으로 변수와 함수의 자료형을 추론하므로 자료형을 명시하는 부분은 없어도 무방하다. 자료형을 명시하는 부분을 제거하면 코드는 다음과 같이 더 간단해진다.

```
fun fact 1 = 1
  |  fact n = n * fact(n - 1);
```

함수의 인자가 괄호로 둘러싸여 있지 않고 공백으로 구분되어 있음을 주목하라. 두 번째 줄은 ML의 또 다른 중요한 특성인 패턴 매칭으로 이루어져 있다. 즉 함수 fact는 인자가 1이면 1을 반환한다. 나머지 모든 경우에 대해서는 두 번째 줄을 실행하여 1에 도달할 때까지 fact을 재귀적으로 계속 호출한다.

이 함수를 호출하면 ML은 반환 값과 그의 타입으로 응답한다. ML은 근본적으로 Scheme과 같은 평가 규칙을 가진다: fact는 반드시 함수로 평가되고, 다음에 4가 평가되고, 이 타입은 함수의 매개변수의 타입과 일치해야 한다. 다음에 함수는 호출되어, 반환 값이 타입과 함께 출력된다.

```
fact(4);
val it = 24: int
```

리스트의 패턴 매칭을 사용하면 함수를 보다 간결하게 정의할 수 있다. 예를 들어 13.2절에서 살펴본 append 함수는 다음과 같이 패턴 매칭을 사용하여 보다 간결하게 정의할 수 있다.

```
> fun append([], L) = L
    |  append(h::t, L) = h :: append(t, L);
val append = fn: 'a list * 'alist -> 'a list
```

커링 함수

ML에는 크게 두 가지 함수 정의 방법이 있다. 다음 두 함수의 정의를 비교해 보자.

```
> fun plus(x, y) = x + y;
> fun plus x y = x + y;
```

첫 번째 함수 정의는 우리에게 익숙한 표현으로 두 개의 매개변수를 받아서 계산하는 함수로 다음과 같이 적용할 수 있다.

```
> fun plus(x, y) = x + y;
val plus = fn : int * int -> int
> plus(3,5);
val it = 8 : int
```

두 번째 방법은 커링 함수 정의로 다음과 같이 매개변수 주위에 괄호가 없고 매개변수를 분리하는 콤마 없이 정의하는 것이다. ML 시스템은 다음과 같이 정의되었다고 알려주는데 그 의미는 이 함수는 정수를 매개변수로 받아 정수를 매개변수로 받는 함수를 리턴한다는 뜻이다. 물론 다음과 같이 호출하면 같은 결과를 출력한다.

```
> fun plus x y = x + y;
val plus = fn : int -> int -> int
> plus 3 5;
val it = 8 : int
```

그러나 이 함수는 다음과 같이 하나의 인자로 호출할 수 있으며 그 결과를 보면 이 함수의 호출 결과는 하나의 매개변수를 갖는 함수라는 것을 알 수 있다.

```
> plus 3;
val it = fn : int -> int
```

따라서 이 결과 함수를 다시 값에 적용할 수 있다.

```
> plus 3 5;
val it = 8 : int
```

또한 다음과 같이 이 결과 함수에 이름을 주고 이를 다시 값에 적용하는 것도 가능하다.

```
> val plus3 = plus 3;
val it = fn : int -> int
> plus3 5
val it = 8 : int
```

이와 같이 함수를 정의하는 방법을 그 고안자 이름을 따라 커링이라고 한다. 커링은 특히 함수를 재사용 할 때 유용하게 쓰이는 함수형 프로그래밍 기법 중 하나이다.

[정의 3]

커링(Currying)은 n개의 매개변수를 받는 하나의 함수를 단일 매개변수를 받는 n개 함수들의 열로 만드는 것을 말한다.

재귀 함수도 커링 함수로 정의할 수 있다. 예를 들어 n 승을 계산하는 함수를 커링 함수로 정의하면 다음과 같다.

```
> fun exp x 0 = 1
  |   exp x y = x * exp x (y-1);
val exp = fn : int -> int -> int
> exp 3 5;
exp val it = 243 : int
```

고차 함수

ML 언어에서는 함수가 일등급 값이므로 함수의 인자로 함수를 받아 이를 적용할 수 있다. 이렇게 함수를 인자로 받아 적용하는 함수를 **고차 함수(higher-order function)**라고 한다.

map 함수는 ML에서 제공하지만 여기서는 map 함수의 이해를 위해 직접 작성해 보자. map 함수는 주어진 함수를 주어진 리스트의 각 원소에 적용하여 이 적용 결과의 리스트를 반환한다. 구체적으로 함수와 리스트를 인자로 받는 map 함수를 다음과 같이 작성할 수 있다.

```
fun map f [] = []
  | map f (x :: xs) = f(x) :: map(f)(xs);
```

1. 리스트 인자가 빈 리스트이면 빈 리스트를 반환한다.

2. 그렇지 않으면 리스트의 첫 번째 원소(x)와 나머지 리스트(xs)에 대해서

첫 번째 원소 x에 대해 인자로 받은 함수 f를 적용한다.

map 함수에 f, xs를 재귀적으로 호출한다.

f(x)의 값을 첫 번째 원소로 map(f)(xs) 결과를 나머지 리스트로 하여 새로운 리스트를 구성하여 리턴한다.

예를 들어 map을 square 함수와 리스트에 적용하면 다음과 같이 리스트의 각 원소에 square 함수를 적용한 결과를 받을 수 있다.

```
> map(square) ([2, 4, 6]);
val it = [4,16,36] : int list
```

뿐만 아니라 map를 람다식으로 표현된 3승 함수와 리스트에 적용하면 다음과 같이 리스트의 각 원소에 3승 함수를 적용한 결과를 받을 수 있다.

```
> map (fn x => x * x * x) ([2, 4, 6]);
val it = [8,64,216] : int list
```

01 함수 정의(function definition)는 함수가 형식 매개변수(formal parameter)를 이용하여 계산하는 방법을 정의하는 선언이다.

02 함수 적용(function application)은 선언된 함수를 인자(argument)를 사용하여 호출하는 것이다.

03 람다 계산법에서 람다식(lambda expression)은 익명 함수(anonymous function)를 표현하기 위한 식이다.

04 베타-축약은 함수 적용을 적절한 치환 연산 결과로 대신하는 변환으로 다음과 같이 e1 내에 있는 매개변수 x를 e2 로 대치한 후 e1를 계산한다. 이는 다음과 같이 표현한다.

```
(λx.e1) e2  =>   [e2/x]e1
```

05 고차 함수(higher-order function)는 함수를 인자로 전달받거나 함수를 결과로 리턴하는 함수를 말한다.

06 Scheme에서 모든 식은 전위 표기법(prefix notation) 형태로 표현한다.

07 재귀 함수(recursive function)는 하나의 함수에서 자신을 다시 호출하는 방식으로 주어진 문제를 해결하도록 정의된 함수이다. 함수에서 자신을 다시 호출하는 것을 재귀 호출(recursive call)이라고 한다.

08 커링(Currying)은 n개의 매개변수를 받는 하나의 함수를 단일 매개변수를 받는 n개 함수들의 열로 만드는 것을 말한다.

연습문제

01 매개변수로 받은 리스트의 길이를 계산하는 재귀 함수를 Scheme 또는 ML로 작성하시오.

02 매개변수로 받은 리스트를 정렬하는 퀵소트 알고리즘을 Scheme 또는 ML로 작성하시오.

03 다음 람다식으로 표현된 고차함수를 Scheme 또는 ML로 작성하시오.

```
λf.λx.f (f x)
```

04 filter 함수는 고차 함수로 논리값을 리턴하는 술어 함수와 리스트를 매개변수로 받아 리스트의 각 원소에 이 함수를 적용하여 결과가 참인 원소로 새로운 리스트를 만들어서 리턴한다. filter 함수를 Scheme 또는 ML로 작성하시오.

05 매개변수로 받은 정수 리스트의 최대값과 최소값을 계산하는 함수를 작성하시오.

06 매개변수로 받은 리스트의 원소들을 역순으로 하여 새로운 리스트를 만들어 리턴하는 reverse 함수를 Scheme 언어로 작성하시오.

07 6번 연습문제에서 리스트의 원소로 리스트가 있을 때 해당 리스트도 역순으로 하는 reverse 함수를 Scheme 언어로 작성하시오.

참고

01　람다 계산(lambda calculus)은 Church (1932, 1936)에 의해 함수에 의한 계산을 표현하는 수학적 기본 이론으로 고안되었으며 그 이후로 프로그래밍 언어의 이론적 기초로 많이 사용되고 있다.

02　Scheme 언어는 MIT에서 Steele과 Sussman에 의해서 Lisp의 후속 언어로 개발되었다. 공식 웹사이트 https://groups.csail.mit.edu/mac/projects/scheme에서 Scheme 관련한 자세한 사항은 확인할 수 있다. 또한 Scheme과 함수형 프로그래밍에 대해서 Abelson & Sussman (1996)에 자세히 기술되어 있다.

03　ML 언어는 Milner (1984)가 설계하였으며 Milner (1990, 1997)에 자세히 정의되어 있다. ML 프로그래밍에 대해서는 Ullman (1998)을 참고하기 바란다. 다형성(polymorphism)을 지원하는 Hindley (1969)와 Milner (1978)에 의해서 제안된 Hindley-Milner 타입 시스템이 이 언어에 적용되었다.

참고문헌

Abadi, M. and Cardelli, L. (1996) A Theory of Objects, Springer-Verlag.

Abelson, H., and Sussman, G. J. (1996) Structure and Interpretation of Computer Programs, 2nd Edition, The MIT Press.

Aho, A. V., Sethi, R. and Ullman, J. D. (1986) Compilers-Principles, Techniques, and Tools, 1st Edition, Addison-Wesley.

Aho, A. V., Lam, M., Sethi, R. and Ullman, J. D. (2007) Compilers-Principles, Techniques, and Tools, 2nd Edition, Pearson Education.

Arnold, K., and Gosling, J. (1997) The Java programming language 2nd Edition, Addison-Wesley.

Böhm, C. and Jacopini, G. (1966). "Flow Diagrams, Turing Machines and Languages with Only Two Formation Rules", Communications of the ACM 9:5, pp. 366–371.

Cardelli, L. and Wegner, P. (1985) "On understanding types, data abstraction, and polymorphism", ACM Computing Surveys 17:4, pp. 471-523.

Chomsky, N. (1956) "Three models for the description of language", IRE Trans. on Information Theory 2:3, pp. 113-124.

Church, A. (1932) "A set of postulates for the foundation of logic", Annals of Mathematics. Series 2. 33:2, pp. 346–366.

Church, A. (1936) "An unsolvable problem of elementary number theory", American Journal of Mathematics 58:2, pp. 345–363.

Chang, B., Jo, J., Yi, K. and Choe, K. (2001) "Interprocedural exception analysis for Java," ACM Symposium on Applied Computing, pp. 620-625.

Cleveland, J. C.(1986), An Introduction to Data Types, Addison-Wesley.

Clocksin, W. F. and Mellish, C. S. (2003), Programming in Prolog: Using ISO Standard, 5th Edition, Springer

Cohen, N. (1996) Ada as A Second Language, 2nd Edition, McGraw-Hill.

Dahl, O. J., Dijkstra, E. W. and Hoare, C. A. R. (1972) Structured Programming. Academic Press.

Dahl, O. J. (2004). "The Birth of Object Orientation: The Simula Languages", Object-Orientation to Formal Methods, LNCS 2635, pp. 15–25.

DeRemer, F. L., and Pennello, T. J. (1982) "Efficient computation of LALR(1) lookahead sets", ACM Trans. Program. Lang. Syst. 4:4, pp. 615-649

DeRemer, F. (1971) "Simple LR(k) grammars", Communications of the ACM 14:7, pp. 453-460.

Dijkstra, E. (1968) "Go To Statement Considered Harmful", Communications of the ACM 11:3 pp. 147–148.

Donnelly, C. and R. Stallman. (1995) "Bison: The YACC-compatible Parser Generator", http://www.gnu.org/software/bison.

ECMA-334 (2017) C# Language Specification, 5th ed., Ecma International.

Gabbrielli, M. and Martini, S. (2010) Programming Languages Principles and Paradigms, Springer.

Ghezzi, C. and Jazayeri, M. (1990) Programming Language Concepts and Paradigms, Prentice-Hall.

Goodenough, J. B. (1975a) "Structured exception handling", Proceedings of the 2nd ACM Symposium on Principles of programming languages, pp. 204–224.

Goodenough, J. B. (1975b) "Exception handling: Issues and a proposed notation", Communications of the ACM. 18:12, pp. 683–696.

Gosling, J., Joy, B. and Steele, G. L, (1996) The Java Language Specification, Addison Wesley.

Grune, D and Jacobs, C. J. H. (1988) "A programmer-friendly LL(1) parser generator", Software Practice and Experience 18:l, pp. 29~38.

Hanson, D. R. (1981) "Is Block Structure Necessary?", Software Practice and Experience 11:8, pp. 853~866.

Harper, R. (2011). Programming in Standard ML. Carnegie Mellon University.

Heilbrunner, S. (1977) Using item grammars to prove LR(k) theorems Bericht Nr. 7701, Fachbereich Informatik, Hochschule der Bundeswehr München, 1977.

Hindley, J. R. (1969) "The Principal Type-Scheme of an Object in Combinatory Logic", Transactions of the American Mathematical Society. 146: 29–60.

Hudson, S. E. et al. (1995) "CUP LALR Parser Generator in Java", http://www2.cs.tum.edu/projects/cup/.

JavaCC, Java Compiler Compiler, https://javacc.github.io/javacc.

Johnson, R. (1988). "Designing Reusable Classes", Journal of Object-Oriented Programming 1:2, pp. 22~35.

Johnson, S. C. (1975) "Yacc - Yet Another Compiler Compiler", CSTR 32, Bell Laboratories, 1975, http://dinosaur.compilertools.net/yacc/.

Kay, A. (1993) "The Early History of Smalltalk", ACM SIGPLAN Notices 28:3, Available at http://gagne.homedns.org/~tgagne/contrib/EarlyHistoryST.html.

Kelsey, R. et al. The Revised(5) Report on the Algorithmic Language Scheme, https://groups.csail.mit.edu/mac/projects/scheme/

Kernighan, B. W. and Ritchie, D. M. (1988) The C Programming Language, 2nd Edition, Prentice Hall.

Knuth, D. E. (1965). "On the translation of languages from left to right", Information and Control 8:6, pp. 607–639.

Knuth, D. E. (1974) "Structured Programming with goto Statements", ACM Computing Survey 6:4, pp. 261–301.

Lajoie, J. (1994). "Exception handling – Supporting the runtime mechanism", C++ Report 6:3.

Lesk, M. E., and Schmidt, E. (1975) Lex – A Lexical Analyzer Generator, http://dinosaur.compilertools.net/lex.

Lewis, J. and Loftus, W. (2008). Java Software Solutions : Foundations of Programming Design, 6th ed, Pearson Education.

Lewis, P. M. and Stearns, R. E. (1968) "Syntax-directed transduction", Journal of ACM 15:3, pp. 465-488.

Louden, K. C., Lambert, K. A. (2012) Programming Languages : Principles and Practice, 3rd Edition, Course Technology, Cengage Learning.

Milner, R. (1978) "A Theory of Type Polymorphism in Programming", Journal of Computer and System Sciences 17:3, pp. 348–374.

Milner, R. (1984) "A proposal for Standard ML", Proc. Symposium on Lisp and Functional Programming, pp. 184-197.

Milner, R., Tofte, M. and Harper, R. (1990) The Definition of Standard ML, MIT Press.

Milner, R., Tofte, M., Harper, R. and MacQueen, D. (1997) The Definition of Standard ML(Revised), MIT Press.

Mitchell, J. C. (1996) Foundations for Programming Language, The MIT Press.

Mitchell, J. C. (2003) Concepts of Programming Language, Cambridge University Press.

Naur, P. (1963) "Revised Report on the Algorithmic Language Algol 60", Communications of the ACM 6:1 pp. 1~17.

Parnas, D.L., Shore, J. E. and Weiss, D. (1976). "Abstract types defined as classes of variables". Proceedings of the 1976 Conference on Data : Abstraction, Definition and Structure, pp. 149–154.

Paxson, V. (1995) Flex : A fast scanner generator, http://dinosaur.compilertools.net/flex.

Pierce, B. (2002) Types and Programming Languages, The MIT Press.

Robillard, M. P. and Murphy, G. C. (1999) "Analyzing exception flow in Java programs", ACM SIGSOFT Software Engineering Notes.

Sebesta, R. W. (2012) Programming Language Concepts, Pearson Education.

Stärk, R. F., Schmid, J. and Börger, E. (1998) Java and the Java Virtual Machine, Springer.

Stroustrup, B. (1994) The Design and Evolution of C++, Addison-Wesley.

Stroustrup, B.(1997) The C++ Programming Language, 3rd Edition, Addison-Wesley.

TIOBE Programming Community Index, https://www.tiobe.com/tiobe-index.

Tucker, A. and Noonan, R. (2006) Programming Languages : Principles and Paradigms, 2nd Edition, McGrawHill.

van Rossum, G. (1995) Python Reference Manual, CWI Report CS-R9525.

Ullman, J. D. (1998) Elements of ML Programming, ML 97 Edition, Prentice-Hall.

Watt, D. A. and Brown, D. F. (2000) Programming Language Processors in Java: Compilers and Interpreters, Prentice-Hall, 2000.

Watt, D. A. (1990) Programming Language Concepts and Paradigms, Prentice-Hall.

Wright, A. and Felleisen, M. (1994), "A Syntactic Approach to Type Soundness", Information and Computation 115:1, pp. 38–94

찾아보기

저자소개

창병모 교수

1995년 ~ 현재 숙명여자대학교 소프트웨어학부 교수
1994년 KAIST 전산학과 공학박사
1990년 KAIST 전산학과 공학석사
1988년 서울대 컴퓨터공학과 공학사

프로그래밍 언어론
원리와 실제

인 쇄	2021년 1월 25일	
발 행	2021년 2월 1일	
저 자	창병모	
발 행 인	채희만	
출판기획	안성일	
영 업	한석범, 임민정	
관 리	이승희	
편 집	한혜인, 최은지	
발 행 처	**INFINITY**BOOKS	
주 소	경기도 고양시 일산동구 하늘마을로 158 대방트리플라온 C동 209호	

대표전화	02)302-8441
팩 스	02)6085-0777

도서 문의 및 A/S 지원

홈페이지	www.infinitybooks.co.kr
이 메 일	helloworld@infinitybooks.co.kr

I S B N	979-11-85578-72-9
등록번호	제 25100-2013-152호
판매정가	**28,000원**